新编21世纪高等职业教育精品教材 / 财务会计类

Tax Accounting

税务会计

主编 ◎ 梁伟祥 （第3版）

中国人民大学出版社
·北京·

第 3 版前言

《税务会计》(第 2 版) 自 2018 年出版以来，承蒙读者厚爱，取得了较好的效果。2018 年 5 月 1 日起，我国全面降低增值税税率；2019 年 1 月 1 日起执行新的个人所得税法。税法的变化，需要对原来的教材进行全面更新，在中国人民大学出版社的支持下，编者对教材进行了修订，以体现最新的法规变化。

本次修订，以最新的税收法规（截至 2021 年 12 月底）为依据，把“营改增”全面试点以来增值税法规的变化，企业所得税、消费税、印花税等法规的变化和新的个人所得税法的内容全面体现在本书之中。

本书适合高等职业院校大数据与会计、大数据与财务管理、财税大数据应用、财富管理等财经类专业使用，也可作为成人高校、本科院校举办的二级职业学院财经类专业的教材和社会从业人员的业务学习用书。

本书由梁伟样教授主编，在修订过程中得到了有关部门、企业和任课老师的大力支持，在此一并表示诚挚的谢意。

税法在变，教材内容也应及时更新，我们力争使教材内容在每次修订时及时反映最新变化，但限于编者水平，对书中存在的缺憾，恳请使用本书的老师、同学和读者批评指正。

梁伟样

2021 年 12 月

第 2 版前言

《税务会计》自 2013 年 3 月出版以来，承蒙读者厚爱，取得了较好的效果。2016 年 3 月，经国务院批准，财政部、国家税务总局联合下发了《关于全面推开营业税改征增值税试点的通知》（财税〔2016〕36 号），从 2016 年 5 月 1 日起，在全国范围内全面推开营业税改征增值税试点，交通运输业、邮政业、电信业、现代服务业、建筑业、房地产业、金融业、生活服务业等全部营业税纳税人，纳入试点范围，由缴纳营业税改为缴纳增值税。至此，营业税退出了历史舞台。税法的变化，需要对原来的教材进行全面更新，为此，在中国人民大学出版社的支持下，编者对教材进行了修订，以体现最新的法规变化。

本次修订，按照财政部、国家税务总局《关于全面推开营业税改征增值税试点的通知》文件的相关规定，把营业税改征增值税的试点内容全面体现在本教材之中，同时删除了营业税的计算与申报内容。

本教材由梁伟样教授主编，在修订过程中得到了有关部门、企业和任课老师的大力支持，在此，一并表示诚挚的谢意。

税法在变，教材内容也应及时更新，我们力争使教材内容在每次再版和加印时及时反映最新变化。但限于编者水平，对书中存在的缺憾，恳请使用本书的老师、同学和读者批评指正。

梁伟样

2017 年 10 月

第 1 版前言

2011 年 9 月 29 日，教育部发布了《关于推进高等职业教育改革创新　引领职业教育科学发展的若干意见》(教职成〔2011〕12 号)，提出要深化工学结合、校企合作、顶岗实习的人才培养模式改革，实现专业课程内容与职业标准对接，校企合作共同开发专业课程和教学资源，继续推行任务驱动、项目导向等学做一体的教学模式。因此，建设融教、学、做为一体、强化学生能力培养的优质教材显得更为重要。新的《中华人民共和国企业所得税法》从 2008 年 1 月 1 日起施行；增值税从 2009 年 1 月 1 日起在全国范围内实行转型，由生产型增值税转为消费型增值税；《中华人民共和国个人所得税法》从 2011 年 9 月 1 日起作了较大的修改；2012 年 1 月 1 日起实施新的《中华人民共和国车船税法》；营业税、消费税、出口退税等也有重大变化。税法在变，会计法规在变，教材也应及时更新。

本教材以新的税法和企业会计准则为依据，根据税务会计实际工作过程设计学习内容。全书以培养学生职业能力为主线，按照理实一体的高职教育要求，从纳税人和征税范围的确定、应纳税额的计算、涉税会计处理和纳税申报 4 个方面，对现行 11 个税种进行了全面的阐述。在任务后面配有职业能力判断与选择的标准化习题和单项任务训练，项目后面配有项目综合实训，贯彻了教、学、做一体化，理实合一的高职教学理念。这样编排，目的在于让学生掌握税务会计工作的基本操作流程和操作要领，能计算企业常见税费的应缴金额，会办理各类税款的纳税申报和相关的涉税会计处理。

本教材在编写时对内容体系、难易程度、案例等方面进行了特殊处理，具有明显的针对性和易读性，适合高职高专会计、税务、财政、投资理财等财经类专业税收课程的教学和学习，也可作为在职人员、经济理论工作者以及纳税单位和有关人员的学习用教材或参考书。

本教材由梁伟样教授主编，在编写过程中参考了若干专著和教材，得到了有关专家学者、院校领导以及中国人民大学出版社的大力支持，在此一并表示感谢！

由于编者水平有限，书中疏漏之处在所难免，敬请读者批评指正。

编　者

2013 年 3 月

目　录

项目一

税务会计工作流程

【学习目标】

- 能根据学习项目、任务的需要查阅有关资料。
- 掌握税收的概念、职能和税制的构成要素。
- 掌握税务会计的概念、对象、目标、职能、方法、基本前提、原则以及与财务会计的差异。
- 掌握涉税登记、发票管理的基本知识和要求，会发票领购和增值税一般纳税人申请登记等工作。
- 熟悉我国现行税收体制和纳税申报、税款缴纳的基本知识。
- 培养敬业精神、团队合作能力和良好的职业道德修养。

【项目导航】

陈光是某高职院校的2021届会计专业毕业生。2021年5月，陈光在人才交流会上看到一家企业在招聘报税岗位的会计人员，于是前去应聘，由于他对税务会计这门专业课掌握得很扎实，因此当场就被单位录用。在收到单位的录用通知后，陈光于2021年7月1日到单位报到。会计主管刚好要去税务部门领购发票，便叫了陈光一起去，让他学习领购发票的具体工作流程，并告诉陈光，以后这个公司的报税岗位的会计由他来担任。当陈光接过这个任务后，他应该如何来适应这个岗位呢？日后的发票领购、纳税申报、税款缴纳等涉税事务如何操作呢？

税务会计是为了适应纳税人的需要，或者说是纳税人为了适应纳税的需要从财务会计中分离出来的，是介于税收学与会计学之间的一门新兴的边缘学科，是融国家税收法令和会计处理为一体的一种特殊的专业会计，可以说是税务中的会计、会计中的税务。

任务一 税务会计基础

※ 任务描述 ※

本学习任务是企业报税岗位会计人员必备的基础知识。企业报税岗位的会计人员在熟悉我国现行税收体系的基础上，需要划分企业的类型，判断不同环节应缴纳的税费，选择涉税业务的会计处理方法。

※ 知识准备与业务操作 ※

一、税收的性质

（一）税收的概念

税收又称为“赋税”“租税”“捐税”，是政府为了满足社会公共需要，凭借政治权力，按照法律规定，强制地、无偿地参与社会剩余产品分配，以取得财政收入的一种规范形式。税收的概念可以从以下五个方面来理解。

1. 税收的本质是一种分配

社会再生产包括生产、分配、交换、消费等环节，周而复始，循环不息。其中，生产创造社会产品；分配是对社会产品价值量的分割，并决定归谁占有，各占多少；交换是用自己占有的价值量去换取自己所需要的产品，解决使用价值的转移；消费耗费社会产品。征税只是从社会产品价值量中分割出一部分集中到政府手中，改变了社会成员与政府各自占有社会产品价值量的份额。因此，税收属于分配范畴。

2. 税收分配以国家为主体，凭借政治权力来实现

社会产品的分配可以分为两大类，一类是凭借资源拥有权力进行的分配，一类是凭借政治权力进行的分配。税收是以国家为主体，凭借政治权力进行的分配。

3. 税收分配的对象为剩余产品

社会产品按其价值构成可分为三部分：物化劳动的价值补偿部分；劳动者、经营者和所有者的劳动力再生产的补偿部分；用于积累和消费的扩大再生产的后备价值（即剩余价值）。显然，从维持纳税人简单再生产的角度出发，对前两部分一般不能进行社会性的集中分配，只能对第三部分可进行集中性的社会分配，但又不能全部用于社会性的集中分配，因为纳税人必要的扩大再生产也是社会发展与进步的经济前提。由此可见，剩余产品是税收分配的对象，也是税收分配的根本源泉，这是就税收收入的最终来源而言的。

4. 征税的目的是满足社会公共需要

有社会存在，就有社会的公共需要存在。国家安全、社会稳定、生活保障等公共需要的满足，必须由政府集中一部分社会财富来实现。而征税就是政府集中一部分社会财富的最好方式。与此相适应，社会成员之所以要纳税，是因为他们专门从事直接的生产经营活动，而不再兼职执行国家职能，因此需要为此付出一定的费用。

5. 税收具有无偿性、强制性和固定性的特征

国家筹集财政收入的方式除税收外，还有发行公债和收取各种规费等。税收分配方式与其他方式相比，具有无偿性、强制性和固定性的特征，习惯上称为税收的“三性”：无偿性是指国家征税后，税款即成为国家的财政收入，不直接归还纳税人，也不向纳税人支付任何报酬；强制性是指国家以社会管理者的身份，用法律、法规等形式对征收捐税加以规定，并依照法律强制征收；固定性是指国家在征税之前，应以法律形式预先规定征税对象、征收标

准、征税方法等，征纳双方必须遵守，不得随意变动。

税收的“三性”是一个完整的统一体，缺一不可，无偿性是税收的核心特征，强制性和固定性是对无偿性的保证和约束。税收的“三性”是税收本质的具体表现，是税收区别于其他财政收入形式的标志。可以这样认为，一种财政收入如果同时具备税收“三性”的形式特征，即便其名称不叫税，实质上也是税收的一种。

(二) 税收的职能

税收的职能是指税收自身所固有的功能。我国税收具有组织财政收入、调节经济和监督社会经济活动的职能。

1. 组织财政收入

税收组织财政收入的职能是指税收通过参与社会产品的分配，形成国家财政收入，归国家支配使用，满足国家实现其职能的需要。组织财政收入的职能是税收最基本的职能，不论是什么性质国家的税收，不论是什么种类的税收，都具有这一职能。

2. 调节经济

税收调节经济的职能是指税收在积累国家财政资金过程中，通过设置不同的税种、税目，确定不同的税率，对不同的部门、单位、个人以及不同产业、产品的收入进行调节，以调整经济利益关系，促进社会经济按照客观规律的要求发展。税收是一种经济杠杆，通过征、不征、多征、少征、加征、减免等办法，造成对纳税人物质利益的不同影响，引导纳税人调整自己的活动，以配合产业政策，促进生产结构、消费结构的调整，优化资源配置。

3. 监督社会经济活动

税收监督社会经济活动的职能是指税收在参与社会产品分配和再分配过程中，对社会产品的生产、流通、分配和消费进行制约和控制。税收监督职能是通过税收征管来实现的，通过税收监督一方面要求纳税人依法纳税，以保证国家履行其职能的物质需要；另一方面，对社会再生产的各个环节进行监督，制止、纠正经济运行中的违法现象，打击经济领域的犯罪活动，保证税收分配的顺利进行，促进国民经济的健康发展。

(三) 我国现行的税收体系

1994年我国通过大规模的工商税制改革，在主体上形成了我国工商税制的整体格局，连同其他税种，共有26种税，20多年来，又多次作了调整，2016年5月1日全面推开营业税改征增值税后，目前开征的共有18个税种。《中华人民共和国环境保护税法》于2016年12月25日第十二届全国人大常委会第25次会议通过，自2018年1月1日起施行。除关税、船舶吨税由海关征收外，其他税种由税务机关负责征收。根据分税制财政管理体制，税收收入分为中央收入、地方收入和中央地方共享收入，见表1-1。

表1-1 我国现行税种

序号	税种	中央税	地方税	中央地方共享税	备注
1	增值税	√		√	海关代征的增值税为中央固定收入；其他为共享，中央分享75%，地方分享25%；2016年5月1日，全面推开“营改增”后，试点期间，分享比例调整为各占50%

续前表

序号	税种	中央税	地方税	中央地方共享税	备注
2	消费税	√			含海关代征的消费税
3	关税	√			
4	企业所得税	√		√	从2002年起铁道运输、邮电、国有商业银行、开发行、农发行、进出口行以及海洋石油天然气企业缴纳的所得税为中央收入；其他由中央与地方共享，中央分享60%，地方政府分享40%
5	个人所得税			√	从2002年开始调整为共享税，中央分享60%，地方政府分享40%
6	房产税		√		
7	契税		√		
8	车船税		√		2007年1月1日起由车船使用税改为车船税；从2012年1月1日起执行新的车船税法
9	印花税		√		从2016年1月1日起，证券交易印花税收入归中央，其他印花税收入归地方
10	城市维护建设税	√	√		铁路部门、各银行总行、各保险总公司等集中缴纳的城市维护建设税为中央固定收入，其他为地方收入
11	耕地占用税		√		
12	车辆购置税	√			2001年1月1日起开征
13	资源税			√	按不同的资源品种划分，大部分资源税作为地方税，海洋石油企业缴纳的资源税作为中央收入
14	城镇土地使用税		√		
15	土地增值税		√		
16	烟叶税		√		2006年4月1日起开征
17	船舶吨税	√			仅对境外港口进入境内港口的船舶征税
18	环境保护税		√		2018年1月1日起开征

说明：表中“√”表示“是”。

（四）税收分类

1. 按征税对象分类

征税对象是税法的一个基本要素，是一种税区别于另一种税的主要标志。按征税对象的不同来分类，是税收最基本和最主要的分类方法。

（1）流转税。流转税是指以商品或劳务的流转额为征税对象征收的一种税。这种税是以商品的货币交换为前提，只要纳税人销售了货物或提供了劳务，取得了销售收入、营业收入或发生了支付金额，就应依法纳税。这种税涉及商品的生产和流通各个环节，主要有增值税、消费税，关税也可归入这一类。流转税是我国现行税制中最大一类税收。

（2）所得税。所得税是指以所得额为征税对象征收的一种税。所得额是指全部收入减除为取得收入所耗费的各项成本费用后的余额。所得税主要有企业所得税和个人所得税。

(3) 财产税。财产税是指以纳税人所拥有或支配的财产为征税对象征收的一种税。财产税以财产为征税对象，应税财产额在一般情况下总是相对稳定的，因此财产税收入比较稳定。财产税主要有房产税等。

(4) 行为税。行为税是指为了调节某些行为，以这些行为为征税对象征收的一种税。行为税主要有印花税、车船税、契税等。

(5) 特定目的税。特定目的税是指为了达到特定目的而征收的一种税。特定目的税主要有城市维护建设税、耕地占用税、车辆购置税等。

(6) 资源税。资源税是指对开发、利用和占有国有自然资源的单位和个人征收的一种税。这种税主要对因开发和利用自然资源而形成的级差收入发挥调节作用。资源税主要有资源税、城镇土地使用税、土地增值税等。

(7) 烟叶税。烟叶税是指国家对收购烟叶的单位按照收购烟叶金额征收的一种税。

2. 按税负能否转嫁分类

按税负能否转嫁，税收可以分为直接税和间接税。凡纳税人一般不能直接将税负转嫁给他人的为直接税，如所得税、财产税等；凡纳税人能将税负全部或部分转嫁给他人负担的为间接税。间接税主要是指课征于一般消费品或劳务的税收，如增值税、消费税、关税等。

3. 按计税依据分类

按计税依据的不同，税收可以分为从量税、从价税和复合税。从量税是以征税对象的自然实物量（重量、件数、面积、长度等）为标准，采用固定单位税额征收的税种，如车船税。从价税是以征税对象的价值量为标准，按规定税率征收的税种，如增值税、企业所得税。复合税是同时以征税对象的自然实物量和价值量为标准征收的一种税，如白酒的消费税等。

4. 按税收管理与使用权限分类

按税收管理与使用权限的不同，税收可以分为中央税、地方税、中央地方共享税。中央税是指管理权限归中央，税收收入归中央支配和使用的税种，如关税、消费税等。地方税是指管理权限归地方，税收收入归地方支配和使用的税种，如车船税、房产税等。中央地方共享税则是指主要管理权限归中央，税收收入由中央政府和地方政府共同享有，按一定比例分成的税种，如增值税、所得税等。

5. 按税收与价格的关系分类

按税收与价格的关系，税收可以分为价内税和价外税。价内税是商品税金包含在商品价格之中，商品价格由“成本＋税金＋利润”构成，如消费税等。价外税是指商品价格中不包含商品税金，仅由成本和利润构成，商品税金只作为商品价格之外的一个附加额，如增值税。

6. 按会计核算中使用的会计科目分类

按会计核算中使用的会计科目，税收可以分为销售税金、资本性税金、所得税及增值税。销售税金是指在销售过程中实现，按销售收入或数量计税并作为销售利润减项，在“税金及附加”科目核算的税金，如消费税、资源税、土地增值税、城市维护建设税等。资本性税金是指在投资活动中发生，计入资产价值的税金，如契税、耕地占用税等。对净利润来说，所得税也是费用性税收，但它是通过“所得税费用”科目核算。增值税是价外税，会计核算有它的特殊性。

二、税制构成的基本要素

（一）纳税人

纳税人是税法规定直接负有纳税义务的单位和个人，也称纳税主体，它规定了税款的法律承担者。纳税人可以是自然人，也可以是法人。

1. 自然人

自然人是对能够独立享受法律规定的民事权利，并承担相应民事义务的普通人的总称。凡是在我国居住，可享受民事权利并承担民事义务的中国人、外国人或无国籍人，以及虽不在我国居住，但受我国法律管辖的中国人或外国人，都属于负有纳税义务的自然人。

2. 法人

法人是指依照法定程序成立，有一定的组织机构和法律地位，能以自己的名义独立支配属于自己的财产、收入，承担法律义务，行使法律规定的权利的社会组织。如企业、事业单位、国家机关、社会团体、学校等都属于法人。法人若有税法规定的应税财产、收入和特定行为，就对国家负有纳税义务。

在实际纳税工作中，要注意纳税人与扣缴义务人的区别。扣缴义务人是指按照税法规定负有扣缴税款义务的单位和个人。确定扣缴义务人有利于加强税收的源泉控制，简化征税手续，减少税款流失。但扣缴义务人不是纳税主体，而是纳税人和税务机关的中介。如果扣缴义务人按照税务机关和税法的要求，认真履行了扣缴义务，税务机关就给予其一定的手续费；反之，如果他们未按规定代扣代缴，使代扣代缴的税款不能按时缴入国库或帮助纳税人偷逃税收，就要追究其法律责任。

（二）征税对象

征税对象又称课税对象，是征税的目的物，即对什么东西征税，是征税的客体，是一种税区别于另一种税的主要标志。征税对象体现不同税种征税的基本界限，决定着不同税种名称的由来以及各种税种在性质上的差别，并对税源、税收负担等产生直接影响。与征税对象密切相关的有以下两个概念：

1. 税目

税目是税法上规定应征税的具体项目，是征税对象的具体化，反映各种税种具体的征税项目，它体现每个税种的征税广度。税目一般分为列举税目和概括税目两种：①列举税目，就是将每一种商品或经营项目等，采用一一列举的方法，分别规定税目，必要时还可以在税目之下划分若干子目；②概括税目，就是按照商品大类或行业，采用概括方法设计税目。

2. 计税依据

计税依据是征税对象的数量化，是应纳税额计算的基础。计税依据具体分为三种：一是从价计征，即以计税金额为计税依据；二是从量计征，即以征税对象的实物单位量（如重量、体积等）为计税依据；三是复合计税，即同时以征税对象的计税金额和实物单位量为计税依据。

(三) 税率

税率是应纳税额与计税依据之间的法定比例，是衡量税负轻重的重要标志，体现了课税的深度。税率是最活跃、最有力的税收杠杆，是税收制度的核心。按照税率的表现形式，税率可以分为以绝对量形式表示的税率和以百分比形式表示的税率，常用的有以下几种形式：

1. 比例税率

比例税率是对同一征税对象或同一税目，不论数额大小，都按同一比例征税的税率，税额与计税依据之间的比例是固定的。我国现行的增值税、企业所得税等均采用比例税率。采用比例税率，计算简便，符合税收效率原则，对同一征税对象的不同纳税人税负相同，有利于企业在基本相同的条件下展开竞争。但不分纳税人实际环境差异按同一税率征税，这与纳税人的实际负担能力不完全相符，在调节企业利润水平方面有一定的局限性，难以体现税收的公平原则。

2. 累进税率

累进税率是指把计税依据按一定的标准划分为若干个等级，从低到高分别规定逐级递增的税率。这种税率形式的特点是税率等级与计税依据的数额等级同方向变动，有利于按纳税人的不同负担能力设计税率，更加符合税收公平的原则。累进税率按其累进依据和累进方式不同有以下三种形式。

（1）全额累进税率。全额累进税率是指将计税依据划分为若干个等级，从低到高每一个等级规定一个适用税率，当计税依据由低的一级升到高的一级时，全部计税依据均按高一级税率计算应纳税额。这种方式计算简便，但累进程度急剧，特别是在两个等级的临界处，会出现应纳税额增加超过计税依据增加的不合理现象。这种方法目前在世界各国已很少使用。

（2）超额累进税率。超额累进税率是指将计税依据划分为若干个等级，从低到高每一个等级规定一个适用税率，一定数额的计税依据可以同时适用几个等级的税率，每超过一级，超过部分按高一级的税率计税，各等级应纳税额之和为纳税人的应纳税总额。这种方式累进程度比较缓和，目前已被多数国家采用，如综合所得的个人所得税税率等。

（3）超率累进税率。超率累进税率是指以征税对象的某种比例为累进依据，按超额累进方式计算应纳税额的税率。其计税原理与超额累进税率相同，只是税率累进的依据不是征税对象的绝对数，而是相对比率（如增值率等），如我国现行的土地增值税税率。

3. 定额税率

定额税率是按征税对象确定的计算单位直接规定一个固定税额，而不是规定征收比例，因此也称为固定税额，是税率的一种特殊形式。定额税率与征税对象的价值量无关，不受征税对象价值量变化的影响。它一般适用于从量计征的税种，如城镇土地使用税、车船税等。

(四) 纳税环节和纳税地点

纳税环节是指按税法规定对处于不断运动中的纳税对象选定的应当征税的环节。纳税环节包括一次课征和多次课征：凡只在一个环节征税的称为一次课征，如我国的资源税只在开采环节征税；凡在两个及以上环节征税的称为多次课征，如我国的增值税对商品的生产、批发和零售均征税。

与纳税环节密切相关的是纳税地点，它是指税法规定的纳税人缴纳税款的地点，如纳税人的户籍所在地、居住地、营业执照颁发地、生产经营所在地等。一般来说，这些地点接近或一致，但也有许多不一致的情况，如在此地登记，而跨地区经营的情况。

（五）纳税时间

纳税时间是指税法规定的关于税款缴纳时间方面的限定，具体包括以下三个方面：

（1）纳税义务发生时间。是指应税行为发生的时间。

（2）纳税期限。是指每隔固定时间汇总一次纳税义务的时间。税法规定了每种税的纳税期限，如《增值税暂行条例》规定，增值税的纳税期限分别为1日、3日、5日、10日、15日、1个月或者1个季度。纳税人的具体纳税期限，由主管税务机关根据纳税人应纳税额的大小分别核定；不能按照固定期限纳税的，可以按次纳税。

（3）缴库期限。是指税法规定的纳税期满后，纳税人将应纳税款缴入国库的期限。如《增值税暂行条例》规定，纳税人以1个月或者1个季度为1个纳税期的，自期满之日起15日内申报纳税。

（六）减税免税

减税免税是对某些纳税人或征税对象的鼓励或照顾措施。减税是对应纳税额少征一部分税款，而免税是对应纳税额全部免征税款。减税免税可以分为税基式减免、税率式减免和税额式减免3种形式。

1. 税基式减免

税基式减免是通过直接缩小计税依据的方式来实现的减税免税。其涉及的概念包括起征点、免征额、项目扣除以及跨期结转等。

起征点是征税对象达到一定数额开始征税的起点，对征税对象数额未达到起征点的不征税，达到起征点的按全部数额征税。免征额是在征税对象的全部数额中免予征税的数额，对免征额的部分不征税，仅对超过免征额的部分征税。项目扣除则是指在征税对象中扣除一定项目的数额，以其余额作为依据计算税额。跨期结转是指将以前纳税年度的经营亏损从本纳税年度经营利润中扣除。

2. 税率式减免

税率式减免即通过直接降低税率的方式实现的减税免税。这种形式包括重新确定税率、选用其他税率、零税率。

3. 税额式减免

税额式减免即通过直接减少应纳税额的方式实现的减税免税。这种形式包括全部免征、减半征收、核定减免率以及另定减征额等。

（七）附加与加成

附加也称为地方附加，是地方政府按照国家规定的比例随同正税一起征收的列入地方预算外收入的一种款项，如教育费附加。

加成是指根据税制规定的税率征税以后，再以应纳税额为依据加征一定成数的税额。加征一成相当于应纳税额的10%，加征成数一般规定在一成至十成之间，如劳务报酬所得的个人所得税。

无论是附加还是加成，都增加了纳税人的负担，但这两种加税措施的目的是不同的：实行地方附加是为了给地方政府筹措一定的机动财力，用于发展地方建设事业；实行加成则是为了调节和限制某些纳税人获取的过多的收入或者是对纳税人违章行为进行处罚的措施。

（八）法律责任

法律责任一般是指由于违法而应当承担的法律后果。违法行为是承担法律责任的前提，而法律制裁是追究法律责任的必然结果。法律制裁，习惯上又称为罚则或违章处理，是对纳税人违反税法的行为所采取的惩罚措施，它是税收强制性特征的具体体现。

三、税务会计的性质

（一）税务会计的概念

税务会计是以现行税法为准绳，以货币为主要计量单位，运用会计的专门方法对纳税单位税基的形成、税款的计算、申报和缴纳所引起的资金运动进行连续、系统的核算和监督的一门专业会计。它是从财务会计中独立出来的，成为现代会计的一个新分支，是融税收法规和会计核算为一体的一种特殊的专业会计，可以说是税务中的会计、会计中的税务。

（二）税务会计的对象

税务会计的对象，即税务会计核算和监督的内容。凡是企业在生产经营过程中能够用货币表现的各种税务活动，都是企业税务会计核算和监督的内容。主要包括：

1. 税基的确定

税基是指课税基础，一是指某类税的经济基础，如流转税的课税基础是流转额，所得税的课税基础是所得额，财产税的课税基础是财产额等；二是指计算缴纳税金的依据或标准，既有从价计征，又有从量计征。在企业中，属于计税基础和依据的业务内容有：

（1）应税流转额。应税流转额是指社会产品在流通中取得的营业收入或数量。它既包含企业用于取得该收入的成本和费用，也包含利润、价内税金，既是计算流转税的计税依据，也是计算所得税的前提之一。

（2）生产、经营成本（费用）扣除额。生产、经营成本（费用）扣除额是指企业在生产经营过程中物化劳动和活劳动消耗的总和，是价值补偿的尺度。一定会计期间的成本（费用）与经营收入总额相比较，可以反映企业的盈亏、劳动生产率高低等情况。成本（费用）扣除额的计算直接影响利润的高低，它是计算会计所得、纳税所得的基础，直接影响所得税纳税额的多少。

（3）应税所得额。应税所得额是指按照税收制度计算确定的应纳税所得。应税所得额不等于会计利润，它通常要在会计利润的基础上按税收制度进行调整求得。应税所得额的大小直接影响应纳所得税税额，是所得税会计核算的一项重要内容。

（4）应税财产额。应税财产额是指企业在某一个时点上占用或支配的需要纳税的财产数量和价值，包括不动产、有形资产、无形资产等。企业应税财产额是财产税征收的税基和依据。

（5）应税行为计税额。应税行为计税额是指税法规定的企业应纳税的特定行为。例如，为了生产经营拥有一定资金要订立合同、开立账簿，就要缴纳印花税。企业行为的结果，是行为税的税基。

2. 税款的计算与核算

对每一税种应纳税额的计算是税务会计核算和监督的基本内容，它要求企业按照税收法规进行计算，并按税务会计的核算方法进行核算。这包括征税对象、征税范围的界定，计税依据和标准的确定，计算方法的正确使用，应纳税额的正确核算等。

3. 税款的缴纳、退补和减免

正确地计算应缴各种税款后，应按税法规定的纳税期限、纳税环节、纳税时间和地点的要求，及时进行纳税申报并及时缴纳。退税、补税、减税、免税都是企业税务活动中的特殊业务，也应按税法规定执行，它的过程与结果也应及时在税务会计中得到反映。

4. 税收滞纳金和罚款

企业作为纳税义务人，应按税法规定，及时足额上缴税款。由于企业生产经营情况或其他原因，未经税务部门同意拖欠了税款，或是为了企业小团体利益，违背了税法规定等，必须按规定缴纳税收滞纳金或税收罚款，这些也属于税务活动，是税金支出的附加支出，也是税务会计核算和监督的内容。

（三）税务会计的目标

税务会计的目标是指税务会计工作所要达到的最终目的。税务会计最终是向其利害关系人提供有关纳税人税务活动的信息，具体可概括为以下三个方面：

（1）依法纳税，保证国家财政收入，并为国家宏观经济管理提供纳税信息。

（2）正确进行税务会计处理，为投资者、债权人进行决策提供有用的会计信息。

（3）科学进行纳税筹划，合理选择纳税方案，为企业内部加强经营管理提供信息。

（四）税务会计的职能

企业税务会计的职能是指税务会计本身所固有的内在功能。税务会计是会计学的一个分支，其基本职能与一般会计相同，主要是核算和监督两大职能，但税务会计与税收联系密切，其核算和监督的具体内容与一般会计有所不同。

1. 核算职能

核算职能是指税务会计根据国家的税收法规、会计准则和财务报告条例等，全面、真实、系统地记录和核算企业生产经营过程中的税务活动，即税务资金的形成、计算、缴纳、退补等，为国家组织税收提供可靠的依据。同时税务会计又要在遵守税法的前提下，针对纳税人自身的特点，利用会计特有的方法，科学筹划纳税人的纳税活动，使纳税人充分享受税收的优惠政策，最大限度地减轻或推迟纳税。企业通过税务会计活动及对提供的资料进行分析，可为其改善经营管理、提高经济效益提供保证。

2. 监督职能

监督职能是指税务会计根据国家的税收法令和有关方针、政策、制度等，通过一系列核算方法，监督企业应纳税款的形成、计算和解缴情况，监督企业的收益分配，实现税收杠杆的经济调节作用。企业通过税务会计对企业税务活动的监督和控制及其提供的税收信息，保证国家税收法规的贯彻实施和适时修正。

(五) 税务会计的基本前提

税务会计的基本前提是保证税务会计信息正确确认和计量的基础。税务会计源于财务会计，财务会计中的某些基本前提也适用于税务会计，如持续经营、会计分期、货币计量等。税务会计在具体运用时，也有其特殊性，具体表现在以下几个方面：

1. 纳税主体

纳税主体是指税务会计工作为之服务的法人或自然人，也就是税法所规定的纳税人，是税务会计所作用的空间范围。税务会计主体是指税务会计工作为其服务的特定单位或组织。纳税主体的税务活动与其他活动以及投资者个人经济业务是有区别的，只有纳税主体的税务活动才属于税务会计反映、监督的内容，换言之，企业税务会计人员只能站在企业的立场上，对企业税务活动的过程和结果予以揭示和管理。至于企业投资者的有关税务活动，则是投资者个人或另一个法人的事情，不属于这一纳税主体的活动范围。税务会计由纳税主体基本前提所决定，这就要求企业税务会计人员既严格依据税收法规进行计税和纳税，也维护企业纳税人利益，经济、合理地筹划和控制税款费用的发生。

2. 货币时间价值

货币时间价值通常是指货币资金由于时间的推移而能够使自身增值的效能，即今天的一元钱比若干年后收到或付出一元钱的价值要大得多。随着时间的推移，投入周转使用的资金价值将会发生增值，这种增值的能力或数额就是货币的时间价值。这一基本前提已成为税收立法、税务征管和纳税人选择会计方法的立足点，它深刻地揭示了纳税人进行纳税筹划的内在原因，也同时说明了所得税会计中采用债务法进行纳税调整的必要性。

3. 纳税年度

纳税年度是指纳税人应向国家缴纳各种税款的起止时间。在我国，为了便于协调税务会计与财务会计的有关数据，应纳税年度与日历年度、财政年度、会计年度是相同的，都是每年公历1月1日到12月31日止。在其他一些国家，应纳税年度多同于财政年度和会计年度，但却不同于日历年度，如美国大多数州是每年的7月1日起到次年的6月30日止。对于在应纳税年度中间开始营业的纳税人来说，应纳税年度是指其营业开始日至同期应纳税年度终止日。

4. 年度会计核算

年度会计核算是指财务会计依据会计准则的规定，遵循财务会计理论的要求，在会计年度内对企业的各项经济活动运用专门的会计方法，进行正确、及时的记录、整理和汇总，并定期地结账和决算，编制公允的年度财务会计报告的全过程。年度会计核算是税务会计中最根本的前提，各国税制都是建立在年度会计核算期间的基础上，而不是建立在某一特定业务的基础上，课税只针对某一特定纳税期间里发生的全部事件的净结果，而不考虑当期事件在后续年度中的可能结果如何，后续事件将在其发生的年度内考虑。

(六) 税务会计的原则

由于税务会计是会计领域的一个分支学科，因此财务会计中的总体要求原则、会计信息质量要求原则以及会计要素的确认与计量原则，大部分或基本上也适用于税务会计。但税务会计与税法的特定联系，税收理论和立法中的实际支付能力原则、公平税负原则、社会效益原则等，也会非常明显地影响税务会计。根据税务会计的特点，结合财务会计原则与税收原则，我们可将体现在税务会计上的特定原则归纳如下：

1. 合法性

税务会计在核算收入与费用、计算应纳税额、筹划税务活动和申报缴纳税款的过程中，一切均需要以税收法规为准绳，不能违背法律。而税法因国家的政治、经济发展与政策调整会有所变更。因此，税法是有时效的，这就要求税务会计人员时刻紧跟税法的变化，坚持按现行税收法规处理业务。

2. 调整性

税务会计对财务会计的依存关系，决定了计税基础对会计账簿数据的依赖性。但税务会计与财务会计目标的分歧，又决定了两者之间会计概念上的差异。为达到正确计税和及时纳税的目的，税务会计必须对财务会计处理中与现行税法不符的会计事项进行调整。因此，调整性原则是税务会计有别于其他专业会计的突出标志。

3. 公平性

税收是调整国家与企业单位、国家与个人之间经济利益的手段，税务会计则是落实税收政策、达成公平课税的工具。在税法面前，每一个纳税人的权利和义务都是平等的。因此，税务会计必须客观、真实地核算纳税人的收入与费用，只有这样，才能达到合理、公平地分配税收负担的效果。

4. 经济性

税务会计信息具有的双向服务特点，决定了税务会计的经济性原则具有双向含义。也就是说，对于纳税人来讲，为了维护自身的经济利益，理应依法筹划税务活动，力求经济纳税；而对于税收机关来讲，为了实现国家的宏观管理职能，必然依法强化税收征管，以保证财政收入。因此，经济性原则就要求税务会计精确计算纳税人应纳税额，让纳税人合理地完成纳税义务。

5. 修正的权责发生制

收付实现制是指所有关于收入和费用的确认，均以现金流入或现金流出为标准。也就是说，只有收到现金的经济活动，才作收入；只有为取得收入而形成现金付出的经济活动，才作费用。收付实现制体现了公平负税和支付能力的原则，是确保纳税人有能力支付应纳税款而使政府获取财政收入的基础。但是，由于收付实现制不符合《企业会计准则——基本准则》的规定，因此一般不能用于财务会计报告目的，只适用于个人和不从事商品购销业务的中小企业的纳税申报。

权责发生制是指所有收入和费用的确认，均以权利已经形成或义务（责任）已经发生为标准。也就是说，一项收入之所以计入当期，是因为当期能取得它，所以具有享有该项收入的权利；一项费用之所以列入当期，是因为当期接受了它所提供的服务，所以负有承担该项费用的责任。权责发生制广泛用于财务会计报告，当它被用于税务会计时，与财务会计上的权责发生制存在一些区别：一是必须考虑支付能力原则，使得纳税人在最有能力支付时支付税款；二是确定性的需要，使得收入和费用的实际实现具有确定性；三是保护政府财政税收收入，如在收入的确认上，权责发生制的税务会计由于在一定程度上被支付能力原则所覆盖而包含一定的收付实现制的方法，而在费用的扣除上，财务会计采用稳健原则列入的某些估计费用，在税务会计中不能采用。税务会计强调“该经济行为已经发生”的限制条件，从而起到保障政府税收收入的目的。

在税法和税务会计实务中，世界上大多数国家实际采用的是修正的权责发生制原则。在美国税制中，有一条著名的定律，即克拉尼斯基定律，它可以充分说明修正的权责发生制原则的“真谛”：如果纳税人的财务会计方法致使收益立即得到确认，而费用永远得不到确认，则税务当局可能会因所得税目的允许采用这种会计方法；如果纳税人的财务会计方法致使收益永远得不到确认，而费用立即得到确认，则税务当局可能会因所得税目的而不允许采用这种会计方法。在该原则下，如果纳税人采用收付实现制，其发生的一次性资产租金支出，税务当局不允许将其一次扣除，而要求企业将租金资本化，在租赁期内平均摊销。如果纳税人采用权责发生制，对于其取得的一次性资产租金收入，税务当局则要求将租金收入全部计入当期的应税收入，而不允许在租赁期内分期确认应税收入。

四、税务会计与财务会计的比较

税务会计是社会经济发展到一定阶段而产生的，它是从财务会计中分离出来的，因此它与财务会计有着密切的联系；但是税务会计又是融现行税法和会计核算为一体的一门特殊的专业会计，因此又与财务会计有着一定的区别。

（一）税务会计与财务会计的联系

税务会计作为一项实质性工作并不是独立存在的，而是企业财务会计的一个特殊领域，是以财务会计为基础的，是税务中的会计、会计中的税务。税务会计并不要求企业在财务会计的凭证、账簿、报表之外再设一套会计账表，也不需要独立设置税务会计机构。企业只需要设置一套完整的会计账表，平时只需按财务会计准则、会计制度作会计处理，需要时按现行税法进行调整。所以税务会计的资料来源于财务会计。同时，在计量单位、使用的文字和通用的基本会计原则等方面，税务会计与财务会计都是相同的。

（二）税务会计与财务会计的区别

1. 目标不同

财务会计所提供的信息，除为综合部门及外界有关经济利益者服务外，也为企业本身的生产、经营服务；税务会计在为利害关系人提供有关纳税人税务活动的信息时，要求按现行税法和缴纳办法，正确履行纳税人的纳税义务，充分享受纳税人的权利。

2. 对象不同

企业财务会计核算和监督的对象是企业以货币计量的全部经济事项，包括资金的投入、循环、周转、退出等过程，而税务会计核算和监督的对象只是与纳税人的纳税义务相关的经济活动，即税务活动。也就是说，原来在财务会计中有关税款的核算、申报、解缴的内容，划归税务会计，并由税务会计作为核心内容分门别类地阐述，企业财务会计只对这部分内容作必要的提示即可。

3. 核算基础、处理依据不同

税收原则与会计准则存在某些差异，其中最主要的差别在于收益实现的时间和费用的可扣减性上。税收制度是收付实现制与权责发生制的结合，是修正的权责发生制，因为计算应税所得要考虑纳税人立即支付货币资金的能力、管理上的方便和征收当期收入的必要性，所以税务纳税年度自身存在独立性的倾向。财务会计只是遵循会计准则、依照会计制度处理各种经济业务，会计人员对某些相同的经济业务可能有不同的表述、出现不同的会计结果，这些是正常的。而税务会计不仅要遵循一般的会计原则，更要严格按现行税法的要求进行会计处理，具有强制性、客观性、统一性。

4. 计算损益的程序不同

税收法规中包括修正一般收益概念的社会福利、公共政策和权益条款，强调“会计所得”与“应税所得”的不同。各国所得税法都规定法定收入项目及税法允许扣除项目，在按税法确定两者金额后，其差额即为应税所得额。税务会计以此为法定依据。在实际计算时，在会计所得的基础上调整为应税所得，是税务会计的主要内容。

※ 职业能力判断与选择 ※

一、判断题

1. 税收分配以政治权力为主，财产权利为辅。（　　）

2. 税收的“三性”是不同社会制度下税收的共性，是税收区别于其他财政收入形式的标志。（　　）

3. 累进税率的基本特点是税率等级与征税对象的数额等级同方向变动，所以在级距临界点附近会出现税负增加超过征税对象数额增加的不合理现象。（　　）

4. 对同一征税对象，不论数额多少，均按同一比例征税的税率称为定额税率。（　　）

5. 我国的增值税实行的是一次课征制。（　　）

6. 税目是征税对象在应税内容上的具体化，它体现了征税的深度。（　　）

7. 税率是应纳税额占征税对象数额的比例，也是衡量税负轻重的重要标志。（　　）

8. 纳税期限是税收强制性和固定性在时间上的体现，因此各种税在其税法中都应规定纳税人的纳税期限。（　　）

9. 起征点是指达到或超过的就其全部数额征税，达不到的不征税；而免征额是指达到和超过的，可按扣除其该数额后的余额计税。（　　）

10. 税务会计作为一项实质性工作是独立存在的，它要求企业在财务会计凭证、账簿、报表之外再设一套会计账表。（　　）

二、选择题（第 1～6 题为单项选择题，第 7～10 题为多项选择题）

1. 行为目的税是规定对某些特定行为及为实现国家特定政策目的征税的法律规范。在下列税法中，属于行为目的税的是（　　）。

A. 消费税　　B. 增值税　　C. 印花税　　D. 房产税

2. 税法上规定的纳税人是指直接(　　)的单位和个人。

A. 负有纳税义务　　B. 最终负担税款

C. 代收代缴税款　　D. 承担纳税担保

3. (　　)是对同一征税对象，不论数额的大小，均按相同比例征税的税率。

A. 比例税率　　B. 累进税率

C. 定额税率　　D. 累退税率

4. 定额税率的一个重要特点是(　　)。

A. 按税目确定税额　　B. 与征税对象数量成正比

C. 不受价格的影响　　D. 与课税数量成反比

5. 我国现行税法体系中，采用多次课征的税种是(　　)。

A. 增值税　　B. 消费税

C. 企业所得税　　D. 资源税

6. 某纳税人某月取得收入250元，税率为10%，假定起征点和免征额均为240元，则按起征点和免征额办法计算，分别应纳税（　　）。

A. 25元和1元　　B. 25元和24元

C. 24元和1元　　D. 1元和0元

7. 税收职能是税收的一种长期固定的属性，我国社会主义税收的职能是(　　)。

A. 组织财政收入职能　　B. 调控经济运行职能

C. 促进经济发展职能　　D. 监督管理经济职能

8. 以下属于中央税的有（　　）。

A. 消费税　　B. 企业所得税

C. 关税　　D. 增值税

9. 税法构成要素包括（　　）。

A. 征收对象　　B. 计税依据

C. 税率　　D. 纳税人

10. 我国现行税制中采用的累进税率有(　　)。

A. 全额累进税率　　B. 超率累进税率

C. 超额累进税率　　D. 超倍累进税率

任务二

涉税登记

※ 任务描述 ※

企业创办之时，报税岗位的会计人员在办理了工商登记，取得由工商行政部门核发加载法人和其他组织统一社会信用代码的营业执照，即“五证合一、一照一码”之后，需要到税务机关办理增值税一般纳税人的登记工作。在企业后来的经营活动中，当企业原先登记的有关信息发生变化时，需要向税务机关办理申报变更；当企业发生解散、破产或撤销时，需要办理注销，须先向税务主管机关申报办理清税手续。

※ 知识准备与业务操作 ※

一、涉税事务登记

为改革市场准入制度、简化手续、缩短时限，2015 年 6 月 23 日，国务院办公厅发布了《关于加快推进“三证合一”登记制度改革的意见》。“三证合一”登记制度是指将企业登记时依次申请，分别由工商行政部门核发工商营业执照、质量技术监督部门核发组织机构代码证和税务部门核发税务登记证，改为一次申请、由工商行政管理部门核发一个营业执照的登记制度。为具体落实“三证合一”登记制度改革，同年 9 月 10 日，国家税务总局发布《关于落实“三证合一”登记制度改革的通知》，就税务部门落实“三证合一”登记制度改革作出了具体部署。在全面实施工商营业执照、组织机构代码证、税务登记证“三证合一”登记制度改革的基础上，再整合社会保险登记证和统计登记证，从 2016 年 10 月 1 日起，实现“五证合一、一照一码”登记制度改革。

自 2015 年 10 月 1 日起，新设立企业和农民专业合作社领取由工商行政部门核发加载法人和其他组织统一社会信用代码（简称“统一代码”）的营业执照后，无须再次进行税务登记，不再领取税务登记证。企业办理涉税事宜时，在完成补充信息采集后，凭加载统一代码的营业执照可代替税务登记证使用。除以上情形外，其他税务登记按照原有法律制度执行外，改革前核发的原税务登记证件在 2017 年年底前过渡期内继续有效，2018 年 1 月 1 日起，一律改为使用加载统一代码的营业执照，原发税务登记证件不再有效。

工商登记“一个窗口”统一受理申请后，申请材料和登记信息在部门间共享，各部门数据互换、档案互认。各级税务机关应加强与登记机关的沟通协调，确保登记信息采集准确、完整。各省税务机关在交换平台获取“三证合一”企业登记信息后，依据新设立企业和农民专业合作社住所按户分配至县（区）税务机关；县（区）税务机关确认分配有误的，将其退回至市（地）税务机关，由市（地）税务机关重新进行分配；省税务机关无法直接分配至县（区）税务机关的，将其分配至市（地）税务机关，由市（地）税务机关向县（区）税务机关进行分配。对于工商登记机关已经采集的信息，税务登记不再重复采集；其他必要涉税的基础信息，可在新设立企业和农民专业合作社办理有关涉税事宜时，及时采集，陆续补齐。发生变化的，由新设立企业和农民专业合作社直接向税务机关申报变更，税务机关及时更新税务系统中的企业信息。

已实行“五证合一、一照一码”登记模式的新设立企业和农民专业合作社办理注销登记时，需要先向税务主管机关申报清税，填写清税申报表，限时办理。清税完毕后，税务机关应及时将清税结果向纳税人统一出具清税证明，并将信息共享到交换平台。

税务机关应当分类处理纳税人清税申报，扩大即时办结范围。根据企业经营规模、税款征收方式、纳税信用等级指标进行风险分析，对风险低的当场办结清税手续；对于存在疑点情况的，企业也可以提供税务中介服务机构出具的鉴证报告。税务机关在核查、检查过程中发现涉嫌偷、逃、骗、抗税或虚开发票的，或者需要进行纳税调整等情形的，办理时限自然中止。在清税后，经举报等线索发现少报、少缴税款的，税务机关将相关信息传至登记机关，纳入“黑名单”管理。

过渡期间未换发“五证合一、一照一码”营业执照的企业申请注销，税务机关按原规定办理。

二、增值税一般纳税人资格登记

增值税纳税人分为一般纳税人和小规模纳税人两类。其中，一般纳税人资格实行登记制，登记事项由增值税纳税人向其主管税务机关办理，一般应具备以下条件：

(1) 会计核算健全，能够准确提供税务资料。

(2) 预计年应税销售额达到以下标准：从2018年5月1日起不再按企业类型划分，统一调整为500万元以上。

一般纳税人总、分支机构不在同一县（市）的，应分别向其机构所以地主管税务机关申请办理一般纳税人登记手续。

小规模纳税人会计核算健全、能够提供准确税务资料的，可以向主管税务机关申请一般纳税人登记。

※ 职业能力判断与选择 ※

一、判断题

1. 新设立企业和农民专业合作社领取由工商行政部门核发加载统一代码的营业执照后，无须再次进行税务登记，不再领取税务登记证。(　　)

2. 企业办理涉税事宜时，在完成补充信息采集后，凭加载统一代码的营业执照可代替税务登记证使用。(　　)

3. 已实行“五证合一、一照一码”登记模式的新设立企业和农民专业合作社办理注销登记时，需要先向税务主管机关申报清税。(　　)

4. 增值税纳税人分为一般纳税人和小规模纳税人两类，一般纳税人实行登记制度。(　　)

5. 小规模纳税人会计核算健全、能够提供准确税务资料的，可以向主管税务机关申请一般纳税人登记。(　　)

二、选择题（第1～3题为单项选择题，第4、5题为多项选择题）

1. “五证合一、一照一码”登记模式，在税务机关正式实施的时间为（　　）。

A. 2015年10月1日　　B. 2015年6月23日

C. 2015年9月10日　　D. 2016年10月1日

2. 从事货物生产或者提供应税劳务的纳税人，以及以从事货物生产或者提供应税劳务为主，并兼营货物批发或者零售的纳税人，登记增值税一般纳税人时，其年应征增值税销售额应达到或超过（　　）万元。

A. 50　　B. 80　　C. 500　　D. 100

3. 交通运输业、邮政业、电信业、建筑业、金融业、服务业和销售无形资产、不动产纳税人登记增值税一般纳税人时，其应税服务年销售额应在（　　）万元以上。

A. 50　　B. 80　　C. 500　　D. 100

4. “五证合一、一照一码”登记制度的五证是指（　　）。

A. 税务登记证　　B. 工商营业执照

C. 组织机构代码证　　D. 社会保险登记证

E. 统计登记证

5. 一般纳税人登记应具备的条件包括（　　）。

A. 会计核算健全，能够准确提供税务资料

B. 预计年应税销售额达到规定标准

C. 具有固定生产经营场所

D. 生产企业或商品流通企业

任务三
账证管理

※ 任务描述 ※

报税岗位的会计人员在完成相关涉税登记后，需要根据企业的类型和经营范围，从实际出发设置、登记和管理账簿，领购、使用和保管发票。

※ 知识准备与业务操作 ※

一、涉税账簿的设置

从事生产、经营的纳税人应当自领取营业执照之日起 15 日内设置账簿，一般企业要设置的涉税账簿有总分类账、明细账（按具体税种设置）及有关辅助性账簿。“应交税费——应交增值税”明细账使用特殊的多栏式账页，其他明细账使用三栏式明细账页，总分类账使用总分类账页。扣缴义务人应当自税法规定的扣缴义务发生之日起 10 日内，按照所代扣、代收的税种设置代扣代缴、代收代缴税款账簿。同时，从事生产、经营的纳税人应当自领取加载统一代码的营业执照之日起 15 日内，将其企业的财务制度、会计处理办法及会计核算软件报送税务机关备案。

生产经营规模小又确实无建账能力的纳税人，可以聘请注册会计师或者经税务机关认可的财会人员代为建账和办理账务；聘请上述机构或者人员有实际困难的，报经县以上税务机关批准，可以按照税务机关的规定，建立收支凭证粘贴簿、进货销货登记簿或者使用税控装置。

二、发票的领购

纳税人领取加载统一代码的营业执照后，应携带有关证件向税务机关提出领购发票的申请，然后凭税务机关发给的发票领购簿中核准的发票种类、数量以及购票方式，向税务机关领购发票。

发票是指在购销商品、提供或者接受劳务和其他经营活动中，开具、收取的收付款凭证。发票是确定经济收支行为发生的证明文件，是财务收支的法定凭证和会计核算的原始凭证，也是税务稽查的重要依据。《中华人民共和国税收征收管理法》（简称《税收征管法》）规定：税务机关是发票主管机关，负责发票印制、领购、开具、取得、保管、缴销的管理和监督。发票一般分为普通发票和增值税专用发票。

（一）普通发票

1. 发票领购簿的申请、核发

纳税人凭加载统一代码的营业执照副本到主管税务机关领取并填写发票领购申请审批表，同时提交如下材料：经办人身份证明（居民身份证或护照）、财务专用章或发票专用章印模及主管税务机关要求报送的其他材料。

主管税务机关发票管理环节对上述资料审核无误后，将核批的发票名称、种类、购票数量、购票方式（包括批量供应、验旧供新、交旧供新）等填发在发票领购簿上，同时对发票领购簿号码进行登记。

【提示】纳税人到外省（市、区）从事临时经营活动的，可以向临时经营活动所在地税务机关申请领购发票。在申请领购发票时，需提供保证人或者根据所领购发票的票面限额及数量缴纳不超过10 000元的保证金，并限期缴销发票。

2. 普通发票的领购

领购普通发票时，纳税人须报送加载统一代码的营业执照副本、发票领购簿及经办人身份证明。一般纳税人领购增值税普通发票还需提供税控IC卡，供主管税务机关发票管理环节在审批发售普通发票时查验，对验旧供新和交旧供新方式售票的，还需提供前次领购的发票存根联。

审验合格后，纳税人按规定支付工本费，领购发票，并审核领购发票的种类、版别和数量。

（二）增值税专用发票

1. 增值税专用发票领购簿的申请、核发

增值税一般纳税人，凭增值税一般纳税人登记表，到主管税务机关发票管理环节领取并填写增值税专用发票领购簿申请书，然后提交下列资料：（1）领取增值税专用发票领购簿申请书；（2）加载统一代码的营业执照副本；（3）办税员的身份证明；（4）财务专用章或发票专用章印模；（5）领取最高开票限额申请表。

主管税务机关发票管理环节对上述资料审核无误后，填发增值税专用发票领购簿，签署准购发票名称、种类、数量、面额、购票方式、保管方式等审核意见。

2. 增值税专用发票的初始发行

一般纳税人领购专用设备后，凭最高开票限额申请表、发票领购簿到主管税务机关办理初始发行，即主管税务机关将一般纳税人的下列信息载入空白金税卡和IC卡：（1）企业名称；（2）加载统一代码的营业执照代码；（3）开票限额；（4）购票限量；（5）购票人员姓名、密码；（6）开票机数量；（7）国家税务总局规定的其他信息。

一般纳税人发生第（2）项信息变化时，应向主管税务机关申请注销发行；发生除上述第（2）项外其余各项信息变化时，应向主管税务机关申请变更发行。

3. 增值税专用发票的领购

增值税专用发票一般由县级主管税务机关发票管理环节发售，发售增值税专用发票实行验旧供新制度。

审批后日常领购增值税专用发票，需要提供以下资料：发票领购簿、IC卡、经办人身份证明、上一次发票的使用清单、税务部门规定的其他材料。

对资料齐备、手续齐全、符合条件而又无违反增值税专用发票管理规定行为的，主管税务机关发票管理环节予以发售增值税专用发票，并按规定价格收取发票工本费，同时开具收据交纳税人。

三、发票的开具

纳税义务人在对外销售商品、提供服务以及发生其他经营活动收取款项时，必须向付款方开具发票。在特殊情况下由付款方向收款方开具发票（收款单位和扣缴义务人支付给个人款项时开具的发票），未发生经营业务一律不准开具发票。

（一）普通发票的开具要求

开具普通发票应遵守以下开具要求：（1）发票的开具应该按规定的时限，按顺序、逐栏、全联、全部栏次一次性如实开具，并加盖单位财务印章或发票专用章；（2）发票限于领购单位在本省、自治区、直辖市内开具，未经批准不得跨越规定的使用区域携带、邮寄或者运输空白发票；（3）任何单位和个人都不得转借、转让、代开发票；未经税务机关批准，不得拆本使用发票，不得自行扩大专用发票使用范围；（4）开具发票后，如果发生销货退回需要开具红字发票，必须收回原发票并注明“作废”字样，或者取得对方有效证明；发生折让的，在收回原发票并注明“作废”字样后重新开具发票。

（二）增值税专用发票的开具要求

开具增值税专用发票，除要按照普通发票的要求外，还要遵守以下规定：（1）项目齐全，与实际交易相符；（2）字迹清楚，不得压线、错格；（3）发票联和抵扣联加盖财务专用章或者发票专用章；（4）按照增值税纳税义务的发生时间开具。

四、账证的保管

单位和个人领购使用发票，应建立发票使用登记制度，设置发票登记簿，定期向主管税务机关报告发票的使用情况。增值税专用发票要专人保管，在启用前要检查有无缺号、串号、缺联以及有无防伪标志等情况，如发现问题应整本退回税务机关，并设立发票分类登记簿以记录增值税专用发票的购、领、存情况，每月进行检查统计并向税务机关汇报。

对已开具的发票存根和发票登记簿要妥善保管，保存期为5年，保存期满需要经税务机关查验后销毁。

纳税人、扣缴义务人必须按有关规定保管会计档案，自2016年1月1日起，会计凭证、账簿保管30年，月度、季度财务会计报告和纳税申报表保管10年，年度财务会计报告永久保管，不得伪造、变造或者擅自销毁。

※ 职业能力判断与选择 ※

一、判断题

1. 对于个体工商户确实不能设置账簿的，经税务机关批准，可以不设账簿。(　　)

2. 依据《税收征管法》规定，税务机关是发票主管机关，负责发票的印刷、领购、开具、取得、保管、缴销的管理和监督。(　　)

3. 对已开具的发票存根和发票登记簿要妥善保管，保存期为10年，保存期满需要经税务机关查验后销毁。(　　)

4. 税务机关对纳税人在境外取得的与纳税有关的发票或凭证有疑义的，可要求其提供注册会计师的确认证明。(　　)

二、选择题（第1～4题为单项选择题，第5题为多项选择题）

1. 从事生产经营的纳税人应自领取加载统一代码的营业执照之日起（　　）内，按照国务院财政、税务主管部门的规定设置账簿，根据合法有效凭证记账，进行核算。

A. 10日　　B. 15日　　C. 30日　　D. 60日

2. 根据《税收征管法》的规定，从事生产经营的纳税人应当自领取加载统一代码的营业执照之日起（　　）内，将其财务、会计制度或者财务、会计处理办法和会计核算软件报送税务机关备案。

A. 5日　　B. 10日　　C. 15日　　D. 30日

3. 发票的存放和保管应按税务机关的规定办理，不得丢失和擅自损毁。已经开具的发票存根联和发票登记簿，应当保存（　　）。

A. 1年　　B. 3年　　C. 5年　　D. 10年

4. 《会计档案管理办法》规定，会计账簿、会计凭证应当保存（　　）。

A. 3年　　B. 5年　　C. 10年　　D. 30年

5. 纳税人日常领购增值税专用发票时，需提供的材料有(　　)。

A. 发票领购簿　　B. IC卡

C. 经办人身份证明　　D. 上一次发票的使用清单

任务四

纳税申报

※ 任务描述 ※

报税岗位的会计人员每月在规定时间内，根据会计资料计算的应纳税额，选择申报方式、准备申报材料，进行纳税申报；当企业发生特殊情况时，需要办理延期申报工作。

※ 知识准备与业务操作 ※

一、一般纳税申报

纳税申报是指纳税人、扣缴义务人、代征人为正常履行纳税、扣缴税款义务，就纳税事项向税务机关提出书面申报的一种法定手续。进行纳税申报是纳税人、扣缴义务人、代征人必须履行的义务。

（一）纳税申报主体

凡是按照国家法律、行政法规的规定负有纳税义务的纳税人或代征人、扣缴义务人（含享受减免税的纳税义务人），无论本期有无应纳、应缴税款，都必须按税法规定的期限如实向主管税务机关办理纳税申报。

纳税人应指派专门办税人员持办税员证办理纳税申报。纳税人必须如实填报纳税申报表，并加盖单位公章，同时按照税务机关的要求提供有关纳税申报资料。纳税人应对其申报的内容，承担完全的法律责任。

（二）纳税申报方式

一般来说，纳税申报主要有直接申报（上门申报）、邮寄申报、电子申报、简易申报和其他申报等方式。

直接申报是目前最常用的申报方式，是指由纳税人和扣缴义务人在法定税款征收期内自行到税务机关报送纳税申报表和其他有关纳税申报资料。

邮寄申报是指经税务机关批准的纳税人、扣缴义务人使用统一规定的纳税申报特快专递专用信封，通过邮政部门办理交寄手续，并向邮政部门索取收据作为申报凭证的方式。

电子申报是指经税务机关批准的纳税人通过电子系统联网的电脑终端按照规定和系统发出的指示输入内容的纳税申报。纳税人采用电子方式办理纳税申报的，应当按照税务机关规定的期限和要求保存有关资料，并定期书面报送主管税务机关。

简易申报是指实行定期定额的纳税人，经税务机关批准，通过以缴纳税款凭证代替申报或简并征期的一种申报方式。

其他申报是指纳税人、扣缴义务人采用直接申报、邮寄申报、电子申报、简易申报以外的方法向税务机关办理纳税申报或者报送代扣代缴、代收代缴报告表。

(三) 纳税申报期限

纳税申报期限是法律、行政法规规定的或者税务机关依照法律、行政法规的规定确定的纳税人、扣缴义务人向税务机关申报应纳或应解缴税款的期限。

纳税申报期限是根据各个税种的特点确定的，各个税种的纳税期限因其征收对象、计税环节的不同而不尽相同。同一税种，也可以因为纳税人的经营情况不同、财务会计核算不同、应纳税额大小的不等，申报期限也不一样。纳税人的具体纳税期限，由主管税务机关按各税种的有关规定确定；不能按照固定期限的，可以按次纳税。

纳税申报期限内遇有法定休假日的，申报期限依法须向后顺延。纳税人、扣缴义务人办理纳税申报期限的最后一日是法定休假日的，以休假日期满的次日为最后一日；在期限内有连续 3 日以上法定休假日的，按休假日天数顺延。

(四) 纳税申报应报送的有关资料

纳税人依法办理纳税申报时，应向税务机关报送纳税申报表及规定的报送的各种附表资料、异地完税凭证、财务报表以及税务机关要求报送的其他有关资料。

代扣代缴义务人发生代扣代缴义务，在其第一次向税务机关报送资料时，需领取并填写代扣代缴义务人情况表一式二份（一份税务机关留存，一份扣缴义务人留存），由税务机关确认代扣税种、代扣税种的税目或品目、代扣期限、结缴期限、征收率（单位税额）等有关事宜。如代扣代缴义务人的代扣代缴情况发生变化，需到税务机关重新领取并填写代扣代缴义务人情况表。

(五) 滞纳金和罚金

我国税法规定，纳税人未按规定纳税期限缴纳税款的，扣缴义务人未按规定期限解缴税款的，税务机关除责令限期缴纳外，从滞纳税款之日起，按日加收滞纳税款 0.5‰的滞纳金。

税法还规定，纳税人发生违章行为的，按规定可以处一定数量的罚款。企业支付的各种滞纳金、罚款等不得列入成本费用，不得在税前列支，应当计入企业的营业外支出。

二、延期申报与零申报

(一) 延期申报

延期申报是指纳税人、扣缴义务人不能按照税法规定的期限办理纳税申报或扣缴税款申报，经申请由税务机关批准可适当推延时间进行纳税申报。造成延期申报的原因有主观原因和客观原因。凡纳税人或扣缴义务人完全出于主观原因或有意拖缴税款而不按期办理纳税申报的，税务机关可视违法行为的轻重，给予处罚。纳税人、扣缴义务人延期申报，主要有两方面特殊情况。一是因不可抗力的作用，需要办理延期申报。不可抗力是指不可避免和无法抵御的自然灾害。二是因财务会计处理上的特殊情况，导致不能办理纳税申报而需要延期申报。出现这种情况一般是由于账务未处理完，不能计算应纳税款。纳税人、扣缴义务人按期办理纳税申报或者报送代扣代缴、代收代缴税款报告表确有困难，需要延期申报的，应当在规定的纳税申报期限内提出书面申请，报请税务机关批准，并在核准期内办理纳税申报，主管税务机关视其具体情况批准延长期限。

税务机关审核后，根据审批意见，将制发核准延期申报通知书；当场或在规定的时间内发给纳税人核准延期申报通知书，并告知纳税人按上期实际缴纳税款或按税务机关核定的税额预缴税款。未核准的，税务机关在延期申报申请审批表签署意见后连同有关资料退回给纳税人，并告知其按规定要求申报缴纳。纳税人则应按税务机关的要求进行申报纳税。

（二）零申报

零申报是纳税人在规定的纳税申报期内按照计税依据计算申报的应纳税额为零（企业所得税的纳税人在申报期内应纳税所得额为负数或零）而向税务机关办理的申报行为。纳税人和扣缴义务人在有效期间内，没有取得应税收入或所得，没有应缴税款发生，或者已办理加载统一代码的营业执照但未开始经营或者开业期间没有经营收入的纳税人，除已办理停业审批手续的以外，必须按规定的纳税申报期限进行零申报。纳税人进行零申报，应在申报期内向主管税务机关正常报送纳税申报表及有关资料，并在纳税申报表上注明“零”或“无收入”字样。

※ 职业能力判断与选择 ※

一、判断题

1. 纳税人可根据其自身情况选定纳税申报方式，但延期申报、邮寄申报、电子申报、简易申报方式必须经主管税务机关批准。（　　）

2. 纳税人在纳税申报期内若有收入，应按规定的期限办理纳税申报；若申报期内无收入或在减免税期间，可以不办理纳税申报。（　　）

3. 纳税人因有特殊困难，不能按期缴纳税款的，经县级税务局批准，可以延期纳税 3 个月；延期纳税 3 个月以上者，需经市（地）级税务局批准。（　　）

4. 纳税人未按规定纳税期限缴纳税款的，税务机关除责令限期缴纳外，从滞纳税款之日起，按日加收滞纳税款万分之五的滞纳金。（　　）

二、选择题（第 1、2 题为单项选择题，第 3 题为多项选择题）

1. 纳税人、扣缴义务人不能按期办理纳税申报或者报送代扣代缴、代收代缴税款报告表的，经税务机关核准，可以（　　）。

A. 延期申报　　B. 免除申报
C. 办理零申报　　D. 并入下期申报

2. 根据《税收征管法》的规定，致使纳税人未按规定的期限缴纳或者解缴税款的，税务机关除责令限期缴纳外，应当从滞纳税款之日起，按日加收滞纳税款（　　）的滞纳金。

A. 1‰　　B. 2‰　　C. 0.3‰　　D. 0.5‰

3. 纳税申报方式主要有(　　)。

A. 直接申报　　B. 邮寄申报

C. 电子申报　　D. 简易申报

任务五

税款缴纳

※ 任务描述 ※

报税岗位的会计人员在完成纳税申报后，需要根据企业实际选择税款缴纳方式，办理税款的缴纳工作；当企业发生减、免、退税情况时，还需要办理税款的减免和退还等工作。

※ 知识准备与业务操作 ※

一、税款征收方式

(一) 查账征收

查账征收是指税务机关按照纳税人提供的账表所反映的经营情况，依照适用的税率计算缴纳税款的一种征收方式。即先由纳税人在规定的纳税期限内，用纳税申报表的形式向税务机关办理纳税申报，经税务机关审查核实后，填写缴款书，并由纳税人到当地开户银行（国库）缴纳税款。这种征收方式适用于账簿、凭证和财务会计核算比较健全的纳税人。

(二) 查定征收

查定征收是由税务机关依据纳税人的生产设备、生产能力、从业人员数量和正常情况下的生产销售情况，对其生产的应税产品实行查定产量、销售量或销售额，依率计征的一种征收方式。这种征收方式适用于生产不固定、账册不健全的纳税人。

(三) 查验征收

查验征收是税务机关对某些零星、分散的高税率货物，在纳税人申报缴税时，由税务机关派人到现场实地查验，并贴上查验标记或盖上查验戳记，据以计算征收税款的一种征收方式。

(四) 定期定额

定期定额是税务机关对一些营业额和所得额难以准确计算的纳税，采取由纳税人自报自议，由税务机关核定一定时期的营业额和所得税附征率，实行多税种合并征收的一种征收方式。纳税人在核定期内营业额达到或超过核定定额 20%～30%时，应及时向税务机关申报调整定额。这种征收方式一般适用于小型的个体工商户。

二、税款缴纳方式

（一）纳税人直接向国库经收处缴纳

纳税人在申报前，先向税务机关领取税票，自行填写，然后到国库经收处缴纳税款，以国库经收处的回执联和纳税申报等资料，向税务机关申报纳税。这种方式适用于纳税人在设有国库经收处的银行和其他金融机构开设账户，并且向税务机关申报的纳税人。

（二）税务机关自收税款并办理入库手续

由税务机关直接收取税款并办理入库手续的缴纳方式，适用于以下几种情况：由税务机关代开发票的纳税人缴纳的税款；临时发生纳税义务，需向税务机关直接缴纳的税款；税务机关采取强制执行措施，以拍卖所得或变卖所得缴纳的税款。

（三）代扣代缴

代扣代缴是指按照税法规定负有扣缴税款义务的单位和个人，负责对纳税人应纳的税款进行代为扣缴的一种方式。即由支付人在向纳税人支付款项时，从所支付款项中依法直接扣收税款并代为缴纳。其目的是对零星分散、不易控管的税源进行源泉控制。如单位在支付个人工资薪金时，需依法代扣其应纳的个人所得税。

（四）代收代缴

代收代缴是指按照税法规定负有收缴税款义务的单位和个人，负责对纳税人应纳的税款进行代收代缴的一种方式。即由与纳税人有经济业务往来的单位和个人在向纳税人收取款项时依法收取税款并代为缴纳。其目的在于对税收网络覆盖不到或者难以控管的领域进行源泉控制。如受托加工应缴消费品的消费品，由受托方代收代缴消费税。

（五）委托代征

委托代征是指受托的有关单位按照税务机关核发的代征证书的要求，以税务机关的名义向纳税人征收一些零散税款的方式。目前，各地对零散、不易控管的税源，大多是委托街道办事处、居委会、乡政府、村委会及交通管理部门等代征税款。

（六）其他方式

随着现代技术的发展，新的纳税方式不断出现，如利用网络、用 IC 卡纳税等。这些方式适用于采用电子方式办理税款缴纳的纳税人。

三、税款缴纳程序

（一）正常缴纳税款

税款缴纳程序因征收方式不同而有所不同。一般来说是由纳税义务人、扣缴义务人直接向国库或者国库经收处缴纳，也可以由税务机关自收或者委托代征税款。如果自收或者委托代征税款，应由税务机关填制汇总缴纳书，随同税款缴入国库经收处。国库经收处收纳的税款，随同缴款书划转入库后，才完成了税款征收手续。无论采取哪种缴纳程序，征缴税款后，税务机关必须给纳税人开具完税凭证——中华人民共和国税收缴款书（盖有国库经收处收款章）或者税收完税证。

（二）延期缴纳税款

纳税人或扣缴义务人必须按法律、法规规定的期限缴纳税款，但有特殊困难不能按期缴纳税款的，按照《税收征管法》的规定，可以申请延期缴纳税款。

纳税人申请延期缴纳税款应符合下列条件之一，并提供相应的证明材料：

（1）水、火、风、雹、海潮、地震等自然灾害的灾情报告；

（2）可供纳税的现金、支票以及其他财产遭受查封、冻结、偷盗、抢劫等意外事故，由法院或公安机关出具的执行通告或事故证明；

（3）国家经济政策调整的依据；

（4）货款拖欠情况说明及所有银行账号的银行对账单、资产负债表。

纳税人延期缴纳税款申报的操作程序分为两步：

第一步：向主管税务机关填报延期缴纳税款申请审批表，进行书面申请；

第二步：主管税务机关审核无误后，必须经省（自治区、直辖市）国家税务局或地方税务局批准，方为有效，但最长不得超过3个月，且同一笔税款不得滚动审批。

四、税款的减免、退还与追征

（一）税款的减免

按照税法的规定，纳税人可以用书面形式向税务机关申请减税、免税，但减税、免税申请必须经法律、行政法规规定的减免税审批机关审批，程序如下：

（1）企业申请。符合减免条件的企业，应在规定的期限内向所在地主管税务机关提交申请减免税报告，详细说明该单位的基本情况、相关指标、减免条件、政策依据，以及要求减免的税种、金额、期限等，并填写纳税单位减免税申请书。

（2）调查核实。主管税务机关在收到企业提交的申请后15日内派人员深入企业进行调查，核实企业实际情况。对不符合条件者以书面形式通知申请企业；对申请报告数据不实或不完善者，以书面形式告知并退回申请书，要求限期重报；对符合条件者，在纳税单位减免申请书中注明调查核实意见，详细说明减免条件、减免依据等，盖章后上报减免税管理部门审批。

（3）研究审批。减免税管理部门研究决定通过后，由经办人签注意见，并由主管领导审核后加盖公章，然后按减免税审批权限审批。

（4）纳税人领取减免税审批通知。

（二）税款的退还

退税的前提是纳税人已经缴纳了超过应纳税额的税款。退税情形有两种：一是技术差错和结算性质的退税；二是为加强对收入的管理，规定纳税人先按应纳税额如数缴纳入库，经核实后再从中退还应退的部分。

（1）退还的方式。可以是税务机关发现后立即退还，也可以是纳税人发现后申请退还。

（2）退税的时限要求：①税务机关发现的多征税款，无论多长时间都必须退还给纳税人；②纳税人发现的多征税款，可以自结算缴纳税款之日起 3 年内要求退还；③多征税款必须于发现或接到纳税人退款申请之日起 60 日内，予以退还，也可以按照纳税人的要求抵缴下期应纳税款。

（3）纳税人申请退税需报送的资料和证件。主要有加载统一代码的营业执照副本、退税申请表一式三份、有关的税款缴纳凭证及纳税申报表。

（三）税款的追征

追征税款是指在实际的税款征缴过程中，由于征纳双方的疏忽、计算错误等原因造成的纳税人、扣缴义务人未缴或者少缴税款，税务机关依法对未征少征的税款要求补缴，对未缴少缴的税款进行追征的制度。

（1）追征税款的范围：①税务机关适用税收法律、行政法规不当或者执法行为违法造成的未缴或少缴税款；②纳税人、扣缴义务人非主观故意的计算错误以及明显笔误造成的未缴、少缴税款；③逃税、骗税和抗税。

（2）追征税款的时限：①因税务机关的责任，致使纳税人、扣缴义务人未缴或者少缴税款的，税务机关在 3 年内应要求纳税人、扣缴义务人补缴税款。②因纳税人、扣缴义务人计算错误等失误，未缴或者少缴税款的，税务机关在 3 年内应追征税款、滞纳金；有特殊情况的，追征期可以延长到 5 年。“特殊情况”是指纳税人或者扣缴义务人因计算错误等失误，未缴或者少缴、未扣或者少扣、未收或者少收税款，累计数额在 10 万元以上的。③对逃税、抗税、骗税的，税务机关可以无限期追征其未缴或者少缴的税款、滞纳金或者所骗取的税款。

五、税款征收的措施

（一）税收保全措施

税收保全措施是指税务机关对可能由于纳税人的行为或某种客观原因，致使以后税款的征收不能保证或难以保证的案件，采用限制纳税人处理或转移商品、货物或其他财产的措施。《税收征管法》规定，税务机关有根据认为从事生产、经营的纳税人有逃避纳税义务行为的，可以在规定的纳税期限之前，责令限期缴纳税款；在限期内有明显的转移、隐匿其应纳税商品、货物以及其他财产迹象的，税务机关应责令其提供纳税担保。如果纳税人不能提供纳税担保，经县以上税务局（分局）局长批准，税务机关可以采取下列税收保全措施：一是书面通知纳税人开户银行或其他金融机构冻结纳税人的金额相当于应纳税款的存款；二是扣押、查封纳税人价值相当于应纳税款的商品、货物或者其他财产。纳税人在上款规定的限期内缴纳税款的，税务机关必须立即解除税收保全措施；限期满仍未缴纳税款的，经县以上税务局（分局）局长批准，税务机关可以书面通知纳税人开户银行或其他金融机构，从其冻结的存款中扣缴税款，或依法拍卖或变卖所扣押、查封的商品、货物或其他财产，以拍卖或变卖所得抵缴税款。采取税收保全措施不当，或纳税人在期限内已缴纳税款，税务机关未立即解除税收保全措施，使纳税人的合法利益遭受损失的，税务机关应当承担赔偿责任。

（二）税收强制执行措施

《税收征管法》规定，从事生产、经营的纳税人、扣缴义务人未按照规定期限缴纳税款或解缴税款，纳税担保人未按照规定期限缴纳所担保的税款，由税务机关责令限期缴纳，逾期仍未缴纳的，经县以上税务局（分局）局长批准，税务机关可以采取下列强制执行措施：一是书面通知其开户银行或其他金融机构从其存款中扣缴税款；二是扣押、查封、依法拍卖或变卖其价值相当于应纳税款的商品、货物或其他财产，以拍卖或变卖所得抵缴税款。

（三）税务检查

《税收征管法》规定，税务机关有权进行下列税务检查：检查纳税人的账簿、记账凭证、报表和有关资料，检查扣缴义务人代扣代缴、代收代缴税款账簿、记账凭证和有关资料；到纳税人的生产、经营场所和货物存放地检查纳税人应纳税商品、货物或其他财产，检查扣缴义务人与代扣代缴、代收代缴税款有关的经营情况；责成纳税人、扣缴义务人提供与纳税或代扣代缴、代收代缴税款有关的问题和情况；询问纳税人、扣缴义务人与纳税或代扣代缴、代收代缴税款有关的问题和情况；到车站、码头、机场、邮政企业及其分支机构检查纳税人托运、邮寄应纳税商品、货物或其他财产的有关单据、凭证和有关资料；经县以上税务局（分局）局长批准，凭全国统一格式的检查存款账户许可证明，查询从事生产、经营纳税人、扣缴义务人在银行或其他金融机构的存款账户。

税务机关在调查税收违法案件时，经设区的市、自治州以上的税务局（分局）局长批准，可以查询涉嫌人员的储蓄存款。税务机关查询所获得的资料，不得用于税收以外的用途。

税务机关依法进行税务检查，有权向有关单位和个人调查纳税人、扣缴义务人和其他当事人与纳税或代扣代缴、代收代缴税款有关的情况，有关单位和个人有义务向税务机关如实提供有关资料及证明材料。税务机关调查税务案件时，对与安全有关的情况和资料，可以记录、录音、录像、照相和复制。

税务机关派出人员进行税务检查时，应当出示税务检查证和税务检查通知书，并有责任为被检查人保守秘密；未出示税务检查证和税务通知书的，被检查人有权拒绝检查。纳税人、扣缴义务人必须接受税务机关依法进行的税务检查，如实反映情况，提供有关资料，不得拒绝、隐瞒。

六、税收法律责任

《税收征管法》关于纳税人、扣缴义务人的税收法律责任主要有：

（一）未按规定申报及进行账证管理行为的法律责任

（1）纳税人有下列行为之一的，由税务机关责令限期改正，可处2 000元以下的罚款；情节严重的，处2 000元以上1万元以下的罚款：未按规定设置、保管账簿或保管记账凭证和有关资料的；未按规定将财务、会计制度或财务处理办法和会计核算软件报送税务机关备查的；未按规定将其全部银行账号向税务机关报告的；未按规定安装、使用税控装置的。

（2）扣缴义务人未按规定设置、保管代扣代缴、代收代缴税款账簿或保管代扣代缴、代收代缴税款记账凭证及有关资料的，由税务机关责令限期改正，可处 2 000 元以下的罚款；情节严重的，处 2 000 元以上 5 000 元以下的罚款。

（3）纳税人未按规定期限办理纳税申报和报送纳税资料的，或扣缴义务人未按规定期限向税务机关报送代扣代缴、代收代缴税款报告和有关资料的，由税务机关责令限期改正，可处 2 000 元以下的罚款；情节严重的，可处 2 000 元以上 1 万元以下的罚款。

（4）纳税人、扣缴义务人编造虚假计税依据的，由税务机关责令限期改正，并处 5 万元以下的罚款。纳税人不进行纳税申报，不缴或少缴应纳税款的，由税务机关追缴其不缴或少缴的税款、滞纳金，并处不缴或少缴税款 50%以上 5 倍以下的罚款。

（二）对逃税行为的认定及其法律责任

逃税行为是纳税人伪造、变造、隐匿、擅自销毁账簿、记账凭证，或在账簿上多列支出或不列、少列收入，或经税务机关通知申报而拒不申报或进行虚假纳税申报，不缴或少缴税款的行为。对纳税人的逃税行为，由税务机关追缴其不缴或少缴的税款、滞纳金，并处以不缴或少缴税款 50%以上 5 倍以下的罚款；构成犯罪的，依法追究刑事责任。此项处罚规定也适用于扣缴义务人不缴或少缴已扣、已收的税款。

《中华人民共和国刑法》（简称《刑法》）规定，对逃税数额占应纳税额 10%以上不满 30%并且逃税数额在 1 万元以上不满 10 万元的，或因逃税被税务机关二次行政处罚又逃税的，处 3 年以下有期徒刑或拘役，并处逃税数额 1 倍以上 5 倍以下罚金；逃税数额占应纳税额 30%以上并且逃税数额在 10 万元以上的，处 3 年以上 7 年以下有期徒刑，并处逃税数额 1 倍以上 5 倍以下罚金。对扣缴义务人采取前款所列手段，不缴或少缴已扣、已收税款，数额占应缴税额 10%以上并且数额在 1 万元以上的，依照前款的规定处罚。对多次犯有前两款行为，未经处理的，按照累计数额计算。

（三）逃避追缴欠税行为的法律责任

纳税人欠缴税款，采取转移或隐匿财产的手段，妨碍税务机关追缴欠缴税款的，由税务机关追缴其欠缴的税款、滞纳金，并处欠缴税款 50%以上 5 倍以下的罚款；构成犯罪的，依法追究刑事责任。

（四）骗取出口退税行为的法律责任

以假报出口或其他欺骗手段，骗取国家出口退税的，由税务机关追缴其骗取的退税款，并处以骗税款 1 倍以上 5 倍以下的罚款；构成犯罪的，依法追究其刑事责任。对骗取国家出口退税的，税务机关可以在规定期间停止为其办理出口退税。

《刑法》规定，以假报出口或其他欺骗手段，骗取国家出口退税款，数额较大的，处 5 年以下有期徒刑或拘役，并处以骗取税款 1 倍以上 5 倍以下罚金；数额巨大或有其他严重情节的，处 5 年以上 10 年以下有期徒刑，并处以骗取税款 1 倍以上 5 倍以下的罚金；数额特别巨大或有其他特别严重情节的，处 10 年以上有期徒刑或无期徒刑，并处以骗税款 1 倍以上 5 倍以下罚金或没收财产。

（五）抗税行为的法律责任

纳税人抗税，除由税务机关追缴其拒缴的税款、滞纳金外，依法追究刑事责任，情节轻微，未构成犯罪的，由税务机关追缴其拒缴税款1倍以上5倍以下的罚款。抗税是指以暴力、威胁方法拒不缴纳税款的行为。

《刑法》规定，以暴力、威胁方法拒不缴纳税款的，处3年以下有期徒刑或拘役，并处拒缴税款1倍以上5倍以下罚金；情节严重的，处3年以上7年以下有期徒刑，并处拒缴税款1倍以上5倍以下罚金。

（六）扣缴义务人不履行扣缴义务的法律责任

扣缴义务人应扣未扣、应收未收税款的，由税务机关向纳税人追缴税款，对扣缴义务人处以应扣未扣、应收未收税款50%以上3倍以下的罚款。

（七）不配合税务机关依法检查的法律责任

纳税人、扣缴义务人逃避、拒绝或以其他方式阻挠税务机关检查的，由税务机关责令改正，可处1万元以下的罚款；情节严重的，处1万元以上5万元以下的罚款。

（八）有税收违法行为而拒不接受税务机关处理的法律责任

从事生产经营的纳税人、扣缴义务人有税收违法行为，拒不接受税务机关处理的，税务机关可以收缴其发票或停止向其发售发票。

※ 职业能力判断与选择 ※

一、判断题

1. 税务机关对可不设或应设未设账簿的或虽设账簿但难以查账的纳税人，可以采取查定征收方式。（　　）

2. 对有逃避纳税义务的从事生产、经营的纳税人适用税收保全措施的程序为：纳税担保在先，税收保全居中，责令限期缴纳断后。（　　）

3. 只要税务机关有根据认为纳税人有明显的转移、隐匿其应纳税的商品、货物以及其他财产或应纳税收入等行为或迹象的，就可以对纳税人采取税收保全措施。（　　）

4. 因纳税人、扣缴义务人计算错误等失误，未缴或者少缴税款的，税务机关在3年内可以追征；有特殊情况（即数额在10万元以上）的，税务机关可以无限期追征。（　　）

5. 税务机关可依法到纳税人的生产、生活、经营场所和货物存放地检查纳税人应纳税的商品、货物或者其他财产。（　　）

6. 纳税人、扣缴义务人逃避、拒绝或以其他方式阻挠税务机关检查的，由税务机关责令改正，可处1万元以下的罚款；情节严重的，处1万元以上5万元以下的罚款。（　　）

二、选择题（第1～4题为单项选择题，第5～7题为多项选择题）

1. 对账簿、凭证、会计等核算制度比较健全的纳税人应采取的税款征收方式为（　　）。

A. 查账征收　　B. 查定征收　　C. 查验征收　　D. 邮寄申报

2. 因税务机关的责任，致使纳税人、扣缴义务人未缴或少缴税款的，税务机关在（　　）

内可以要求纳税人、扣缴义务人补缴税款，但是不得加收滞纳金。

A. 1 年　　B. 2 年　　C. 3 年　　D. 5 年

3. 根据《税收征管法》规定，纳税人采取（　　）行为是逃税。

A. 伪造销毁账簿　　B. 假报出口骗取出口退税

C. 拒不缴纳应缴税款　　D. 超过期限未缴纳税款

4. 下列情形中，构成逃税罪的是（　　）。

A. 逃税数额占应纳税额的 10%以上的

B. 逃税数额超过 1 万元的

C. 逃税数额占应纳税额 10%以上或逃税数额超过 1 万元的

D. 逃税数额占应纳税额 10%以上且逃税数额超过 1 万元的

5. 税务检查权是税务机关在检查活动中依法享受的权利，《税收征管法》规定税务机关有权（　　）。

A. 检查纳税人的账簿、记账凭证、报表和有关资料

B. 责成纳税人提供与纳税有关的文件、评审材料和有关资料

C. 到纳税人的生产、经营场所和货物存放地检查纳税人应纳税的商品、货物或者其他财产

D. 对纳税人的住宅及其他生活场所进行检查

6.《税收征管法》规定税务机关可以采取的强制执行措施主要有（　　）。

A. 书面通知纳税人开户银行冻结支付纳税人的金额相当于应纳税款的存款

B. 书面通知纳税人开户银行从其存款中扣缴税款

C. 扣押、查封纳税人的价值相当于应纳税款的商品、货物或者其他财产

D. 扣押、查封、拍卖其价值相当于应纳税款的商品、货物或者其他财产，以拍卖所得抵缴税款

7. 纳税人下列（　　）行为，由税务机关责令限期改正，可以处 2 000 元以下的罚款；情节严重的，处 2 000 元以上 10 000 元以下的罚款。

A. 未按照规定将其全部银行账号向税务机关报告

B. 未按照规定设置、保管账簿

C. 未按照规定的期限办理纳税申报

D. 未按照规定安装、使用税控装置

【项目小结】

税务会计基础主要讲述了税收的概念、税制的构成要素、税收的分类以及税务会计的概念、对象、基本前提和原则等内容，从中可以了解税务会计特有的理论框架，并通过与财务会计的比较，分析两者的异同。这一内容是学习税务会计的基础和前提。

税务会计工作流程部分主要讲述了涉税登记、账证管理、纳税申报、税款缴纳等环节的基本知识和基本技能。这一内容为后面各税种的会计核算与纳税申报打下了基础。

项目二

增值税会计核算与申报

【学习目标】

- 能根据学习项目、任务的需要查阅有关资料。
- 理解增值税的基本法规知识。
- 掌握增值税征税对象和纳税人的确定方法，能进行一般纳税人、小规模纳税人的判定。
- 掌握增值税应纳税额的计算及相关优惠政策，会根据业务资料正确计算应纳增值税税额。
- 熟悉增值税的纳税申报流程及相关业务处理，会根据业务资料填制增值税月（季）度纳税申报表及相关附表，能办理增值税的日常纳税申报工作。
- 熟悉增值税的会计核算方法，会进行增值税涉税业务的会计处理。

【项目导航】

第一次世界大战后不久，德国的卡尔·弗里德里希·冯·西门子曾建议实行一种以代替多阶段征税的营业税，称之为“精巧的销售税”；美国耶鲁大学教授托马斯·S. 亚当斯则将他的建议看成是经过改造的“企业所得税”；在法国被尊称为“增值税之父”的莫里斯·洛雷在此基础上创立了增值税。自从1954年法国成功地把旧的营业税改为增值税以后，其影响非常广泛，短短50多年就风靡全球。目前已有120多个国家和地区实行增值税，这不能不说是世界税收史的一个奇迹。增值税怎么会有这么大的魅力呢？

增值税在我国开征不过20多年，现在已是我国第一大税种，已占到全部税收收入的40%。2009年1月1日起，我国增值税转型，全面实行消费型增值税，自2016年5月1日起，在全国范围内全面推开营业税改征增值税试点工作。这意味着历经1994年税制改革以来的生产型增值税和营业税已经退出历史舞台，主宰税收重心的，是更为完善的、对经济的贡献发挥更大作用的消费型增值税。在财政部颁布的《企业会计准则——应用指南》会计科目和主要账务处理中，“应交税费”一般按税种设置二级科目，唯一要求列示三级明细专栏的就是“应交税费——应交增值税”。你能理解其中的缘由吗？

任务一

增值税纳税人和征税范围的确定

※ 任务描述 ※

当涉及增值税的经济业务发生后，报税岗位的会计人员首先需要划分经济业务的类型，采用合适的税务处理方法，使用增值税专用发票；选择增值税税率，运用税收优惠政策。

※ 知识准备与业务操作 ※

一、增值税纳税人的确定

增值税是以增值额为课税对象而征收的一种流转税，根据税法规定，在我国境内从事销售货物或者提供加工、修理修配劳务以及进口货物的单位和个人均为增值税的纳税人。我国自2013年8月1日起陆续在全国范围内对交通运输业、邮政业、电信业和部分现代服务业实行营业税改征增值税的试点工作（简称“营改增”）。2016年5月1日起，在全国范围内全面推开“营改增”试点，至此，试点纳税人包括提供运输服务、邮政服务、电信服务、建筑服务、金融服务、现代服务、生活服务（简称“销售服务”）和销售无形资产、不动产的单位和个人。

单位是指企业、行政单位、事业单位、军事单位、社会团体及其他单位，个人是指个体工商户和其他个人。

单位以承包、承租、挂靠方式经营的，承包人、承租人、挂靠人（统称“承包人”）以发包人、出租人、被挂靠人（统称“发包人”）名义对外经营并由发包人承担相关法律责任的，以该发包人为纳税人；否则，以承包人为纳税人。

在我国境外的单位或者个人在境内发生应税行为，在境内未设有经营机构的，购买方为增值税扣缴义务人。

为了严格增值税的征收管理和对某些经营规模小的纳税人简化计税办法，将纳税人按其经营规模大小及会计核算健全与否划分为小规模纳税人和一般纳税人。

（一）小规模纳税人

小规模纳税人是指年应税销售额在规定标准以下，并且会计核算不健全，不能按规定报送有关税务资料的增值税纳税人。

小规模纳税人年应征增值税销售额的标准从2018年5月1日起不再按企业类型划分，统一调整为500万元及以下。

年应税销售额超过规定标准的其他个人不属于一般纳税人，年应税销售额超过规定标准但不经常发生应税行为的单位和个体工商户可选择按小规模纳税人纳税。

小规模纳税人不能抵扣增值税进项税额，按简易计税办法计算缴纳增值税。发生应税行为，购买方索取增值税专用发票的，自2019年8月13日起，可以自愿使用增值税发票管理系统自行开具。

年应税销售额未超过规定标准的纳税人，会计核算健全，能够提供准确税务资料的，可以向主管税务机关办理一般纳税人资格登记，成为一般纳税人。

【提示】所谓年应税销售额，是指纳税人在连续不超过12个月的经营期内累计应征增值税销售额，含减免税销售额、发生境外应税行为销售额以及按规定已从销售额中差额扣除的部分。如果该销售额为含税的，应按照适用税率或征收率换算为不含税的销售额。

（二）一般纳税人

应税行为的年应征增值税销售额超过财政部和国家税务总局规定标准的纳税人为一般纳

税人。

下列纳税人不办理一般纳税人登记：

（1）按照政策规定，选择按照小规模纳税人纳税的（包括非企业性单位，不经常发生应税行为的单位和个体工商户）。

（2）年应税销售额超过规定标准的其他个人。

除国家税务总局另有规定外，一经登记为一般纳税人后，不得转为小规模纳税人。

二、增值税征税范围的确定

增值税的征收范围，包括在我国境内的销售货物、提供应税劳务和销售服务、无形资产或不动产及进口货物。

（一）征税范围的一般规定

1. 销售货物

这里所称的货物是一个增值税法规中的特定概念，是指有形动产，包括电力、热力、气体在内。销售货物是指有偿转让货物的所有权，能从购买方取得货币、货物或其他经济利益。境内销售货物，是指所销售货物的起运地或所在地在我国境内。

2. 提供加工、修理修配劳务

所谓加工，是指受托加工货物，即由委托方提供原料及主要材料，受托方按照委托方的要求制造货物并收取加工费的业务。所谓修理修配，是指受托方对损伤和丧失功能的货物进行修复，使其恢复原状和功能的业务。境内提供应税劳务，是指所提供的应税劳务发生在境内。

3. 销售服务、无形资产或不动产

销售服务、无形资产或不动产是指有偿提供服务、有偿转让无形资产或不动产，但属于下列非经营活动的情形除外：①行政单位收取的同时满足相关条件的政府性基金或者行政事业性收费；②单位或者个体工商户聘用的员工为本单位或者雇主提供取得工资的服务；③单位或者个体工商户为聘用的员工提供服务；④财政部和国家税务总局规定的其他情形。

“在境内销售服务、无形资产或不动产”是指：①服务（租赁不动产除外）或者无形资产（自然资源使用权除外）的销售方或者购买方在境内；②所销售或者租赁的不动产在境内；③所销售自然资源使用权的自然资源在境内。

下列情形不属于在境内销售服务或者无形资产：①境外单位或者个人向境内单位或者个人销售完全在境外发生的服务；②境外单位或者个人向境内单位或者个人销售完全在境外使用的无形资产；③境外单位或者个人向境内单位或者个人出租完全在境外使用的有形动产。

（1）销售服务。销售服务是指提供交通运输服务、邮政服务、电信服务、建筑服务、金融服务、现代服务、生活服务。

1）交通运输服务。交通运输服务是指利用运输工具将货物或者旅客送达目的地，使其空间位置得到转移的业务活动。交通运输服务包括陆路运输服务、水路运输服务、航空运输服务和管道运输服务。

①陆路运输服务。陆路运输服务是指通过陆路（地上或者地下）运送货物或者旅客的运输业务活动，包括铁路运输、公路运输、缆车运输、索道运输、地铁运输、城市轻轨运输等。出租车公司向使用本公司自有出租车的出租车司机收取的管理费用，按陆路运输服务缴纳增值税。

②水路运输服务。水路运输服务是指通过江、河、湖、川等天然、人工水道或者海洋航道运送货物或者旅客的运输业务活动。水路运输的程租、期租业务，属于水路运输服务。

③航空运输服务。航空运输服务是指通过空中航线运送货物或者旅客的运输业务活动。航空运输的湿租业务，属于航空运输服务。航天运输服务按照航空运输服务征收增值税。

④管道运输服务。管道运输服务是指通过管道设施输送气体、液体、固体物质的运输业务活动。

无运输工具承运业务，按照交通运输服务缴纳增值税。无运输工具承运业务是指经营者以承运人身份与托运人签订运输服务合同，收取运费并承担承运人责任，然后委托实际承运人完成运输服务的经营活动。

2）邮政服务。邮政服务是指中国邮政集团公司及其所属邮政企业提供邮件寄递、邮政汇兑和机要通信等邮政基本服务的业务活动。邮政服务包括邮政普遍服务、邮政特殊服务和其他邮政服务。

①邮政普遍服务。邮政普遍服务是指函件、包裹等邮件寄递，以及邮票发行、报刊发行和邮政汇兑等业务活动。

②邮政特殊服务。邮政特殊服务是指义务兵平常信函、机要通信、盲人读物和革命烈士遗物的寄递等业务活动。

③其他邮政服务。其他邮政服务是指邮册等邮品销售、邮政代理等业务活动。

3）电信服务。电信服务是指利用有线、无线的电磁系统或者光电系统等各种通信网络资源，提供语音通话服务，传送、发射、接收或者应用图像、短信等电子数据和信息的业务活动。电信服务包括基础电信服务和增值电信服务。

①基础电信服务。基础电信服务是指利用固网、移动网、卫星、互联网，提供语音通话服务的业务活动，以及出租或者出售带宽、波长等网络元素的业务活动。

②增值电信服务。增值电信服务是指利用固网、移动网、卫星、互联网、有线电视网络，提供短信和彩信服务、电子数据和信息的传输及应用服务、互联网接入服务等业务活动。卫星电视信号落地转接服务，按照增值电信服务计算缴纳增值税。

4）建筑服务。建筑服务是指各类建筑物、构筑物及其附属设施的建造、修缮、装饰，线路、管道、设备、设施等的安装以及其他工程作业的业务活动。建筑服务包括工程服务、安装服务、修缮服务、装饰服务和其他建筑服务。

①工程服务。工程服务是指新建、改建各种建筑物、构筑物的工程作业，包括与建筑物相连的各种设备或者支柱、操作平台的安装或者装设工程作业，以及各种窑炉和金属结构工程作业。

②安装服务。安装服务是指生产设备、动力设备、起重设备、运输设备、传动设备、医疗实验设备以及其他各种设备、设施的装配、安置工程作业，包括与被安装设备相连的工作台、梯子、栏杆的装设工程作业，以及被安装设备的绝缘、防腐、保温、油漆等工程作业。

③修缮服务。修缮服务是指对建筑物、构筑物进行修补、加固、养护、改善，使之恢复

原来的使用价值或者延长其使用期限的工程作业。

④装饰服务。装饰服务是指对建筑物、构筑物进行修饰装修，使之美观或者具有特定用途的工程作业。

⑤其他建筑服务。其他建筑服务是指上列工程作业之外的各种工程作业服务。

5）金融服务。金融服务是指经营金融保险的业务活动。金融服务包括贷款服务、直接收费金融服务、保险服务和金融商品转让。

①贷款服务。贷款服务是指将资金贷与他人使用而取得利息收入的业务活动。各种占用、拆借资金取得的收入，以及融资性售后回租、押汇、罚息、票据贴现、转贷等业务取得的利息及利息性质的收入和以货币资金投资收取的固定利润或者保底利润，按照贷款服务缴纳增值税。

②直接收费金融服务。直接收费金融服务是指为货币资金融通及其他金融业务提供相关服务并且收取费用的业务活动。

③保险服务。保险服务是指投保人根据合同约定，向保险人支付保险费，保险人对于合同约定的可能发生的事故因其发生所造成的财产损失承担赔偿保险金责任，或者当被保险人死亡、伤残、疾病或者达到合同约定的年龄、期限等条件时承担给付保险金责任的商业保险行为。保险服务包括人身保险服务和财产保险服务。

④金融商品转让。金融商品转让是指转让外汇、有价证券、非货物期货和其他金融商品所有权的业务活动。金融商品转让不得开具增值税专用发票。

6）现代服务。现代服务是指围绕制造业、文化产业、现代物流产业等提供技术性、知识性服务的业务活动。现代服务包括研发和技术服务、信息技术服务、文化创意服务、物流辅助服务、租赁服务、鉴证咨询服务、广播影视服务、商务辅助服务和其他现代服务。

①研发和技术服务。包括研发服务、技术转让服务、技术咨询服务、合同能源管理服务、工程勘察勘探服务。

②信息技术服务。信息技术服务是指利用计算机、通信网络等技术对信息进行生产、收集、处理、加工、存储、运输、检索和利用，并提供信息服务的业务活动。包括软件服务、电路设计及测试服务、信息系统服务和业务流程管理服务。

③文化创意服务。包括设计服务、知识产权服务、广告服务和会议展览服务。

④物流辅助服务。包括航空服务、港口码头服务、货运客运场站服务、打捞救助服务、装卸搬运服务、仓储服务和收派服务。

⑤租赁服务。包括融资租赁服务和经营租赁服务。

⑥鉴证咨询服务。包括认证服务、鉴证服务和咨询服务。翻译服务和市场调查服务按照咨询服务缴纳增值税。

⑦广播影视服务。包括广播影视节目（作品）的制作服务、发行服务和播映（含放映，下同）服务。

⑧商务辅助服务。包括企业管理服务、经纪代理服务、人力资源服务、安全保护服务。

⑨其他现代服务。其他现代服务是指除研发和技术服务、信息技术服务、文化创意服务、物流辅助服务、租赁服务、鉴证咨询服务、广播影视服务和商务辅助服务以外的现代服务。

7）生活服务。生活服务是指为满足城乡居民日常生活需求提供的各类服务活动。包括文化体育服务、教育医疗服务、旅游娱乐服务、餐饮住宿服务、居民日常服务和其他生活服务。

①文化体育服务。包括文化服务和体育服务。文化服务是指为满足社会公众文化生活需求提供的各种服务。体育服务是指组织举办体育比赛、体育表演、体育活动，以及提供体育训练、体育指导、体育管理的业务活动。

②教育医疗服务。包括教育服务和医疗服务。教育服务是指提供学历教育服务、非学历教育服务、教育辅助服务的业务活动。医疗服务是指提供医学检查、诊断、治疗、康复、预防、保健、接生、计划生育、防疫服务等方面的服务，以及与这些服务有关的提供药品、医用材料器具、救护车、病房住宿和伙食的业务。

③旅游娱乐服务。包括旅游服务和娱乐服务。旅游服务是指根据旅游者的要求，组织安排交通、游览、住宿、餐饮、购物、文娱、商务等服务的业务活动。娱乐服务是指为娱乐活动同时提供场所和服务的业务。

④餐饮住宿服务。包括餐饮服务和住宿服务。餐饮服务是指通过同时提供饮食和饮食场所的方式为消费者提供饮食消费服务的业务活动。住宿服务是指提供住宿场所及配套服务等的活动。

⑤居民日常服务。居民日常服务是指主要为满足居民个人及其家庭日常生活需求提供的服务，包括市容市政管理、家政、婚庆、养老、殡葬、照料和护理、救助救济、美容美发、按摩、桑拿、氧吧、足疗、沐浴、洗染、摄影扩印等服务。

⑥其他生活服务。其他生活服务是指除文化体育服务、教育医疗服务、旅游娱乐服务、餐饮住宿服务和居民日常服务以外的生活服务。

（2）销售无形资产。销售无形资产是指转让无形资产所有权或者使用权的业务活动。无形资产包括技术、商标、著作权、商誉、自然资源使用权和其他权益性无形资产。

（3）销售不动产。销售不动产是指转让不动产所有权的业务活动。不动产是指不能移动或者移动后会引起性质、形状改变的财产，包括建筑物、构筑物等。

4. 进口货物

进口货物是指将货物从我国境外移送至我国境内的行为。税法规定，凡进入我国海关境内的货物，应于进口报关时向海关缴纳进口环节增值税。

（二）属于征税范围的几个特殊项目

（1）货物期货；

（2）银行销售金银；

（3）典当业的死当物品销售和寄售业代委托人销售寄售物品；

（4）集邮商品的生产以及销售。

（三）属于征税范围的几个特殊行为

1. 视同销售行为

单位或个体经营者的下列行为，视同销售货物、服务、无形资产或者不动产行为：

（1）将货物交付其他单位或者个人代销；

（2）销售代销货物；

（3）设有两个以上机构并实行统一核算的纳税人，将货物从一个机构移送其他机构用于销售，但相关机构在同一县（市）的除外；

（4）将自产或者委托加工的货物用于免税项目、简易计税项目；

（5）将自产、委托加工的货物用于集体福利或个人消费；

（6）将自产、委托加工或购进的货物作为投资，提供给其他单位或个体工商户；

（7）将自产、委托加工或购进的货物分配给股东或投资者；

（8）将自产、委托加工或购进的货物无偿赠送给其他单位或者个人；

（9）向其他单位或者个人无偿提供服务、转让无形资产或者不动产，但用于公益事业或者以社会公众为对象的除外。

【提示】视同销售行为中，所涉及的外购货物进项税额，凡符合规定的，允许作为当期进项税额抵扣。其中，购进货物用于（4）、（5）项的，进项税额不得抵扣，已经抵扣的，应作为进项税额转出处理。

2. 混合销售行为

一项销售行为如果既涉及货物又涉及服务，为混合销售。从事货物的生产、批发或者零售的单位和个体工商户的混合销售行为，按照销售货物缴纳增值税；其他单位和个体工商户的混合销售行为，按照销售服务缴纳增值税。

上述从事货物的生产、批发或者零售的单位和个体工商户，包括以从事货物的生产、批发或者零售为主，并兼营销售服务的单位和个体工商户在内。

3. 兼营行为

纳税人销售货物、加工修理修配劳务、服务、无形资产或者不动产，适用不同税率或者征收率的，应当分别核算适用不同税率或者征收率的销售额，未分别核算销售额的，按照以下方法适用税率或者征收率：

（1）兼有不同税率的销售货物、加工修理修配劳务、服务、无形资产或者不动产，从高适用税率。

（2）兼有不同征收率的销售货物、加工修理修配劳务、服务、无形资产或者不动产，从高适用征收率。

（3）兼有不同税率和征收率的销售货物、加工修理修配劳务、服务、无形资产或者不动产，从高适用税率。

纳税人兼营免税、减税项目的，应当分别核算免税、减税项目的销售额；未分别核算的，不得免税、减税。

4. 代购货物

代购货物，凡同时具备下列条件，代购环节货物本身不征收增值税，仅按其手续费收入计缴增值税；如果不同时具备以下条件，无论会计准则规定如何处理，均应缴纳增值税。

（1）受托方不垫付资金；

（2）销售方将发票开具给委托方，由受托方将发票转交给委托方；

（3）受托方按销售方实际收取的销售额和增值税税额与委托方结算款项，并另收手续费。

代理进口货物的行为，属于代购货物行为，应按增值税代购货物的征税规定执行。

三、增值税税率的选择

（一）基本税率

增值税一般纳税人销售或者进口货物，提供加工、修理修配劳务，除低税率适用范围和销售个别旧货适用征收率外，自 2019 年 4 月 1 日起，税率为 13%，这就是通常说的基本税率。

（二）低税率

增值税一般纳税人销售或者进口下列货物，按低税率计征增值税，从 2019 年 4 月 1 日起，低税率为 9%，包括：农产品（含粮食）、自来水、暖气、石油液化气、天然气、食用植物油、冷气、热水、煤气、居民用煤炭制品、食用盐、农机、饲料、农药、农膜、化肥、沼气、二甲醚、图书、报纸、杂志、音像制品、电子出版物。

【提示】淀粉不属于农产品的范围，应按照 13%征收增值税；工业用盐的增值税税率为 13%，食用盐继续沿用 9%的低税率。

（三）零税率

纳税人出口货物，税率为零，但国务院另有规定的除外。

【提示】不适用零税率的货物：原油、柴油、援外货物、天然牛黄、麝香、铜及铜基合金、白银、糖和新闻纸等。

（四）销售服务、无形资产或者不动产的税率

（1）提供交通运输、邮政、基础电信、建筑、不动产租赁服务，销售不动产，转让土地使用权，税率为 9%；

（2）提供有形动产租赁服务，税率为 13%；

（3）除了以上两种情形外，纳税人发生其他销售服务、无形资产应税行为，税率为 6%；

（4）境内单位和个人发生财政部和国家税务总局规定范围内的跨境应税行为，税率为零。

（五）征收率

1. 小规模纳税人

（1）销售货物、加工修理修配劳务、服务、无形资产的征收率为 3%；

（2）销售自己使用过的固定资产，减按 2%征收率征收增值税；

（3）销售旧货，按 3%征收率减按 2%征收增值税；

（4）销售不动产（不含个体工商户销售购买的住房和其他个人销售不动产），按照 5%的征收率征收增值税；

（5）房地产开发企业中的小规模纳税人，销售自行开发的房地产项目，按 5%的征收率征收增值税；

(6) 出租不动产(不含个人出租住房),按5%的征收率征收增值税;向个人出租住房,按照5%的征收率减按1.5%计算缴纳增值税。

2. 一般纳税人

(1) 3%征收率(销售自产货物)。一般纳税人销售自产的下列货物,可选择按简易办法依3%征收率征收增值税:

①县级及县级以下小型水力发电单位生产的电力。小型水力发电单位,是指各类投资主体建设的装机容量为5万千瓦以下(含5万千瓦)的小型水力发电单位。

②建筑用和生产建筑材料所用的砂、土、石料。

③以自己采掘的砂、土、石料或其他矿物连续生产的砖、瓦、石灰(不含粘土实心砖、瓦)。

④用微生物、微生物代谢产物、动物毒素、人或动物的血液或组织制成的生物制品。

⑤自来水。

⑥商品混凝土(仅限于以水泥为原料生产的水泥混凝土)。

(2) 3%征收率。一般纳税人销售下列货物,暂按简易办法依3%征收率征收增值税:

①寄售商店代销寄售物品。

②典当业销售死当物品。

③经国务院或其授权机关批准认定的免税商店零售免税货物。

(3) 3%征收率减按2%征收。

①一般纳税人销售旧货,按简易办法依3%征收率减按2%征收增值税,不得抵扣进项税额。

②一般纳税人销售自己使用过的固定资产,区分不同情况征收增值税:一般纳税人销售自己使用过的2009年1月1日或纳入"营改增"试点之日后购进或自制的固定资产,按照适用税率征收增值税;销售自己使用过的2008年12月31日或纳入"营改增"试点之日前购进或自制的固定资产,按3%征收率减按2%征收增值税并且不得开具增值税专用发票,或者依照3%征收率缴纳增值税,可开具增值税专用发票。

(4) 3%征收率(销售服务)。2016年5月1日起,一般纳税人发生下列特定应税服务,可以选择简易计税方法按3%计税,但一经选择,36个月内不得变更:

①公共交通运输服务。包括轮客渡、公交客运、地铁、城市轻轨、出租车、长途客运、班车。

②经认定的动漫企业为开发动漫产品提供的动漫脚本编撰、形象设计、背景设计、动画设计、分镜、动画制作、摄制、描线、上色、画面合成、配音、配乐、音效合成、剪辑、字幕制作、压缩转码服务,以及在境内转让动漫版权。

③电影放映服务、仓储服务、装卸搬运服务、收派服务和文化体育服务。

④以纳入"营改增"试点之日前取得的有形动产为标的物提供的经营租赁服务。

⑤在纳入"营改增"试点之日前签订的尚未执行完毕的有形动产租赁合同。

⑥以清包工方式提供的建筑服务。清包工方式是指施工方不采购建筑工程所需的材料或只采购辅助材料,并收取人工费、管理费或者其他费用的建筑服务。

⑦为甲供工程提供的建筑服务。甲供工程是指全部或部分设备、材料、动力由工程发包方自行采购的建筑工程。

⑧为建筑工程老项目提供的建筑服务。建筑工程老项目是指合同注明的开工日期在2016年4月30日前的建筑工程项目。

(5) 5%征收率（销售或出租不动产）。2016年5月1日起，一般纳税人发生下列特定应税行为，可以选择简易计税方法计税，但一经选择，36个月内不得变更。纳税人在不动产所在地按5%预缴税款后，向机构所在地主管税务机关进行纳税申报。

①销售其2016年4月30日前取得或者自建的不动产。

②房地产开发企业销售自行开发的房地产老项目。

③出租其2016年4月30日前取得的不动产。公路经营企业中的一般纳税人收取试点前开工的高速公路的车辆通行费，可依照5%的征收率减按3%征收。

3. 其他

(1) 其他个人销售其取得（不含自建）的不动产（不含其购买的住房），按照5%的征收率征税。

(2) 其他个人出租其取得的不动产（不含住房），按照5%的征收率征税。

(3) 个人出租住房，按照5%的征收率减按1.5%征收。

(六) 增值税抵扣率（扣除率）

对企业从非增值税纳税人购进免税农产品，由于不能得到增值税专用发票，为了不增加企业的增值税税负，税法规定了按抵扣率计算抵扣进项税额。

增值税一般纳税人购进农产品，从按照简易计税方法依照3%征收率计算缴纳增值税的小规模纳税人取得增值税专用发票的，以增值税专用发票上注明的金额和9%的扣除率计算进项税额；取得（开具）农产品销售发票或收购发票的，以农产品销售发票或收购发票上注明的农产品买价和9%的扣除率计算进项税额（营业税改征增值税试点期间，纳税人购进用于生产销售或委托受托加工13%税率货物的农产品扣除率为10%）。

四、增值税优惠政策的运用

增值税的减免项目等优惠政策，由国务院统一规定，任何地区和部门都不得擅自出台优惠政策。现行的优惠政策主要有：

(一) 增值税法定免税项目

(1) 农业生产者销售的自产农业产品；

(2) 避孕药品和用具；

(3) 古旧图书；

(4) 直接用于科学研究、科学试验和教学的进口仪器、设备；

(5) 外国政府、国际组织无偿援助的进口物资和设备；

(6) 由残疾人组织直接进口供残疾人专用的物品；

(7) 个人销售自己使用过的物品。

(二) 其他减免税的有关规定

(1) 对销售下列自产货物实行免征增值税政策：①再生水；②以废旧轮胎为全部生产原

料生产的胶粉；③翻新轮胎；④生产原料中掺兑废渣比例不低于30%的特定建材商品。

（2）对污水处理劳务免征增值税。

（3）对销售下列自产货物实行增值税即征即退的政策：①以工业废气为原料生产的高纯度二氧化碳产品；②以垃圾为原料生产的电力或者热力，垃圾用量占发电燃料的比重不低于80%；③以煤炭开采过程中伴生的舍弃物油母页岩为原料生产的页岩油；④以废旧沥青混凝土为原料生产的再生沥青混凝土，废旧沥青混凝土用量占生产原料的比重不低于30%；⑤采用旋窑法工艺生产并且生产原料中掺兑废渣比例不低于30%的水泥（包括水泥燃料）。

（4）销售下列自产货物实现的增值税实行即征即退50%的政策：

①以退役军用发射药为原料生产的涂料硝化棉粉，退役军用发射药在生产原料中的比重不低于90%。

②对燃煤发电厂及各类工业企业产生的烟气、高硫天然气进行脱硫生产的副产品。

③以废弃酒糟和酿酒底锅水为原料生产的蒸汽、活性炭、白炭黑、乳酸、乳酸钙、沼气。废弃酒糟和酿酒底锅水在生产原料中所占的比重不低于80%。

④以煤矸石、煤泥、石煤、油母页岩为燃料生产的电力和热力，煤矸石、煤泥、石煤、油母页岩用量占发电燃料的比重不低于60%。

⑤利用风力生产的电力。

⑥部分新型墙体材料产品。

（5）对销售自产的综合利用生物柴油实行增值税先征后退政策。综合利用生物柴油是指以废弃的动物油和植物油为原料生产的柴油。废弃的动物油和植物油用量占生产原料的比重不低于70%。

（6）增值税一般纳税人销售其自行开发生产的软件产品（含将进口软件产品进行本地化改造后对外销售）按13%税率征收增值税后，对其增值税实际税负超过3%的部分实行即征即退政策。本地化改造是指对进口软件产品进行重新设计、改造、转换等，单纯对进口软件产品进行汉字化处理不包括在内。

（7）对农民专业合作社销售本社成员生产的农业产品，视同农业生产者销售自产农业产品，免征增值税；对农民专业合作社向本社成员销售的农膜、种子、种苗、化肥、农药、农机免征增值税。

【提示】（1）即征即退，指税务机关将应征的增值税征收入库后，即时退还；先征后退，指按税法规定缴纳的税款，由税务机关征收入库后，再由税务机关按规定的程序给予部分或全部退税。先征后退与即征即退差不多，两者相比，先征后退有比较严格的退税程序和管理规定，所以在退税时间上有所差异而已。

（2）纳税人销售货物、劳务或者应税服务适用免税规定的，可以放弃免税，依照条例的规定缴纳增值税。放弃免税后，36个月内不得再申请免税。

（三）营业税改征增值税试点期间优惠政策

1. 下列项目免征增值税

（1）托儿所、幼儿园提供的保育和教育服务。

（2）养老机构提供的养老服务。

（3）残疾人福利机构提供的育养服务。

（4）婚姻介绍服务。

（5）殡葬服务。

（6）残疾人员本人为社会提供的服务。

（7）医疗机构提供的医疗服务。

（8）从事学历教育的学校提供的教育服务。

（9）学生勤工俭学提供的服务。

（10）农业机耕、排灌、病虫害防治、植物保护、农牧保险以及相关技术培训业务，家禽、牲畜、水生动物的配种和疾病防治。

（11）纪念馆、博物馆、文化馆、文物保护单位管理机构、美术馆、展览馆、书画院、图书馆在自己的场所提供文化体育服务取得的第一道门票收入。

（12）寺院、宫观、清真寺和教堂举办文化、宗教活动的门票收入。

（13）行政单位之外的其他单位收取的符合相关规定条件的政府性基金和行政事业性收费。

（14）个人转让著作权。

（15）个人销售自建自用住房。

（16）2023 年 12 月 31 日前，公共租赁住房经营管理单位出租公共租赁住房。

（17）台湾航运公司、航空公司从事海峡两岸海上直航、空中直航业务在大陆取得的运输收入。

（18）纳税人提供的直接或者间接国际货物运输代理服务。

（19）以下利息收入：①2023 年 12 月 31 日前，金融机构农户小额贷款；②国家助学贷款；③国债、地方政府债；④中国人民银行对金融机构的贷款；⑤住房公积金管理中心用住房公积金在指定的委托银行发放的个人住房贷款；⑥外汇管理部门在从事国家外汇储备经营过程中，委托金融机构发放的外汇贷款；⑦统借统还业务中，企业集团或企业集团中的核心企业以及集团所属财务公司按不高于支付给金融机构的借款利率水平或者支付的债券票面利率水平，向企业集团或者集团内下属单位收取的利息。

（20）被撤销金融机构以货物、不动产、无形资产、有价证券、票据等财产清偿债务。

（21）保险公司开办的一年期以上人身保险产品取得的保费收入。

（22）下列金融商品转让收入：①合格境外投资者（QFII）委托境内公司在我国从事证券买卖业务；②香港市场投资者（包括单位和个人）通过沪港通买卖上海证券交易所上市 A 股；③对香港市场投资者（包括单位和个人）通过基金互认买卖内地基金份额；④证券投资基金（封闭式证券投资基金、开放式证券投资基金）管理人运用基金买卖股票、债券；⑤个人从事金融商品转让业务。

（23）金融同业往来利息收入。

（24）符合规定条件的担保机构从事中小企业信用担保或者再担保业务取得的收入（不含信用评级、咨询、培训等收入）3 年内免征增值税。

（25）国家商品储备管理单位及其直属企业承担商品储备任务，从中央或者地方财政取得的利息补贴收入和价差补贴收入。

（26）纳税人提供技术转让、技术开发和与之相关的技术咨询、技术服务。

（27）同时符合下列条件的合同能源管理服务：①节能服务公司实施合同能源管理项目

相关技术，应当符合国家质量监督检验检疫总局和国家标准化管理委员会发布的《合同能源管理技术通则》（GB/T 24915－2020）规定的技术要求；②节能服务公司与用能企业签订节能效益分享型合同，其合同格式和内容符合《中华人民共和国合同法》和《合同能源管理技术通则》（GB/T 24915－2020）等规定。

（28）2023年12月31日前，科普单位的门票收入，以及县级及以上党政部门和科协开展科普活动的门票收入。

（29）政府举办的从事学历教育的高等、中等和初等学校（不含下属单位），举办进修班、培训班取得的全部归该学校所有的收入。

（30）政府举办的职业学校设立的主要为在校学生提供实习场所，并由学校出资自办、由学校负责经营管理、经营收入归学校所有的企业，从事“现代服务”（不含融资租赁服务、广告服务和其他现代服务）、“生活服务”（不含文化体育服务、其他生活服务和桑拿、氧吧）业务活动取得的收入。

（31）家政服务企业由员工制家政服务员提供家政服务取得的收入。

（32）福利彩票、体育彩票的发行收入。

（33）军队空余房产租赁收入。

（34）为了配合国家住房制度改革，企业、行政事业单位按房改成本价、标准价出售住房取得的收入。

（35）将土地使用权转让给农业生产者用于农业生产。

（36）涉及家庭财产分割的个人无偿转让不动产、土地使用权。

（37）土地所有者出让土地使用权和土地使用者将土地使用权归还给土地所有者。

（38）县级以上地方人民政府或自然资源行政主管部门出让、转让或收回自然资源使用权（不含土地使用权）。

（39）为安置随军家属就业而新开办的企业（随军家属必须占企业总人数的60%（含）以上，并有军（含）以上政治和后勤机关出具的证明）和从事个体经营的随军家属（必须有师以上政治机关出具的可以表明其身份的证明）自办理税务登记事项之日起，其提供的应税服务3年内免征增值税。

（40）从事个体经营的军队转业干部和为安置自主择业的军队转业干部就业而新开办的企业（军队转业干部占企业总人数60%（含）以上），自办理税务登记事项之日起，其提供的应税服务3年内免征增值税。自主择业的军队转业干部必须持有师以上部队颁发的转业证件。

（41）自2019年1月1日至2022年12月31日，对单位或者个体工商户将自产、委托加工或购买的货物通过公益性社会组织、县级及以上人民政府及其组成部门和直属机构，或直接无偿捐赠给目标脱贫地区的单位和个人，免征增值税。在政策执行期限内，目标脱贫地区实现脱贫的，可继续适用上述政策。“目标脱贫地区”包括832个国家扶贫开发工作重点县、集中连片特困地区县（新疆阿克苏地区6县1市享受片区政策）和建档立卡贫困村。

2. 不征收增值税项目

（1）根据国家指令无偿提供的铁路运输服务、航空运输服务，属于公益事业的服务；

（2）存款利息；

（3）被保险人获得的保险赔付；

（4）房地产主管部门或者其指定机构、公积金管理中心、开发企业以及物业管理单位代收的住宅专项维修资金；

（5）在资产重组过程中，通过合并、分立、出售、置换等方式，将全部或者部分实物资产以及与其相关联的债权、负债和劳动力一并转让给其他单位和个人，其中涉及的不动产、土地使用权转让行为。

3. 增值税即征即退

（1）一般纳税人提供管道运输服务，对其增值税实际税负超过3%的部分实行增值税即征即退政策。

（2）经中国人民银行、银监会或者商务部批准从事融资租赁业务的试点纳税人中的一般纳税人，提供有形动产融资租赁服务和有形动产融资性售后回租服务，对其增值税实际税负超过3%的部分实行增值税即征即退政策。

增值税实际税负，是指纳税人当期提供应税服务实际缴纳的增值税税额占纳税人当期提供应税服务取得的全部价款和价外费用的比例。

4. 扣减增值税

自2019年1月1日至2021年12月31日期间，失业人员、退役士兵就业。（1）持就业失业登记证（注明“自主创业税收政策”或附着高校毕业生自主创业证）人员或退役士兵从事个体经营的，在3年内按照每户每年12 000元为限额依次扣减其当年实际应缴纳的增值税、城市维护建设税、教育费附加和个人所得税。限额标准最高可上浮20%，各省、自治区、直辖市人民政府可根据本地区实际情况，在此幅度内确定限额标准。纳税人年度应缴纳税款小于上述扣减限额的，减免税额以其实际缴纳的税款为限；大于上述扣减限额的，应当以上述扣减限额为限。（2）企业当年新招用持就业失业登记证人员或退役士兵，与其签订1年以上期限劳动合同并依法缴纳社会保险费的，在3年内按照实际招用人数予以定额依次扣减增值税、城市维护建设税、教育费附加和企业所得税优惠。定额标准为每人每年6 000元，最高可上浮30%（招用自主就业退役士兵的最高可上浮50%）。由试点地区省级人民政府根据本地区实际情况在此幅度内确定具体定额标准。

5. 其他减免规定

（1）金融企业发放贷款后，自结息日起90天内发生的应收未收利息按现行规定缴纳增值税，自结息日起90天后发生的应收未收利息暂不缴纳增值税，待实际收到利息时按规定缴纳增值税。

（2）个人将购买不足2年的住房对外销售的，按照5%的征收率全额缴纳增值税。个人将购买2年及以上的住房对外销售的，免征增值税（北京市、上海市、广州市、深圳市除外）；北京市、上海市、广州市、深圳市个人购买2年及以上非普通住房对外销售的，以销售收入减去购买房屋的价款后的差额按照5%的征收率缴纳增值税，购买2年及以上的普通住房对外销售的，免征增值税。

（3）2023年12月31日前，符合规定的企业研发机构、国家工程研究中心、企业技术中心、各类科研院所、高等学校采购国产设备全额退还增值税。

纳税人发生应税行为同时适用免税和零税率规定的，纳税人可以选择适用免税或者零税率。

(四)起征点

对销售额未达到规定起征点的个人(包括小规模纳税人的个体工商户和其他个人),可以免缴增值税。2011年11月1日起增值税的起征点为:

(1)按期纳税的,为月销售额5 000~20 000元(含本数);

(2)按次纳税的,为每次(日)销售额300~500元(含本数);

对增值税小规模纳税人中月销售额未达到2万元的企业或非企业性单位,免征增值税。2022年12月31日前,对月销售额15万元以下(含本数)的增值税小规模纳税人,免征增值税。

起征点的调整由财政部和国家税务总局规定。省、自治区、直辖市财政厅(局)和国家税务局应当在规定的幅度内,根据实际情况确定本地区适用的起征点,并报财政部和国家税务总局备案。

五、增值税专用发票的使用

增值税专用发票是一般纳税人销售货物、加工修理修配劳务、服务、无形资产或者不动产开具的发票,是购买方支付增值税税额并可按照增值税有关规定据以抵扣增值税进项税额的合法证明。由于其所具备的特殊作用,我国对增值税专用发票制定了严格的管理规定。

(一)增值税专用发票的领购和开具范围

1. 领购范围

一般纳税人可以凭发票领购簿、IC卡和经办人身份证明领购增值税专用发票。一般纳税人有下列情形之一的,不得领购开具专用发票:

(1)会计核算不健全,不能向税务机关准确提供增值税销项税额、进项税额、应纳税额数据及其他有关增值税税务资料的。

(2)有《税收征管法》规定的税收违法行为,拒不接受税务机关处理的。

(3)有下列行为之一,经税务机关责令限期改正而仍未改正的:虚开增值税专用发票;私自印制专用发票;向税务机关以外的单位和个人买取专用发票;借用他人专用发票;未按《税收征管法》第十一条开具专用发票;未按规定保管专用发票和专用设备;未按规定申请办理防伪税控系统变更发行;未按规定接受税务机关检查。

2. 开具范围

一般纳税人发生应税行为,应当向索取增值税专用发票的购买方开具增值税专用发票,并在增值税专用发票上注明销售额和销项税额。

属于下列情形之一的,不得开具增值税专用发票:

(1)向消费者个人销售货物、加工修理修配劳务、服务、无形资产或者不动产的;

(2)适用免征增值税规定的应税行为。

增值税小规模纳税人发生应税行为,购买方索取增值税专用发票的,自2019年8月13日起,可以自愿使用增值税发票管理系统自行开具。

（二）增值税专用发票的基本内容和开具要求

增值税专用发票由基本联次或者基本联次附加其他联次构成。基本联次为三联，依次为记账联、抵扣联和发票联。记账联，作为销售方核算销售收入和增值税销项税额的凭证；抵扣联，作为购买方报送主管税务机关认证和留存备查的凭证；发票联，作为购买方核算采购成本和增值税进项税额的凭证。其他联次的用途由一般纳税人自行确定。

增值税一般纳税人应通过增值税防伪税控系统开具专用发票。防伪税控系统是指经国务院同意推行的，使用专用设备和通用设备、运用数字密码和电子存储技术管理专用发票的计算机管理系统。其中，专用设备包括金税卡、IC 卡、读卡器等，通用设备包括计算机、打印机、扫描器具等。

增值税专用发票应按照增值税纳税义务的发生时间开具，不得提前或滞后，并与实际交易相符。开具时应项目齐全，字迹清楚，不得压线、错格，发票联和抵扣联加盖财务专用章或者发票专用章。对不符合上列要求的专用发票，购买方有权拒收。

对已开具增值税专用发票的销售货物、加工修理修配劳务、服务、无形资产或者不动产，销售方要及时足额计入当期销售额计税。凡开具了增值税专用发票，其销售额未按规定计入销售账户核算的，一律按偷税论处。

（三）增值税专用发票进项税额的抵扣

除国家税务总局另有规定的除外，自 2020 年 3 月 1 日起，取消增值税扣税凭证的认证确认、稽查比对、申报抵扣的期限，一般纳税人对取得的增值税专用发票可以不再进行认证，通过增值税发票税控开票软件登录本省增值税发票查询平台，查询、选择用于申报抵扣、出口退税或者代办退税的增值税发票信息（以下简称“选择抵扣”）。

（四）开具增值税专用发票后发生退货或销售折让的处理

一般纳税人在开具专用发票当月，发生销货退回、开票有误等情形，收到退回的发票联、抵扣联符合作废条件的（即收到退回的发票联、抵扣联时间未超过销售方开票当月，销售方未抄税并且未记账，购买方未认证或者认证结果为“纳税人识别号认证不符”“专用发票代码、号码认证不符”），按作废处理；开具时发现有误的，可即时作废。作废专用发票须在防伪税控系统中将相应的数据电文按“作废”处理，在纸质专用发票（含未打印的专用发票）各联次上注明“作废”字样，全部联次留存。

一般纳税人开具专用发票后，发生销货退回、开票有误等情形但不符合作废条件的，或者因销货部分退回及发生销售折让，需要开具红字专用发票的，需要取得税务机关系统校验通过的开具红字增值税专用发票信息表（以下简称“信息表”）。

购买方取得专用发票已用于申报抵扣的，购买方可在增值税发票管理系统中填开并上传信息表，在填开信息表时不填写相对应的蓝字专用发票信息，应暂依信息表所列增值税税额从当期进项税额中转出，待取得销售方开具的红字专用发票后，与信息表一并作为记账凭证。

购买方取得专用发票未用于申报抵扣，但发票联或抵扣联无法退回的，购买方填开信息表时应填写相对应的蓝字专用发票信息。

税务机关通过网络接收纳税人上传的信息表，系统自动校验通过后，生成带有“红字发票信息表编号”的信息表，并将信息同步至纳税人端系统中。销售方凭税务机关系统校验通过的信息表开具红字专用发票，在增值税发票管理系统中以销项负数开具。红字专用发票应与信息表一一对应。

(五) 丢失已开具增值税专用发票的处理

纳税人同时丢失已开具增值税专用发票或机动车销售统一发票的发票联和抵扣联，可凭加盖销售方发票专用章的相应发票记账联复印件，作为增值税进项税额的抵扣凭证、退税凭证或记账凭证。

纳税人丢失已开具增值税专用发票或机动车销售统一发票的抵扣联，可凭相应发票的发票联复印件，作为增值税进项税额的抵扣凭证或退税凭证。

纳税人丢失已开具增值税专用发票或机动车销售统一发票的发票联，可凭相应发票的抵扣联复印件，作为记账凭证。

※ 职业能力判断与选择 ※

一、判断题

1. 在实际工作中，凡是属于生产资料转移价值的因素，都应该作为扣除项目，从商品总价值中扣除。(　　)

2. 我国现行的增值税是对在我国境内销售货物、提供加工修理修配劳务以及销售服务、无形资产、不动产的单位和个人，就其取得的应税销售额计算税款，并实行税款抵扣制的一种流转税。(　　)

3. “生产型增值税”与“消费型增值税”的区别在于是否允许企业购入固定资产所含的增值税进行抵扣。(　　)

4. 纳税人出口货物，税率为零，因此一般纳税人的税率有两档，即基本税率和零税率。(　　)

5. 免征增值税的农业产品按照买价的9%的扣除率计算进项税额，准予抵扣。(　　)

6. 增值税的免税、减税项目由国务院规定。任何地区、部门均不得规定免税、减税项目。(　　)

7. 增值税专用发票只限于增值税的一般纳税人和小规模纳税人领购使用，非增值税纳税人不得领购使用。(　　)

8. 小规模纳税人一律按照销售额3%的征收率计算应纳税款，不得抵扣进项税额。(　　)

9. 一般纳税人与小规模纳税人的计税依据相同，都是不含税的销售额。(　　)

10. 小规模纳税人如符合规定条件，需要开具专用发票的，可由当地税务机关代开增值税专用发票。(　　)

二、选择题（第1～9题为单项选择题，第10～18题为多项选择题）

1. 生产型增值税的特点是(　　)。

A. 将当期购入固定资产价款一次性全部扣除
B. 不允许扣除任何外购固定资产的价款
C. 只允许扣除当期应计入产品价值的折旧部分
D. 只允许扣除当期应计入产品价值的流动资产和折旧费

2. 我国现行的增值税采用(　　)。
A. 价内税　B. 价外税　C. 定额税　D. 累进税

3. 下列货物适用 13%税率的是(　　)。
A. 生产销售啤酒　B. 生产销售煤炭
C. 生产销售石油液化气　D. 生产销售暖气

4. 我国对购进农产品的增值税扣除率为(　　)。
A. 7%　B. 10%　C. 13%　D. 17%

5. 下列货物中，目前允许按 9%抵扣进项税额的有(　　)。
A. 购进免税农产品　B. 购进废旧物资
C. 租入机器设备　D. 购进原材料支付的运费

6. 纳税人销售的下列货物中，属于免征增值税的货物是(　　)。
A. 销售农业机械　B. 销售煤炭
C. 销售日用百货　D. 销售自产的农产品

7. 以生产或提供劳务为主并兼营货物批发或零售的纳税人年应税销售额在(　　)的应办理增值税一般纳税人登记手续。
A. 500 万元以下　B. 500 万元以上
C. 80 万元以下　D. 80 万元以上

8. 现行增值税纳税人中所称中华人民共和国境内是指销售货物的(　　)在我国境内。
A. 起运地　B. 最终销售地
C. 货物支付地　D. 企业所在地

9. 在增值税法规中，“出口货物零税率”具体是指（　　)。
A. 出口货物免税　B. 该货物的增值税税率为零
C. 出口货物的整体税负为零　D. 以上都正确

10. 应交增值税的行业是(　　)。
A. 商品流通行业　B. 建筑业
C. 交通运输业　D. 制造业

11. 划分一般纳税人和小规模纳税人的标准有(　　)。
A. 销售额达到规定标准　B. 经营效益好
C. 会计核算健全　D. 有上级主管部门

12. 依据增值税的有关规定，不办理增值税一般纳税人资格登记的有(　　)。
A. 个体经营者以外的其他个人
B. 选择按照小规模纳税人纳税的非企业性单位
C. 从事货物生产业务的小规模企业
D. 选择按照小规模纳税人纳税的不经常发生应税行为的企业

13. 我国现行增值税的征收范围包括(　　)。

A. 在中国境内销售货物 B. 在中国境内提供应税劳务
C. 进口货物 D. 过境货物

14. 下列各项中，属于增值税征税范围的有(　　)。
A. 销售钢材 B. 销售自来水 C. 销售电力 D. 销售房屋

15. 单位和个人提供的下列劳务，应征增值税的有(　　)。
A. 汽车的修配 B. 房屋的修理
C. 受托加工的白酒 D. 房屋的装潢

16. 下列行为中，属于视同销售货物应征增值税的行为有(　　)。
A. 委托他人代销货物 B. 销售代销货物
C. 将自产的货物分给职工做福利 D. 将外购的货物用于免征增值税项目

17. 下列项目中，属于免征增值税的有(　　)。
A. 农业生产者销售自产的粮食 B. 药厂销售避孕药品
C. 个人销售自己使用过的物品 D. 机械厂销售农业机具

18. 在哪几种情况下，只开具普通发票而不开具增值税专用发票?(　　)
A. 向消费者销售货物或者提供应税劳务的
B. 销售免税货物的
C. 小规模纳税人销售货物或者提供应税劳务，对方没有要求开具专用发票的
D. 向小规模纳税人销售货物或者提供应税劳务的

任务二

增值税税款的计算

※ 任务描述 ※

当增值税纳税人、适用税率确定后，报税岗位的会计人员需要正确计算增值税的计税销售额。一般纳税人企业报税岗位的会计人员在计税销售额确定的基础上需要分别计算当期的销项税额、准予抵扣的进项税额以及当期实际应缴纳的增值税税额；小规模纳税人企业报税岗位的会计人员在计税销售额确定的基础上可直接计算当期实际应缴纳的增值税税额。

※ 知识准备与业务操作 ※

一、一般纳税人应纳税额的计算

根据税法规定，一般纳税人实行进项抵扣法。一般纳税人凭增值税专用发票及其合法扣税凭证注明的税款进行抵扣，其应缴增值税的计算公式为：

当期应缴增值税＝当期销项税额－当期进项税额

（一）销项税额的计算

销项税额是纳税人发生应税行为，按照销售额和增值税税率计算，并向购买方收取的增值税税额，其计算公式为：

销项税额＝销售额×适用税率

1. 一般销售方式下销售额的确定

销售额是指纳税人发生应税行为取得的全部价款和价外费用，但是不包括收取的销项税额，这体现了增值税为价外税的性质。因此，销售额的确定主要是确定价款和价外费用。

价外费用是指价外收取的各种性质的费用，包括价外向购买方收取的手续费、补贴、基金、集资费、返还利润、奖励金、违约金、滞纳金、延期付款利息、赔偿金、代收款项、代垫款项、包装费、包装物租金、储备费、优质费、运输装卸费以及其他各种性质的价外收费。无论其会计制度规定如何核算，均应并入销售额计算应纳税额。但下列项目不包括在内：（1）向购买方收取的销项税额；（2）受托加工应征消费税的消费品所代收代缴的消费税；（3）符合国家税收法律、法规规定条件代为收取的政府性基金或者行政事业性收费；（4）以委托方名义开具发票代委托方收取的款项。

纳税人按照人民币以外的货币结算销售额的，应当折合成人民币计算，折合率可以选择销售额发生的当天或者当月 1 日的人民币汇率中间价。纳税人应当事先确定采用何种折合率，确定后 12 个月内不得变更。

税法规定各种性质的价外费用都要并入销售额计算征税的目的是防止企业以各种名义的收费减少销售额以逃避纳税。但是在计算应缴税额时应当注意的是对增值税一般纳税人向购买方收取的价外费用和逾期包装物的押金应视作含税收入，在计算时应换算成不含税收入再并入销售额。

另外，纳税人发生应税行为价格明显偏低或偏高且不具有合理商业目的的，或者有视同销售行为而无销售额的，主管税务机关有权按下列顺序确定销售额：

（1）按纳税人最近时期同类货物、劳务、服务、无形资产或者不动产的平均价格确定；

（2）按其他纳税人最近时期同类货物、劳务、服务、无形资产或者不动产的平均价格确定；

（3）按组成计税价格确定，组成计税价格的公式为：

组成计税价格＝成本×（1＋成本利润率）

属于应征消费税的货物，其组成计税价格中应加计消费税税额。

成本利润率由国家税务总局确定。

2. 特殊销售货物方式下销售额的确定

在销售活动中，纳税人为了提高销售额会采用多种销售方式。由于销售方式的不同，纳税人的销售额的确定方式也会有所不同。下面介绍几种特殊方式下销售额的确定方法。

（1）折扣、折让方式销售货物。纳税人采用的折扣方式一般有折扣销售、销售折扣和销售退回或折让三种形式。不同折扣方式下其计税销售额也有所差别：

①折扣销售（商业折扣）。它是由于购货方购货数量较大等原因而给予购货方的价格优惠。税法规定：如果销售额和折扣额在同一张发票上分别注明的，可以按折扣后的销售额征收增值税；如果将折扣额另开发票，不论其在财务上如何处理，均不得从销售额中减除折扣

额。另外，折扣销售仅限于价格折扣，不包括实物折扣。实物折扣不得从货物销售额中减除，应按增值税条例“视同销售货物”中的“赠送他人”计征增值税。

②销售折扣（现金折扣）。它是为了鼓励及早付款而给予购货方的一种折扣优待。销售折扣不得从销售额中减除，因为销售折扣发生在销货之后，是一种融资性质的理财费用。

③销售退回或折让。它是指货物售出后，由于品种、质量等原因购货方要求予以退货或要求销货方给予购货方的一种价格折让。由于是货物的品种和质量问题而引起的销售额减少，对手续完备的销售退回或折让而退还给购买方的增值税，可从发生销售退回或折让的当期的销项税额中扣减。对于销售回扣，其实质是一种变相的商业贿赂，不得从销售额中减除。

（2）以旧换新方式销售货物。以旧换新方式销售货物是纳税人在销售过程中，折价收回同类旧货物，并以折价款部分冲减新货物价款的一种销售方式。

采取以旧换新方式销售货物的（金银首饰除外），应按新货物的同期销售价格确定销售额，不得扣减旧货物的收购价格，对有偿收回的旧货物，不得抵扣进项税额。金银首饰以旧换新业务，可按销售方实际收取的不含增值税的全部价款征收增值税。

（3）还本销售方式销售货物。还本销售是指将货物销售出去以后，到约定的期限再由销货方一次或分次将购货款部分或全部退还给购货方的一种销售方式，其实质是一种以提供货物换取还本不付息的融资行为。税法规定纳税人采取还本销售方式销售货物，其销售额应是货物的销售全价，不得从销售额中减除还本支出。

（4）以物易物方式销售货物。以物易物是指购销双方不是以货币结算或主要不以货币结算，而是以货物相互结算，实现货物购销，是一种较为特殊的货物购销方式。虽然这种方式没有涉及货币收支，但其本质也是一种购销行为。税法规定，以物易物双方都应作购销处理，以各自发出的货物核算销售额，并以此计算销项税额，以各自收到的货物按规定核算购货额，并以此计算进项税额。以物易物双方，如果未相互开具增值税专用发票，也应计算销项税额，但没有进项税额。如果双方相互开具了增值税专用发票，则双方既要计算销项税额，也可抵扣进项税额。

（5）包装物租金、押金的计价。包装物租金作为价外费用，并入销售额计算销项税额；纳税人为销售货物而出租出借包装物所收取的押金，单独记账核算的，不并入销售额征税。但对逾期未收回包装物而不再退还的押金，应换算成不含税收入后并入销售额，按所包装货物的税率计税。另外，对销售除啤酒、黄酒以外的其他酒类产品，其包装物押金一律计入销售额，一并计税。

3. 特殊销售服务方式下销售额的确定

（1）折扣方式销售服务、无形资产或者不动产。如果将价款和折扣额在同一张发票上的“金额”栏分别注明，那么纳税人可以按价款减除折扣额后的金额作为销售额计算缴纳增值税；如果没有在同一张发票上的“金额”栏分别注明，那么纳税人不得按价款减除折扣额后的金额作为销售额，应按价款作为销售额计算缴纳增值税。

（2）贷款服务。以提供贷款服务取得的全部利息及利息性质的收入为销售额。

（3）直接收费金融服务。以提供直接收费金融服务收取的手续费、佣金、酬金、管理费、服务费、经手费、开户费、过户费、结算费、转托管费等各类费用为销售额。

（4）金融商品转让。按照卖出价扣除买入价后的余额为销售额。转让金融商品出现的正负差，按盈亏相抵后的余额为销售额。若相抵后出现负差，可结转下一纳税期与下期转让金融商品销售额相抵，但年末时仍出现负差的，不得转入下一个会计年度。金融商品转让，不得开具增值税专用发票。

（5）经纪代理服务。以取得的全部价款和价外费用，扣除向委托方收取并代为支付的政府性基金或者行政事业性收费后的余额为销售额。向委托方收取的政府性基金或者行政事业性收费，不得开具增值税专用发票。

（6）融资租赁和融资性售后回租业务。经批准提供融资租赁服务，以取得的全部价款和价外费用，扣除支付的借款利息、发行债券利息和车辆购置税后的余额为销售额；提供融资性售后回租服务，以取得的全部价款和价外费用（不含本金），扣除对外支付的借款利息、发行债券利息后的余额作为销售额。

（7）航空运输企业的销售额。不包括代收的机场建设费和代售其他航空运输企业客票而代收转付的价款。

（8）提供客运场站服务。以其取得的全部价款和价外费用，扣除支付给承运方运费后的余额为销售额。

（9）提供旅游服务。可以选择以取得的全部价款和价外费用，扣除向旅游服务购买方收取并支付给其他单位或者个人的住宿费、餐饮费、交通费、签证费、门票费和支付给其他接团旅游企业的旅游费用后的余额为销售额。选择该办法计算销售额的试点纳税人，向旅游服务购买方收取并支付的上述费用，不得开具增值税专用发票，可以开具普通发票。

（10）提供建筑服务适用简易计税方法的。以取得的全部价款和价外费用扣除支付的分包款后的余额为销售额。

（11）房地产开发企业中的一般纳税人销售其开发的房地产项目（选择简易计税方法的房地产老项目除外），以取得的全部价款和价外费用，扣除受让土地时向政府部门支付的土地价款后的余额为销售额。

（12）销售其2016年4月30日前取得（不含自建）的不动产选择简易计税方法的，以取得的全部价款和价外费用减去该项不动产购置原价或者取得不动产时的作价后的余额为销售额；自建的不动产，以取得的全部价款和价外费用为销售额。

上述（5）～（12）项的规定从全部价款和价外费用中扣除的价款，应当取得符合法律、行政法规和国家税务总局规定的有效凭证，否则不得扣除。同时纳税人取得的凭证属于增值税扣税凭证的，其进项税额不得从销项税额中抵扣。

4. 价税合计情况下含税销售额的换算

为了符合增值税价外税的特点，增值税纳税人在填写进销货发票及其他纳税凭证时应该分别填列不含税的销售额和相应的税款。在实际工作中，多方面原因使一般纳税人销售货物、加工修理修配劳务、服务、无形资产或者不动产时，未开具增值税专用发票，或采用销售额和增值税税额一起收取的方法，此情况下销售价格是销售额和销项税额的合并定价，因而销售额是含税的销售额。

对于一般纳税人取得的含税销售额，在计算销项税额时，必须换算为不含税的销售额。含税销售额与不含税销售额的换算方法如下：

含税销售额＝不含税销售额×（1＋增值税税率）

不含税销售额＝含税销售额÷（1＋增值税税率）

【提示】 销售价款中是否含税的判断可以遵循以下原则：

(1) 普通发票中注明的价款一定是含税价格，例如：商场向消费者销售的“零售价格”。

(2) 增值税专用发票中记载的“价格”一定是不含税价格。

(3) 增值税纳税人销售货物的同时收取的价外收入或逾期包装物押金收入等一般为含税收入。

【做中学2-1】 某电子设备生产厂（一般纳税人）本月向某商场批发货物一批，开具增值税专用发票注明价款为200万元；向消费者零售货物，开具的普通发票注明的价款为50万元。

要求：请计算该电子设备生产厂本月的计税销售额。

分析：增值税专用发票注明价款是不含税销售额，不需要换算；普通发票注明的价款是含税销售额，需要换算。

向商场销售的计税销售额＝200（万元）

向消费者零售的计税销售额＝50÷（1＋13%）＝44.25（万元）

合计计税销售额＝200＋44.25＝244.25（万元）

销项税额＝244.25×13%＝31.752 5（万元）

（二）进项税额的计算

纳税人购进货物、加工修理修配劳务、服务、无形资产或者不动产支付或者负担的增值税税额为进项税额。在同一项购销业务中，进项税额与销项税额相对应，即销售方收取的销项税额就是购买方支付的进项税额。

一般纳税人应纳增值税的核心是用收取的销项税额扣除其支付的进项税额，余额就是纳税人应实际缴纳的增值税税额。但并不是所有的进项税额都可以抵扣。对此，税法明确规定了哪些进项税额可以抵扣，哪些不能抵扣。

1. 准予抵扣的进项税额

一般纳税人购进货物、加工修理修配劳务、服务、无形资产或者不动产所支付的进项税额，准予从销项税额中抵扣的有四种情形：

(1) 以票抵扣。纳税人购进货物、加工修理修配劳务、服务、无形资产或者不动产取得下列法定扣税凭证，其进项税额允许抵扣：

①从销售方取得的增值税专用发票（含税控机动车销售统一发票，下同）上注明的增值税税额；

②从海关取得的海关进口增值税专用缴款书上注明的增值税税额；

③从境外单位或者个人购进服务、无形资产或者不动产，自税务机关或者扣缴义务人取得的解缴税款的完税凭证上注明的增值税税额。

适用一般计税方法的试点纳税人，2016年5月1日后取得并在会计制度上按固定资产核算的不动产或者2016年5月1日后取得的不动产在建工程，其进项税额应自取得之日起分2年从销项税额中抵扣，第一年抵扣比例为60%，第二年抵扣比例为40%。自2019年4月1日起，纳税人取得不动产或者不动产在建工程的进项税额不再分2年抵扣，可在当月销项税额中一次性抵扣。

(2) 计算抵扣。购进农产品，除取得增值税专用发票或者海关进口增值税专用缴款书外，从按照简易计税方法依照3%征收率计算缴纳增值税的小规模纳税人取得增值税专用发票的，以增值税专用发票上注明的金额和9%的扣除率计算进项税额；取得（开具）农产品销售发票或收购发票的，以农产品销售发票或收购发票上注明的农产品买价和9%的扣除率计算进项税额（营业税改征增值税试点期间，纳税人购进用于生产销售或委托受托加工13%税率货物的农产品扣除率为10%）。其计算公式为：

进项税额＝买价×扣除率

（3）旅客运输服务的抵扣。自2019年4月1日起，纳税人购进国内旅客运输服务，其进项税额允许从销项税额中抵扣。纳税人未取得增值税专用发票的，暂按照以下规定确定进项税额：

①取得增值税电子普通发票的，为发票上注明的进项税额；

②取得注明旅客身份信息的航空运输电子客票行程单的，为按照下列公式计算的进项税额：

航空旅客运输进项税额＝（票价＋燃油附加费）÷（1＋9%）×9%

③取得注明旅客身份信息的铁路车票的，为按照下列公式计算的进项税额：

铁路旅客运输进项税额＝票面金额÷（1＋9%）×9%

④取得注明旅客身份信息的公路、水路等其他客票的，为按照下列公式计算的进项税额：

公路、水路等其他旅客运输进项税额＝票面金额÷（1＋3%）×3%

（4）加计抵减。自2019年4月1日至2021年12月31日，允许生产、生活性服务业纳税人按照当期可抵扣进项税额加计10%，抵减应纳税额（其中，自2019年10月1日至2021年12月31日，生活性服务业纳税人可加计15%抵减应纳税额）。生产、生活性服务业纳税人，是指提供邮政服务、电信服务、现代服务、生活服务取得的销售额占全部销售额的比重超过50%的纳税人。

①纳税人应按照当期可抵扣进项税额的10%（生活性服务业按15%）计提当期加计抵减额。按照现行规定不得从销项税额中抵扣的进项税额，不得计提加计抵减额。已计提加计抵减额的进项税额，按规定作进项税额转出的，应在进项税额转出当期，相应调减加计抵减额。计算公式如下：

当期计提加计抵减额＝当期可抵扣进项税额×10%（或15%）

当期可抵减加计抵减额＝上期末加计抵减额余额＋当期计提加计抵减额－当期调减加计抵减额

②纳税人按照现行规定计算一般计税方法下抵减前的应纳税额后，应区分以下情形加计抵减：抵减前的应纳税额等于零的，当期可抵减加计抵减额全部结转下期抵减；抵减前的应纳税额大于零，且大于当期可抵减加计抵减额的，当期可抵减加计抵减额全额从抵减前的应纳税额中抵减；抵减前的应纳税额大于零，且小于或等于当期可抵减加计抵减额的，以当期可抵减加计抵减额抵减应纳税额至零，未抵减完的当期可抵减加计抵减额结转下期继续抵减。

③纳税人出口货物劳务、发生跨境应税行为不适用加计抵减政策，其对应的进项税额不得计提加计抵减额。纳税人兼营出口货物劳务、发生跨境应税行为且无法划分不得计提加计抵减额的进项税额，按照以下公式计算：

不得计提加计抵减额的进项税额＝当期无法划分的全部进项税额×当期出口货物劳务和发生跨境应税行为的销售额÷当期全部销售额

2. 不得抵扣的进项税额

下列项目的进项税额不得从销项税额中抵扣：

(1) 用于适用简易计税方法计税项目、免征增值税项目、集体福利或者个人消费的购进货物、加工修理修配劳务、服务、无形资产和不动产。其中涉及的固定资产、无形资产、不动产，仅指专用于上述项目的固定资产、无形资产（不包括其他权益性无形资产）、不动产。

(2) 非正常损失的购进货物及相关的加工修理修配劳务和交通运输业服务。非正常损失（下同），是指因管理不善造成被盗、丢失、霉烂变质，以及因违反法律法规造成货物或者不动产被依法没收、销毁、拆除的情形。

(3) 非正常损失的在产品、产成品所耗用的购进货物（不包括固定资产）、加工修理修配劳务或者交通运输业服务。

(4) 非正常损失的不动产，以及该不动产所耗用的购进货物、设计服务和建筑服务。

(5) 非正常损失的不动产在建工程所耗用的购进货物、设计服务和建筑服务。纳税人新建、改建、扩建、修缮、装饰不动产，均属于不动产在建工程。

(6) 购进的贷款服务、餐饮服务、居民日常服务和娱乐服务。

(7) 纳税人接受贷款服务向贷款方支付的与该笔贷款直接相关的投融资顾问费、手续费、咨询费等费用。

(8) 财政部和国家税务总局规定的其他情形。

上述讲的固定资产是指使用期限超过12个月的机器、机械、运输工具以及其他与生产经营有关的设备、工具、器具等。和会计准则相比，不包括不动产及不动产在建工程。

纳税人取得的增值税扣税凭证不符合法律、行政法规或者国家税务总局有关规定的，其进项税额不得从销项税额中抵扣。

上述第（1）种情形规定不得抵扣且未抵扣进项税额的固定资产、无形资产、不动产，发生用途改变，用于允许抵扣进项税额的应税项目，可在用途改变的次月按照下列公式计算可以抵扣的进项税额：

可以抵扣的进项税额＝固定资产、无形资产、不动产净值/（1＋适用税率）×适用税率

固定资产、无形资产或者不动产净值，是指纳税人根据财务会计制度计提折旧或摊销后的余额。

此外，一般计税方法的纳税人，兼营简易计税方法计税项目、免征增值税项目而无法划分不得抵扣的进项税额，按照下列公式计算不得抵扣的进项税额：

不得抵扣的进项税额＝当期无法划分的全部进项税额×（当期简易计税方法计税项目销售额＋免征增值税项目销售额）÷当期全部销售额

3. 扣减进项税额

(1) 已抵扣进项税额的购进货物（不含固定资产）、劳务、服务，发生不得抵扣进项税额的情形（简易计税方法计税项目、免征增值税项目除外）时，应当将该进项税额从当期进项税额中扣减；无法确定该进项税额的，按照当期实际成本计算应扣减的进项税额。

(2) 已抵扣进项税额的固定资产、无形资产或者不动产，发生不得抵扣进项税额的情形时，按照下列公式计算不得抵扣的进项税额：

不得抵扣的进项税额＝固定资产、无形资产或者不动产净值×适用税率

（3）因销售折让、中止或者退回而退还给购买方的增值税税额，应当从当期的销项税额中扣减；因销售折让、中止或者退回而收回的增值税税额，应当从当期的进项税额中扣减。

【做中学 2－2】 甲企业是增值税一般纳税人，2021 年 10 月有关生产经营业务如下：

（1）从 A 公司购进生产用原材料，取得 A 公司开具的增值税专用发票，注明货款 200 万元、增值税 26 万元。合同约定运输由甲企业自己负责，甲企业支付运输公司运费取得增值税专用发票，注明运输费 5 万元、增值税 0.45 万元。

（2）从 B 公司购进维修设备用零部件，由于 B 公司为小规模纳税人，取得 B 公司开具的普通发票，注明价款 11.7 万元。

（3）从农业生产者手中购进免税农产品，收购凭证上注明收购货款是 50 万元。委托运输公司运输，取得增值税专用发票，注明运输费 2 万元、增值税 0.18 万元。

要求：计算该企业当月可以抵扣的进项税额。

分析：

（1）分别从 A 公司和运输公司取得了增值税专用发票，可以凭票抵扣。

进项税额＝26＋0.45＝26.45（万元）

（2）由于从 B 公司取得的是普通发票，因此不能抵扣进项税额。

（3）购进免税农产品，可以按收购凭证注明的收购价款计算抵扣 10%（因为是用于生产销售 13%税率的货物）；支付运输费取得增值税专用发票，可以凭票抵扣。

进项税额＝50×10%＋0.18＝5.18（万元）

当月可以抵扣的进项税额＝26.45＋5.18＝31.63（万元）

（三）一般纳税人应纳税额的计算

增值税销项税额与进项税额确定后就可以得出实际应纳的增值税税额，增值税一般纳税人应纳税额的计算方法如下：

应纳税额＝当期销项税额－当期进项税额

上式如果计算结果为正数，为当期应纳增值税；如果计算结果为负数，则形成留抵税额，待下期抵扣，下期应纳税额的计算公式变为：

应纳税额＝当期销项税额－当期进项税额－上期留抵税额

【做中学 2－3】 某运输企业为一般纳税人，2021 年 10 月取得交通运输收入 109 万元（含税），当月外购汽油 10 万元，购入运输车辆 20 万元（不含税金额，取得增值税专用发票），发生的联运支出 50 万元（不含税金额，取得增值税专用发票）。

请计算该纳税人 2021 年 10 月应纳增值税税额。

计算过程如下：

销项税额＝109÷（1＋9%）×9%＝9（万元）

可抵扣的进项税额＝10×13%＋20×13%＋50×9%＝1.3＋2.6＋4.5＝8.4（万元）

2021 年 10 月应纳税额＝9－8.4＝0.6（万元）

（四）建筑服务及不动产预缴税额的计算

（1）一般纳税人跨县（市）提供建筑服务，适用一般计税方法计税的，应以取得的全部

价款和价外费用为销售额计算应纳税额。纳税人应以取得的全部价款和价外费用扣除支付的分包款后的余额，按照2%的预征率在建筑服务发生地预缴税款后，向机构所在地主管税务机关进行纳税申报。

(2) 一般纳税人销售其2016年5月1日后取得（不含自建）的不动产，应适用一般计税方法，以取得的全部价款和价外费用为销售额计算应纳税额。纳税人应以取得的全部价款和价外费用减去该项不动产购置原价或者取得不动产时的作价后的余额，按照5%的预征率在不动产所在地预缴税款后，向机构所在地主管税务机关进行纳税申报。

(3) 一般纳税人销售其2016年5月1日后自建的不动产，应适用一般计税方法，以取得的全部价款和价外费用为销售额计算应纳税额。纳税人应以取得的全部价款和价外费用，按照5%的预征率在不动产所在地预缴税款后，向机构所在地主管税务机关进行纳税申报。

(4) 房地产开发企业采取预收款方式销售所开发的房地产项目，在收到预收款时按照3%的预征率预缴增值税。

(5) 一般纳税人出租其2016年5月1日后取得的、与机构所在地不在同一县（市）的不动产，应按照3%的预征率在不动产所在地预缴税款后，向机构所在地主管税务机关进行纳税申报。

(6) 一般纳税人销售其2016年4月30日前取得的不动产（不含自建），选择一般计税方法计税的，以取得的全部价款和价外费用为销售额计算应纳税额。纳税人应以取得的全部价款和价外费用减去该项不动产购置原价或者取得不动产时的作价后的余额，按照5%的预征率在不动产所在地预缴税款后，向机构所在地主管税务机关进行纳税申报。

(7) 房地产开发企业中的一般纳税人销售房地产老项目，以及一般纳税人出租其2016年4月30日前取得的不动产，选择一般计税方法计税的，应以取得的全部价款和价外费用，按照3%的预征率在不动产所在地预缴税款后，向机构所在地主管税务机关进行纳税申报。

(8) 一般纳税人销售其2016年4月30日前自建的不动产，选择一般计税方法计税的，应以取得的全部价款和价外费用为销售额计算应纳税额。纳税人应以取得的全部价款和价外费用，按照5%的预征率在不动产所在地预缴税款后，向机构所在地主管税务机关进行纳税申报。

【做中学2-4】某建筑企业（一般纳税人）机构所在地为A省，2021年8月在B省提供建筑服务（非简易计税项目）取得建筑服务收入（含税）1 635万元，支付分包款545万元。购入建筑材料可抵扣的进项税额为60万元。要求计算在B省的预缴增值税税额和回A省机构所在地纳税申报应缴的增值税税额。

在B省建筑服务发生地预缴的增值税税额=(1 635−545)÷(1+9%)×2%
=20（万元）

回A省机构所在地纳税申报时应缴的增值税税额=1 635÷(1+9%)×9%−20−60
−545÷(1+9%)×9%=10（万元）

二、小规模纳税人应纳税额的计算

小规模纳税人销售货物、加工修理修配劳务、服务、无形资产或者不动产，实行按照销售额和增值税征收率计算应纳税额的简易计税办法，不得抵扣进项税额。小规模纳税人应纳税额的计算公式为：

应纳税额＝销售额×征收率

按照税法规定，小规模纳税人销售货物只能开具普通销货发票，不能使用增值税专用发票，其购进货物不论是否取得增值税专用发票，都不能抵扣进项税额，但购进税控收款机除外。

上述公式中的销售额为不含税销售额，纳税人采用销售额和应纳税额合并定价方法的，应将含税销售额换算成不含税销售额，其计算公式为：

销售额＝含税销售额÷（1＋征收率）

纳税人提供适用简易计税方法计税的，因销售折让、中止或者退回而退还给购买方的销售额，应当从当期销售额中扣减。扣减当期销售额后仍有余额造成多缴的税款，可以从以后的应纳税额中扣减。

【做中学 2－5】 某商业企业为增值税小规模纳税人，2021 年第三季度发生以下销售业务：

（1）销售给某小型超市一批肥皂，销售收入 309 000 元。

（2）将本季所购化妆品销售给消费者，销售收入 41 200 元。

（3）销售给某制造企业货物一批，取得销货款 30 000 元，由税务机关代开增值税专用发票。

（4）提供给个人消费者餐饮服务，取得销售收入 144 200 元。

则该商业企业第三季度的应纳税额为：

先将含税销售额换算为不含税销售额，即：

不含税销售额＝309 000÷（1＋3％）＋41 200÷（1＋3％）＋144 200÷（1＋3％）

＝480 000（元）

本季应纳税额＝（480 000＋30 000）×3％＝15 300（元）

小规模纳税人销售或者出租不动产应纳税额计算的相关规定：

（1）小规模纳税人销售其取得（不含自建）的不动产（不含个体工商户销售购买的住房和其他个人销售不动产），应以取得的全部价款和价外费用减去该项不动产购置原价或者取得不动产时的作价后的余额为销售额，按照 5％的征收率计算应纳税额。纳税人按照上述方法在不动产所在地预缴税款后，向机构所在地主管税务机关进行纳税申报。

（2）小规模纳税人销售其自建的不动产，应以取得的全部价款和价外费用为销售额，按照 5％的征收率计算应纳税额。纳税人按照上述方法在不动产所在地预缴税款后，向机构所在地主管税务机关进行纳税申报。

（3）房地产开发企业中的小规模纳税人销售自行开发的房地产项目，按照 5％的征收率计税。

（4）小规模纳税人出租其取得的不动产（不含个人出租住房），按照 5％的征收率计算应纳税额。如果不动产与机构所在地不在同一县的，纳税人按照上述方法在不动产所在地预缴税款后，向机构所在地主管税务机关进行纳税申报。

（5）小规模纳税人跨县（市）提供建筑服务，应以取得的全部价款和价外费用扣除支付的分包款后的余额为销售额，按照 3％的征收率计算应纳税额。纳税人应按照上述计税方法在建筑服务发生地预缴税款后，向机构所在地主管税务机关进行纳税申报。

三、进口货物应纳税额的计算

无论是一般纳税人还是小规模纳税人，申报进口货物都应缴纳增值税，需要按规定的组成计税价格和规定的税率计算增值税税额。其计算公式为：

应纳税额＝组成计税价格×税率

组成计税价格有以下两种情况：

（1）进口货物只征收增值税的，其组成计税价格为：

组成计税价格＝关税完税价格＋关税＝关税完税价格×（1＋关税税率）

（2）进口货物同时征收消费税的，其组成计税价格为：

组成计税价格＝关税完税价格＋关税＋消费税

＝关税完税价格×（1＋关税税率）÷（1－消费税税率）

关于“关税完税价格”的确认问题，将在本教材项目四关税会计核算与申报中详细介绍。

另外，根据税法规定，纳税人进口货物，从海关取得的海关进口增值税专用缴款书上注明的增值税税额可以在计算本月应纳增值税税额时作为进项税额抵扣。

【做中学2-6】某进出口公司（增值税一般纳税人）2021年11月报关进口数码相机60 000台，每台关税完税价格为3 000元，进口关税税率为60%。已交进口关税和海关代征的增值税并已取得增值税完税凭证。当月以不含税售价每台5 600元全部售出（数码相机不需要缴纳消费税）。

该公司当月进口环节和销售环节应纳增值税税额计算如下：

（1）进口环节应纳税额的计算：

组成计税价格＝关税完税价格＋关税

＝3 000×60 000＋3 000×60 000×60%＝288 000 000（元）

进口环节应纳税额＝组成计税价格×适用税率＝288 000 000×13%＝37 440 000（元）

（2）国内销售环节应纳增值税税额的计算：

应纳税额＝当期销项税额－当期进项税额

＝5 600×60 000×13%－37 440 000＝6 240 000（元）

四、扣缴义务人应扣缴税额的计算

境外单位或者个人在境内销售服务、无形资产或者不动产，在境内未设有经营机构的，扣缴义务人按照下列公式计算应扣缴税额：

应扣缴税额＝购买方支付的价款÷(1＋税率)×税率

【做中学2-7】境外公司为某纳税人提供咨询服务，合同价款106万元，且该境外公司没有在境内设立经营机构，应以服务购买方为增值税扣缴义务人，则购买方应当扣缴的税额计算如下：

应扣缴增值税税额＝106÷(1＋6%)×6%＝6（万元）

任务设计

增值税应纳税额的计算

一、工作实例

某生产型企业为增值税一般纳税人，2021年6月发生以下经济业务，计算该企业本月应缴纳的增值税税额：

（1）购进生产用原材料一批，已验收入库。取得增值税专用发票，注明价款50万元、税额6.5万元。另外，支付购货运费取得增值税专用发票，注明运输费2万元、增值税0.18万元。

（2）购进生产用设备一台，取得增值税专用发票注明价款20万元、税款2.6万元。

（3）向农业生产者个人购入免税农产品一批，取得经税务机关批准的收购凭证，支付收购价30万元。

（4）购入企业自用小轿车一辆，取得税控机动车销售统一发票，注明价款15万元、税额1.95万元，用支票付款。

（5）将本企业生产的一批产品通过民政部门捐赠给灾区，该产品成本价为10万元，销售价为18万元。

（6）销售甲商品给某商场，开具增值税专用发票，注明价款70万元、税额9.1万元。

（7）销售乙商品给某公司，开具普通发票，价税合计金额为22.6万元。

（8）接受外单位委托加工应税产品一批，收取委托方提供的原材料5.87万元，收取加工费1.977 5万元（含增值税）。

（9）将外购的原材料一批用于企业职工集体福利，该材料成本为6万元，其进项税额为0.78万元。该原材料系以前购入，已在购入当月申报抵扣进项税额。

二、操作步骤

步骤一：逐笔分析经济业务，确定是销项税额还是进项税额，并计算出具体数额。

（1）购进材料取得增值税专用发票，支付运费取得增值税专用发票，其进项税额凭票抵扣。则：

允许抵扣进项税额＝6.5＋0.18＝6.68（万元）

（2）购进生产经营用固定资产取得增值税专用发票，其进项税额允许抵扣。则：

允许抵扣进项税额＝2.6（万元）

（3）向农业生产者个人购买农产品，取得经税务机关批准的收购凭证，按农产品买价和10%（因为是用于生产销售13%税率的货物）的扣除率计算进项税额，则：

允许抵扣进项税额＝30×10%＝3（万元）

（4）购进纳税人企业自用的消费品小轿车，其进项税额可凭税控机动车销售统一发票抵扣。则：

允许抵扣进项税额＝1.95（万元）

（5）将自产的一批产品捐赠给灾区属于视同销售，应该缴纳增值税，则：

销项税额＝18×13%＝2.34（万元）

（6）销售甲商品给某商场应该缴纳增值税，则：

销项税额＝9.1（万元）

（7）销售乙商品给某商场应该缴纳增值税，因为是价税合计，所以应换算成不含税的销售额后征收增值税，则：

销项税额＝22.6÷（1＋13%）×13%＝2.6（万元）

（8）接受外单位委托加工应税产品一批应该缴纳增值税，则：

销项税额＝1.977 5÷（1＋13%）×13%＝0.227 5（万元）

(9) 将外购原材料用于企业职工集体福利，其进项税额不得抵扣，作进项税额转出处理。进项税额转出＝0.78万元。

步骤二：计算本期销项税额。

当期销项税额＝2.34＋9.1＋2.6＋0.227 5＝14.267 5（万元）

步骤三：计算本期可抵扣的进项税额。

进项税额＝6.68＋2.6＋3＋1.95－0.78＝13.45（万元）

步骤四：计算本期增值税实际应纳税额。

当期应纳税额＝当期销项税额－当期进项税额＝14.267 5－13.45＝0.817 5（万元）

※ 职业能力判断与选择 ※

一、判断题

1. 增值税的计税依据是不含增值税的价格，它的最终承担者是经营者。(　　)
2. 混合销售是指销售多种产品或提供多种劳务的行为。(　　)
3. 销项税额＝销售额×税率，由销售方自己承担。(　　)
4. 应纳税额等于当期销项税额减当期进项税额，因此，所有的进项税额都可以抵扣，不足部分可以结转下期继续抵扣。(　　)
5. 一般纳税人与小规模纳税人的计税依据相同，都是不含税的销售额。(　　)
6. 进口货物按组成计税价格和规定的税率计税，不得抵扣任何税额。(　　)
7. 纳税人代收代垫的运费，应视为价外收费征收增值税。(　　)
8. 商业企业采取分期付款方式购进货物的，凡是发生销售方先全额开具专用发票、购货方再按规定分期付款情况的，应在每次支付款项以后申报抵扣进项税额。(　　)
9. 纳税人采取折扣方式销售货物，销售额和折扣额不在同一张发票上分别注明的，可按折扣后销售额征收增值税。(　　)
10. 增值税一般纳税人将外购货物作为职工集体福利，应视同销售计征增值税。(　　)

二、选择题（第1～9题为单项选择题，第10～14题为多项选择题）

1. 某零售企业为一般纳税人，月销售收入为282 500元，该企业当月计税销售额为(　　)元。

A. 250 000　　B. 258 840　　C. 275 940　　D. 352 400

2. 某服装厂将自产的服装作为福利发给本厂职工，该批产品制造成本共计10万元，利润率为10%，按当月同类产品的平均售价计算为18万元，计征增值税的销售额为(　　)万元。

A. 10　　B. 9　　C. 11　　D. 18

3. 某单位采取折扣方式销售货物，折扣额单独开发票，增值税销售额的确定是(　　)。

A. 扣除折扣额的销售额　　B. 不扣除折扣额的销售额

C. 折扣额　　D. 加上折扣额的销售额

4. 某商场实行还本销售家具，家具现售价16 500元（不含增值税），5年后还本，该商场增值税的计税销售额是(　　)元。

A. 16 500　　B. 3 300　　C. 1 650　　D. 不征税

5. 某单位外购如下货物，按照增值税的有关规定，可以作为进项税额，从销项税额中抵扣的是(　　)。

A. 外购的低值易耗品　　B. 外购的材料用于专门的免征增值税项目

C. 外购的货物用于简易计税项目　　D. 外购的货物作为职工集体福利

6. 纳税人当期的进项税额大于当期的销项税额时，对不足抵扣部分的处理办法是(　　)。

A. 税务部门予以退税　　B. 不再给予抵扣

C. 可抵扣以前欠税　　D. 结转下期继续抵扣

7. 某商场为增值税一般纳税人，因管理不善发生火灾，库存外购冰箱 10 台损坏，每台零售价 1 440 元，每台进价 1 000 元（不含税），不得抵扣的进项税额为(　　)元。

A. 1 300　　B. 14 400　　C. 12 307.69　　D. 8 547

8. 下列外购项目中，(　　)不得抵扣进项税额。

A. 用于简易计税方法的计税项目　　B. 无偿赠送他人

C. 对外投资　　D. 用于换取生产资料

9. 现行增值税基本税率为 13%，其对应的计税价格为不含税价，若换算成价内税，13%的价外税税率相当于(　　)的价内税税率。

A. 14.329%　　B. 11.504%　　C. 20.48%　　D. 14%

10. 某单位外购如下货物，按增值税有关规定不能作为进项税额抵扣的有(　　)。

A. 外购的生产性固定资产　　B. 外购货物用于免税项目

C. 外购货物用于集体福利　　D. 外购货物用于无偿赠送他人

11. 增值税一般纳税人销售货物或提供应税劳务向购买方收取的价款和价外费用都应并入销售额纳税，但税法规定价外费用不包括(　　)。

A. 包装物押金收入

B. 向购买方收取的销项税额

C. 受托加工应征消费税的消费品所代收代缴的消费税

D. 承运部门将运费发票开给购买方并由销售方将该发票转交给购买方的代垫运费

12. 按现行增值税制度规定，下列行为应按“提供加工和修理修配劳务”征收增值税的是(　　)。

A. 商店服务部为顾客修理手表　　B. 企业受托为另一企业加工服装

C. 企业为另一企业修理锅炉　　D. 汽车修配厂为本厂修理汽车

13. 下列关于混合销售与兼营的表述中正确的有（　　）。

A. 同一纳税人既销售货物、加工修理修配劳务又销售服务、无形资产或者不动产的行为，称为兼营

B. 一项销售行为如果既涉及货物又涉及服务，称为混合销售

C. 从事货物的生产、批发或者零售的单位和个体工商户的混合销售行为，按销售货物缴纳增值税

D. 纳税人兼有不同税率的销售货物、加工修理修配劳务、服务、无形资产或者不动产，

未分别核算销售额的，从高适用税率

14.《增值税暂行条例》规定，对销售除（　　）以外的其他酒类产品而收取的包装押金，无论是否返还、会计上如何核算，均应并入当期销售额计征增值税。

A. 啤酒　　B. 黄酒　　C. 白酒　　D. 药酒

※ 单项任务训练 ※

1. 某商贸企业（增值税一般纳税人）进口机器一台，关税完税价格为200万元，假设进口关税为40万元；本月将机器售出，取得不含税销售额350万元。

要求：计算本月应纳增值税税额。

2. 某电子企业为增值税一般纳税人，2021年6月发生下列经济业务：

(1) 销售A产品50台，不含税单价8 000元。货款收到后，向购买方开具了增值税专用发票，并将提货单交给了购买方。截至月底，购买方尚未提货。

(2) 将20台新试制的B产品分配给投资者，单位成本为6 000元。该产品尚未投放市场。

(3) 单位内部职工集体福利领用甲材料1 000千克，每千克单位成本为50元。

(4) 企业某项免征增值税项目领用甲材料200千克，每千克单位成本为50元，同时领用A产品5台。

(5) 当月丢失库存乙材料800千克，每千克单位成本为20元，作待处理财产损溢处理。

(6) 当月发生购进货物的全部进项税额为70 000元。

其他相关资料：上月进项税额已全部抵扣完毕，本月取得的进项税额抵扣凭证均已申报抵扣。购销货物增值税税率均为13%，税务局核定的B产品成本利润率为10%。

要求：

(1) 计算当月销项税额；

(2) 计算当月可抵扣进项税额；

(3) 计算当月应缴增值税税额。

3. 某工业企业为增值税一般纳税人，2021年6月购销业务情况如下：

(1) 购进生产原料一批，取得的增值税专用发票上注明的价、税款分别是23万元、2.99万元，专用发票当月通过认证并申报抵扣。另支付运费取得增值税专用发票，注明运输费3万元、税额0.27万元。

(2) 购进钢材20吨，已验收入库；取得的增值税专用发票上注明的价、税款分别是8万元、1.04万元，专用发票当月通过认证并申报抵扣。

(3) 直接向农民收购用于生产加工的农产品一批，经税务机关批准的收购凭证上注明的价款为42万元。

(4) 以托收承付方式销售产品一批，货物已发出并办妥银行托收手续，但货款未到，向买方开具的增值税专用发票注明销售额42万元。

(5) 期初留抵进项税额0.5万元。

要求：计算该企业当期应纳增值税税额。

4. 某商业企业是增值税一般纳税人，2021年5月初留抵税额2 000元，6月发生下列业务：

（1）购入商品一批，取得增值税专用发票，注明价款 10 000 元、税额 1 300 元。

（2）3 个月前从农民手中收购的一批粮食毁损，账面成本为 5 220 元。

（3）从农民手中收购大豆 1 吨，税务机关规定的收购凭证上注明收购款 1 500 元。

（4）从小规模纳税人处购买商品一批，取得税务机关代开的发票，注明价款 30 000 元、税额 900 元，款已付，货物未入库，发票已认证。

（5）购买建材一批用于修缮仓库，注明价款 20 000 元、税额 2 600 元。

（6）零售日用商品，取得含税收入 150 000 元。

（7）将 2 个月前购入的一批布料捐赠受灾地区，账面成本为 20 000 元，同类商品不含税销售价为 30 000 元。

（8）外购电脑 20 台，取得增值税专用发票，每台不含税单价为 6 000 元，购入后 5 台办公使用、5 台捐赠希望小学，另 10 台全部零售，零售价为每台 8 000 元。

假定相关可抵扣进项税额的发票均经过认证并申报抵扣。

要求：

（1）计算当期全部可从销项税额中抵扣的增值税进项税额合计数（考虑转出的进项税额）。

（2）计算当期增值税销项税额。

（3）计算当期应纳增值税税额。

任务三

增值税会计核算

※ 任务描述 ※

在计算出每笔经济业务涉税金额的基础上，增值税一般纳税人企业报税岗位的会计人员需要对每笔经济业务的销项税额或准予抵扣的进项税额分别进行会计核算；增值税小规模纳税人企业报税岗位的会计人员只需要对销项税额进行会计核算，进项税额不需要单独进行会计核算，而是直接计入成本。

※ 知识准备与业务操作 ※

一、增值税会计科目的设置

（一）一般纳税人会计科目的设置

为了准确反映应纳增值税的计算和缴纳情况，按照规定，一般纳税人应在“应交税费”科目下设置“应交增值税”“未交增值税”“预交增值税”“待抵扣进项税额”“待认证进项税额”“待转销项税额”“简易计税”等二级科目进行核算。

1. “应交税费——应交增值税”科目

“应交税费——应交增值税”科目的借方发生额，反映企业购进货物、劳务或接受应税服务所支付的进项税额以及实际已缴纳的增值税税额；其贷方发生额反映企业销售货物、劳务、服务、不动产或无形资产所收取的销项税额、出口货物退税额以及进项税额转出数；期末贷方余额反映企业尚未缴纳的增值税，借方余额反映企业尚未抵扣的增值税。

企业在“应交税费——应交增值税”二级账内，一般可设置“进项税额”“已交税金”“出口抵减内销产品应纳税额”“销项税额”“出口退税”“进项税额转出”“转出未交增值税”“转出多交增值税”等明细专栏，并按规定进行核算。账户结构如图2-1所示。

应交税费——应交增值税

进项税额 已交税金 出口抵减内销产品应纳税额 转出未交增值税	销项税额 出口退税 进项税额转出 转出多交增值税
留抵税额	

图2-1 “应交税费——应交增值税”账户结构

(1)“进项税额”专栏，记录一般纳税人购入货物、加工修理修配劳务、服务、无形资产或不动产而支付或负担的、准予从销项税额中抵扣的增值税税额。

(2)“已交税金”专栏，记录一般纳税人已缴纳的当月应交增值税税额。

(3)“出口抵减内销产品应纳税额”专栏，记录一般纳税人按“免、抵、退”办法计算的出口货物的进项税额抵减内销产品的应纳税额。

(4)“转出未交增值税”专栏，记录一般纳税人当月发生的应交未交增值税税额在月末转入“未交增值税”明细科目贷方的税额。

(5)“销项税额”专栏，记录一般纳税人销售货物、加工修理修配劳务、服务、不动产或无形资产应收取的增值税税额，以及从境外单位或个人购进服务、无形资产或不动产应扣缴的增值税税额。

(6)“出口退税”专栏，记录一般纳税人出口产品按规定退回的增值税税额。

(7)“进项税额转出”专栏，记录一般纳税人购进货物、加工修理修配劳务、服务、无形资产或不动产等发生非正常损失以及其他原因而不应从销项税额中抵扣，按规定转出的进项税额。

(8)“转出多交增值税”专栏，记录企业本月多交的增值税税额在月末转入“未交增值税”明细科目借方的税额。

营业税改征增值税后，企业视业务情况需要增设“销项税额抵减”专栏，用以记录该企业因按规定扣减销售额而减少的销项税额；“减免税款”专栏，用以记录一般纳税人按现行增值税制度规定准予减免的增值税税额。

2. “应交税费——未交增值税”科目

“应交税费——未交增值税”科目核算一般纳税人月份终了从“应交增值税”或“预交

增值税”明细科目转入当月应交未交、多交或预交的增值税税额，以及当月缴纳以前期间未交的增值税税额。

3．“应交税费——预交增值税”科目

“应交税费——预交增值税”科目核算一般纳税人转让不动产、提供不动产经营租赁服务、提供建筑服务、采用预收款方式销售自行开发的房地产项目等，以及其他按现行增值税制度规定应预交的增值税税额。

4．“应交税费——待抵扣进项税额”科目

“应交税费——待抵扣进项税额”科目核算一般纳税人已取得增值税扣税凭证并经税务机关认证，按照现行增值税制度规定准予以后期间从销项税额中抵扣的进项税额。

5．“应交税费——待认证进项税额”科目

“应交税费——待认证进项税额”科目核算一般纳税人由于未取得增值税扣税凭证或未经税务机关认证而不得从当期销项税额中抵扣的进项税额。包括：一般纳税人已取得增值税扣税凭证、按照现行增值税制度规定准予从销项税额中抵扣，但尚未经税务机关认证的进项税额；一般纳税人取得货物等已入账，但由于尚未收到相关增值税扣税凭证而不得从当期销项税额中抵扣的进项税额。

6．“应交税费——待转销项税额”科目

“应交税费——待转销项税额”科目核算一般纳税人销售货物、加工修理修配劳务、服务、无形资产或不动产，已确认相关收入（或利得）但尚未发生增值税纳税义务而需要于以后期间确认为销项税额的增值税税额。

7．“应交税费——简易计税”科目

“应交税费——简易计税”科目核算一般纳税人采用简易计税方法发生的增值税计提、扣减、预缴、缴纳等业务。

企业视业务情况需要还可在“应交税费”科目下增设：“转让金融商品应交增值税”明细科目，核算增值税纳税人转让金融商品发生的增值税税额；“代扣代交增值税”明细科目，核算纳税人购进在境内未设经营机构的境外单位或个人在境内的应税行为代扣代缴的增值税税额；“增值税留抵税额”明细科目，核算兼有服务、无形资产或者不动产的原增值税一般纳税人，截至纳入“营改增”试点之日前的增值税期末留抵税额按照现行增值税制度规定不得从销售服务、无形资产或不动产的销项税额中抵扣的增值税留抵税额。

（二）小规模纳税人会计科目的设置

小规模纳税人只需设置“应交税费——应交增值税”二级账户，采用三栏式账页，其贷方发生额反映企业销售货物、劳务、服务、不动产或无形资产应缴纳的增值税税额；借方发生额反映企业已缴纳的增值税税额；期末贷方余额反映企业应交未交的增值税税额；期末借方余额反映企业多交的增值税税额。

二、一般纳税人的会计核算

（一）一般纳税人销项税额的会计处理

企业销售货物、劳务、服务、不动产或无形资产，应按实现的营业收入和按规定收取的增值税税额，借记“应收账款”“应收票据”“银行存款”等科目，按实现的营业收入，贷记“主营业务收入”等科目，按专用发票上注明的增值税税额，贷记“应交税费——应交增值税（销项税额）”科目。发生的销货退回，作相反会计分录。

1. 直接收款销售方式

我国税法规定，企业采取直接收款方式销售货物，不论货物是否发出，均为收到销售款或者取得索取销售款凭据的当天作为销售收入实现、纳税义务发生和开出增值税发票的时间。

【做中学2-8】夏新电视机厂（一般纳税人）本月向某商场销售100台电视机，每台不含税售价为6 000元。夏新电视机厂开具增值税发票，注明价款600 000元、税额78 000元。商场以支票形式支付货款及税款。

夏新电视机厂会计处理如下：

借：银行存款　　678 000
　贷：主营业务收入　　600 000
　　　应交税费——应交增值税（销项税额）　　78 000

2. 预收货款销售方式

企业采用预收货款结算方式销售货物的，以货物发出的当天作为销售收入实现、纳税义务发生和开出增值税发票的时间。

【做中学2-9】宏鑫工厂和某公司签订供货合同，货款金额为100 000元，应交增值税为13 000元，该公司先预付货款的50%，余款等到货后一个月内支付。

宏鑫工厂会计处理如下：

①预收款项时：

借：银行存款　　50 000
　贷：预收账款——某公司　　50 000

②发出货物，开具专用发票时：

借：预收账款——某公司　　113 000
　贷：主营业务收入　　100 000
　　　应交税金——应交增值税（销项税额）　　13 000

③收到余款时：

借：银行存款　　63 000
　贷：预收账款　　63 000

3. 赊销和分期收款销售方式

企业采取赊销和分期收款方式销售货物的，为书面合同约定的收款日期的当天确认收入并计算缴纳增值税，无书面合同的或者书面合同没有约定收款日期的，为货物发出的当天作为销售收入实现、纳税义务发生和开出增值税发票的时间。

【做中学2-10】华茂公司以分期收款方式销售产品20台给某公司，每台60 000元，该产品成本为420 000元，货已经发出。按合同规定货款分三个月付清，本月25日为第一次付款日。开具增值税专用发票，注明销售额400 000元、税额52 000元，货款尚未收到。

华茂公司会计处理如下：

①发出商品时：

借：库存商品——分期收款发出商品 420 000

贷：库存商品 420 000

②确认收入，开具专用发票时：

借：应收账款 452 000

贷：主营业务收入 400 000

应交税金——应交增值税（销项税额） 52 000

③同时结转确认收入部分的成本：

借：主营业务成本 140 000

贷：库存商品——分期收款发出商品 140 000

在以后约定的收款日，作相同的账务处理。

4. 兼营业务

纳税人销售货物、加工修理修配劳务、服务、无形资产或者不动产适用不同税率的，应当分别核算适用不同税率的销售额，未分别核算销售额的，从高适用税率。

【做中学 2-11】2021 年 6 月，A 企业本月取得交通运输收入 100 万元、物流辅助收入 100 万元，按照适用税率，分别开具增值税专用发票，款项已收。当月同时销售货物取得价款 30 万元。A 企业会计处理如下：

（1）取得运输收入的会计处理：

借：银行存款 1 090 000

贷：主营业务收入——运输 1 000 000

应交税费——应交增值税（销项税额） 90 000

（2）取得物流辅助收入的会计处理：

借：银行存款 1 060 000

贷：其他业务收入——物流 1 000 000

应交税费——应交增值税（销项税额） 60 000

（3）取得销售货物价款的会计处理：

借：银行存款 339 000

贷：主营业务收入 300 000

应交税费——应交增值税（销项税额） 39 000

5. 委托代销

委托其他纳税人代销货物，为收到代销单位的代销清单或者收到全部或者部分货款的当天作为销售收入实现、纳税义务发生和开出增值税发票的时间。委托代销主要有两种方式：视同买断和收取手续费方式。下面举例说明收取手续费方式。

【做中学 2-12】太平洋商场收到某百货商店代销电视机的代销清单，列明销售电视机 300 台，每台售价 1 500 元，价款 450 000 元，销项税额 58 500 元，按不含税代销价的 5%结算代销手续费，款项已经收到。

太平洋商场会计处理如下：

借：银行存款 486 000

销售费用 22 500

贷：主营业务收入——电视机　　450 000
　　应交税费——应交增值税（销项税额）　　58 500

6. 将自产或委托加工的货物用于集体福利

企业将自产、委托加工的货物用于集体福利，从会计角度看，属于非销售活动，不计入有关收入类科目，但按税法规定属于视同销售行为，应按自产、委托加工货物的成本与税务机关核定的货物计税依据计算缴纳增值税，纳税义务发生时间为货物移送的当天。

【做中学2-13】东方集团公司将一批自产产品作为公司职工集体福利使用，实际成本共计100 000元，税务机关认定的计税价格为120 000元，未开具发票。

东方集团的会计处理如下：

借：应付职工薪酬　　115 600
　贷：库存商品　　100 000
　　应交税费——应交增值税（销项税额）　　15 600

7. 用于对外投资、捐赠的货物

企业将自产、委托加工或购买的货物作投资，提供给其他单位或者个体工商户作为销售活动；无偿捐赠其他单位或个人的，按税法规定属于视同销售行为。

【做中学2-14】天启机械公司将自产的一台设备投资于某企业，该设备市场售价为9万元，成本为6万元。

该公司的会计处理如下：

借：长期股权投资　　101 700
　贷：主营业务收入　　90 000
　　应交税费——应交增值税（销项税额）　　11 700

【做中学2-15】天启机械公司将5台价值共计200 000元（税务机关认定的计税价格为250 000元）的设备无偿捐赠给灾区救灾使用，开具增值税专用发票。

该公司的会计处理如下：

借：营业外支出　　232 500
　贷：库存商品　　200 000
　　应交税费——应交增值税（销项税额）　　32 500

8. 将自产委托加工的货物分配给股东

纳税人将自产、委托加工的货物分配给股东，货物的所有权也发生了转移，所以同样要作为销售缴纳增值税，纳税义务的确认时间为货物移送的当天。

【做中学2-16】天启机械公司将自产的价值500 000元的设备作为股利分配给股东，账面成本为4 800 00元。

该公司的会计处理如下：

借：应付股利　　565 000
　贷：主营业务收入　　500 000
　　应交税费——应交增值税（销项税额）　　65 000

9. 以物易物方式销售货物

采取以物易物方式销售的双方都应做购销处理，以各自发出的货物核算销售额，以各自收到的货物按规定核算购货额并计算进项税额。

【做中学 2－17】天启机械公司以自产的 10 台设备与钢材厂互换钢材，已知每台设备不含税价格为 50 万元，从钢材厂换回的钢材已入库，对方开来的增值税专用发票上注明钢材价款 400 万元、税额 520 000 元，并开出转账支票，补价 1 130 000 元。

该公司的会计处理如下：

借：原材料　4 000 000

　　应交税费——应交增值税（进项税额）　520 000

　　银行存款　1 130 000

　贷：主营业务收入　5 000 000

　　　应交税费——应交增值税（销项税额）　650 000

10. 销售自己使用过的固定资产

自 2009 年 1 月 1 日起，纳税人销售自己使用过的固定资产（即纳税人根据会计准则已经计提折旧的固定资产），应区分不同情形征收增值税：一般纳税人销售自己使用过的 2009 年 1 月 1 日或纳入“营改增”试点之日后购进或自制的固定资产，按照适用税率征收增值税；销售自己使用过的 2008 年 12 月 31 日或纳入“营改增”试点之日前购进或自制的固定资产，按 3%征收率减按 2%征收增值税并且不得开具增值税专用发票，或者依照 3%征收率缴纳增值税，可开具增值税专用发票。

【做中学 2－18】2021 年 11 月 15 日，天启机械公司转让当年 8 月购入的生产用固定资产，原值为 100 000 元，已计提折旧 4 000 元，转让价为 50 000 元（含增值税）。转让 2009 年 1 月 1 日以前购进或者自制的生产用固定资产，原值为 200 000 元，已计提折旧 100 000 元，转让价为 110 000 元（含增值税）。天启机械公司的会计处理如下：

①转让 2021 年 8 月购入的固定资产：

借：固定资产清理　96 000

　　累计折旧　4 000

　贷：固定资产　100 000

借：银行存款　50 000

　贷：固定资产清理　44 247.79

　　　应交税费——应交增值税（销项税额）　5 752.21

借：资产处置损益——处置固定资产损失　51 752.21

　贷：固定资产清理　51 752.21

②转让 2009 年 1 月 1 日以前年度的固定资产：

借：固定资产清理　100 000

　　累计折旧　100 000

　贷：固定资产　200 000

借：银行存款　110 000

　贷：固定资产清理　107 864.08

　　　应交税费——应交增值税（销项税额）　［110 000/（1＋3%）×2%］2 135.92

借：固定资产清理　7 864.08

　贷：资产处置损益——处置固定资产利得　7 864.08

11. 销售不动产

纳税人转让2016年4月30日前取得的不动产，选择简易计税方法的，以取得的全部价款和价外费用扣除不动产购置原价或者取得不动产时的作价后的余额为销售额（自建的不动产需按全部价款和价外费用为计税销售额），按照5%的征收率计算应纳税额；若转让2016年5月1日后取得的不动产，适用一般计税方法的，按照5%的预征率向不动产所在地主管税务机关预缴税款后，以9%的税率向机构所在地主管税务机关申报纳税。

【做中学2-19】 某生产企业2021年6月将2014年购入的不动产转让，转让收入为1 050万元（含增值税），该不动产购置原价为840万元，累计折旧为100万元。该企业选择简易计税方法计税。

应纳增值税税额=（1 050－840）/（1+5%）×5%=10（万元）

销售时会计处理：

借：固定资产清理	7 400 000	
累计折旧	1 000 000	
贷：固定资产		8 400 000
借：银行存款	10 500 000	
贷：固定资产清理		10 400 000
应交税费——简易计税		100 000
借：固定资产清理	3 000 000	
贷：资产处置损益——处置固定资产利得		3 000 000

上述税款在不动产所在地预交：

借：应交税费——预交增值税	100 000	
贷：银行存款		100 000

上述预交税款月末结转：

借：应交税费——未交增值税	100 000	
贷：应交税费——预交增值税		100 000

假如，上述生产企业2021年6月将2016年6月购入的不动产转让，转让收入为1 090万元（含增值税），该不动产购置原价为838万元，累计折旧为40万元。该公司适用一般计税方法。

应纳增值税税额=1 090/（1+9%）×9%=90（万元）

在不动产所在地预交增值税税额=（1 090－838）/（1+5%）×5%=12（万元）

销售时会计处理：

借：固定资产清理	7 980 000	
累计折旧	400 000	
贷：固定资产		8 380 000
借：银行存款	10 900 000	
贷：固定资产清理		10 000 000
应交税费——应交增值税（销项税额）		900 000
借：固定资产清理	2 020 000	
贷：资产处置损益——处置固定资产利得		2 020 000

在不动产所在地预交税款时：

借：应交税费——预交增值税　　120 000
　贷：银行存款　　120 000

上述预交税款月末结转时：

借：应交税费——未交增值税　　120 000
　贷：应交税费——预交增值税　　120 000

（二）一般纳税人进项税额的会计核算

纳税人购进货物、接受应税劳务、服务、无形资产或者不动产时，按增值税专用发票上注明的增值税税额，借记“应交税费——应交增值税（进项税额）”科目，按发票上记载的应计入成本的金额，借记“在途物资”“原材料”“周转材料”“库存商品”“生产成本”“管理费用”“委托加工物资”等科目，按应付或实际支付的金额，贷记“应付账款”“应付票据”“银行存款”等科目。购入货物发生退货时，作相反的会计处理。

1. 可抵扣进项税额的核算

（1）购入材料、商品等取得增值税专用发票。一般纳税人从国内采购货物或接受应税劳务，应按增值税专用发票上注明的增值税税额加上支付运费增值税专用发票税额，借记“应交税费——应交增值税（进项税额）”科目；按照增值税专用发票上注明的应计入采购成本的金额，借记“在途物资”“原材料”“库存商品”“周转材料”“制造费用”“管理费用”等科目；按应付或实际已付的价款、税费总额，贷记“应付账款”“应付票据”“银行存款”“库存现金”等科目。

【做中学 2－20】某企业购进一批材料已验收入库，取得增值税专用发票上注明价款 100 000 元、税额 13 000 元；支付运费取得增值税专用发票，注明运输费 2 000 元、税额 180 元；支付装卸费取得增值税专用发票，注明装卸费 1 000 元、税额 60 元。全部款项已用银行存款支付。

该企业会计处理如下：

增值税进项税额＝13 000＋180＋60＝13 240（元）

采购总成本＝100 000＋2 000＋1 000＝103 000（元）

借：原材料　　103 000
　　应交税费——应交增值税（进项税额）　　13 240
　贷：银行存款　　116 240

（2）购入免税农产品进项税额的核算。纳税人购入免税农产品，按购入农产品买价的 9%（或按 10%）计算进项税额，借记“应交税费——应交增值税（进项税额）”科目；按照买价扣除按规定可扣除的进项税额，借记“在途物资”“原材料”“库存商品”等科目；按应付或实际已付的价款，贷记“应付账款”“银行存款”“库存现金”等科目。

【做中学 2－21】某农副产品加工公司购入免税农产品一批，收购价为 40 000 元，货物已经验收入库，货款已经支付。

该公司会计处理如下：

借：原材料　　36 400
　　应交税费——应交增值税（进项税额）　　3 600
　贷：银行存款　　40 000

（3）接受应税劳务进项税额的核算。企业接受加工、修理修配劳务，应使用增值税专用发票，分别反映加工、修理修配的成本和进项税额。

【做中学2-22】某企业委托乙加工厂加工材料一批，支付加工费4 000元（不含税），材料加工完成后验收入库。

该企业会计处理如下：

借：委托加工物资　　4 000

　　应交税费——应交增值税（进项税额）　　520

　贷：应付账款——乙加工厂　　4 520

(4) 接受投资或捐赠的进项税额的核算。纳税人接受投资或捐赠转入的货物，按专用发票上注明的增值税税额，借记“应交税费——应交增值税（进项税额）”科目；按照确认投资或捐赠货物的价值，借记“原材料”“库存商品”等科目，贷记“实收资本”“营业外收入”等科目。下面以接受捐赠为例。

【做中学2-23】某公司接受某基金会捐赠环保材料一批，取得的增值税发票注明价款50 000元、税额6 500元，设备已经运达。

该公司会计处理如下：

借：原材料　　50 000

　　应交税费——应交增值税（进项税额）　　6 500

　贷：营业外收入　　56 500

(5) 进口货物进项税额的核算。企业进口物资，应按组成计税价格和规定的税率计税，依法缴纳增值税，按海关进口增值税专用缴款书上注明的增值税税额，借记“应交税费——应交增值税（进项税额）”科目；按进口货物的实际成本，借记“原材料”“库存商品”等科目，贷记“银行存款”“应付账款”等科目。

【做中学2-24】某进口公司从A公司进口货物一批（非应税消费品），关税完税价格折合人民币10万元，该货物适用的关税税率为15%，增值税税率为13%。货物已验收入库，货款尚未支付。

该公司会计处理如下：

　　应纳关税＝100 000×15%＝15 000（元）

　　应纳增值税税额＝（100 000＋15 000）×13%＝14 950（元）

借：原材料　　115 000

　　应交税费——应交增值税（进项税额）　　14 950

　贷：应付账款　　129 950

(6) 购入固定资产进项税额的核算。自2009年1月1日起，增值税一般纳税人购进（包括接受捐赠、实物投资）或者自制（包括改扩建、安装）固定资产发生的进项税额，可凭增值税专用发票、海关进口增值税专用缴款书从销项税额中抵扣，其进项税额记入“应交税费——应交增值税（进项税额）”科目。

【做中学2-25】某公司购入生产用设备一台，取得增值税专用发票，注明价款120 000元、税额15 600元。

该公司会计处理如下：

借：固定资产　　120 000

　　应交税费——应交增值税（进项税额）　　15 600

　贷：银行存款　　135 600

但是要注意的是，纳税人购进固定资产发生下列情形的，进项税额不得抵扣而应计入固定资产的成本：将固定资产专用于免税项目，将固定资产专用于集体福利或个人消费。

（7）购入不动产进项税额的核算。纳税人自 2019 年 4 月 1 日起取得不动产或者不动产在建工程的进项税额不再分 2 年抵扣，可在当月销项税额中一次性抵扣。其进项税额记入“应交税费——应交增值税（进项税额）”科目。

【做中学 2-26】2021 年 6 月 16 日，东方公司（增值税一般纳税人）购买了一层写字楼用于办公，不含税价为 1 000 万元，进项税额为 90 万元。

该公司会计处理如下：

借：固定资产	10 000 000	
应交税费——应交增值税（进项税额）	900 000	
贷：银行存款		10 900 000

2. 不得抵扣进项税额的核算

（1）取得普通发票的购进货物的核算。一般纳税人在购入货物时（不包括购进免税农业产品），只取得普通发票的，应按发票累计全部价款入账，不得将增值税分离出来进行抵扣处理。在进行会计处理时，借记“在途物资”“原材料”“制造费用”“管理费用”“其他业务成本”等科目，贷记“银行存款”“应付票据”“应付账款”等科目。

（2）购入用于集体福利等项目的货物或劳务的核算。企业购入货物及接受应税劳务直接用于职工集体福利等，按其专用发票上注明的增值税税额，计入购入货物及接受劳务的成本，借记“应付职工薪酬”等科目，贷记“银行存款”等科目。需要注意的是，纳税人购进用于交际应酬的货物不允许抵扣进项税额。

（3）购进货物过程中发生非正常损失的会计处理。企业在货物购进过程中，如果因管理不善造成货物被盗、发生霉烂、变质产生的损失，称为非正常损失，其进项税额不得抵扣。《增值税暂行条例》规定非正常损失不再包括自然灾害造成的损失。

3. 进项税额转出的会计处理

已抵扣进项税额的购进货物或者应税劳务改变用途，用于免税项目、简易计税项目、集体福利或个人消费的，应当将该项购进货物或者应税劳务的进项税额从当期的进项税额中扣减。

（1）将购进的货物用于非货币性福利。纳税人将外购的货物用于集体福利或个人消费的，其进项税额不得抵扣。企业以外购的货物作为非货币性福利提供给职工的，应当按照该产品的公允价值确定应付职工薪酬金额，其收入和成本的会计处理与正常商品销售相同，进项税额作转出处理。

【做中学 2-27】甲公司将外购的商品一批分给职工，该商品售价为 10 000 元，进价为 8 500元（已取得专用发票），增值税税率为 13%。

该公司会计处理如下：

借：应付职工薪酬——非货币性福利	9 605	
贷：库存商品		8 500
应交税费——应交增值税（进项税额转出）		1 105

（2）发生非正常损失。购进的物资、在产品、产成品发生因管理不善造成的非正常损失，其进项税额应相应转入有关科目不得抵扣，借记“待处理财产损溢”科目，贷记“应交税费——应交增值税（进项税额转出）”科目。

【做中学 2-28】甲企业由于管理不严造成原材料被盗，损失价值共计 25 000 元，增值税税率为 13%。后经主管部门批准，该损失作为管理费用处理。

甲企业会计处理如下：

借：待处理财产损溢——待处理流动资产损溢　　28 250

　贷：库存商品　　25 000

　　　应交税费——应交增值税（进项税额转出）　　3 250

借：管理费用　　28 250

　贷：待处理财产损溢——待处理流动资产损溢　　28 250

（三）一般纳税人已交增值税的会计核算

企业购销业务等发生的进项税、销项税，平时均在“应交税费——应交增值税”的明细科目有关专栏核算。月末，结出借、贷方合计和余额，计算企业当月应交未纳的增值税税额，并结转相关科目。

当月未交增值税税额＝(销项税额＋出口退税＋进项税额转出）－（进项税额＋期初留抵税额＋已交税金＋出口抵减内销产品应纳税额）

月末根据计算的未交增值税税额，作会计分录如下：

借：应交税费——应交增值税（转出未交增值税）

　贷：应交税费——未交增值税

如果月末计算的未交增值税税额为负数，在没有预交增值税的情况下，属于尚未抵扣的增值税税额，不需要进行账务处理；在预交增值税的情况下，说明是多交了增值税税额，月末作会计分录如下（转出多交增值税只能在本月已交税费的金额范围内转回）：

借：应交税费——未交增值税

　贷：应交税费——应交增值税（转出多交增值税）

（四）减免增值税的会计核算

减免增值税分先征收后返还、即征即退、享受限额扣减和减免增值税等多种形式，其会计处理也有所不同，但企业收到返还的增值税都应通过“营业外收入——政府补助”科目进行核算，作为企业利润总额的组成部分。

采用先征收后返还、即征即退办法进行减免的企业，在销售货物时，应按正常会计核算程序核算应纳增值税税额，贷记“应交税费——应交增值税（销项税额）”科目。当办理增值税退还手续、收到退税款时，借记“银行存款”科目，贷记“应交税费——应交增值税（减免税款）”科目；同时作结转分录，借记“应交税费——应交增值税（减免税款）”科目，贷记“营业外收入——政府补助”科目。

享受限额扣减增值税的企业，按规定扣减的增值税，借记“应交税费——应交增值税（减免税款）”科目，贷记“营业外收入——政府补助”科目。

一般纳税人首次购入增值税税控系统专用设备，可在增值税应纳税额中全额抵减（抵减额为价税合计额），借记“应交税费——应交增值税（减免税款）”科目，贷记“管理费用”“递延收益”等科目。

三、小规模纳税人的会计核算

1. 小规模纳税人销售的核算

小规模纳税人发生应税行为实行简易计税方法，按征收率3%（不动产按5%）计算税额。以不含税销售额乘以征收率，计算其应交增值税。小规模纳税人一般不得为购买方开具增值税专用发票，如果购买方特别提出开具专用发票的要求，小规模纳税人应持普通发票前往税务机关换开专用发票。无论是否开具专用发票，小规模纳税人均按实现的应税收入和征税率计算应纳税额，并记入“应交税费——应交增值税”科目。实现销售时，按价税合计数，借记“银行存款”“应收账款”等科目，按不含税销售额，贷记“主营业务收入”“其他业务收入”等科目，按规定收取的增值税，贷记“应交税费——应交增值税”科目。

【做中学 2-29】 三林商贸公司被认定为小规模纳税人，本月销售货物一批，价款为88 000元（含税），开具普通发票，货款已收。

三林商贸公司会计处理如下：

借：银行存款	88 000	
贷：主营业务收入		85 436.89
应交税费——应交增值税		2 563.11

上交本月应纳增值税时：

借：应交税费——应交增值税	2 563.11	
贷：银行存款		2 563.11

2. 小规模纳税人购进的核算

按简易办法计算应纳增值税的小规模纳税人，购进货物、接受劳务、服务、无形资产或者不动产时，不论是否取得增值税专用发票，其支付给销售方的增值税税额都不得抵扣，而应计入购进货物或接受劳务的成本。依据这一特点，在会计处理时，应按全部价款和税款，借记“在途物资”“原材料”“库存商品”“固定资产”“管理费用”“主营业务成本”“制造费用”等科目，贷记“银行存款”“应付账款”等科目。

【做中学 2-30】 某小规模纳税企业购进商品的价款为100 000元，增值税税额为13 000元，支付运费2 000元、装卸费1 000元。上述款项均已通过银行存款支付。

该企业会计处理如下：

借：库存商品	116 000	
贷：银行存款		116 000

任务设计

增值税涉税业务的会计核算

一、工作实例

美途汽车集团为增值税一般纳税人，2021年9月尚未抵扣完的进项税额为5 100元。该企业2021年10月有关生产经营业务如下：

（1）以交款提货方式销售A型小汽车10辆给汽车销售公司，每辆不含税售价为15万元，开具的增值税专用发票上注明的应收价款为150万元，款项已全部收回。

（2）销售B型小汽车50辆给特约经销商，每辆不含税售价为12万元，向特约经销商开具了增值税专用发票，注明价款600万元、税额78万元。

（3）企业将某单位逾期未退还包装物押金4万元转作其他业务收入。

（4）购进机械设备取得增值税专用发票注明价款20万元、进项税额2.6万元；支付运费取得增值税专用发票，注明运输费5万元、税额0.45万元，该设备当月投入使用。

(5) 当月购进原材料取得增值税专用发票注明金额600万元、进项税额78万元，支付购进原材料运费取得增值税专用发票，注明运输费20万元、税额1.8万元；支付装卸费，取得增值税专用发票，注明装卸费3万元、税额0.18万元。

(6) 企业以商业汇票方式购入包装物一批，价款为6万元，增值税税额为0.78万元。

(7) 企业因材料质量问题将上月所购材料退还给供货方，收回价款4万元，增值税税额为0.52万元。

(8) 委托一企业加工一批材料，发出原材料成本200万元，支付加工费10万元（不含税），材料加工完成后验收入库。

(9) 企业将购进的钢材转用于企业职工集体福利。按企业材料成本计算方法确定，该材料成本为52万元，其进项税额为6.76万元。

(10) 当月因管理不善，发生意外事故损失库存原材料金额35万元，经批准，计入营业外支出。

要求：计算该集团本月应缴纳的增值税税额，并作会计分录。

二、操作步骤

步骤一：逐笔计算增值税销项税额、进项税额，并作会计分录：

(1) 增值税销项税额＝1 500 000×13%＝195 000（元）。

借：银行存款	1 695 000	
贷：主营业务收入		1 500 000
应交税费——应交增值税（销项税额）		195 000

(2) 增值税销项税额＝6 000 000×13%＝780 000（元）。

借：银行存款	6 780 000	
贷：主营业务收入		6 000 000
应交税费——应交增值税（销项税额）		780 000

(3) 逾期未退还包装物押金应纳税额＝[40 000/(1＋13%)]×13%＝4 601.77（元）。

借：其他应付款	40 000	
贷：其他业务收入		35 398.23
应交税费——应交增值税（销项税额）		4 601.77

(4) 应抵扣固定资产增值税税额＝26 000＋4 500＝30 500（元）。

借：固定资产	250 000	
应交税费——应交增值税（进项税额）	30 500	
贷：银行存款		280 500

(5) 可抵扣进项税额＝780 000＋18 000＋1 800＝799 800（元）。

采购总成本＝6 000 000＋200 000＋30 000＝6 230 000（元）。

借：在途物资	6 230 000	
应交税费——应交增值税（进项税额）	799 800	
贷：银行存款		7 029 800

(6) 借：周转材料	60 000	
应交税费——应交增值税（进项税额）	7 800	
贷：应付票据		67 800
(7) 借：银行存款	45 200	

贷：原材料　40 000

应交税费——应交增值税（进项税额）　5 200

(8) 发出委托材料时：

借：委托加工物资　2 000 000

贷：原材料　2 000 000

支付加工费时：

借：委托加工物资　100 000

应交税费——应交增值税（进项税额）　13 000

贷：银行存款　113 000

收回加工材料时：

借：原材料　2 100 000

贷：委托加工物资　2 100 000

(9) 企业将购进货物改变用途于其他方面的，其进项税额应相应转入有关科目：

借：应付职工薪酬　587 600

贷：原材料　520 000

应交税费——应交增值税（进项税额转出）　67 600

(10) 应转出的进项税额=350 000×13%=45 500（元）。

借：待处理财产损溢——待处理流动财产损溢　395 500

贷：原材料　350 000

应交税费——应交增值税（进项税额转出）　45 500

借：营业外支出　395 500

贷：待处理财产损溢——待处理流动财产损溢　395 500

步骤二：根据会计处理计算本月应纳增值税税额：

本期销售额=1 500 000+6 000 000+40 000/(1+13%)=7 535 398.23（元）

本期销项税额=195 000+780 000+4 601.77=979 601.77（元）

本期进项税额=30 500+799 800+7 800−5 200+13 000=845 900（元）

进项税额转出=67 600+45 500=113 100（元）

本期应纳税额=979 601.77−845 900+113 100−5 100=241 701.77（元）

步骤三：月末结转本月应交未交的增值税税额，下月缴纳增值税时，作以下会计分录。

借：应交税费——应交增值税（转出未交增值税）　241 701.77

贷：应交税费——未交增值税　241 701.77

下月实际缴纳增值税时：

借：应交税费——未交增值税　241 701.77

贷：银行存款　241 701.77

※ 职业能力判断与选择 ※

一、判断题

1.“应交税费——应交增值税（减免税款）”科目是核算企业按规定直接减免的增值税税额。（　　）

2. 企业销售货物后，若发生销货退回或销售折让，应记入“应交税费——应交增值税（销项税额）”科目的借方。（　　）

3.“应交税费——应交增值税（已交税金）”科目是核算企业当月上交本月应交增值税税额，当收到退回的当月多交增值税时，以红字记入。（　　）

4. 包装物随同产品销售单独计价时销售额应记入“主营业务收入”科目，并计算缴纳增值税。（　　）

5. 将自产、委托加工或购买的货物用于集体福利时，应按账面成本贷记“库存商品”“原材料”等科目，按售价或组成计税价格计算出增值税贷记“应交税费——应交增值税（销项税额）”科目，借方根据用途记入“应付职工薪酬”科目。（　　）

6. 现金折扣在购货方实际付现时才能确认，现金折扣不能冲减销售额，也不能抵减销项税额，而只能作为一种理财行为记入“财务费用”科目。（　　）

7. 企业接受货物捐赠，按增值税专用发票上注明的增值税税额，借记“应交税费——应交增值税（进项税额）”科目，按确认的捐赠货物的价值，借记“原材料”等科目，将接受捐赠的非货币资产的含税价值转入“营业外收入——捐赠利得”科目。（　　）

二、选择题（第1～5题为单项选择题，第6～8题为多项选择题）

1. 企业将自产的货物无偿赠送他人，应视同销售货物计算应交增值税，借记“营业外支出”科目，贷记“库存商品”和（　　）科目。

A.“应交税费——应交增值税（销项税额）”

B.“应交税费——应交增值税（进项税额转出）”

C.“应交税费——应交增值税（进项税额）”

D.“应交税费——应交增值税（转出未交增值税）”

2. 某企业本月份将自产的一批市场售价为22万元（耗用上月外购材料15万元）的食品发给职工，下列说法正确的是(　　)。

A. 应反映销项税额2.86万元　　B. 应反映销项税额3.4万元

C. 应反映应纳税额3.4万元　　D. 应转出进项税额1.95万元

3. 天宏工厂委托渔阳木器厂加工产品包装用木箱，发出材料价值15 000元，支付加工费3 500元和增值税税额455元。天宏工厂支付加工费和增值税税额时，正确的会计分录为(　　)。

A. 借：委托加工物资　　3 500

　　应交税费——应交增值税（进项税额）　　455

　贷：银行存款　　3 955

B. 借：在途物资 3 500
应交税费——应交增值税（进项税额） 455
贷：银行存款 3 955

C. 借：周转材料 3 500
应交税费——应交增值税（进项税额） 455
贷：银行存款 3 955

D. 借：委托加工物资 3 955
贷：应交税费——应交增值税（进项税额转出） 455
银行存款 3 500

4. 小规模纳税人不实行税款抵扣制，因此，在购进货物时不论收到普通发票还是增值税专用发票，其会计处理均为(　　)。

A. 借：原材料等
应交税费——应交增值税（进项税额）
贷：银行存款等

B. 借：原材料等
贷：银行存款等

C. 借：原材料等
应交税费——应交增值税
贷：银行存款等

D. 借：原材料等
贷：银行存款等
应交税费——应交增值税（进项税额转出）

5. 企业接受修理修配劳务，应根据增值税专用发票上注明的修理修配费用借记“制造费用”“管理费用”等科目，按专用发票上注明的进项税额，借记（　　）科目，贷记“银行存款”等科目。

A. “应交税费——应交增值税（进项税额）”

B. “应交税费——应交增值税（进项税额转出）”

C. “应交税费——应交增值税（销项税额）”

D. “应交税费——应交增值税”

6. 企业应在“应交税费——应交增值税”明细账中设置（　　）等专栏。

A. 进项税额　　B. 已交税金　　C. 销项税额　　D. 未交增值税

7. 增值税一般纳税人企业购进的生产、经营用货物日后被用于(　　)，即改变其用途时，应将其相应的增值税税额记入“应交税费——应交增值税（进项税额转出）”的贷方。

A. 免征增值税项目　　B. 集体福利

C. 分配给股东　　D. 无偿赠送他人

8. 有关视同销售的会计处理，以下会计分录正确的是(　　)。

A. 企业将自产或委托加工的货物用于职工集体福利时，其会计处理为：

借：应付职工薪酬
贷：库存商品等

应交税费——应交增值税（销项税额）

B. 企业将自产、委托加工或购买的货物作为投资时，其会计处理为：

借：长期股权投资

贷：库存商品等

应交税费——应交增值税（销项税额）

C. 企业将自产、委托加工或购买的货物分配给股东时，其会计处理为：

借：应付股利等

贷：主营业务收入

应交税费——应交增值税（销项税额）

D. 企业将自产、委托加工的货物用于分配给个人消费时，其会计处理为：

借：应付职工薪酬

贷：主营业务收入

应交税费——应交增值税（销项税额）

※ 单项任务训练 ※

红光制造厂为增值税一般纳税人，2021 年 6 月发生下列经济业务：

（1）购进原材料一批，取得的增值税专用发票上注明的价款为 700 000 元，增值税税额为91 000元。专用发票当月通过认证并申报抵扣。企业因资金不足，上述各款项全部尚未支付，材料验收入库。

（2）接受某公司无偿捐赠的原材料一批，增值税专用发票上注明的货款为 30 000 元，增值税税额为 3 900 元，专用发票当月通过认证并申报抵扣。材料已验收入库，并以银行存款支付相关手续费 300 元。

（3）基本生产车间委托某机修厂修理设备，以银行存款支出修理费 3 000 元，增值税税额为 390 元。工厂已收到机修厂开具的增值税专用发票，当月通过认证并申报抵扣。

（4）购入不需要安装的新设备一台，取得的增值税专用发票上注明的价款为 20 000 元，税额为 2 600 元，当月通过认证并申报抵扣，款项已用银行存款支付。

（5）销售产品取得销售额 500 000 元，按规定收取增值税税额 65 000 元，开具增值税专用发票 5 张，款项已收到并存入银行。

（6）随同产品出售一批单独计价的包装物，开具普通发票一张，金额为 1 017 元，款项已收到。

（7）将一批外购的原材料对外投资，原材料账面实际成本为 65 000 元，适用的增值税税率为 13%，开具增值税专用发票一张。

（8）工厂以自产的一批产品作为福利发放给本厂职工个人，该批产品的实际成本为 60 000 元，无同类产品售价，适用的增值税税率为 13%，未开具发票。

（9）将自产的一批产品送给某灾区，作为抗洪救灾用。该批产品按售价计算金额为80 000元，其实际成本为 60 000 元，适用的增值税税率为 13%，未开具发票。

要求：根据上述资料进行相应的会计处理，并计算当期应交增值税税额。

任务四
增值税纳税申报

※ 任务描述 ※

报税岗位的会计人员在期末最后一天持增值税专用发票抵扣联和 IC 卡到主管税务机关办理认证，也可以在单位进行网上认证或选择抵扣，同时办理抄税工作；在申报期内（次月 15 日前）持 IC 卡到主管税务机关办理报税工作；在完成了抄报税后，就可以填制增值税及附加税费申报表及附表进行纳税申报，也可以在网上进行增值税的纳税申报；申报成功后，办理税款缴纳手续。

※ 知识准备与业务操作 ※

一、增值税的征收管理

（一）纳税义务发生时间

（1）纳税人发生应税行为，为收讫销售款或者取得索取销售款凭据的当天；先开具发票的，为开具发票的当天。按销售结算方式的不同，具体分为下列几种形式：

①采取直接收款方式销售货物，不论货物是否发出，均为收到销售款或者取得索取销售款凭据的当天。

②采取托收承付和委托银行收款方式销售货物，为发出货物并办妥托收手续的当天。

③采取赊销和分期收款方式销售货物，为书面合同约定的收款日期的当天，无书面合同的或者书面合同没有约定收款日期的，为货物发出的当天。

④采取预收货款方式销售货物，为货物发出的当天，但生产销售生产工期超过 12 个月的大型机械设备、船舶、飞机等货物，为收到预收款或者书面合同约定的收款日期的当天。

⑤纳税人提供建筑服务、租赁服务采取预收款方式的，其纳税义务发生时间为收到预收款的当天。

⑥委托其他纳税人代销货物，为收到代销单位的代销清单或者收到全部或者部分货款的当天。未收到代销清单及货款的，为发出代销货物满 180 天的当天。

⑦销售应税劳务，为提供劳务同时收讫销售款或者取得索取销售款的凭据的当天。

⑧纳税人从事金融商品转让的，为金融商品所有权转移的当天。

⑨纳税人发生视同销售行为，其纳税义务发生时间为货物移送、服务及无形资产转让完成的当天或者不动产权属变更的当天。

（2）进口货物，为报关进口的当天。

(3) 增值税扣缴义务发生时间为纳税人增值税纳税义务发生的当天。

(二) 增值税的纳税期限

增值税的纳税期限分别为1日、3日、5日、10日、15日、1个月或者1个季度。纳税人的具体纳税期限,由主管税务机关根据纳税人应纳税额的大小分别核定;不能按照固定期限纳税的,可以按次纳税。

纳税人以1个月或者1个季度为1个纳税期的,自期满之日起15日内申报纳税;以1日、3日、5日、10日或者15日为1个纳税期的,自期满之日起5日内预缴税款,于次月1日起15日内申报纳税并结清上月应纳税款。扣缴义务人解缴税款的期限,依照纳税义务人规定执行。纳税人进口货物,应当自海关填发海关进口增值税专用缴款书之日起15日内缴纳税款。

以1个季度为纳税期限的规定适用于小规模纳税人、银行、财务公司、信托投资公司、信用社以及财政部和国家税务总局规定的其他纳税人。

(三) 增值税的纳税地点

(1) 固定业户应当向其机构所在地或者居住地主管税务机关申报纳税。总机构和分支机构不在同一县(市)的,应当分别向各自所在地的主管税务机关申报纳税;经国务院财政部和国家税务总局或者其授权的财政和税务机关批准,可以由总机构汇总向总机构所在地的主管税务机关申报纳税;跨县(市)提供建筑服务或者销售取得的不动产,应按规定在建筑服务发生或不动产所在地预缴税款后,向机构所在地主管税务机关进行纳税申报。

(2) 非固定业户应当向应税行为发生地主管税务机关申报纳税;未申报纳税的,由其机构所在地或者居住地的主管税务机关补征税款。

(3) 其他个人提供建筑服务,销售或者租赁不动产,转让自然资源使用权,应向建筑服务发生地、不动产所在地、自然资源所在地主管税务机关申报纳税。

(4) 进口货物,应当向报关地海关申报纳税。

(5) 扣缴义务人应当向其机构所在地或者居住地的主管税务机关申报缴纳其扣缴的税款。

二、增值税的纳税申报

(一) 一般纳税人的纳税申报

1. 申报程序

一般纳税人办理纳税申报,需要经过专用发票认证(或选择抵扣)、抄税、报税、办理申报、税款缴纳等工作。

(1) 专用发票认证(或选择抵扣)。增值税专用发票的认证方式可选择手工认证和网上认证。手工认证是单位办税员月底持专用发票"抵扣联"到所属主管税务机关服务大厅"认证窗口"进行认证;网上认证是纳税人月底前通过扫描仪将专用发票抵扣联扫入认证专用软件,生成电子数据,将数据文件传给税务机关完成认证。自2019年3月1日起,一般纳税人对取得的增值税专用发票可以不再进行认证,通过增值税发票税控开票软件登录本省增值税发票查询平台,查询、选择用于申报抵扣、出口退税或者代办退税的增值税发票信息。

(2) 抄税。抄税是在当月的最后一天,通常是在次月1日早上开票前,利用防伪税控开票系统进行抄税处理，将本月开具增值税专用发票的信息读入 IC 卡（抄税完成后本月不允许再开具发票）。

（3）报税。报税是在报税期内，一般单位在 15 日前，将 IC 卡拿到税务机关，由税务人员将 IC 卡的信息读入税务机关的金税系统。经过抄税，税务机关确保了所有开具的销项发票进入了金税系统，经过报税，税务机关确保了所有抵扣的进项发票都进入了金税系统，这样就可以在系统内由系统进行自动比对，确保任何一张抵扣的进项发票都有销项发票与其对应。

（4）办理申报。申报工作可分为上门申报和网上申报。上门申报是指在申报期内，携带填写的申报表、资产负债表、利润表及其他相关材料到主管税务机关办理纳税申报，税务机关审核后申报表退还一联给纳税人。网上申报是指纳税人在征税期内，通过互联网将增值税及附加税费申报表主表、附表及其他必报资料的电子信息传送至电子申报系统。纳税人应从办理税务登记的次月 1 日起 15 日内，不论有无销售额，均应按主管税务机关核定的纳税期限按期向当地税务机关申报。

（5）税款缴纳。税务机关将申报表单据送到开户银行，由银行进行自动转账处理。对于未实行税库银联网的纳税人还需要自己到税务机关指定的银行进行现金缴纳。

2. 申报资料

电子信息采集系统一般纳税人纳税申报资料包括以下几项：

（1）必需填报资料：自 2021 年 8 月 1 日起，增值税与城市维护建设税、教育费附加、地方教育附加申报表整合，启用新的申报表：①增值税及附加税费申报表（一般纳税人适用）和反映本期销售情况明细的附列资料（一）、反映本期进项税额明细的附列资料（二）、反映营改增纳税人服务、不动产和无形资产扣除明细的附列资料（三）、反映税额抵减情况表附列资料（四）以及增值税减免税申报明细表；②备份数据软盘和 IC 卡；③资产负债表和利润表。

（2）其他必报资料：①海关完税凭证抵扣清单；②代开发票抵扣清单；③主管国税机关规定的其他必报资料。

（3）备查资料：①已开具普通发票存根联；②符合抵扣条件并且在本期申报抵扣的增值税专用发票抵扣联；③海关进口货物完税凭证、购进农产品普通发票存根联原件及复印件；④收购发票；⑤代扣代缴税款凭证存根联；⑥主管税务机关规定的其他备查资料。备查资料是否需要在当期报送，由各级国家税务局确定。

任务设计

增值税及附加税费申报表的填写

一、工作实例

接本项目任务三的任务设计工作实例，以美途汽车集团 2021 年 10 月增值税申报为例，说明增值税及附加税费申报表的填写过程。

二、操作步骤

步骤一：申报期内，凭“应交税费——应交增值税”明细账，填写增值税及附加税费申报表附列资料（一）、增值税及附加税费申报表附列资料（二），分别见表 2-1、表 2-2。

步骤二：根据“应交税费——应交增值税”明细账、增值税及附加税费申报表附列资料（一）、增值税及附加税费申报表附列资料（二），填写增值税及附加税费申报表，见表 2-3。

表 2-1　增值税及附加税费申报表附列资料(一)

(本期销售情况明细)

税款所属时间:2021 年 10 月 1 日至 2021 年 10 月 31 日

纳税人名称(公章):美途汽车集团　　　　金额单位:元(列至角分)

项目及栏次				开具增值税专用发票		开具其他发票		未开具发票		纳税检查调整		合计			服务、不动产和无形资产扣除项目本期实际扣除金额	扣除后	
				销售额	销项(应纳)税额	销售额	销项(应纳)税额	销售额	销项(应纳)税额	销售额	销项(应纳)税额	销售额	销项(应纳)税额	价税合计		含税(免税)销售额	销项(应纳)税额
				1	2	3	4	5	6	7	8	9=1+3+5+7	10=2+4+6+8	11=9+10	12	13=11-12	14=13÷(100%+税率或征收率)×税率或征收率
一、一般计税方法计税	全部征税项目	13%税率的货物及加工修理修配劳务	1	7 500 000	975 000			35 398.23	4 601.77			7 535 398.23	979 601.77	—	—	—	—
		13%税率的服务、不动产和无形资产	2														
		9%税率的货物及加工修理修配劳务	3											—	—	—	—
		9%税率的服务、不动产和无形资产	4														
		6%税率	5														
	其中:即征即退项目	即征即退货物及加工修理修配劳务	6	—	—	—	—	—	—	—	—			—	—	—	—
		即征即退服务、不动产和无形资产	7	—	—	—	—	—	—	—	—						

二、简易计税方法计税	全部征税项目	6%征收率	8							—	—			—	—	—	—
		5%征收率的货物及加工修理修配劳务	9a							—	—			—	—	—	—
		5%征收率的服务、不动产和无形资产	9b							—	—						
		4%征收率	10							—	—			—	—	—	—
		3%征收率的货物及加工修理修配劳务	11							—	—			—	—	—	—
		3%征收率的服务、不动产和无形资产	12							—	—						
		预征率%	13a							—	—						
		预征率%	13b							—	—						
		预征率%	13c							—	—						
	其中：即征即退项目	即征即退货物及加工修理修配劳务	14	—	—	—	—	—	—	—	—			—	—	—	—
		即征即退服务、不动产和无形资产	15	—	—	—	—	—	—	—	—						
三、免抵退税	货物及加工修理修配劳务		16	—	—		—		—	—	—		—	—	—	—	—
	服务、不动产和无形资产		17	—	—		—		—	—	—		—				—
四、免税	货物及加工修理修配劳务		18				—		—	—	—		—	—	—	—	—
	服务、不动产和无形资产		19	—	—		—		—	—	—		—				—

表2-2 增值税及附加税费申报表附列资料（二）

（本期进项税额明细）

税款所属时间：2021年10月1日至2021年10月31日

纳税人名称（公章）：美途汽车集团　　　　金额单位：元（列至角分）

一、申报抵扣的进项税额				
项目	栏次	份数	金额	税额
（一）认证相符的增值税专用发票	1=2+3	7	6 640 000.00	851 100.00
其中：本期认证相符且本期申报抵扣	2	7	6 640 000.00	851 100.00
前期认证相符且本期申报抵扣	3			
（二）其他扣税凭证	4=5+6+7+8a+8b			
其中：海关进口增值税专用缴款书	5			
农产品收购发票或者销售发票	6			
代扣代缴税收缴款凭证	7		—	
加计扣除农产品进项税额	8a	—	—	
其他	8b			
（三）本期用于购建不动产的扣税凭证	9			
（四）本期不动产允许抵扣进项税额	10	—	—	
（五）外贸企业进项税额抵扣证明	11	—	—	
当期申报抵扣进项税额合计	12=1+4+11	7	6 640 000.00	851 100.00

二、进项税额转出额		
项目	栏次	税额
本期进项税转出额	13=14至23之和	118 300.00
其中：免税项目用	14	
集体福利、个人消费	15	67 600.00
非正常损失	16	45 500.00
简易计税办法征税项目用	17	
免抵退税办法不得抵扣的进项税额	18	
纳税检查调减进项税额	19	
红字专用发票信息表注明的进项税额	20	5 200.00
上期留抵税额抵减欠税	21	
上期留抵税额退税	22	
异常凭证转出进项税额	23a	
其他应作进项税额转出的情形	23b	

三、待抵扣进项税额				
项目	栏次	份数	金额	税额
（一）认证相符的增值税专用发票	24	—	—	—
期初已认证相符但未申报抵扣	25			
本期认证相符且本期未申报抵扣	26			
期末已认证相符但未申报抵扣	27			
其中：按照税法规定不允许抵扣	28			
（二）其他扣税凭证	29=30至33之和			
其中：海关进口增值税专用缴款书	30			
农产品收购发票或者销售发票	31			
代扣代缴税收缴款凭证	32		—	
其他	33			
	34			

四、其他				
项目	栏次	份数	金额	税额
本期认证相符的增值税专用发票	35	7	6 640 000.00	851 100.00
代扣代缴税额	36	—	—	

表 2-3 增值税及附加税费申报表

（一般纳税人适用）

根据国家税收法律法规及增值税相关规定制定本表。纳税人不论有无销售额，均应按税务机关核定的纳税期限填写本表，并向当地税务机关申报。

税款所属时间：自 2021 年 10 月 1 日至 2021 年 10 月 31 日　　填表日期：2021 年 11 月 14 日

纳税人识别号						所属行业：制造业	
纳税人名称	美途汽车集团（公章）	法定代表人姓名		注册地址		生产经营地址	
开户银行及账号			登记注册类型			电话号码	

	项目	栏次	一般项目		即征即退项目	
			本月数	本年累计	本月数	本年累计
销售额	（一）按适用税率计税销售额	1	7 535 398.23			
	其中：应税货物销售额	2	7 535 398.23			
	应税劳务销售额	3				
	纳税检查调整的销售额	4				
	（二）按简易办法计税销售额	5				
	其中：纳税检查调整的销售额	6				
	（三）免、抵、退办法出口销售额	7			—	—
	（四）免税销售额	8			—	—
	其中：免税货物销售额	9			—	—
	免税劳务销售额	10			—	—
税款计算	销项税额	11	979 601.77			
	进项税额	12	851 100.00			
	上期留抵税额	13	5 100.00			—
	进项税额转出	14	118 300.00			
	免、抵、退应退税额	15			—	—
	按适用税率计算的纳税检查应补缴税额	16			—	—
	应抵扣税额合计	17=12+13-14-15+16	737 900.00	—		—
	实际抵扣税额	18（如 17<11，则为 17，否则为 11）	737 900.00			
	应纳税额	19=11-18	241 701.77			
	期末留抵税额	20=17-18				—
	简易计税办法计算的应纳税额	21				
	按简易计税办法计算的纳税检查应补缴税额	22			—	—
	应纳税额减征额	23				
	应纳税额合计	24=19+21-23	241 701.77			

续前表

项目		栏次	一般项目		即征即退项目	
			本月数	本年累计	本月数	本年累计
税款缴纳	期初未缴税额（多缴为负数）	25				
	实收出口开具专用缴款书退税额	26			—	—
	本期已缴税额	27=28+29+30+31				
	①分次预缴税额	28		—		—
	②出口开具专用缴款书预缴税额	29		—	—	—
	③本期缴纳上期应纳税额	30				
	④本期缴纳欠缴税额	31				
	期末未缴税额（多缴为负数）	32=24+25+26−27	241 701.77			
	其中：欠缴税额（≥0）	33=25+26−27		—		—
	本期应补（退）税额	34=24−28−29	241 701.77	—		—
	即征即退实际退税额	35	—	—		
	期初未缴查补税额	36			—	—
	本期入库查补税额	37			—	—
	期末未缴查补税额	38=16+22+36−37			—	—
附加税费	城市维护建设税本期应补（退）税额	39			—	—
	教育费附加本期应补（退）费额	40			—	—
	地方教育附加本期应补（退）费额	41			—	—

声明：此表是根据国家税收法律法规及相关规定填报的，本人（单位）对填报内容（及附带资料）的真实性、可靠性、完整性负责。

纳税人（签章）：　　年　　月　　日

经办人： 经办人身份证号： 代理机构签章： 代理机构统一社会信用代码：	受理人： 受理税务机关（章）：　受理日期：　年　月　日

（二）小规模纳税人的纳税申报

小规模企业无论当季有无销售额，均应填报增值税及附加税费申报表（适用于小规模纳税人），于季满次月 15 日前报主管税务征收机关，并提供以下资料：

（1）增值税及附加税费申报表（见表 2-4）及其附列资料；

（2）资产负债表、利润表；

（3）主管税务机关要求的其他资料。

表 2-4　增值税及附加税费申报表

（适用小规模纳税人）

纳税人识别号：□□□□□□□□□□□□□□□□□□□□

纳税人名称（公章）：　　　　　　　　　　　　金额单位：元（列至角分）

税款所属期：　　年　月　日至　　年　月　日　　　　填表日期：　　年　　月　　日

	项目	栏次	本期数		本年累计	
			货物及劳务	服务、不动产和无形资产	货物及劳务	服务、不动产和无形资产
一、计税依据	（一）应征增值税不含税销售额（3%征收率）	1				
	税务机关代开的增值税专用发票不含税销售额	2				
	税控器具开具的普通发票不含税销售额	3				
	（二）应征增值税不含税销售额（5%征收率）	4	—		—	
	税务机关代开的增值税专用发票不含税销售额	5	—		—	
	税控器具开具的普通发票不含税销售额	6	—		—	
	（三）销售使用过的固定资产不含税销售额	7（7≥8）		—		—
	其中：税控器具开具的普通发票不含税销售额	8		—		—
	（四）免税销售额	9=10+11+12				
	其中：小微企业免税销售额	10				
	未达起征点销售额	11				
	其他免税销售额	12				
	（五）出口免税销售额	13（13≥14）				
	其中：税控器具开具的普通发票销售额	14				
二、税款计算	本期应纳税额	15				
	本期应纳税额减征额	16				
	本期免税额	17				
	其中：小微企业免税额	18				
	未达起征点免税额	19				
	应纳税额合计	20=15-16				
	本期预缴税额	21			—	—
	本期应补（退）税额	22=20-21			—	—
三、附加税费	城市维护建设税本期应补（退）税额	23				
	教育费附加本期应补（退）费额	24				
	地方教育附加本期应补（退）费额	25				

声明：此表是根据国家税收法律法规及相关规定填报的，本人（单位）对填报内容（及附带资料）的真实性、可靠性、完整性负责。

纳税人（签章）：　　年　　月　　日

经办人： 经办人身份证号： 代理机构签章： 代理机构统一社会信用代码：	受理人： 受理税务机关（章）：　　受理日期：　年　月　日

※ 职业能力判断与选择 ※

一、判断题

1. 进口货物纳税义务发生的时间为报关进口后15天。( )

2. 以1个月为一期的纳税人，于期满后15日内申报纳税。( )

3. 总机构和分支机构不在同一县（市）的，应当分别向各自所在地主管税务机关申报纳税。( )

4. 纳税人进口货物应当自海关填发税款缴纳证的次日起7日内解缴国库。( )

5. 委托其他纳税人代销货物，为收到代销单位的代销清单或者收到全部或者部分货款的当天。未收到代销清单及货款的，为发出代销货物满180天的当天。( )

二、选择题（第1～3题为单项选择题，第4、5题为多项选择题）

1. 以1个月为一期的增值税纳税人，于期满后( )日内申报纳税。

A. 1　　B. 5　　C. 10　　D. 15

2. 总机构和分支机构不在同一县（市）的纳税人经( )的税务机关批准，其分支机构应纳税款也可以由总机构汇总向总机构所在地主管税务机关申报纳税。

A. 国家税务总局或其授权　　B. 省级以上

C. 总机构所在地　　D. 分支机构所在地

3. 进口货物的增值税由( )征收。

A. 进口地税务机关　　B. 海关

C. 交货地税务机关　　D. 进口方所在地税务机关

4. 下列纳税义务发生时间正确的是( )。

A. 采取赊销方式销售货物的，为货物发出的当天

B. 采取预收货款方式销售货物的，为货物发出的当天

C. 采取托收承付方式销售货物的，为发出货物并办妥托收手续的当天

D. 采取直接收款方式销售货物的，为收到销售款或者取得索取销售款凭据的当天

5. 下列关于纳税义务发生时间的表述中正确的有( )。

A. 委托其他纳税人代销货物，其纳税义务发生时间为收到代销款的当天

B. 销售应税劳务的，其纳税义务发生时间为提供劳务的同时收讫销售款或取得索取销售款凭据的当天

C. 企业采取分期收款方式销售货物的，其纳税义务发生时间为书面合同规定的收款日期

D. 先开具发票的，其纳税义务发生时间为开具发票的当天

任务五

增值税出口退税的处理

※ 任务描述 ※

当企业发生增值税出口退税时，企业报税岗位的会计人员首先要确定出口货物增值税的退税率，计算出口货物增值税退税额，同时进行出口货物退（免）增值税业务的会计核算，办理出口货物退（免）税申报管理工作。

※ 知识准备与业务操作 ※

一、出口货物退（免）税的基本政策

为了鼓励本国产品的出口，提高本国出口产品在国际市场上的竞争力，作为一种国际惯例，世界各国都普遍采用出口货物退（免）税政策。其目的是平衡税负，使本国出口货物与其他国家或地区的货物具有相对平等的税收条件，这在客观上有利于发展外向型经济、增加出口、扩大出口创汇。出口货物退（免）税在政策适用上分为三种情况：

（一）出口免税并退税

该政策是指对货物在出口销售环节不征收增值税。对货物在出口前实际承担的税收负担，按规定的出口退税率计算后予以退还。具体适用对象有：①生产企业自营或委托外贸企业代理出口自产货物；②有出口经营权的外贸企业收购后直接出口或委托其他外贸企业代理出口的货物；③出口企业从小规模纳税人购进并取得增值税专用发票的抽纱、工艺品、香料油、山货、草柳竹藤制品、渔网渔具、松香、五倍子、生漆、鬃尾、山羊板皮、纸制品这几类货物；④特定企业出口的特定货物。

（二）出口免税但不退税

该政策是指出口环节免征增值税。适用该政策的货物因为在前一道生产、销售环节或进口环节是免税的，其价格本身就是不含税的，因此也无须退税。具体适用对象有：①属于生产企业的小规模纳税人自营出口或委托外贸企业代理出口的自产货物；②外贸企业从小规模纳税人购进并持普通发票的货物出口；③外贸企业直接购进国家规定的免税货物（包括免税农业产品）出口的；④其他的免税货物或项目。

（三）出口环节不免税也不退税

出口不免税是指对国家限制或禁止出口的某些货物，出口环节视同内销环节，照常征收增值税；出口不退税是指不退还货物出口前其所负担的增值税。具体适用对象有：①国家计划外出口的原油；②援外出口货物；③天然牛黄、麝香、铜及铜基合金（出口电解铜按13%退税率退还增值税）、白银等。

二、出口货物退（免）税的范围

对出口的凡属于已征或应征增值税的货物，除国家明文规定不予退（免）税的货物，以及出口企业从小规模纳税人购进，持有普通发票的部分货物外，其他出口货物都属于出口退（免）税的范围。一般而言，应同时具备以下4个条件：①属于增值税范围的货物；②报关离境的货物；③财务上作销售处理的货物；④出口收汇并已核销的货物。

生产企业承接国外修理修配业务以及利用国际金融组织或外国政府贷款采用国际招标方式、国内企业中标或外国企业中标后分包给国内企业销售的货物，可以比照出口货物，实行免、抵、退税管理办法。

出口的机械手表（含机芯）、高档化妆品、乳胶制品和其他橡胶制品、黄金首饰、珠宝玉石、水貂皮、鱼翅、鲍鱼、海参、鱼唇、干贝、燕窝等货物，除国家指定的出口企业可以退税外，其他非指定的企业不能享受出口退税。

三、出口应税服务、无形资产退（免）税的范围

单位和个人提供适用零税率的应税服务和无形资产，如果属于适用增值税一般计税方法的，生产企业实行免抵退税办法，外贸企业外购服务或者无形资产出口实行免退税办法，外贸企业直接将服务或自行研发的无形资产出口，视同生产企业连同其出口货物统一实行免抵退税办法。如果属于适用简易计税方法的，实行免征增值税办法。

（一）适用增值税零税率的范围

自2016年5月1日起，单位和个人销售下列服务和无形资产适用增值税零税率：

（1）国际运输服务，是指：①在境内载运旅客或货物出境；②在境外载运旅客或货物入境；③在境外载运旅客或货物。

（2）航天运输服务。

（3）向境外单位提供的完全在境外消费的下列服务：①研发服务；②合同能源管理服务；③设计服务；④广播影视节目（作品）的制作和发行服务；⑤软件服务；⑥电路设计及测试服务；⑦信息系统服务；⑧业务流程管理服务；⑨离岸服务外包业务；⑩转让技术。

（4）财政部和国家税务总局规定的其他服务。

（二）应税服务免税的范围

单位和个人提供的下列应税服务或无形资产免征增值税，但财政部和国家税务总局规定适用零税率的除外：

（1）下列服务：①工程项目在境外的建筑服务；②工程项目在境外的工程监理服务；③工程、矿产资源在境外的工程勘察勘探服务；④会议展览地点在境外的会议展览服务；⑤存储

地点在境外的仓储服务；⑥标的物在境外使用的有形动产租赁服务；⑦在境外提供的广播影视节目（作品）的播映服务；⑧在境外提供的文化体育服务、教育医疗服务、旅游服务。

（2）为出口货物提供的邮政服务、收派服务、保险服务。

（3）向境外单位提供的完全在境外消费的下列服务和无形资产：①电信服务；②知识产权服务；③物流辅助服务（仓储服务、收派服务除外）；④鉴证咨询服务；⑤专业技术服务；⑥商务辅助服务；⑦广告投放地在境外的广告服务；⑧无形资产。

（4）以无运输工具承运方式提供的国际运输服务。

（5）为境外单位之间的货币资金融通及其他金融业务提供的直接收费金融服务，且该服务与境内的货物、无形资产和不动产无关。

（6）财政部和国家税务总局规定的其他服务。

按照国家有关规定应取得相关资质的国际运输服务项目，纳税人取得相关资质的，适用增值税零税率政策，未取得的，适用增值税免税政策。

四、出口货物（服务）增值税退税率

1994 年实行新税制，对出口货物增值税实行了零税率，货物出口时，按其征税率退税。从 1995 年 7 月 1 日起，连续多次调低了出口货物退税率。为抵御 1997 年亚洲金融危机、2008 年由美国引起的全球金融危机，缓解出口企业生存压力，解决人员就业问题，改观出口增量回落现象，保持我国外贸经济平稳发展，国家及时运用财税政策进行了适当的调整出口退税率。目前，我国的出口货物的退税率为 5%～13%。

服务和无形资产的退税率为其在境内提供服务和无形资产的增值税税率，即 6%、9%和 13%三档。实行退（免）税办法的服务和无形资产，如果主管税务机关认定出口价格偏高的，有权按照核定的出口价格计算退（免）税，核定的出口价格低于外贸企业购进价格的，低于部分对应的进项税额不予退税，转入成本。境内的单位和个人销售适用增值税零税率的服务或无形资产的，可以放弃适用增值税零税率，选择免税或按规定缴纳增值税。放弃适用增值税零税率后，36 个月内不得再申请适用增值税零税率。

五、出口货物（服务）增值税退（免）税额的计算

不同的出口货物（服务）适用不同的税收政策，因此不是所有出口的货物（服务）都要计算退税额。出口货物（服务）只有在适用既免税又退税的政策时，才会涉及如何计算退税问题。

由于各类企业对于出口货物或服务的会计核算不同，因此有的对出口货物或服务单独核算，有的对出口货物或服务和内销统一核算。我国目前主要有两种退税计算方法：一是“免、抵、退”办法，主要适用于自营和委托出口自产货物的生产企业以及提供适用零税率的应税服务和无形资产的企业；二是“先征后退”办法，主要适用于收购货物出口的外贸企业。

（一）货物出口“免、抵、退”税的计算办法

生产企业自营或委托外贸企业代理出口自产货物，除另有规定外，增值税一律实行“免、抵、退”管理办法。这里所说的生产企业是指独立核算，经主管税务机关认定为增值

税一般纳税人，并且具有实际生产能力的企业和企业集团。

“免”税是指对生产企业出口的自产货物和视同自产货物，免征本企业生产销售环节增值税；“抵”税是指生产企业出口自产货物和视同自产货物所耗用的原材料、零部件、燃料、动力等所含应予退还的进项税额，抵顶内销货物的应纳税额；“退”税是指生产企业出口的自产货物和视同自产货物在当月内应抵顶的进项税额大于应纳税额时，对未抵顶完的税额部分予以退税。

免、抵、退税的计算公式和步骤如下：

1. 当期应纳税额的计算

当期应纳税额＝当期内销货物的销项税额－(当期进项税额－当期免、抵、退不得免征和抵扣税额)－上期留抵税额

当期免、抵、退税不得免征和抵扣税额＝当期出口货物离岸价×外汇人民币牌价×(当期出口货物征税率－出口货物退税率)－当期免、抵、退税不得免征和抵扣税额抵减额

当期免、抵、退税不得免征和抵扣税额抵减额＝当期免税购进原材料价格×(出口货物征税率－出口货物退税率)

免税购进原材料包括从国内购进免税原材料和进料加工免税进口料件，其中进料加工免税进口料件的价格为组成计税价格。其计算公式为：

进料加工免税进口料件的组成计税价格＝货物到岸价＋海关实征关税＋海关实征消费税

如果当期没有免税购进原材料，前述公式中的“当期免、抵、退税不得免征和抵扣税额抵减额”不用计算。

若上述计算结果为正数，说明从内销货物销项税额中抵扣后仍有余额，该余额则为企业当期应纳的增值税税额，无退税额；若计算结果为负数，则当期期末留抵税额＝当期应纳税额绝对数，有应退税额，应退税额大小待下面步骤分析确定。

2. 当期免、抵、退税额的计算

当期免、抵、退税额＝出口货物离岸价×外汇人民币牌价×出口货物退税率－免、抵、退税额抵减额

免、抵、退税额抵减额＝免税购进原材料价格×出口货物退税率

值得注意的是，出口货物离岸价（FOB）以出口发票计算的离岸价为准。出口发票不能如实反映实际离岸价的，企业必须按照实际离岸价向主管税务机关进行申报，同时主管税务机关有权依照《中华人民共和国税收征收管理法》《中华人民共和国增值税暂行条例》等有关规定予以核定。

如果当期没有免税购进原材料，“免、抵、退税额抵减额”不用计算。

3. 当期应退税额和免、抵税额的计算

(1) 如果当期应纳税额≥0，则：

当期应退税额＝0

(2) 如果当期应纳税额＜0，且当期期末留抵税额＜当期免、抵、退税额，则：

当期应退税额＝当期期末留抵税额

当期免、抵税额＝当期免、抵、退税额－当期应退税额

(3) 如果当期应纳税额＜0，且当期期末留抵税额≥当期免、抵、退税额，则：

当期应退税额＝当期免、抵、退税额

当期免抵税额＝0

公式中的“当期”是指一个纳税申报期，征税率和退税率是指出口货物的征税率和退税

率。当期期末留抵税额根据当期增值税及附加税费申报表中“期末留抵税额”确定。

【做中学 2-31】 某自营出口生产企业为增值税一般纳税人，出口货物的征税率为13%，退税率为7%，上月末留抵税额为6万元。2021年6月发生以下业务：

（1）外购原材料，支付价款400万元、增值税税额52万元，取得增值税专用发票；

（2）本月内销货物取得不含税收入200万元；

（3）本月出口货物的销售额折合人民币400万元。

根据上述资料，免、抵、退税额的计算如下：

当期免、抵、退税不得免征和抵扣税额＝400×(13%－7%)＝24（万元）

当期应纳税额＝200×13%－(52－24)－6＝26－28－6＝－8（万元）

当期期末留抵税额＝8（万元）

免、抵、退税额＝400×7%＝28（万元）

若当期期末留抵税额＜当期免抵税额，则：

当期应退税额＝8（万元）

当期免抵额＝28－8＝20（万元）

（二）应税服务、无形资产出口“免、抵、退”税的计算办法

“免、抵、退”税办法是指零税率应税服务、无形资产提供者提供零税率应税服务和无形资产，免征增值税，相应的进项税额抵减应纳增值税税额（不包括适用增值税即征即退、先征后退政策的应纳增值税税额），未抵减完的部分予以退还。具体计算步骤如下：

1. 计算零税率应税服务（含无形资产）当期免、抵、退税额

当期零税率应税服务免、抵、退税额＝当期零税率应税服务免、抵、退税计税价格×外汇人民币牌价×零税率应税服务退税率

零税率应税服务免、抵、退税计税价格为提供零税率应税服务取得的全部价款，扣除支付给非试点纳税人价款后的余额。

2. 计算当期应退税额和当期免、抵税额

（1）若当期期末留抵税额≤当期免、抵、退税额，则：

当期应退税额＝当期期末留抵税额

当期免、抵税额＝当期免、抵、退税额－当期应退税额

（2）若当期期末留抵税额＞当期免、抵、退税额，则：

当期应退税额＝当期免、抵、退税额

当期免、抵税额＝0

“当期期末留抵税额”为当期增值税及附加税费申报表的“期末留抵税额”。

零税率应税服务提供者如果同时有货物出口的，可结合现行出口货物免、抵、退税公式一并计算免、抵、退税。

【做中学 2-32】 国内某大型航空公司主要经营国内和经批准的境外航空客、货、邮、行李运输业务及延伸服务，注册地点在上海浦东，2011年年底被上海市国税局认定为增值税一般纳税人。2021年9月经营情况如下：国内运输收入24 000万元，国际运输业务收入15 000万元，航空地面服务收入9 000万元；油料支出飞机维修等可抵扣的进项税额为4 000万元。其9月应退增值税税额计算如下：

当期应纳税额＝24 000×9%＋9 000×6%－4 000＝－1 300（万元）

即：

期末留抵税额＝1 300（万元）

免、抵、退税额＝15 000×9%＝1 350（万元）

当期应退税额＝1 300（万元）

当期免抵税额＝1 350－1 300＝50（万元）

（三）“先征后退”的计算办法

“先征后退”是指出口货物在生产（购货）环节按规定缴纳增值税，货物出口后由收购出口的企业向其主管出口退税的税务机关申请办理出口货物退税。“先征后退”方式目前主要适用于有进出口经营权的外贸企业直接出口或委托其他外贸企业代理出口的货物，以及其他特准退税的企业出口的货物。

（1）对有进出口经营权的外贸企业收购货物直接出口或委托其他外贸企业代理出口货物，应按照购进货物所取得的增值税专用发票上注明的计税金额和该货物适用的退税率计算退税。其计算公式为：

应退税额＝出口货物不含增值税的购进金额×出口退税率

或　　　　＝出口货物的进项税额－出口货物不予退税的税额

$$\text{出口货物不予退税的税额} = \text{出口货物不含增值税的购进金额} \times (\text{增值税法定税率} - \text{退税税率})$$

【做中学 2-33】某进出口公司2021年9月出口美国平纹布2 000米，进货增值税专用发票上列明的单价为20元/平方米，计税金额为40 000元，退税税率为10%，则：

应退税额＝2 000×20×10%＝4 000（元）

（2）外贸企业委托生产企业加工收回后出口的货物，按照委托加工增值税专用发票注明的金额和出口货物的退税率计算退税额，外贸企业应将加工的原材料作价销售给受托加工的生产企业，受托加工的生产企业应将原材料成本并入加工费用开具发票。其计算公式如下：

应退税额＝委托加工的增值税退（免）税计税依据×出口货物退税率

【做中学 2-34】某进出口公司2021年6月购进牛仔布委托加工成服装出口。取得牛仔布增值税发票一张，注明计税金额12 000元（退税税率为10%），则：

应退税额＝12 000×10%＝1 200（元）

（3）外贸企业从小规模纳税人购进并持普通发票的货物出口，不得退税，但对出口抽纱、工艺品、香料、山货、松香、五倍子等几类货物，考虑其占我国出口比重较大及其生产、采购的特殊因素，凭税务机关代开的增值税专用发票予以退税。计算公式如下：

应退税额＝税务机关代开的增值税专用发票注明的金额×退税率

【做中学 2-35】某进出口公司2021年8月购进某增值税小规模纳税人抽纱工艺品2 000打（套）全部出口，取得税务机关代开的增值税专用发票，发票注明金额50 000元，退税税率为3%，则：

应退税额＝50 000×3%＝1 500（元）

六、出口货物退（免）增值税的会计核算

（一）生产企业出口货物免、抵、退税的核算

生产企业货物出口销售，免交本环节的增值税，并按规定的退税率计算出口货物的进项

税额，抵减内销产品的应纳税额。这类货物免征出口环节增值税，其耗用的购进货物所负担的进项税额，记入“应交税费——应交增值税（进项税额）”科目；按该货物适用的增值税税率与退税率之差乘以出口货物离岸价折合人民币的金额，计算当期出口货物不予抵扣或退税的税额，借记“主营业务成本”科目，贷记“应交税费——应交增值税（进项税额转出）”科目；企业按照国家规定的退税率计算的出口货物的进项税额抵减内销产品的应纳税额时，借记“应交税费——应交增值税（出口抵减内销产品应纳税额）”科目，贷记“应交税费——应交增值税（出口退税）”科目。对因出口比重大，在规定期限内不足抵减的，不足部分可按有关规定给予退税，借记“其他应收款”科目，贷记“应交税费——应交增值税（出口退税）”科目；企业在实际收到退回的税款时，借记“银行存款”科目，贷记“其他应收款”科目。

【做中学 2-36】某自营出口生产企业某季度购进原材料一批，取得的增值税专用发票上注明的价款为 550 000 元，增值税进项税额为 71 500 元。本季度生产产品 1 000 件，每件生产成本为 600 元；每件国内售价为 700 元人民币，出口售价为 140 美元；本季度内销 600 件，出口 400 件，增值税税率为 13%，出口退税率为 9%，美元兑人民币汇率为 1∶6.75。

应作会计分录如下：

（1）购进原材料时：

借：原材料	550 000	
应交税费——应交增值税（进项税额）	71 500	
贷：银行存款		621 500

（2）实现内销收入时：

借：银行存款	474 600	
贷：主营业务收入		420 000
应交税费——应交增值税（销项税额）		54 600

（3）实现出口销售收入时：

借：银行存款	378 000	
贷：主营业务收入		378 000

（4）结转产品销售成本时：

借：主营业务成本	600 000	
贷：库存商品		600 000

（5）计算出口货物当期不予抵扣或退税的税额，调整出口商品成本时：

免、抵、退税不得免征和抵扣税额＝400×140×6.75×(13%－9%)＝15 120（元）

当期应纳税额＝600×700×13%－(71 500－15 120)＝－1 780（元）

免、抵、退税额＝400×140×6.75×9%＝34 020（元）

期末留抵税额＝1 780（元）

若当期期末留抵税额＜当期免、抵、退税额，则：

当期应退税额＝1 780（元）

当期免、抵税额＝34 020－1 780＝32 240（元）

应作会计分录如下：

①结转当期不予抵扣或退税的税款：

借：主营业务成本	15 120	
贷：应交税费——应交增值税（进项税额转出）		15 120

②出口抵减内销产品销项税额：

借：应交税费——应交增值税（出口抵减内销产品应纳税额） 32 240
　贷：应交税费——应交增值税（出口退税） 32 240

③结转应收退税款：

借：其他应收款 1 780
　贷：应交税费——应交增值税（出口退税） 1 780

（二）外贸企业出口货物退、免税的核算

外贸企业购进货物时，应按照专用发票上注明的增值税税额，借记“应交税费——应交增值税（进项税额）”科目，按照专用发票上记载的应计入采购成本的金额，借记“在途物资”“销售费用”等科目；按照应付或实际支付的金额，贷记“应付账款”“应付票据”“银行存款”等科目。

外贸企业按照规定退税率计算应收出口退税款时，借记“其他应收款”科目，贷记“应交税费——应交增值税（出口退税）”科目；收到出口退税款时，借记“银行存款”科目，贷记“其他应收款”科目。按照出口货物购进时取得的增值税专用发票上记载的进项税额或应分摊的进项税额与按照国家规定的退税率计算的应退税额的差额，借记“主营业务成本”科目，贷记“应交税费——应交增值税（进项税额转出）”科目。

1. 库存商品成本和销售成本单独确认的核算

【做中学2-37】某外贸进出口公司当期收购A设备100台，专用发票上注明的价款为700万元，税款为91万元，合计791万元。当月全部出口，出口FOB价折合人民币1 000万元，购进出口设备取得增值税专用发票，注明运输费1万元、税款0.09万元。所有货款、运费均以存款付讫。在规定时间内办妥退税事宜，退税率为10%，已收到退税款。作会计处理如下：

（1）购进出口A设备时：

借：应交税费——应交增值税（进项税额） 910 000
　　在途物资 7 000 000
　贷：银行存款 7 910 000

（2）购进商品入库时：

借：库存商品 7 000 000
　贷：在途物资 7 000 000

（3）出口A设备时：

借：应收账款 10 000 000
　贷：主营业务收入 10 000 000

（4）支付运费时：

借：销售费用 10 000
　　应交税费——应交增值税（进项税额） 900
　贷：银行存款 10 900

（5）结转销售成本时：

借：主营业务成本 7 000 000
　贷：库存商品 7 000 000

（6）计算不予退税的税额时：

不予抵扣或退税的税额=91+0.09−700×10%=21.09（万元）

借：主营业务成本 210 900

贷：应交税费——应交增值税（进项税额转出）　　210 900

（7）计算应退增值税税额时：

应退税额＝700×10％＝70（万元）

借：其他应收款　　700 000

贷：应交税费——应交增值税（出口退税）　　700 000

（8）收到退税款时：

借：银行存款　　700 000

贷：其他应收款　　700 000

2. 库存商品和销售成本采用加权平均价格计算的核算

【做中学2-38】某五金矿产进出口公司对小五金的购进和销售采用加权平均的方法核算其库存。6月6日，该公司购入小五金100件，不含税单价为20元；18日购入小五金200件，不含税单价为18元；26日出口销售小五金300件。上月末小五金库存150件，平均不含税单价为21元，增值税税率为13％，退税率为10％。作会计分录如下：

$$\text{本月出口销售小五金的加权平均单位成本}=\frac{21\times150+20\times100+18\times200}{150+100+200}=19.44\text{（元）}$$

本月小五金的应退税款＝300×19.44×10％＝583.20（元）

（1）申报退税时：

借：其他应收款　　583.20

贷：应交税费——应交增值税（出口退税）　　583.20

（2）结转不予抵扣退税税额时：

不予抵扣或退税的税额＝300×19.44×（13％－10％）＝174.96（元）

借：主营业务成本　　174.96

贷：应交税费——应交增值税（进项税额转出）　　174.96

3. 从小规模纳税人购进特准退税出口货物的核算

【做中学2-39】某土产进出口公司从小规模纳税人购入麻纱一批用于出口，含税金额为60 000元，小规模纳税人拿来税务机关代开专用发票。土产公司已将该批货物出口完毕，有关出口应收的全套凭证已经备齐。作会计分录如下：

应退税额＝60 000÷（1＋3％）×3％＝1 747.57（元）

（1）申报退税时：

借：其他应收款　　1 747.57

贷：应交税费——应交增值税（出口退税）　　1 747.57

（2）收到出口退税时：

借：银行存款　　1 747.57

贷：其他应收款　　1 747.57

七、出口货物退（免）税管理

（一）出口货物退（免）税的登记

出口企业持商务部及其授权单位批准其出口经营权的批件和工商营业执照，于批准之日起30日内向所在地主管退税业务的税务机关办理退税登记。

出口企业如发生撤销、变更情况，应于批准撤销、变更之日起30日内，向所在地主管出口退税业务的税务机关办理注销或变更退税登记手续。

(二) 出口货物退 (免) 税申报

(1) 出口企业应设专职或兼职办理出口退税的人员，经税务机关培训考核后，发给办税员证，没有办税员证的人员不得办理出口退税业务。

(2) 出口企业应在货物报关出口并在财务上作销售处理后，按月填报出口货物退（免）税申报表和经征税部门审核签章的当期增值税及附加税费申报表以及有关退税凭证。出口货物退免税申报表分为两类：生产企业的申报表有生产企业出口货物免、抵、退税申报明细表（格式见表2-5），生产企业出口货物免、抵、退税申报汇总表（格式见表2-6）；外贸企业的申报表有外贸企业出口货物退税汇总申报表（格式见表2-7）等。

(3) 出口企业代理其他企业出口后，应在货物报关出口之日起60天内凭出口货物报关单、代理出口协议，向主管国家税务机关申请开具代理出口货物证明，并及时转给委托出口企业。

(三) 退税凭证资料

办理出口退税时，必须提供以下凭证：

(1) 购进出口货物的增值税专用发票（抵扣联）、出口销售发票。

(2) 盖有海关验讫章的出口货物报关单（出口退税专用）。

(3) 查账时提供出口货物销售明细账。

(4) 有委托业务的需提供由受托方税务机关签发的代理出口证明。有远期收汇业务的需提供由当地外经贸主管部门签发的中、远期结汇证明。

任务设计

出口货物增值税退（免）税的处理

一、工作实例

某自营出口生产企业是增值税一般纳税人，出口货物的征税税率为13%，退税率为9%。2021年9月购进原材料一批，取得的增值税专用发票注明的价款为200万元，外购货物准予抵扣进项税额26万元，货已入库。当月海关进口料件的组成计税价格为50万元，进口手册号为C4708230028，已按规定向税务机关办理了生产企业进料加工贸易免税证明。上期期末留抵税额3万元。当月内销货物销售额为170万元，销项税额为22.1万元。本月出口货物销售折合人民币130万元。

要求：试计算该企业本期免、抵、退税额，进行相关的会计处理并填报相关申报表。

二、操作步骤

步骤一：分析购进原材料及进口料件涉税情况，作如下会计分录：

(1) 购进原材料时：

借：应交税费——应交增值税（进项税额）	260 000	
在途物资	2 000 000	
贷：银行存款		2 260 000

（2）购进原材料入库时：

借：原材料　2 000 000

　贷：在途物资　2 000 000

（3）进口免税进料并入库时：

借：原材料　500 000

　贷：银行存款　500 000

步骤二：分析内销、出口货物涉税情况，作如下会计分录：

（1）实现内销收入时：

借：银行存款　1 921 000

　贷：主营业务收入　1 700 000

　　应交税费——应交增值税（销项税额）　221 000

（2）实现出口销售收入时：

借：银行存款　1 300 000

　贷：主营业务收入　1 300 000

步骤三：计算免、抵、退税不得免征和抵扣税额：

免、抵、退税不得免征和抵扣税额抵减额＝50×（13％－9％）＝2（万元）

免、抵、退税不得免征和抵扣税额＝130×（13％－9％）－2＝3.2（万元）

结转当期不予抵扣税额时：

借：主营业务成本　32 000

　贷：应交税费——应交增值税（进项税额转出）　32 000

步骤四：计算应纳增值税税额：

应纳增值税税额＝170×13％－（26－3.2）－3＝－3.7（万元）

步骤五：计算出口货物免、抵、退税额：

免、抵、退税额抵减额＝50×9％＝4.5（万元）

出口货物免、抵、退税额＝130×9％－4.5＝7.2（万元）

步骤六：计算当期应退税额及当期免、抵税额并作会计处理：

当期期末留抵税额3.7万元小于当期免、抵、退税额7.2万元，则：

当期应退税额＝3.7（万元）

当期免、抵税额＝7.2－3.7＝3.5（万元）

抵减内销产品销项税额时：

借：应交税费——应交增值税（出口抵减内销产品应纳税额）　35 000

　贷：应交税费——应交增值税（出口退税）　35 000

结转应收（或收到）退税款时：

借：其他应收款（银行存款）　37 000

　贷：应交税费——应交增值税（出口退税）　37 000

步骤七：根据会计账簿登记资料和海关出口货物报关单等凭证，填报相关申报表。

生产企业出口货物免、抵、退税申报明细表见表2-5，生产企业出口货物免、抵、退税申报汇总表见表2-6，外贸企业出口货物退税汇总申报表见表2-7。

表 2-5 生产企业出口货物免、抵、退税申报明细表

企业代码:××××××

企业名称:××××××　　　　纳税人识别号:××××××　　　　所属期:　　年　　月　　　　单位:元(列至角分)

序号	出口发票号码	出口报关单号	出口日期	代理证明号	核销单号	出口商品代码	出口商品名称	计量单位	出口数量	出口销售额		征税税率	退税税率	出口销售额乘征退税率之差	出口销售额乘退税率	海关进料加工手册	单证不齐标志	备注
										美元	人民币							
1	2	3	4	5	6	7	8	9	10	11	12	13	14	15=12×(13−14)	16=12×14	17	18	19
××	××	××	××	××	××	××	××	××	××		1 300 000	13%	9%	52 000	117 000	C4708230028		H
合计											1 300 000	13%	9%	52 000	117 000			

出口企业	退税部门
兹声明以上申报无讹并愿意承担一切法律责任。 (公章) 经办人:　　　　财务负责人: 企业负责人:　　　　年　月　日	(章) 经办人:　　复核人:　　负责人:　　年　月　日

说明:(1)生产企业应按当期出口并在财务上做销售后的所有出口明细填报本表,一式三份。

(2)对单证不齐的在“单证不齐标志”栏内做相应标志,缺少报关单的填列B,缺少核销单的填列H,缺少代理证明的填列D,缺少两项以上的同时填列两个以上对应字母,单证齐全后销号。对前期单证不齐、当期收集齐全的,可在当期免、抵、退税申报时填报本表一并申报,在“单证不齐标志”栏内填写原申报时的所属期和申报序号。

(3)中标销售的机电产品,应在“备注”栏内填注ZB标志,退税部门人工审单时应审核规定的特殊退税凭证,计算机审核时将作特殊处理。

表 2-6　生产企业出口货物免、抵、退税申报汇总表

纳税人识别号：××××××　　纳税人名称（公章）：××××××

海关代码：××××××　　税款所属期限：自　年　月　日　至　年　月　日

申报日期：××××××　　单位：元（列至角分）

项目	栏次	当期	本年累计	与增值税及附加税费申报表差额
		(a)	(b)	(c)
当期免抵退出口货物销售额（美元）	1			—
当期免抵退出口货物销售额	2=3+4	1 300 000		
其中：单证不齐销售额	3			—
单证齐全销售额	4	1 300 000		—
前期出口货物当期收齐单证销售额	5		—	—
单证齐全出口货物销售额	6=4+5	1 300 000		—
不予免抵退出口货物销售额	7			—
出口销售额乘征退税率之差	8	52 000		—
上期结转免抵退税不得免征和抵扣税额抵减额	9		—	—
免抵退税不得免征和抵扣税额抵减额	10	20 000		—
免抵退税不得免征和抵扣税额	11（如 8>9+10 则为 8－9－10，否则为 0）	32 000		
结转下期免抵退税不得免征和抵扣税额抵减额	12（如 9+10>8 则为 9+10－8，否则为 0）	0	—	—
出口销售额乘退税率	13	117 000		—
上期结转免抵退税额抵减额	14		—	—
免抵退税额抵减额	15	45 000		—
免抵退税额	16（如 13>14+15 则为 13－14－15，否则为 0）	72 000		—
结转下期免抵退税额抵减额	17（如 14+15>13 则为 14+15－13，否则为 0）		—	—
增值税及附加税费申报表期末留抵税额	18	37 000	—	—
计算退税的期末留抵税额	19=18－11c	37 000	—	—
当期应退税额	20（如 16>19 则为 19，否则为 16）	37 000		—
当期免抵税额	21=16－20	35 000		—

出口企业	退税部门
兹声明以上申报无讹并愿意承担一切法律责任。 经办人： 财务负责人：　　（公章） 企业负责人：　　年　月　日	经办人： 复核人：　　（章） 负责人：　　年　月　日

表2-7 外贸企业出口货物退税汇总申报表

(适用于增值税一般纳税人)

申报年月： 年 月 申报批次：

纳税人识别号： 海关代码：

纳税人名称（公章）： 申报日期： 年 月 日 金额单位：元（列至角分）、美元

<table>
<tr><th colspan="3">出口企业申报</th><th colspan="2">主管退税机关审核</th></tr>
<tr><td>出口退税出口申报明细</td><td>份，记录</td><td>条</td><td>审核情况</td><td>机审情况</td></tr>
<tr><td>出口发票</td><td>张，出口额</td><td>美元</td><td rowspan="23"></td><td rowspan="14">本次机审通过退增值税税额 元
其中：上期结转疑点退增值税 元
本期申报数据退增值税 元

本次机审通过退消费税税额 元
其中：上期结转疑点退消费税 元
本期申报数据退消费税 元
结余疑点数据退增值税 元
结余疑点数据退消费税 元</td></tr>
<tr><td>出口报关单</td><td>张</td><td></td></tr>
<tr><td>代理出口货物证明</td><td>张</td><td></td></tr>
<tr><td>收汇核销单</td><td>张，收汇额</td><td>美元</td></tr>
<tr><td>远期收汇证明</td><td>张，其他凭证</td><td>张</td></tr>
<tr><td>出口退税进货明细申报表</td><td>份，记录</td><td>条</td></tr>
<tr><td>增值税专用发票</td><td>张，其中非税控专用发票</td><td>张</td></tr>
<tr><td>普通发票</td><td>张，专用税票</td><td>张</td></tr>
<tr><td>其他凭证</td><td>张，总进货金额</td><td>元</td></tr>
<tr><td>总进货税额</td><td>元</td><td></td></tr>
<tr><td>其中：增值税</td><td>元，消费税</td><td>元</td></tr>
<tr><td>本月申报退税额</td><td>元</td><td></td></tr>
<tr><td>其中：增值税</td><td>元，消费税</td><td>元</td></tr>
<tr><td>进料应抵扣税额</td><td>元</td><td></td></tr>
<tr><td colspan="3">申请开具单证</td><td>授权人申明</td></tr>
<tr><td>代理出口货物证明</td><td>份，记录</td><td>条</td><td rowspan="9">如果你已委托代理申报人，请填写下列资料：

为代理出口货物退税申报事宜，现授权＿＿＿＿＿为本纳税人的代理申报人，任何与本申报表有关的文件都可寄予此人。

授权人签字 （盖章）</td></tr>
<tr><td>代理进口货物证明</td><td>份，记录</td><td>条</td></tr>
<tr><td>进料加工免税证明</td><td>份，记录</td><td>条</td></tr>
<tr><td>来料加工免税证明</td><td>份，记录</td><td>条</td></tr>
<tr><td>出口货物转内销证明</td><td>份，记录</td><td>条</td></tr>
<tr><td>补办报关单证明</td><td>份，记录</td><td>条</td></tr>
<tr><td>补办收汇核销单证明</td><td>份，记录</td><td>条</td></tr>
<tr><td>补办代理出口证明</td><td>份，记录</td><td>条</td></tr>
<tr><td></td><td></td><td></td></tr>
<tr><th colspan="3">出口企业申报</th><th colspan="2">主管退税机关审核</th></tr>
<tr><td>内销抵扣专用发票</td><td>张，其他非退税专用发票</td><td>张</td><td colspan="2" rowspan="2">审单人： 审核人：
年 月 日</td></tr>
<tr><td colspan="3">申报人申明</td></tr>
<tr><td colspan="3">此表各栏目填报内容是真实、合法的，与实际出口货物情况相符。此次申报的出口业务不属于“四自三不见”等违背正常出口经营程序的出口业务；否则，本企业愿意承担由此产生的相关责任。

企业填表人：
财务负责人： （公章）
企业负责人： 年 月 日</td><td colspan="2">签批人：

（公章）
年 月 日</td></tr>
</table>

※ 职业能力判断与选择 ※

一、判断题

1. 出口企业应将不同退税率的货物分开核算和申报，凡划分不清适用税率的，一律从低适用税率计算退税。(　　)

2. 未按照免、抵、退办法办理出口退税的生产企业，对出口货物一律先按《增值税暂行条例》的规定征税。(　　)

3. 出口企业应持有关证件，于批准之日起 60 日内向所在地主管退税业务的税务机关办理退税登记。(　　)

4. 对出口不免税也不退税的出口货物视同内销处理。(　　)

二、选择题（第 1～3 题为单项选择题，第 4、5 题为多项选择题）

1. 在免、抵、退办法中，当期应退税额应根据（　　）原则确定。

A. “期末留抵税额”与“当期免、抵、退税额”孰小

B. “期末留抵税额”与“当期免、抵、退税额”孰大

C. “当期应纳税额”与“当期免、抵、退税额”孰小

D. “当期应纳税额”与“当期免、抵、退税额”孰大

2. 下列适用增值税出口免税不退税政策的货物是(　　)。

A. 军品　　B. 原油　　C. 天然牛黄　　D. 糖

3. 下列不能办理出口退税的企业是(　　)。

A. 没有出口经营权，但国家税务总局特准出口退税的企业

B. 生产企业委托外贸企业代理出口自产货物

C. 在国内采购货物运往境外作为国外投资的企业

D. 从小规模纳税人购进并持有税务机关代开专用发票货物的外贸企业

4. 我国的出口退（免）税有下列哪几种方法？(　　)

A. 出口不免税也不退税　　B. 出口免税但不退税

C. 出口不免税但退税　　D. 出口免税并退税

5. 办理出口退税时，应提供的凭证包括（　　）。

A. 购进出口货物的增值税专用发票　　B. 购进内销货物的增值税专用发票

C. 出口货物销售明细账　　D. 盖有海关验讫章的出口货物报关单

※ 单项任务训练 ※

1. 某自营出口生产企业本季度出口日用工业品 48 000 美元，报关出口当天美元与人民币汇率为 1∶6.55，该季度内销产品 800 000 元，增值税税率为 13%，出口退税率为 11%。当期购进原材料进项税额为 152 000 元。

要求：根据上述业务计算应纳（退）税额并作相应的会计处理（该企业实行免、抵、退

办法)。

2. 某生产企业为增值税一般纳税人，2021年9月外购原材料取得防伪税控系统开具的增值税专用发票，注明进项税额137.7万元并通过主管税务机关认证。当月内销货物取得不含税销售额150万元，外销货物取得收入115万美元（美元与人民币的汇率为1∶6.55）。该企业适用的增值税税率为13%，出口退税率为9%。

要求：计算该企业9月免、抵、退税额并进行相应的会计处理。

【项目小结】

增值税会计核算与申报是全书重点项目之一。本项目主要介绍了我国现行增值税的纳税人、征税范围和税率，一般纳税人和小规模纳税人应纳税额的计算，一般纳税人增值税销项税额、进项税额、进项税额转出的计算及其会计处理方法，增值税结转、增值税上缴的会计处理方法，一般纳税人和小规模纳税人增值税的纳税申报，增值税出口退税的基本政策、出口退税额的计算方法和会计处理方法。本项目涉及的内容多，会计处理方法比较复杂，应该在理解的基础上，边学边做，重点掌握。

【项目综合实训】

一、实训材料

1. 企业基本情况

企业名称：东海电器制造有限公司

纳税人识别号：310106786309447

企业地址：东海市滨河路234号

法人代表：陈洪富

注册资本：5 000万元

企业类型：有限责任公司

经营范围：电器制造、销售

企业开户银行及账号：工商银行东海市滨河支行　852267126089085943l

财务负责人：刘春

办税员：郑日照

东海电器制造有限公司为增值税一般纳税人，2021年度员工有1 000人。

2.2021年9月的有关进销情况

（1）销售甲型号产品给某商场，开具增值税专用发票，取得不含税销售额80万元。

（2）销售乙型号产品，开具普通发票，取得含税销售额28.25万元。

（3）向小规模纳税人销售甲型号产品，销售金额为22.6万元，开具普通发票。

（4）将试制的一批应税新产品用于本企业职工集体福利，成本价为20万元，成本利润率为10%，该新产品无同类产品市场销售价格。

（5）为装修该公司展销厅，购入建筑装饰材料，支付价税合计款11.3万元，取得的增值税专用发票上注明的进项税额为 1.3 万元。

（6）购进货物取得增值税专用发票，注明支付的货款 60 万元、进项税额 7.8 万元；另外，支付购货的运输费用取得增值税专用发票，注明运输费 6 万元、税款 0.54 万元。

（7）向农业生产者购进免税农产品一批，支付收购价 30 万元，支付给运输单位的运输费用取得货物运输业增值税专用发票，注明运输费 5 万元、税款 0.45 万元；本月下旬将购进的农产品的 20%用于本企业职工集体福利。

（8）本月丢失生产用材料 8 吨，不含税单价为 2 000 元，作待处理财产损失处理。

以上相关票据均符合税法的规定，增值税发票均选择了抵扣。

二、实训要求

1. 根据东海电器制造有限公司提供的 2021 年 9 月材料，编制有关会计分录并填制记账凭证。
2. 根据上述资料计算东海电器制造有限公司 2021 年 9 月应缴纳的增值税。
3. 登记“应交税费——应交增值税”明细账。
4. 填制增值税及附加税费申报表和相关附表。

三、实训条件

在税务实训室进行，东海电器制造有限公司 2021 年 9 月的有关进销资料，增值税及附加税费申报表（适用于增值税一般纳税人）、增值税及附加税费申报表附列资料（一）、增值税及附加税费申报表附列资料（二）。

项目三

消费税会计核算与申报

【学习目标】

- 能根据学习项目、任务的需要查阅有关资料。
- 掌握消费税的基本法律知识；会判断哪些项目应征收消费税，能根据业务资料计算应纳消费税税额。
- 掌握消费税纳税申报表的填制方法，能根据业务资料填制消费税及附加税费申报表、相关附表及税款缴纳书。
- 熟悉消费税涉税业务的会计处理方法，会根据业务资料进行消费税涉税会计业务处理。
- 熟悉消费税出口退税的相关规定，掌握消费税出口退税额的计算；能进行消费税出口退税的会计处理，会办理出口货物退（免）消费税工作。
- 培养敬业精神、团队合作能力和良好的职业道德修养。

【项目导航】

你可曾想过：抽一包中华牌卷烟，需要为国家缴纳多少税金？其中又以哪种税最多？诺贝尔经济学奖获得者保罗·萨缪尔森曾称：消费税是对酒、烟及其他对健康有害的物品的征税。这种旨在改善环境、保障健康，同时又能增加财政收入的税种为世界各国所称赞，目前已有120多个国家和地区开征消费税，在我国可追溯到西汉时期对酒的课税。

消费税和增值税的关系可谓密切，消费税是对货物征收增值税以后，再根据特定的国家财政政策选择特定的消费品和消费行为在特定的环节征收的一种流转税。征收消费税的目的主要是调节产业结构，限制某些奢侈品、高能耗产品的生产，正确引导消费，保证国家财政收入。消费税与增值税同为流转税，凡征收消费税的物品肯定征收增值税，并且税率为13%。然而一个是价外税，一个是价内税，会计核算各不相同，征税环节也不一样，但其计税的依据相同，这在众多税种中是独一无二的，你知道其中的原因吗？

任务一

消费税纳税人和征税范围的确定

※ 任务描述 ※

当涉及消费税的经济业务发生后，报税岗位的会计人员首先需要划分经济业务的类型，确定消费税的税目和征税范围，明确其具体内容，选择合适的税率。

※ 知识准备与业务操作 ※

一、消费税纳税人的确定

消费税是对在我国境内从事生产、委托加工和进口应税消费品的单位和个人，就其应税消费品的销售额或销售量征收的一种税。在我国的税制结构体系中，消费税是增值税的配套税种。它是在普遍征收增值税的基础上，根据国家产业政策的要求，有选择地对部分消费品征收，发挥其特殊的调节作用。

消费税的纳税人，是在中华人民共和国境内生产、委托加工和进口应税消费品的单位和个人。自 1995 年 1 月 1 日起，金银首饰消费税改在零售环节征收，在我国境内从事金银首饰零售业务的单位和个人，为金银首饰消费税的纳税人，委托加工、委托销售金银首饰的，受托方也是纳税人；自 2009 年 5 月 1 日起对卷烟在批发环节加征一道从价消费税（从 2015 年 5 月 10 日起调整为从价、从量双重征税），因此从事卷烟批发的单位和个人也是消费税纳税人。从 2014 年 12 月 1 日起，我国提高了成品油消费税单位税额，取消了对酒精、汽车轮胎、气缸容量在 250 毫升以下小排量摩托车等产品征收消费税。从 2015 年 2 月 1 日起，我国对电池、涂料征收消费税。

这里所说的“中华人民共和国境内”，是指生产、委托加工和进口应税消费品的起运地或所在地在中国境内。所说的“单位”，是指国有企业、集体企业、私营企业、股份制企业、外商投资企业、外国企业和其他企业，以及行政单位、事业单位、军事单位、社会团体和其他单位。所说的“个人”，是指个体经营者及其他个人。

二、征税范围的确定

（一）征税范围的确定原则

（1）对人类健康、社会秩序、生态环境等方面造成危害的特殊消费品，如烟、酒、鞭炮焰火等。

（2）奢侈品、非生活必需品，如贵重首饰、高档化妆品等。

（3）高能耗及高档消费品，如小汽车、摩托车等。

（4）不可再生和替代的资源类消费品，如汽油、柴油等。

（5）促进节能环保的消费品，如电池、涂料等。

（二）征税范围的具体规定

消费税的征税范围包括烟、酒、高档化妆品、贵重首饰及珠宝玉石、鞭炮焰火、成品油、摩托车、小汽车、高尔夫球及球具、高档手表、游艇、木制一次性筷子、实木地板、电池、涂料共 15 个税目，有的税目还可进一步划分为若干子目。其具体范围如下：

1. 烟

本税目下设卷烟（分生产环节和批发环节）、雪茄烟和烟丝 3 类。

卷烟的征税范围包括各种规格、型号的国产卷烟、进口卷烟、白包卷烟、手工卷烟等；

雪茄烟的征税范围包括各种规格、型号的雪茄烟；烟丝的征税范围包括以烟叶为原料加工生产的不经卷制的散装烟，如斗烟、莫合烟、烟末、水烟、黄红烟丝等。

2. 酒

本税目下设粮食白酒、薯类白酒、啤酒、黄酒、其他酒5个子目。

酒是指酒精度在1度以上的各种酒类饮料，包括粮食白酒、薯类白酒、啤酒、黄酒和其他酒。

饮食业、商业、娱乐业举办的啤酒屋（啤酒坊）利用啤酒生产设备生产的啤酒，应当征收消费税；无醇啤酒比照啤酒征税；"果啤"属于啤酒，应当征收消费税。

3. 高档化妆品

本税目征税范围包括：高档美容、修饰类化妆品、高档护肤类化妆品和成套化妆品。

高档美容、修饰类化妆品和高档护肤类化妆品是指生产（进口）环节销售（完税）价格（不含增值税）在10元/毫升（克）或15元/片（张）及以上的美容、修饰类化妆品和护肤类化妆品。从2016年10月1日起，取消对普通美容、修饰类化妆品征收消费税。舞台、戏剧、影视演员化妆用的上妆油、卸妆油、油彩、发胶和头发漂白剂等，不属于本税目征收范围。

4. 贵重首饰及珠宝玉石

本税目征税范围包括：各种金银珠宝首饰和经采掘、打磨、加工的各种珠宝玉石。

5. 鞭炮焰火

本税目征税范围包括：各种鞭炮、焰火。体育上用的发令纸、鞭炮引线不按本税目征税。

6. 成品油

本税目下设汽油、柴油、石脑油、溶剂油、润滑油、燃料油、航空煤油7个子目。

7. 摩托车

本税目征税范围包括：轻便摩托车、摩托车。摩托车包括：两轮车、边三轮车、正三轮车等。发动机气缸容量为250毫升（不含）以下的小排量摩托车不征收消费税。

8. 小汽车

本税目下设乘用车、中轻型商用客车、超豪华小汽车子目。

乘用车征税范围包括含驾驶员座位在内的最多不超过9个座位（含）的，在设计和技术特性上用于载运乘客和货物的各类乘用车。

中轻型商用客车征税范围包括含驾驶员座位在内的座位数在10至23座（含23座）的，在设计和技术特性上用于载运乘客和货物的各类中轻型商用客车。

含驾驶员人数（额定载客）为区间值的（如8～10人、17～26人）小汽车，按其区间值下限人数确定征税范围。电动汽车不属于本税目征税范围。

超豪华小汽车征税范围为每辆零售价格130万元（不含增值税）及以上的乘用车和中轻型商用客车。

9. 高尔夫球及球具

本税目包括高尔夫球、高尔夫球杆及高尔夫球包（袋）等。

高尔夫球是指重量不超过45.93克、直径不超过42.67毫米的高尔夫球运动比赛、练习用球；高尔夫球杆是指被设计用来打高尔夫球的工具，由杆头、杆身和握把三部分组成；高尔夫球包（袋）是指专用于盛装高尔夫球及球杆的包（袋）。

10. 高档手表

本税目是指销售价格（不含增值税）每只在 10 000 元（含）以上的各类手表。

11. 游艇

本税目是指长度大于 8 米（含）、小于 90 米（含），船体由玻璃钢、钢、铝合金、塑料等多种材料制作，可以在水上移动的水上浮载体。按照动力划分，游艇分为无动力艇、帆艇和机动艇。

本税目征税范围包括艇身长度大于 8 米（含）、小于 90 米（含），内置发动机，可以在水上移动，一般为私人或团体购置，主要用于水上运动和休闲娱乐等非牟利活动的各类机动艇。

12. 木制一次性筷子

本税目征税范围包括以木材为原料，经过锯段、浸泡、旋切、刨切、烘干、筛选、打磨、倒角、包装等环节加工而成的各类一次性使用的筷子。

13. 实木地板

本税目是指以木材为原料，经锯割、干燥、刨光、截断、开榫、涂漆等工序加工而成的块状或条状的地面装饰材料。实木地板按生产工艺不同，可分为独板（块）实木地板、实木指接地板、实木复合地板三类；按表面处理状态不同，可分为未涂饰地板（白坯板、素板）和漆饰地板两类。

本税目征税范围包括各类规格的实木地板、实木指接地板、实木复合地板以及用于装饰墙壁、天棚的侧端面为榫、槽的实木装饰板。未经涂饰的素板属于本税目征税范围。

14. 电池

本税目征税范围包括原电池、蓄电池、燃料电池、太阳能电池和其他电池。原电池又称一次电池，是按不可以充电设计的电池，包括锌原电池、锂原电池和其他原电池，也可以分为无汞原电池和含汞原电池；蓄电池又称二次电池，是按可充电、重复使用设计的电池，包括酸性蓄电池、碱性或其他非酸性蓄电池、氧化还原液流电池和其他蓄电池；燃料电池是指通过一个电化学过程，将连续供应的反应物和氧化剂的化学能直接转换为电能的电化学发电装置；太阳能电池是指将太阳光能转换成电能的装置。

15. 涂料

涂料是指涂于物体表面能形成具有保护、装饰或特殊性能的固态涂膜的一类液体或固体材料之总称。

三、消费税税率的选择

消费税实行比例税率、定额税率和从量定额与从价定率相结合的复合计税 3 种形式，共设置了 20 余档不同的税率（税额）。多数消费品采用比例税率，最高税率为 56%，最低税率为 1%；对成品油和黄酒、啤酒等实行定额税率；对卷烟、粮食白酒、薯类白酒实行从量定额与从价定率相结合计算应纳税额的复合计税办法。现行消费税税目税率（税额）见表3-1。

表3-1 消费税税目税率（税额）表

税目		征税范围	计税单位	税率（税额）
一、烟	1. 卷烟（生产环节）	甲类卷烟：每标准条（200支，下同）调拨价70元（含70元，不含增值税，下同）以上		56%
			标准箱（50 000支，下同）	150元/箱（0.003元/支；0.6元/条）
		乙类卷烟：每标准条调拨价70元以下		36%
			标准箱	150元/箱（0.003元/支；0.6元/条）
	2. 卷烟（批发环节）			11%
			支	0.005元
	3. 雪茄烟（生产环节）	包括各种规格、型号的雪茄烟		36%
	4. 烟丝（生产环节）	包括以烟叶为原料加工生产的不经卷制的散装烟		30%
二、酒	1. 粮食白酒	以高粱、玉米、大米、糯米、大麦、小麦、青稞等各种粮食为原料		20%
			斤（500克）	0.5元
	2. 薯类白酒	以白薯、木薯、马铃薯、芋头、山药等各种干鲜薯类为原料；用甜菜酿制的白酒，比照薯类白酒征税		20%
			斤（500克）	0.5元
	3. 啤酒（含果啤）	出厂价（含包装物及押金）3 000元（含3 000元，不含增值税，下同）以上	吨	250元
		出厂价3 000元以下	吨	220元
	4. 黄酒	包括各种原料酿制的黄酒和酒精度超过12度（含12度）的土甜酒	吨	240元
	5. 其他酒	包括糠麸白酒、其他原料白酒、土甜酒、复制酒、果木酒、汽酒、药酒等		10%
三、高档化妆品		包括高档美容、修饰类化妆品、高档护肤类化妆品和成套化妆品		15%
四、贵重首饰及珠宝玉石		包括各种金、银、珠宝首饰及珠宝玉石		10%
五、鞭炮焰火				15%

续前表

税目		征税范围	计税单位	税率（税额）
六、成品油	1. 汽油	以汽油、汽油组分调和生产的甲醇汽油、乙醇汽油也属于本税目征税范围	升	1.52 元
	2. 柴油	以柴油、汽、柴油组分调和生产的生物柴油也属于本税目征税范围	升	1.20 元
	3. 石脑油		升	1.52 元
	4. 溶剂油		升	1.52 元
	5. 润滑油		升	1.52 元
	6. 燃料油		升	1.20 元
	7. 航空煤油		升	1.20 元
七、摩托车		气缸容量在 250 毫升（含）以下的		3%
		气缸容量在 250 毫升以上的		10%
八、小汽车	1. 乘用车（生产、进口环节）	气缸容量（排气量，下同）在 1.0 升（含）以下的		1%
		气缸容量在 1.0 升以上至 1.5 升（含）的		3%
		气缸容量在 1.5 升以上至 2.0 升（含）的		5%
		气缸容量在 2.0 升以上至 2.5 升（含）的		9%
		气缸容量在 2.5 升以上至 3.0 升（含）的		12%
		气缸容量在 3.0 升以上至 4.0 升（含）的		25%
		气缸容量在 4.0 升以上的		40%
	2. 中轻型商用客车（生产、进口环节）			5%
	3. 超豪华小汽车（零售环节）	每辆零售价格在 130 万元（不含增值税）及以上的乘用车和中轻型商用客车		10%（生产、进口环节按子税目 1 和子税目 2 的规定征收）
九、高尔夫球及球具				10%
十、高档手表				20%
十一、游艇				10%
十二、木制一次性筷子				5%

续前表

税目	征税范围	计税单位	税率（税额）
十三、实木地板			5%
十四、电池			4%
十五、涂料			4%

注：①自1995年1月1日起，金银首饰（包括金基、银基合金首饰，以金、银和金基、银基合金镶嵌的首饰）、铂金首饰（从2003年5月1日起）和钻石及钻石饰品（从2002年1月1日起）的纳税环节由生产环节、进口环节转至零售环节，税率改为5%。不属于上述范围的首饰，仍按10%的税率在原纳税环节计缴。

②自2006年4月1日起，取消"护肤护发品"税目，将原属于护肤护发品征税范围的高档护肤类化妆品列入高档化妆品税目。

③自2009年1月1日起，航空煤油暂缓征收消费税；对用外购或委托加工收回的已税汽油生产的乙醇汽油免税。

④娱乐业、饮食业自制啤酒，一律按250元/吨征税。

⑤自2014年12月1日起，提高成品油消费税税率，取消了对酒精、汽车轮胎、气缸容量在250毫升（含）以下摩托车、含铅汽车等产品征收消费税。

⑥自2015年2月1日起，电池、涂料征收消费税。但对无汞原电池、锂原电池、金属氢化物镍蓄电池、锂离子蓄电池、太阳能电池、燃料电池和全钒液流电池免征消费税，对施工状态下挥发性有机物含量低于420克/升（含）的涂料免征消费税。

⑦自2016年10月1日起，取消对普通美容、修饰类化妆品征收消费税，仅对高档美容、修饰类化妆品、高档护肤类化妆品和成套化妆品征收消费税，并将税率由原来的30%降为15%。

⑧自2016年12月1日起，对超豪华小汽车，在生产（进口）环节按现行税率征收消费税基础上，在零售环节加征消费税，税率为10%。

在消费税税率运用中应注意以下几个具体问题：

（1）对兼营不同税率的应税消费品适用税目税率的规定。对纳税人兼营不同税率的应税消费品，应当分别核算其销售额或销售数量。未分别核算销售额或销售数量的，或者将不同税率的应税消费品组成成套消费品销售的，从高适用。

（2）对卷烟适用税目税率的具体规定。对白包卷烟、手工卷烟、自产自用没有同牌号规格调拨价格的卷烟、委托加工没有同牌号规格调拨价格的卷烟、未经国务院批准纳入计划的企业和个人生产的卷烟，除定额税率征收外，一律按56%的比例税率征收。

（3）消费税税目、税率（税额）的调整由国务院确定，地方无权调整。

※ 职业能力判断与选择 ※

一、判断题

1. 消费税属于流转税、中央税、价内税。（　　）

2. 石化厂销售汽油应征收消费税，不征收增值税。（　　）

3. 在现行消费税的征税范围中，除卷烟、粮食白酒、薯类白酒之外，其他一律不得采用从价定率和从量定额相结合的复合计税方法。（　　）

4. 纳税人兼营不同税率的应税消费品（即生产销售两种税率以上的应税消费品时）应当分别核算不同税率应税消费品的销售额或销售数量，未分别核算的，按最高税率征税。（　　）

5. 委托加工应税消费品的纳税义务人是受托方。（　　）

6. 纳税人将自产、委托加工收回和进口的应税消费品发放给本企业职工，均应视同销售征收消费税和增值税。（　　）

二、选择题（第 1～7 题为单项选择题，第 8～15 题为多项选择题）

1. 依据消费税的有关规定，下列行为中应缴纳消费税的是(　　)。

A. 进口卷烟　　B. 进口服装

C. 零售化妆品　　D. 零售白酒

2. 我国除另有规定外，只是在对所有货物普遍征收增值税的基础上选择一部分消费品征收(　　)。

A. 消费税　　B. 车船税　　C. 关税　　D. 资源税

3. 依据消费税的有关规定，下列消费品中属于消费税征税范围的是(　　)。

A. 高尔夫球包　　B. 竹制筷子　　C. 护肤护发品　　D. 电动汽车

4. 消费税属于(　　)。

A. 价内税　　B. 价外税转价内税

C. 价外税　　D. 价内税转价外税

5. 下列情形中，不征收消费税的有(　　)。

A. 用于广告宣传的样品白酒

B. 用于本企业招待的卷烟

C. 委托加工收回后以不高于受托方计税价格销售的粮食白酒

D. 抵偿债务的小汽车

6. 下列货物应当缴纳消费税的有(　　)。

A. 汽车厂生产的小汽车移送至改装分厂改装加长型豪华小轿车

B. 汽车厂生产的小轿车用于本厂研究所作碰撞实验

C. 汽车制造商赞助汽车拉力赛的越野车

D. 汽车轮胎厂生产的子午线轮胎

7. 下列情况中应征消费税的有(　　)。

A. 外购零部件组装电视机销售

B. 商业零售企业外购已税珠宝玉石加工成金银首饰后销售

C. 委托加工的粮食白酒收回后用于职工福利

D. 委托加工的粮食白酒收回后以不高于受托方计税价格出售

8. 下列各项中，符合消费税有关征收规定的有(　　)。

A. 以外购的不同品种白酒勾兑的白酒，一律按照粮食白酒的税率征税

B. 对用薯类和粮食以外的其他原料混合生产的白酒，一律按照薯类白酒的税率征税

C. 对用粮食和薯类、糠麸等多种原料混合生产的白酒，一律按照薯类白酒的税率征税

D. 外购酒精生产的白酒，凡酒精所用原料无法确定的，一律按照粮食白酒的税率征税

9. 下列各项中，应当缴纳消费税的有(　　)。

A. 用于本企业连续生产的应税消费品

B. 用于奖励代理商销售业绩的应税消费品

C. 用于本企业生产基建工程的应税消费品

D. 用于捐助国家指定的慈善机构的应税消费品

10. 下列消费品中，属于消费税征税范围的有(　　)。

A. 未经涂饰的素板　B. 汽油　C. 卸妆油　D. 沙丁车

11. 视同销售计征消费税的消费品有(　　)。

A. 纳税人用于连续生产应税消费品　B. 用于职工福利的应税消费品

C. 用于奖励的应税消费品　D. 委托加工的应税消费品

12. 我国现行的消费税税率主要有(　　)。

A. 比例税率　B. 平均税率　C. 定额税率　D. 累进税率

13. 应征收消费税的产品有(　　)。

A. 将自产的应税消费品用来奖励职工　B. 将出厂前的化妆品进行化学检验

C. 自行车轮胎　D. 作为展销品的化妆品

14. 下列属于零售环节征收消费税的货物是（　　)。

A. 珠宝玉石　B. 金银首饰　C. 钻石饰品　D. 钻石

15. 下列关于目前消费税的税率表述正确的是(　　)。

A. 卷烟生产环节：每标准箱150元定额税，按每标准条的售价分别适用56%和36%的税率

B. 粮食白酒：每斤0.5元定额税，从价税税率20%

C. 薯类白酒：每斤0.5元定额税，从价税税率20%

D. 高档化妆品的税率是15%

任务二

消费税税款计算

※ 任务描述 ※

当消费税纳税人、税目、适用税率确定后，报税岗位的会计人员在计算应纳消费税税额时要正确划分四种类型：直接对外销售应税消费品、自产自用应税消费品、委托加工应税消费品和进口应税消费品。每种情况下针对不同的税目在从价定率法、从量定额法、从价定率与从量定额复合计税法中选择合适的计税方法计算应纳消费税税额。

※ 知识准备与业务操作 ※

一、直接对外销售应税消费品应纳税额的计算

直接对外销售应税消费品应纳税额的计算一般有三种方法：从价定率法、从量定额法、从价定率与从量定额复合计税法。

（一）从价定率法应纳税额的计算

消费税是价内税，即以含消费税的价格作为计税价格，应纳税额的计算取决于应税消费品的销售额和适用税率两个因素。其计算公式为：

应纳税额＝应税消费品的计税销售额×消费税税率

1. 计税销售额的一般规定

纳税人对外销售其生产的应税消费品，应当以其销售额为依据计算纳税。这里的销售额包括向购货方收取的全部价款和价外费用。由于消费税和增值税实行交叉征收，消费税实行价内税，增值税实行价外税，因此实行从价定率征收消费税的消费品，其消费税税基和增值税税基是一致的，即都是以含消费税而不含增值税的销售额作为计税基数，所以在项目二中有关增值税确认销售额的规定同样适用于消费税，在此不再重复。

2. 计税销售额的特殊规定

（1）包装物及押金的计税销售额。应税消费品连同包装物销售的，无论包装物是否单独计价，也不论在会计上如何核算，均应并入应税消费品的销售额中缴纳消费税。如果包装物不作价随同产品销售而是收取押金，此项押金不并入应税消费品的销售额中纳税。但对因逾期未收回的包装物不再退还的和已收取一年以上的押金，应并入应税消费品的销售额，按照应税消费品的适用税率缴纳消费税；对既作价随同应税消费品销售，又另外收取押金的包装物的押金，凡纳税人在规定的期限内不予退还的，均应并入应税消费品的销售额，按照应税消费品的适用税率缴纳消费税。

对酒类产品生产企业销售酒类产品（从价定率办法征收的）而收取的包装物押金，无论押金是否返还与会计上如何核算，均需并入酒类产品销售额中，依酒类产品的适用税率征收消费税。但以上规定不适用于实行从量定额征收消费税的啤酒和黄酒产品。

【提示】几种包装物押金的税务处理比较见表3－2。

表3－2　包装物押金的税务处理比较

押金种类	收取时，未逾期	逾期时
一般应税消费品的包装物押金	不缴纳增值税，不缴纳消费税	缴纳增值税，缴纳消费税（押金需换算为不含税价）
酒类产品包装物押金（除啤酒、黄酒外）	缴纳增值税、消费税（押金需换算为不含税价）	不再缴纳增值税、消费税
啤酒、黄酒包装物押金	不缴纳增值税，不缴纳消费税	只缴纳增值税，不缴纳消费税（因为从量征收）

（2）纳税人销售的应税消费品，如果是以外汇计算销售额的，应当按外汇牌价折合成人民币计算应纳税额。

（3）纳税人通过自设非独立核算门市部销售的自产应税消费品，应当按照门市部对外销售金额缴纳消费税。

（4）纳税人用于换取生产资料和消费资料、投资入股和抵偿债务等方面的应税消费品，应当以纳税人同类应税消费品的最高销售价格作为计税依据计算消费税。

（5）白酒生产企业向商业销售单位收取的品牌使用费是随着应税白酒的销售而向购货方收取的，属于应税白酒销售价款的组成部分，因此，不论企业采取何种方式或以何种名义收取价款，均应并入白酒的销售额中缴纳消费税。

(6) 从2009年8月1日起，白酒生产企业销售给销售单位的白酒，生产企业消费税计税价格低于销售单位对外销售价格70%以下的，税务机关应核定消费税最低计税价格；已核定最低计税价格的白酒，销售单位对外销售价格持续上涨或下降时间达到3个月以上、累计上涨或下降幅度在20%（含）以上的白酒，税务机关重新核定最低计税价格。

【做中学3-1】 某日化厂为增值税一般纳税人，2021年10月销售高档化妆品，开具增值税专用发票注明的销售额为300 000元，开具的普通发票上注明的销售额为45 200元。要求：计算该日化厂10月份应缴纳的消费税税额。

计税依据=300 000+45 200÷(1+13%)=340 000（元）

应纳消费税税额=340 000×15%=51 000（元）

（二）从量定额法应纳税额的计算

按从量定额办法计算消费税，应纳税额的计算取决于应税消费品的数量和单位税额两个因素。其基本计算公式为：

应纳税额=应税消费品的数量×单位税额

1. 应税消费品数量的确定

根据应税消费品的应税行为，应税消费品的数量具体规定为：

(1) 销售应税消费品的，为应税消费品的销售数量。纳税人通过自设的非独立核算门市部销售自产应税消费品的，应当按照门市部对外销售数量征收消费税。

(2) 自产自用应税消费品的（用于连续生产应税消费品的除外），为应税消费品的移送使用数量。

(3) 委托加工应税消费品的，为纳税人收回的应税消费品数量。

(4) 进口的应税消费品，为海关核定的应税消费品进口征税数量。

2. 计量单位的换算标准

按照《中华人民共和国消费税暂行条例》（简称《消费税暂行条例》）的规定，对黄酒、啤酒、成品油等应税消费品采取从量定额办法计算应纳税额。其计量单位的换算标准如下：

啤酒1吨=988升	黄酒1吨=962升
汽油1吨=1 388升	柴油1吨=1 176升
石脑油1吨=1 385升	溶剂油1吨=1 282升
润滑油1吨=1 126升	燃料油1吨=1 015升
航空煤油1吨=1 246升	

【做中学3-2】 某炼油厂采购原油40吨，加工成无铅汽油12吨，其应纳消费税税额计算如下：

应纳消费税税额=12×1 388×1.52=25 317.12（元）

（三）从价定率与从量定额复合计税法应纳税额的计算

现行消费税的征税范围中，实行复合计税法的消费品有卷烟、粮食白酒和薯类白酒。其计算公式为：

应纳税额=应税消费品销售额×比例税率+应税消费品销售数量×单位税额

粮食白酒、薯类白酒的计税依据与前面从价定率、从量定额相同，卷烟的计税依据有以下几方面的特殊规定：

（1）纳税人销售的卷烟因放开销售价格而经常发生价格上下浮动的，应以该牌号规格卷烟销售当月的加权平均价格确定征收类别和适用税率，但销售的卷烟有下列情况之一者，不得列入加权平均计算：一是销售价格明显偏低而无正当理由，二是无销售价格的。

（2）卷烟由于接装过滤嘴、改变包装或其他原因提高销售价格后，应按照新的销售价格确定征税类别和适用税率。

（3）实际销售价格高于计税价格和核定价格的卷烟，按实际销售价格征收消费税；实际销售价格低于计税价格和核定价格的卷烟，按计税价格或核定价格征收消费税。

（4）非标准条（每条包装多于或者少于200支）包装卷烟应当折算成标准条包装卷烟的数量，依其实际销售收入计算确定其折算成标准条包装后的实际销售价格，并确定适用的比例税率。折算的实际销售价格高于计税价格的，应按照折算的实际销售价格确定适用比例税率；折算的实际销售价格低于计税价格的，应按照同牌号规格标准条包装卷烟的计税价格和适用税率征税。卷烟的折算标准如下：1箱＝250条；1条＝10包；1包＝20支。

【做中学3－3】某卷烟厂出售卷烟20个标准箱，每标准条调拨价格80元，共计400 000元，烟丝45 000元，采用托收承付结算方式，货已发出并办妥托收手续。其应纳消费税税额计算如下：

应纳消费税税额＝20×150＋400 000×56％＋45 000×30％＝240 500（元）

（四）已纳消费税扣除的计算

为了避免重复征税，现行税法规定，将外购应税消费品继续生产应税消费品销售的，准予从应纳消费税税额中按当期生产领用数量计算扣除外购已税消费品已纳的消费税税额。

1. 扣税范围

在消费税15个税目中，除酒、小汽车、高档手表、游艇、电池、涂料等6个税目外，其余税目有扣税规定：

（1）以外购已税烟丝为原料生产的卷烟；

（2）以外购已税高档化妆品为原料生产的高档化妆品；

（3）以外购已税珠宝玉石为原料生产的贵重首饰及珠宝玉石；

（4）以外购已税鞭炮焰火为原料生产的鞭炮焰火；

（5）以外购已税摩托车为原料生产的摩托车（如用外购两轮摩托车改装成三轮摩托车）；

（6）以外购已税杆头、杆身和握把为原料生产的高尔夫球杆；

（7）以外购已税木制一次性筷子为原料生产的木制一次性筷子；

（8）以外购已税实木地板为原料生产的实木地板；

（9）以外购已税石脑油为原料生产的应税消费品；

（10）以外购已税润滑油为原料生产的润滑油，以已税汽油、柴油为原料生产的汽油、柴油。

2. 扣税方法

上述当期准予扣除外购应税消费品已纳消费税的，在计税时按当期生产领用数量计算：

（1）从价定率。

当期准予扣除的外购应税消费品已纳税额＝当期准予扣除的外购应税消费品买价×外购应税消费品适用税率

当期准予扣除的外购应税消费品买价＝期初库存的外购应税消费品买价＋当期购进的外购应税消费品买价－期末库存的外购应税消费品买价

外购应税消费品买价是指购货发票上注明的销售额（不包括增值税税额）。

纳税人用外购的已税珠宝玉石生产的改在零售环节征收消费税的金银首饰（镶嵌首饰），在计税时一律不得扣除外购珠宝玉石的已纳税额。允许扣除已纳税额的应税消费品只限于从工业企业购进的应税消费品和进口环节已缴纳消费税的应税消费品，对从境内商业企业购进应税消费品的已纳税额一律不得扣除。

（2）从量定额。

当期准予扣除的外购应税消费品已纳税额＝当期准予扣除的外购应税消费品数量×外购应税消费品单位税额

当期准予扣除的外购应税消费品数量＝期初库存的外购应税消费品数量＋当期购进的外购应税消费品数量－期末库存的外购应税消费品数量

【做中学3－4】某卷烟厂购买已税烟丝2 000千克，每千克20元（含增值税），加工成卷烟200标准箱，每标准箱调拨价格为12 500元，全部售出。其应纳消费税税额计算如下：

烟丝不含增值税购进额＝2 000×20÷（1＋13％）＝35 398.23（元）

每条卷烟价格＝12 500÷250＝50（元），适用36％的税率

应纳消费税税额＝200×150＋200×12 500×36％－35 398.23×30％

＝919 380.53（元）

二、自产自用应税消费品应纳税额的计算

（一）自产自用应税消费品的确定

所谓自产自用，是指纳税人生产应税消费品后，不是直接用于对外销售，而是用于自己连续生产应税消费品或用于其他方面。根据《消费税暂行条例》的规定，纳税人用于连续生产应税消费品，不缴纳消费税；用于其他方面的，于移送使用时缴纳消费税。

所谓“连续生产应税消费品”，是指作为生产最终应税消费品的直接材料，并构成最终产品实体的应税消费品。对自产自用的应税消费品，用于连续生产应税消费品的不再征税，体现了税不重征和计税简便的原则，避免了重复征税。例如：卷烟厂生产的烟丝，如果直接对外销售，应缴纳消费税，但如果烟丝用于本厂连续生产卷烟，其烟丝就不征收消费税，只对最终生产出来的卷烟征收消费税。

所谓“用于其他方面”，是指纳税人用于生产非应税消费品和在建工程、管理部门、非生产机构、提供劳务，以及用于馈赠、赞助、集资、广告、样品、职工福利、奖励等方面的应税消费品。企业自产的应税消费品虽然没有用于销售或连续生产应税消费品，但只要是用于税法所规定的范围都要视同销售，依法缴纳消费税。

（二）自产自用应税消费税计税依据的确定

根据《消费税暂行条例》的规定，纳税人自产自用的应税消费品，凡用于其他方面应当

纳税的，其销售额的核算顺序如下：

（1）按照纳税人生产的当月同类消费品的销售价格计算纳税。

（2）如果当月同类消费品各期销售价格高低不同，应按销售数量加权平均计算。但销售的应税消费品有下列情况之一的，不得列入加权平均计算：①销售价格明显偏低又无正当理由的；②无销售价格的。

（3）如果当月无销售或者当月未完结，应按照同类消费品上月或最近月份的销售价格计算纳税。

（4）没有同类消费品销售价格的，按照组成计税价格计算纳税。

实行从价定率办法计算纳税的组成计税价格计算公式为：

组成计税价格＝（成本＋利润）÷（1－消费税税率）

实行复合计税办法计算纳税的组成计税价格计算公式为：

组成计税价格＝（成本＋利润＋自产自用数量×定额税率）÷（1－消费税税率）

上述公式中，“成本”是指应税消费品的产品生产成本，“利润”是指根据应税消费品的全国平均成本利润率计算的利润。全国平均成本利润率由国家税务总局确定，具体规定如下：

① 甲类卷烟 10%　② 乙类卷烟 5%
③ 雪茄烟 5%　④ 烟丝 5%
⑤ 粮食白酒 10%　⑥ 薯类白酒 5%
⑦ 其他酒 5%　⑧ 化妆品 5%
⑨ 鞭炮焰火 5%　⑩ 贵重首饰及珠宝玉石 6%
⑪ 摩托车 6%　⑫ 乘用车 8%
⑬ 中轻型商用客车 5%　⑭ 高尔夫球及球具 10%
⑮ 高档手表 20%　⑯ 游艇 10%
⑰ 木制一次性筷子 5%　⑱ 实木地板 5%
⑲ 电池 4%　⑳ 涂料 7%

（三）自产自用应税消费品应纳税额的计算

1. 从价定率征税的应税消费品应纳税额的计算

应纳消费税税额＝自产自用同类应税消费品销售额或组成计税价格×适用税率

2. 从量定额征税的应税消费品应纳税额的计算

应纳消费税税额＝应税消费品移送使用数量×单位税额

3. 复合计税方法征税的应税消费品应纳税额的计算

$$应纳消费税税额=\frac{自产自用同类应税消费品}{销售额或组成计税价格}\times适用税率+\frac{应税消费品}{移送使用数量}\times单位税额$$

【做中学 3－5】某汽车制造厂将自产乘用车（气缸容量 2.0 升）一辆，转作自用（固定资产），该种汽车对外销售价格为 18 万元，生产成本为 15 万元。其应纳消费税税额计算如下：

应纳消费税税额＝180 000×5%＝9 000（元）

如果该乘用车没有同类消费品的销售价格，其生产成本为15万元，则其组成计税价格计算如下：

消费税组成计税价格＝150 000×(1＋8%)÷(1－5%)＝170 526（元）

应纳消费税税额＝170 526×5%＝8 526（元）

三、委托加工应税消费品应纳税额的计算

（一）委托加工应税消费品的确定

委托加工应税消费品，是指由委托方提供原料和主要材料，受托方只收取加工费和代垫部分辅助材料加工的应税消费品。对于由受托方提供原材料生产的应税消费品，或者受托方先将原材料卖给委托方，然后再接受加工的应税消费品，以及由受托方以委托方名义购进原材料生产的应税消费品，无论纳税人在财务上是否作销售处理，都不得作为委托加工应税消费品，而应当按照销售自制应税消费品缴纳消费税。由此可见，作为委托加工的应税消费品，必须具备两个条件：其一是由委托方提供原料和主要材料，其二是受托方只收取加工费和代垫部分辅助材料。无论是委托方还是受托方，凡不符合规定条件的，都不能按委托加工应税消费品进行税务处理，只能按照销售自制应税消费品缴纳消费税。这种处理方法体现了税收管理的源泉控制原则，避免了应缴税款的流失。

（二）委托加工应税消费品计税依据的确定

委托加工的应税消费品，按照受托方的同类消费品的销售价格计算纳税。同类消费品的销售价格是指受托方当月销售的同类消费品的销售价格，如果当月同类消费品各期销售价格高低不同，应按销售数量加权平均计算。但销售的应税消费品有下列情况之一的，不得列入加权平均计算：(1) 销售价格明显偏低又无正当理由的；(2) 无销售价格的。如果当月无销售或者当月未完结，应按照同类消费品上月或最近月份的销售价格计算纳税。没有同类消费品销售价格的，按照组成计税价格计算纳税。

实行从价定率办法计算纳税的组成计税价格计算公式为：

组成计税价格＝(材料成本＋加工费)÷(1－消费税税率)

实行复合计税办法计算纳税的组成计税价格计算公式为：

组成计税价格＝(材料成本＋加工费＋委托加工数量×定额税率)÷(1－消费税税率)

上述公式中，“材料成本”是指委托方所提供加工材料的实际成本。委托加工应税消费品的纳税人必须在委托加工合同上如实注明（或以其他方式提供）材料成本，凡未提供材料成本的，受托方所在地主管税务机关有权核定其材料成本。可见，税法严格规定委托方提供原料和主要材料必须如实提供材料成本，其目的是防止假冒委托加工应税消费品或少报材料成本逃避纳税的问题。

公式中的“加工费”，是指受托方加工应税消费品向委托方收取的全部费用（包括代垫辅助材料的实际成本，不包括增值税税额），这是税法对受托方的要求。受托方必须如实提供向委托方收取的全部费用，这样才能既保证组成计税价格及代收代缴消费税准确计算出来，也使受托方按加工费得以正确计算其应纳的增值税。

（三）委托加工应税消费品应纳税额的计算

1. 从价定率征税的应税消费品应纳税额的计算

应纳消费税税额＝委托加工同类应税消费品销售额或组成计税价格×适用税率

2. 从量定额征税的应税消费品应纳税额的计算

应纳消费税税额＝纳税人收回的应税消费品数量×单位税额

3. 复合计税方法征税的应税消费品应纳税额的计算

应纳消费税税额＝委托加工同类应税消费品销售额或组成计税价格×适用税率
＋纳税人收回的应税消费品数量×单位税额

（四）委托加工应税消费品消费税的缴纳

（1）对委托加工应税消费品的应纳消费税，采取由受托方代收代缴税款的办法，由受托方在向委托方交货时代收代缴消费税。委托方收回后直接销售时不再缴纳消费税。受托方必须严格履行代收代缴义务，否则要承担税收法律责任。

（2）纳税人委托个体经营者加工应税消费品，一律在收回加工应税消费品后向所在地主管税务机关缴纳消费税。

（3）受托方没有代收代缴消费税的，委托方应补交税款。补税的计税依据为：①已直接销售的，按销售额计税；②未销售或不能直接销售的（如收回后用于连续生产等），按组成计税价格计税。

【做中学 3-6】甲企业受托加工一批高档化妆品，委托方提供的材料成本为 95 000 元，双方协议加工费为 5 240 元，甲企业应代收代缴的消费税税额计算如下：

组成计税价格＝(95 000＋5 240)÷(1－15%)＝117 929.41（元）

应代收代缴消费税税额＝117 929.41×15%＝17 689.41（元）

（五）委托加工收回的应税消费品已纳税款的扣除

纳税人委托加工的应税消费品已由受托方代收代缴消费税，如果委托方收回货物后用于连续生产应税消费品的，其已纳税额准予按照规定从连续生产的应税消费品应纳消费税税额中扣除，这种扣税方法与外购已税消费品连续生产应税消费品的扣税范围、扣税方法、扣税环节相似。

1. 扣税范围

（1）以委托加工收回的已税烟丝为原料生产的卷烟；

（2）以委托加工收回的已税高档化妆品为原料生产的高档化妆品；

（3）以委托加工收回的已税珠宝玉石为原料生产的贵重首饰及珠宝玉石；

（4）以委托加工收回的已税鞭炮烟火为原料生产的鞭炮焰火；

（5）以委托加工收回的已税摩托车为原料生产的摩托车；

（6）以委托加工收回的已税杆头、杆身和握把为原料生产的高尔夫球杆；

（7）以委托加工收回的已税木制一次性筷子为原料生产的木制一次性筷子；

（8）以委托加工收回的已税实木地板为原料生产的实木地板；

(9) 以委托加工收回的已税石脑油为原料生产的应税消费品；

(10) 以委托加工收回的已税润滑油为原料生产的润滑油，以已税汽油、柴油为原料生产的汽油、柴油。

2. 扣税方法

当期准予扣除的委托加工应税消费品已纳税额＝期初库存的委托加工应税消费品已纳税额＋当期收回的委托加工应税消费品已纳税额－期末库存的委托加工应税消费品已纳税额

纳税人用委托加工收回的已税珠宝玉石生产的改在零售环节征收消费税的金银首饰，在计税时一律不得扣除委托加工收回的珠宝玉石的已纳消费税税额。委托加工应税消费品已纳税额为代扣代收税款凭证上注明的受托方代收代缴的消费税税额。

【提示】 委托加工业务中委托方与受托方的关系见表3-3。

表3-3　委托加工业务中委托方与受托方的关系

项目	委托方	受托方
委托加工成立的条件	提供原料和主要材料	只收取加工费和代垫辅料
加工及提货时涉及的流转税	(1) 购进材料涉及增值税进项税 (2) 支付加工费涉及增值税进项税 (3) 视同自产消费品应缴消费税	(1) 购买辅料涉及增值税进项税 (2) 收取加工费和代垫辅料涉及增值税销项税
消费税纳税环节	提货时受托方代收代缴（受托方为个体户的除外）	交货时代收代缴委托方消费税
代收代缴后消费税的相关处理	(1) 不高于受托方计税价格直接出售的不再缴纳消费税 (2) 连续加工应税消费品销售后在出厂环节缴纳的消费税，可按规定在生产领用后抵扣已纳消费税	及时解缴代收代缴税款

四、进口应税消费品应纳税额的计算

(一) 进口一般应税消费品应纳消费税税额的计算

纳税人进口应税消费品，按照组成计税价格和规定的税率计算应纳税额。组成计税价格包括到岸价格、关税和消费税三部分。

1. 实行从价定率办法应纳税额的计算

应纳税额＝组成计税价格×消费税税率

组成计税价格＝(关税完税价格＋关税)÷(1－消费税税率)

公式中所称的“关税完税价格”，是指海关核定的关税计税价格。

2. 实行从量定额办法应纳税额的计算

应纳税额＝应税消费品数量×消费税单位税额

3. 实行从价定率和从量定额复合征税办法应纳税额的计算

应纳税额＝组成计税价格×消费税税率＋应税消费品数量×消费税单位税额

组成计税价格＝(关税完税价格＋关税＋进口数量×消费税单位税额)÷(1－消费税比例税率)

注意：进口环节消费税除国务院另有规定外，一律不得给予减税、免税。

【做中学 3-7】 某公司进口成套高档化妆品一批，该批高档化妆品关税完税价格为 40 万元，关税税率为 50%。其应纳消费税税额计算如下：

消费税组成计税价格＝400 000×(1＋50%)÷(1－15%)＝705 882.35（元）

应纳消费税税额＝705 882.35×15%＝105 882.35（元）

（二）进口卷烟应纳消费税税额的计算

从 2009 年 5 月 1 日起，进口卷烟的消费税适用比例税率进行了调整，其消费税应纳税额的计算方法如下：

第一步：进口卷烟消费税适用比例税率的确定。

（1）每标准条进口卷烟（200 支）确定消费税适用比例税率的价格＝（关税完税价格＋关税＋消费税定额税）/（1－消费税税率）。其中，“关税完税价格”和“关税”为每标准条的关税完税价格及关税税额；“消费税定额税”为每标准条（200 支）0.6 元（依据现行消费税定额税率折算而成）；“消费税税率”固定为 36%。

（2）每标准条进口卷烟（200 支）确定消费税适用比例税率的价格≥70 元人民币的，适用比例税率为 56%；每标准条进口卷烟（200 支）确定消费税适用比例税率的价格＜70 元人民币的，适用比例税率为 36%。

第二步：进口卷烟应纳消费税税额的计算。

（1）进口卷烟消费税组成计税价格＝（关税完税价格＋关税＋消费税定额税）/（1－进口卷烟消费税适用比例税率）。

（2）应纳消费税税额＝进口卷烟消费税组成计税价格×进口卷烟消费税适用比例税率＋海关核定的进口卷烟数量×消费税定额税率。

其中，“消费税定额税率”为每标准箱（50 000 支）150 元。

【做中学 3-8】 某公司从境外进口 10 箱卷烟，经海关核定，关税的完税价格为 100 000 元，关税为 25 000 元。应纳消费税税额计算如下：

$$\text{每标准条进口卷烟适用比例税率的价格}=\frac{100\,000+25\,000+150\times10}{(1-36\%)\div(10\times250)}$$

$$=79.06\text{ 元}>70\text{ 元}$$

所以，进口卷烟的适用比例税率为 56%。

$$\text{进口卷烟消费税组成计税价格}=\left(\text{关税完税价格}+\text{关税}+\text{消费税定额税}\right)\div\left(1-\text{进口卷烟消费税适用比例税率}\right)$$

$$=(100\,000+25\,000+150\times10)\div(1-56\%)=287\,500\text{（元）}$$

$$\text{应纳消费税税额}=\text{进口卷烟消费税组成计税价格}\times\text{进口卷烟消费税适用比例税率}+\text{海关核定的进口卷烟数量}\times\text{消费税定额税率}$$

$$=287\,500\times56\%+10\times150$$

$$=162\,500\text{（元）}$$

五、批发和零售环节应税消费品应纳税额的计算

(一) 批发环节应纳消费税的核算

批发环节的应税消费品特指卷烟。在我国境内从事卷烟批发业务的所有单位和个人，应就其批发销售的所有牌号、规格的卷烟，自2015年5月10日起，按11%的比例税率、每支0.005元的定额税率双重计征消费税。此外，计算批发环节卷烟消费税还应注意：

(1) 应将卷烟销售额与其他商品销售额分开核算，未分开核算的，一并征收消费税；

(2) 卷烟批发企业之间销售的卷烟不缴纳消费税，只有将卷烟销售给零售商等其他单位和个人时才缴纳消费税；

(3) 卷烟批发企业在计算卷烟消费税时不得扣除卷烟生产环节已缴纳的消费税税额。

【做中学3-9】 某市烟草集团公司属增值税一般纳税人，持有烟草批发许可证，2021年10月收回委托加工的卷烟200箱，集团公司将其中20箱销售给烟草批发商N企业，取得含税销售收入83.62万元；80箱销售给烟草零售商Y专卖店，取得不含税销售收入320万元；100箱作为股本与F企业合资成立一家烟草零售经销商Z公司。

要求：(1) 计算集团公司向N企业销售卷烟应缴纳的消费税。

(2) 计算集团公司向Y专卖店销售卷烟应缴纳的消费税。

(3) 计算集团公司向Z公司投资应缴纳的消费税。

计算分析过程如下：

(1) 由于N企业是烟草批发商，批发商之间不征收消费税，因此，向N企业销售卷烟应纳消费税为零。

(2) 向Y专卖店销售卷烟应纳消费税$=320\times11\%+80\times50\ 000\times0.005/10\ 000=37.2$(万元)。

(3) 向Z公司投资应纳消费税$=100\times320\div80\times11\%+100\times50\ 000\times0.005/10\ 000=46.5$(万元)。

(二) 零售环节应纳消费税的核算

零售环节的应税消费品特指金银首饰、钻石及钻石饰品。“金银首饰”特指金、银和金基、银基合金首饰，以及金、银和金基、银基合金的镶嵌首饰。

对既销售金银首饰，又销售非金银首饰的生产经营单位，应分别核算两类商品的销售额。凡划分不清楚或不能分别核算的，在生产环节销售的，一律从高适用税率征收消费税；在零售环节销售的，一律按金银首饰征收消费税。金银首饰与其他产品组成套装消费品销售的，应按销售额全额征收消费税。对纳税人采取以旧换新方式销售金银首饰的，按实际收取的不含增值税价款计算消费税。

【做中学3-10】 东方珠宝店是一家经批准有权经营金银首饰的珠宝零售店，为增值税一般纳税人，2021年10月涉税业务如下：

(1) 金银首饰及珠宝玉石零售金额共计246 600元，其中：金银首饰112 860元，钻石及钻石饰品90 540元，其他首饰43 200元。

(2) 采取以旧换新方式销售金项链100条，新项链每条零售价为3 000元，旧项链每条

作价2 000元，每条项链实收差价款为1 000元。

要求：计算东方珠宝店10月应缴纳的消费税税额。

计算分析过程如下：

（1）根据消费税法规规定，金银首饰和珠宝玉石的消费税在零售环节缴纳，其他首饰消费税应在生产、进口或委托加工环节缴纳。

应纳消费税税额＝(112 860＋90 540)÷(1＋13%)×5%＝9 000（元）

（2）金银首饰零售环节以旧换新应以实际取得不含税价款为消费税计税依据。

应纳消费税税额＝100×1 000÷(1＋13%)×5%＝4 424.78（元）

任务设计

消费税应纳税额的计算

一、工作实例

2021年10月，某高校会计专业毕业生赵小芬到ABC股份有限责任公司报税岗位上班。该公司主要生产经营酒类、卷烟和高档化妆品，10月发生如下经济业务：

（1）10月1日销售高档化妆品100套，已知增值税专用发票上注明的价款为30 000元，税额为3 900元，款已收到。

（2）10月4日将自己生产的啤酒20吨销售给家乐超市，货款已收到；另外将10吨让客户及顾客免费品尝。该啤酒出厂价为2 800元/吨，成本为2 000元/吨。

（3）10月10日销售粮食散装白酒20吨，单价为7 000元，价款为140 000元。

（4）10月20日用自产粮食白酒10吨抵偿华盛超市货款70 000元，不足或多余部分不再结算。该粮食白酒每吨本月售价在5 500元与6 500元之间浮动，平均售价为6 000元。

（5）10月25日将一批自产的高档化妆品作为福利发给职工个人，这批高档化妆品的成本为10 000元。假设该类高档化妆品不存在同类消费品销售价格。

（6）2021年9月10日将外购的烟叶100 000元发给嘉华加工公司，委托其加工成烟丝10 000千克。嘉华加工公司代垫辅助材料4 000元（款已付），本月应支付的加工费为36 000元（不含税）、增值税税额为4 680元。10月5日，ABC公司以银行存款付清全部款项和代缴的消费税；6日，收回已加工的烟丝并全部生产卷烟10箱；25日，该批卷烟全部用于销售，总售价为300 000元，款已收到。

（7）10月26日向陈氏超市销售用上月外购烟丝生产的卷烟20个标准箱，每标准条调拨价格为80元，共计400 000元（购入烟丝支付含增值税价款为90 400元），采取托收承付结算方式，货已发出并办妥托收手续。

（8）10月28日从国外购进成套化妆品，关税完税价格为80 000美元，关税税率为50%。假定当日美元对人民币的汇率为1∶6.65，货款全部以银行存款付清。

请问：赵小芬如何计算该公司10月份应纳消费税税额？

二、操作步骤

步骤一：判断经济业务类型：

属于直接对外销售应税消费品业务的有：（1）、（2）（部分）、（3）、（4）、（7）。

属于自产自用应税消费品业务的有：（2）（部分）、（5）。

属于委托加工应税消费品业务的有：（6）。

属于进口应税消费品业务的有：(8)。

步骤二： 分别确定计税依据并逐项计算应纳消费税税额：

(1) 计税销售额=30 000（元）；应纳消费税税额=30 000×15%=4 500（元）。

(2) 对外销售的计税销售量=20（吨）；应纳消费税税额=20×220=4 400（元）。

免费品尝的计税销售量=10（吨）；应纳消费税税额=10×220=2 200（元）。

(3) 计税销售额=140 000（元）；计税销售量=20×2 000=40 000（斤）。

应纳消费税税额=140 000×20%+40 000×0.5=48 000（元）。

(4) 计税销售额=10×6 500=65 000（元）；计税销售量=10×2 000=20 000（斤）。

应纳消费税税额=65 000×20%+20 000×0.5=23 000（元）。

(5) 组成计税价格=10 000×(1+5%)÷(1−15%)=12 352.94（元）。

应纳消费税税额=12 352.94×15%=1 852.94（元）。

(6) 烟丝组成计税价格=(100 000+4 000+36 000)÷(1−30%)=200 000（元）。

嘉华公司代收代缴烟丝的消费税税额=200 000×30%=60 000（元）。

每条卷烟价格=300 000÷(10×250)=120（元），按56%税率计税。

卷烟应纳消费税税额=300 000×56%+10×150−60 000=109 500（元）。

(7) 外购烟丝已纳的消费税税额(可抵扣)=90 400÷(1+13%)×30%=24 000（元）。

出售卷烟计税销售额=400 000（元）；计税销售量=20（箱）。

应纳消费税税额=(400 000×56%+20×150)−24 000=203 000（元）。

(8) 进口高档化妆品组成计税价格=80 000×6.65×(1+50%)÷(1−15%)=938 823.53（元）。

海关代征的高档化妆品消费税=938 823.53×15%=140 823.53（元）。

步骤三： 汇总计算本月应纳消费税总额：

ABC股份有限责任公司10月应申报缴纳的消费税税额
=4 500+4 400+2 200+48 000+23 000+1 852.94+109 500+203 000
=396 452.94（元）

海关代征的消费税税额=140 823.53（元）

嘉华公司代收代缴的消费税税额=60 000（元）

※ 职业能力判断与选择 ※

一、判断题

1. 税法规定对于自产自用的应税消费品，用于连续生产应税消费品的不征税，体现了税不重征和计税简便的原则。(　　)

2. 果啤生产企业向商业销售单位收取的“品牌使用费”，不论企业采取何种方式或以何种名义收取价款，均应并入果啤的销售额中缴纳消费税。(　　)

3. 受托方以委托方名义购买原材料生产应税消费品的，可作为委托加工的应税消费品，由受托方向委托方交货时代收代缴。(　　)

4. 生产企业销售酒类产品而收取的包装物押金，无论押金是否返还及会计上如何核算，

均不需并入酒类产品销售额计征消费税。(　　)

5. 应税消费品的销售额包括向购买方收取的全部价款和价外费用，但承运部门的运费发票直接开具给购货方的除外。(　　)

6. 纳税人用外购的已税珠宝玉石生产的改在零售环节征收消费税的金银首饰（含镶嵌首饰），在计税时一律不得扣除外购珠宝玉石的已纳税款。(　　)

7. 企业在没有同类产品售价的情况下，可以按企业的实际成本利润率推算计税价来计算该类产品的应纳消费税。(　　)

8. 用外购已税白酒生产的白酒，其消费税的计税依据为销售额扣除外购已税白酒进价后的余额。(　　)

9. 纳税人用于换取生产资料和消费资料、投资入股、抵偿债务的应税消费品，应以纳税人同类消费品的平均销售价格为依据计算消费税。(　　)

二、选择题（第 1～10 题为单项选择题，第 11～15 题为多项选择题）

1. 一位客户向某汽车制造厂（增值税一般纳税人）定购自用汽车一辆，支付货款（含税）241 200 元，另付设计、改装费 30 000 元。该辆汽车计征消费税的销售额为(　　)元。

A. 214 359　　B. 240 000　　C. 250 800　　D. 280 800

2. 下列各项中，应按当期生产领用数量计算准予扣除外购的应税消费品已纳消费税税款规定的是(　　)。

A. 外购已税白酒生产的药酒　　B. 外购已税化妆品生产的化妆品

C. 外购已税白酒生产的巧克力　　D. 外购已税珠宝玉石生产的金银镶嵌首饰

3. 某烟厂 4 月外购烟丝，取得增值税专用发票上注明税款为 6.5 万元，本月生产领用 80%，期初尚有库存的外购烟丝 2 万元，期末库存烟丝 12 万元，该企业本月应纳消费税中可扣除的消费税是(　　)万元。

A. 6.8　　B. 9.6　　C. 12　　D. 40

4. 甲企业委托乙企业加工应税消费品，是指(　　)。

A. 甲发料，乙加工

B. 甲委托乙购买原材料，由乙加工

C. 甲发订单，乙按甲的要求加工

D. 甲先将资金划给乙，乙以甲的名义购料并加工

5. 某企业委托酒厂加工药酒 10 箱，该药酒无同类产品销售价格，已知委托方提供的原料成本为 2 万元，受托方垫付辅料成本 0.15 万元，另收取的加工费为 0.4 万元，则该酒厂代收的消费税为(　　)元。

A. 2 550　　B. 2 833　　C. 4 817　　D. 8 500

6. 进口应税消费品应按组成计税价格计算纳税，组成计税价格的公式为(　　)。

A. (成本＋利润)／(1－消费税税率)

B. (材料成本＋加工费)／(1－消费税税率)

C. (关税完税价格＋关税)／(1－消费税税率)

D. 销售额／(1＋征收率)

7. 应税消费品的全国平均成本利润率由（　　）确定。

A. 国家税务总局　　B. 国务院

C. 财政部　　D. 省、自治区、直辖市税务局

8. 星果酒厂本月销售果啤10吨，售价2 500元/吨（不含增值税），同时包装物收押金6 000元，则下列陈述正确的是（　　）。

A. 该厂应纳消费税2 200元　　B. 该厂应纳消费税2 500元

C. 确定税率时押金不作考虑　　D. 果啤押金并入计税价格一同计税

9. 某酒厂研发生产一种新型粮食白酒，第一批1 000千克，成本为17万元，作为礼品赠送品尝，没有同类售价。已知粮食白酒的成本利润率为10%，则该批酒应纳消费税为(　　)万元。

A. 4.80　　B. 6.55　　C. 7.91　　D. 8.20

10. 某销售公司2020年6月销售高档化妆品的含税收入额为40 000元，该公司6月高档化妆品销售收入应纳消费税税额为(　　)元。

A. 20 000　　B. 17 094　　C. 5 310　　D. 14 872

11. 纳税人销售应税消费品向购买方收取的价外费用不包括(　　)。

A. 手续费　　B. 承运部门的运费（发票开具给购货方的）

C. 违约金　　D. 委托方代收代缴的消费税

12. 下列情形的应税消费品，以同期应税消费品最高销售价格作为计税依据的有(　　)。

A. 用于抵偿债务的应税消费品　　B. 用于馈赠的应税消费品

C. 换取生产资料的应税消费品　　D. 换取消费资料的应税消费品

13. 如果出现下列(　　)情形，无论纳税人在财务上如何处理，都不得作为委托加工应税消费品，而应按销售自制应税消费品缴纳消费税。

A. 受托方提供原材料生产的应税消费品

B. 受托方先将原材料卖给委托方，然后再接受加工的应税消费品

C. 受托方以委托方名义购进原材料生产的应税消费品

D. 受托方将代垫辅料另行收费卖给委托方生产的应税消费品

14. 下列应税消费品销售时可以扣除外购已税消费品已纳税额的有(　　)。

A. 外购已税烟丝生产的卷烟　　B. 外购已税小汽车生产的小汽车

C. 外购已税白酒生产的酒　　D. 外购已税化妆品生产的化妆品

15. 纳税人销售的应税消费品，以外汇结算销售额的，其销售额的人民币折合率可以选择(　　)的国家外汇牌价（原则上为中间价）。

A. 结算的当天　　B. 结算的次日

C. 结算的当月1日　　D. 结算的当月月末

※ 单项任务训练 ※

1. 某化妆品公司为庆祝妇女节，特别生产精美高档套装化妆品，全公司600名职工每人发一套，此套高档化妆品没有供应市场，每套生产成本为800元。若国家税务总局确定化妆品全国平均成本利润率为5%，高档成套化妆品消费税税率为15%，试计算该公司应纳消费

税税额。

2. 某卷烟厂向农业生产者收购烟叶30吨，收购凭证上注明支付收购货款42万元（暂不考虑烟叶税），另支付运输费用取得货物运输业增值税专用发票，注明运输费3万元、税额0.27万元；烟叶验收入库后，又将其运往烟丝厂加工成烟丝，取得烟丝厂开具的增值税专用发票，注明支付加工费8万元、增值税1.04万元，卷烟厂收回烟丝时烟丝厂没有代收代缴消费税。试计算卷烟厂应补缴多少消费税税额。

3. 甲酒厂为增值税一般纳税人，9月发生以下业务：

（1）从农业生产者手中收购粮食30吨，每吨收购价为2 000元，共计支付收购价款60 000元。

（2）甲酒厂将收购的粮食从收购地直接运往异地的乙酒厂生产加工白酒，白酒加工完毕，企业收回白酒8吨，取得乙酒厂开具防伪税控的增值税专用发票，注明加工费25 000元，代垫辅料价值15 000元，加工的白酒当地无同类产品市场价格。

（3）本月内甲酒厂将收回的白酒批发售出7吨，每吨不含税销售额16 000元。

（4）另外支付给运输单位的销货运输费用，取得货物运输业增值税专用发票，注明运输费10 000元、税额900元。

要求：

（1）计算乙酒厂应代收代缴的消费税和应纳增值税；

（2）计算甲酒厂应纳消费税和增值税。

4. 某化妆品生产企业为增值税一般纳税人，10月上旬从国外进口一批散装高档化妆品，关税完税价格为150万元。本月内企业将进口的散装化妆品的80%生产加工为高档成套化妆品7 800件，对外批发销售6 000件，取得不含税销售额290万元；向消费者零售800件，取得含税销售额49.72万元。（高档化妆品的进口关税税率为40%，消费税税率为15%。）

要求：

（1）计算该企业在进口环节应缴纳的消费税、增值税。

（2）计算该企业国内生产销售环节应缴纳的增值税、消费税。

5. 某烟草进出口公司从国外进口卷烟8万条（每条200支），支付买价200万元，支付到达我国海关前的运输费用12万元、保险费用8万元。关税完税价格为220万元。假定进口卷烟关税税率为20%。要求：计算进口卷烟的消费税、增值税。

任务三

消费税的会计核算

※ 任务描述 ※

在计算出每笔经济业务涉税金额的基础上，消费税企业报税岗位的会计人员需要设置

"应交税费——应交消费税"的会计科目和明细账簿，对每笔涉税经济业务的应纳消费税税额进行会计核算，涉及的经济业务主要有一般常规业务的核算、视同销售行为的核算、包装物押金的核算、委托加工的核算和进口应税消费品的核算等。

※ 知识准备与业务操作 ※

一、会计科目的设置

为了正确反映和核算消费税有关纳税事项，纳税人应在"应交税费"科目下设置"应交消费税"二级科目。本科目的借方反映企业实际缴纳的消费税和待抵扣的消费税；贷方反映按规定应缴纳的消费税；期末余额在贷方，反映尚未缴纳的消费税。期末借方余额，反映多缴或待抵扣的消费税。

由于消费税属于价内税，即销售额中含有应负担的消费税税额，应将消费税作为费用、成本的内容加以核算，因此，还应设置与之相应的会计科目，如"税金及附加""其他业务成本""长期股权投资""在建工程""营业外支出""应付职工薪酬"等科目。

二、会计核算实务

（一）一般销售的核算

消费税是一种价内税，纳税人销售应税消费品的售价中包含了消费税。因此，纳税人缴纳的消费税应记入"税金及附加"科目，从销售收入中得到补偿。纳税人生产的需要缴纳消费税的消费品，在销售时应当按照应交消费税借记"税金及附加"科目，贷记"应交税费——应交消费税"科目。实际缴纳消费税时，借记"应交税费——应交消费税"科目，贷记"银行存款"科目。发生销货退回及退税时作相反的会计分录。

（二）视同销售的核算

1. 用于在建工程、职工福利或者直接转为固定资产

纳税人将自产的应税消费品用于在建工程或直接转为固定资产的，应于货物移送使用时，按同类消费品的平均销售价格计算应纳消费税和应纳增值税，贷记"应交税费——应交消费税""应交税费——应交增值税"科目，按移送的货物成本，贷记"库存商品"科目；按应纳的增值税、消费税和移送货物的成本之和，借记"在建工程""应付职工薪酬""固定资产"等科目。

2. 用于捐赠、赞助、广告

纳税人将自产的应税消费品用于捐赠、赞助和广告的，应于货物移送使用时，按同类消费品的平均销售价格或组成计税价格计算应纳消费税和应纳增值税，贷记"应交税费——应交消费税""应交税费——应交增值税"科目，按移送的货物成本，贷记"库存商品"科目；按应纳的增值税、消费税和移送货物的成本之和，借记"营业外支出""销售费用"科目。

3. 应税消费品换取生产资料、消费资料

纳税人以生产的应税消费品用于换取生产资料和消费资料属于非货币性资产交换，应按非货币性资产交换的办法进行处理，按换入资产可抵扣的增值税进项税额，借记“应交税费——应交增值税（进项税额）”科目；按换出应税消费品应支付的相关税费，贷记“应交税费——应交增值税（销项税额）”“应交税费——应交消费税”等科目。

特别要注意：纳税人用于换取生产资料和消费资料、投资入股和抵偿债务等方面的应税消费品，应当以纳税人同类应税消费品的最高销售价格作为计税依据计算消费税，而增值税仍以同类产品的平均销售价格作为计税依据。

4. 应税消费品用于投资入股

纳税人以生产的应税消费品换入长期股权投资的（长期债权投资的处理相同），按对外投资处理办法借记有关投资科目，按投资移送应税消费品的售价或组成计税价格，贷记“主营业务收入”科目，按应交的增值税税额，贷记“应交税费——应交增值税（销项税额）”科目；按应交的消费税税额，贷记“应交税费——应交消费税”科目，借记“税金及附加”科目；按移送的货物成本，借记“主营业务成本”科目，贷记“库存商品”科目。

5. 应税消费品用于抵偿债务

纳税人以生产的应税消费品清偿债务，应按应付账款的账面余额，借记“应付账款”科目，按用于清偿债务的应税消费品的公允价值，贷记“主营业务收入”科目，按应交的增值税销项税额，贷记“应交税费——应交增值税（销项税额）”科目，按其差额，贷记“营业外收入”等科目或借记“营业外支出”等科目；按应交的消费税税额，贷记“应交税费——应交消费税”科目，借记“税金及附加”科目；同时按照该用于抵债的应税消费品的账面余额，借记“主营业务成本”科目，贷记“库存商品”科目。

（三）包装物押金的核算

1. 随同商品出售但单独计价的包装物

随同商品出售但单独计价的包装物，其收入贷记“其他业务收入”科目；按规定应缴纳的消费税，借记“税金及附加”科目，贷记“应交税费——应交消费税”科目，同时结转包装物的成本。

2. 出租、出借包装物逾期的押金

纳税人出租、出借包装物逾期未退还的包装物押金，应从“其他应付款”科目转入“其他业务收入”科目，并按照应缴纳的消费税，借记“税金及附加”科目，贷记“应交税费——应交消费税”科目。

（四）委托加工应税消费品的核算

委托加工的应税消费品，由受托方所在地主管税务机关代收代缴消费税税额；委托个人加工的应税消费品，由委托方向其机构所在地或者居住地主管税务机关申报纳税。

1. 委托方的账务处理

（1）委托加工的应税消费品，收回后直接销售的，不再征收消费税。委托方应将受托方代收代缴的消费税计入委托加工的应税消费品成本，借记“委托加工物资”等科目，贷记“银行存款”“应付账款”等科目。

（2）委托加工的应税消费品收回后用于连续生产应税消费品按规定准予抵扣的，委托方应按代收代缴的消费税税额，借记“应交税费——应交消费税”科目，贷记“银行存款”“应付账款”等科目。待加工成最终应税消费品销售时，按最终应税消费品应缴纳的消费税，借记“税金及附加”科目，贷记“应交税费——应交消费税”科目。

2. 受托方的账务处理

受托方按应收的消费税税额，借记“银行存款”“应收账款”等科目，贷记“应交税费——应交消费税”科目。

（五）进口应税消费品的核算

进口应税消费品时，由海关代征的进口消费税，应计入应税消费品的成本中，根据海关完税凭证上注明的消费税税额，借记“固定资产”“在途物资”“库存商品”“应交税费——应交增值税（进项税额）”等科目，贷记“银行存款”“应付账款”等科目。

任务设计

消费税业务的会计核算

一、工作实例

接本项目任务二的工作实例，编制ABC股份有限责任公司10月的会计分录，进行账务处理。

二、操作步骤

步骤一：逐笔分析经济业务内容：

属于一般销售应税消费品业务的有：(1)、(2)（部分）、(3)、(7)。

属于视同销售应税消费品业务的有：(2)（部分）、(4)、(5)。

属于委托加工应税消费品业务的有：(6)。

属于进口应税消费品业务的有：(8)。

步骤二：根据经济业务逐项编制会计分录：

（1）销售高档化妆品，计提消费税：

借：银行存款	33 900	
贷：主营业务收入		30 000
应交税费——应交增值税（销项税额）		3 900

计提消费税：

借：税金及附加	4 500	
贷：应交税费——应交消费税		4 500

（2）销售啤酒给超市：

借：银行存款	63 280	
贷：主营业务收入		56 000
应交税费——应交增值税（销项税额）		7 280

计提消费税：		
借：税金及附加	4 400	
贷：应交税费——应交消费税		4 400
啤酒给客户及顾客免费品尝：		
借：营业外支出	25 840	
贷：库存商品		20 000
应交税费——应交增值税（销项税额）		3 640
应交税费——应交消费税		2 200
(3) 销售粮食白酒：		
借：银行存款	158 200	
贷：主营业务收入		140 000
应交税费——应交增值税（销项税额）		18 200
计提消费税：		
借：税金及附加	48 000	
贷：应交税费——应交消费税		48 000
(4) 抵偿债务：		
借：应付账款——华盛超市	70 000	
贷：主营业务收入		62 200
应交税费——应交增值税（销项税额）		7 800
计提消费税：		
借：税金及附加	23 000	
贷：应交税费——应交消费税		23 000
(5) 高档化妆品作为福利发给职工个人：		
借：应付职工薪酬	13 958.82	
贷：主营业务收入		12 352.94
应交税费——应交增值税（销项税额）		1 605.88
借：税金及附加	1 852.94	
贷：应交税费——应交消费税		1 852.94
(6) 发出委托加工材料：		
借：委托加工物资	100 000	
贷：原材料——烟叶		100 000
支付辅助材料费、加工费及增值税：		
借：委托加工物资	40 000	
应交税费——应交增值税（进项税额）	4 680	
贷：银行存款		44 680
支付消费税时：		
借：应交税费——应交消费税	60 000	
贷：银行存款		60 000
完工入库：		

借：库存商品	140 000	
贷：委托加工物资		140 000
销售卷烟：		
借：银行存款	339 000	
贷：主营业务收入		300 000
应交税费——应交增值税（销项税额）		39 000
计提消费税：		
借：税金及附加	169 500	
贷：应交税费——应交消费税		169 500
（7）上月购入烟丝时：		
借：原材料——烟丝	80 000	
应交税费——应交增值税（进项税额）	10 400	
贷：银行存款		90 400
领用烟丝投入生产时：		
借：生产成本	56 000	
应交税费——应交消费税	24 000	
贷：原材料——烟丝		80 000
销售卷烟：		
借：应收账款	452 000	
贷：主营业务收入		400 000
应交税费——应交增值税（销项税额）		52 000
计提消费税：		
借：税金及附加	227 000	
贷：应交税费——应交消费税		227 000
（8）进口高档化妆品，支付货款时：		
借：在途物资	532 000	
贷：银行存款		532 000
支付关税时：		
借：在途物资	266 000	
贷：银行存款		266 000
支付增值税、消费税时：		
借：在途物资	140 823.53	
应交税费——应交增值税（进项税额）	122 047.06	
贷：银行存款		262 870.59
（9）申报缴纳当月消费税：		
借：应交税费——应交消费税	396 452.94	
贷：银行存款		396 452.94

※ 职业能力判断与选择 ※

一、判断题

1. 消费税是一种价内税，纳税人销售应税消费品的售价中包含了消费税，因此，纳税人缴纳的消费税应记入“税金及附加”科目，从销售收入中得到补偿。（　　）

2. 随同商品出售但单独计价的包装物，其收入记入“其他业务收入”科目；按规定缴纳的消费税，记入“其他业务成本”科目。（　　）

3. 纳税人将自产的应税消费品用于捐赠或赞助的，按规定应缴纳的消费税借记“税金及附加”科目。（　　）

4. 进口应税消费品时，由海关代征的进口消费税，应计入应税消费品的成本中，借记“固定资产”“在途物资”等科目中。（　　）

5. 委托加工的应税消费品收回后用于连续生产应税消费品按规定准予抵扣的消费税，不计入委托加工的成本，委托方支付时，应借记“应交税费——应交消费税”科目。（　　）

二、选择题（第 1、2 题为单项选择题，第 3～5 题为多项选择题）

1. 企业收回委托加工应税消费品用于对外销售的，其支付的消费税，应当记入（　　）借方。

A. 委托加工物资　　B. 应交税费——应交消费税

C. 待摊费用——待转消费税　　D. 原材料

2. 某生产企业生产销售镀金包金首饰，其包装物单独计价核算，取得的包装物收入应缴纳的消费税，正确的会计处理是记入（　　）借方。

A. 生产成本　　B. 税金及附加

C. 其他业务支出　　D. 销售费用

3. 某高档化妆品生产企业为增值税一般纳税人，2021 年 10 月销售高档化妆品，开具的增值税专用发票上注明的价款共计 850 000 元，增值税税额为 110 500 元。对于上述业务，下列处理正确的有（　　）。

A. 应交消费税税额为 127 500 元

B. 计提消费税的会计分录为：

借：税金及附加　　127 500

　贷：应交税费——应交消费税　　127 500

C. 计提消费税的会计分录为：

借：销售费用　　127 500

　贷：应交税费——应交消费税　　127 500

D. 实现销售收入的会计分录为：

借：银行存款　　960 500

　贷：主营业务收入　　850 000

应交税费——应交增值税（销项税额） 110 500

4. 某摩托车生产企业为增值税一般纳税人，2021年10月将自产的摩托车5辆移交本厂相关部门使用，该摩托车不含税售价为7 000元/辆，生产成本为5 000元/辆，消费税税率为3%。该项业务处理正确的有（　　）。

A. 上述自产自用行为应视同销售同时计征增值税和消费税

B. 增值税销项税额为4 550元

C. 消费税税额为1 050元

D. 借：固定资产 30 600

　　贷：库存商品 25 000

　　　　应交税费——应交增值税（销项税额） 4 550

　　　　　　　　——应交消费税 1 050

5. 某酒厂系增值税一般纳税人，欠甲公司货款50 000元，经双方协商现以自产粮食白酒10吨抵偿债务，该粮食白酒成本为3 000元/吨，每吨售价在4 800元与5 200元间浮动，平均售价为5 000元/吨。对于上述业务，以下处理正确的有（　　）。

A. 增值税的计税依据为货物的平均售价，即为50 000元

B. 消费税的计税依据为货物的最高售价，即为52 000元

C. 借：应付账款——甲公司 50 000

　　贷：主营业务收入 43 500

　　　　应交税费——应交增值税（销项税额） 6 500

D. 借：税金及附加 20 400

　　贷：应交税费——应交消费税 20 400

※ 单项任务训练 ※

1. 某酒厂向当地举办的酒文化节无偿赠送500瓶薯类白酒，计250千克，每瓶酒的市场价格为67.80元（含增值税），成本价为40元。试计算该厂应纳消费税税额，并作账务处理。

2. 某进出口公司从国外进口一批气缸容量在250毫升的摩托车，经海关审定的关税完税价格为180 000元，应纳关税216 000元。试计算应纳消费税税额，并作账务处理。

3. 某黄酒厂5月销售情况如下：

（1）销售瓶装黄酒100吨，每吨5 000元（含增值税），随黄酒发出不单独计价包装箱1 000个，一个月内退回，每个收取押金100元，共收取押金100 000元。

（2）销售散装黄酒40吨，取得含增值税的价款180 000元。

（3）作为福利发给职工个人黄酒10吨，参加展示会赞助4吨，每吨黄酒成本为4 000元，销售价格为5 000元（不含增值税）。

试计算该黄酒厂本月应纳消费税税额，并作账务处理。

4. A卷烟厂2021年8月发生如下经济业务：

（1）8月5日购买一批烟叶，取得的增值税专用发票上注明的价款为10万元，增值税税额为1.3万元。

（2）8月15日，将8月5日购进的烟叶发往B烟厂，委托B烟厂加工烟丝，收到的专用发票上注明的支付加工费为4万元，税款为5 200元。

（3）A卷烟厂收回烟丝后领用一半用于卷烟生产，另一半用于直接对外销售，取得价款18万元、增值税税额23 400元。

（4）8月25日，A卷烟厂销售卷烟100箱，每箱不含税售价为5 000元，款项存入银行。

（5）B烟厂无同类烟丝销售价格。

计算该厂当期应纳的消费税，并分别为A、B烟厂作账务处理。

任务四

消费税纳税申报

※ 任务描述 ※

每月经济业务结束后，报税岗位的会计人员根据应税消费品税目填制相应的消费税及附加税费申报表及相关附表，在申报期内（次月15日前）持申报表和相关材料到主管税务机关办理报税工作；申报成功后，办理税款缴纳手续。

※ 知识准备与业务操作 ※

一、消费税的征收管理

（一）纳税义务发生时间

纳税人生产的应税消费品于销售时纳税，进口应税消费品应于报关进口环节纳税，但金银首饰、钻石及钻石饰品在零售环节纳税。消费税纳税义务发生时间，以货款结算方式或行为发生时间分别确定。

（1）纳税人销售的应税消费品，其纳税义务发生时间为：

①采取赊销和分期收款结算方式的，为纳税人书面合同约定的收款日期的当天，书面合同没有约定收款日期或者无书面合同的，为发出应税消费品的当天。

②采取预收货款结算方式的，为纳税人发出应税消费品的当天。

③采取托收承付和委托银行收款方式销售的应税消费品，为纳税人发出应税消费品并办妥托收手续的当天。

④采取其他结算方式的，为纳税人收讫销售款或者取得索取销售款凭据的当天。

（2）自产自用的应税消费品，其纳税义务的发生时间，为纳税人移送使用当天。

（3）委托加工的应税消费品，其纳税义务的发生时间，为纳税人提货的当天。

(4) 进口的应税消费品，其纳税义务人的发生时间，为纳税人报关进口的当天。

(二) 纳税期限

按照《中华人民共和国消费税暂行条例》规定，消费税的纳税期限分别为1日、3日、5日、10日、15日、1个月或者1个季度。由主管税务机关根据纳税人应纳税额的大小分别核定其具体的纳税期限；如果不能按照固定期限纳税的，则可以按次纳税。

纳税人以一个月为一期纳税的，自期满之日起15日内申报纳税；以1日、3日、5日、10日或者15日为一期纳税的，自期满之日起5日内预缴税款，于次月1日起至15日内申报纳税并结清上月应纳税款。

纳税人进口应税消费品，应当自海关填发税款缴款书之日起15日内缴纳税款。

(三) 纳税地点

(1) 纳税人销售的应税消费品，以及自产自用的应税消费品，除国家另有规定的外，应当向纳税人机构所在地或居住地主管税务机关申报纳税。

(2) 委托加工的应税消费品，由受托方向其所在地主管税务机关代收代缴消费税税款；委托个人加工的应税消费品，由委托方向其机构所在地或者居住地主管税务机关申报纳税。

(3) 进口的应税消费品，由进口人或者其代理人向报关地海关申报纳税。

(4) 纳税人到外县(市)销售或委托外县(市)代销自产应税消费品的，于应税消费品销售后，回纳税人机构所在地或居住地缴纳消费税。

(5) 纳税人的总机构与分支机构不在同一县(市)的，应当分别向各自机构所在地的主管税务机关申报纳税。但经财政部、国家税务总局或者其授权的财政、税务机关批准，可以由总机构汇总向总机构所在地的主管税务机关申报纳税。

(6) 纳税人销售的应税消费品，如因质量等原因由购买者退回时，经机构所在地或者居住地主管税务机关审核批准后，可退还已缴纳的消费税税款，但不能自行直接抵减应纳税款。

二、消费税的纳税申报

自2021年8月1日起，消费税与城市维护建设税、教育费附加、地方教育附加申报表整合。纳税人无论当期有无销售或是否盈利，均应在次月1日至15日内填写消费税及附加税费申报表，向主管税务机关进行纳税申报。

除了申报表以外，申报表还有附表：本期准予扣除税额计算表、本期减(免)税额明细表、本期委托加工收回情况报告表、卷烟批发企业月份销售明细清单、卷烟生产企业合作生产卷烟消费税情况报告表、消费税附加税费计算表等，在申报时一并填写。

任务设计

消费税纳税申报

一、工作实例

接本项目任务二的工作实例，填报ABC股份有限责任公司10月消费税的纳税申报表，办理2021年10月消费税的缴纳工作(因附加税费在后面项目七介绍，这里暂不计算)。

二、操作步骤

步骤一：分析经济业务内容，填写申报表的附表。

本期准予扣除税额计算表见表 3－4，本期委托加工收回情况报告表见表 3－5。

步骤二：填写申报表。

消费税及附加税费申报表见表 3－6。

表 3－4　本期准予扣除税额计算表

金额单位：元（列至角分）

准予扣除项目				应税消费品名称			
				烟丝			合计
一、本期准予扣除的委托加工应税消费品已纳税款计算		期初库存委托加工应税消费品已纳税款	1				
		本期收回委托加工应税消费品已纳税款	2	60 000			60 000
		期末库存委托加工应税消费品已纳税款	3				
		本期领用不准予扣除委托加工应税消费品已纳税款	4				
		本期准予扣除委托加工应税消费品已纳税款	5＝1＋2－3－4	60 000			60 000
二、本期准予扣除的外购应税消费品已纳税款计算	（一）从价计税	期初库存外购应税消费品买价	6	80 000			80 000
		本期购进应税消费品买价	7				
		期末库存外购应税消费品买价	8				
		本期领用不准予扣除外购应税消费品买价	9				
		适用税率	10	30%			30%
		本期准予扣除外购应税消费品已纳税款	11＝(6＋7－8－9)×10	24 000			24 000
	（二）从量计税	期初库存外购应税消费品数量	12				
		本期外购应税消费品数量	13				
		期末库存外购应税消费品数量	14				
		本期领用不准予扣除外购应税消费品数量	15				
		适用税率	16				
		计量单位	17				
		本期准予扣除的外购应税消费品已纳税款	18＝(12＋13－14－15)×16				
三、本期准予扣除税款合计			19＝5＋11＋18	84 000			84 000

表3-5 本期委托加工收回情况报告表

金额单位：元（列至角分）

一、委托加工收回应税消费品代收代缴税款情况

应税消费品名称	商品和服务税收分类编码	委托加工收回应税消费品数量	委托加工收回应税消费品计税价格	适用税率		受托人已代收代缴的税款	受托方（扣缴义务人）名称	受托方（扣缴义务人）识别号	税收缴款书（代扣代收专用）号码	税收缴款书（代扣代收专用）开具日期
				定额税率	比例税率					
1	2	3	4	5	6	7=3×5+4×6	8	9	10	11
烟丝		10 000千克	200 000		30%	60 000	嘉华加工公司	××××	×××	×××

二、委托加工收回应税消费品领用存情况

应税消费品名称	商品和服务税收分类编码	上期库存数量	本期委托加工收回入库数量	本期委托加工收回直接销售数量	本期委托加工收回用于连续生产数量	本期结存数量
1	2	3	4	5	6	7=3+4−5−6
烟丝			10 000千克		10 000千克	

表 3-6　消费税及附加税费申报表

税款所属期：2021 年 10 月 1 日 至 2021 年 10 月 31 日

纳税人识别号（统一社会信用代码）：□□□□□□□□□□□□□□□□□□□□

纳税人名称：　　　　　　　　　　　　　　　　　　　　　　金额单位：元（列至角分）

项目 应税消费品名称	适用税率		计量单位	本期销售数量	本期销售额	本期应纳税额
	定额税率	比例税率				
	1	2	3	4	5	6=1×4+2×5
卷烟	30 元/万支	56%	万支	150	700 000	396 500
粮食白酒	0.5 元/500 克	20%	500 克	60 000	205 000	71 000
啤酒	220 元/吨			30		6 600
高档化妆品	15%				42 352.94	6 352.94
合计	—	—	—	—	—	480 452.94

	栏次	本期税费额
本期减（免）额	7	
期初留抵税额	8	
本期准予扣除税额	9	84 000
本期应扣除税额	10=8+9	84 000
本期实际扣除税额	11［10<（6−7），则为 10，否则为 6−7］	84 000
期末留抵税额	12=10−11	0
本期预缴税额	13	
本期应补（退）税额	14=6−7−11−13	396 452.94
城市维护建设税本期应补（退）税额	15	
教育费附加本期应补（退）费额	16	
地方教育附加本期应补（退）费额	17	

声明：此表是根据国家税收法律法规及相关规定填报的，本人（单位）对填报内容（及附带资料）的真实性、可靠性、完整性负责。

纳税人（签章）：　　　　年　　月　　日

经办人： 经办人身份证号： 代理机构签章： 代理机构统一社会信用代码：	受理人： 受理税务机关（章）：　受理日期：　　年　　月　　日

※ 职业能力判断与选择 ※

一、判断题

1. 委托加工应税消费品的，消费税应由委托方向受托方所在地主管税务机关申报纳税。(　　)

2. 纳税人销售的应税消费品，如因质量等原因由购买者退回，经所在地税务机关审核批准后，可自行抵减应纳税款，也可以退还已征收的消费税税款。(　　)

3. 纳税人到外县（市）销售或委托外县（市）代销自产应税消费品的，于应税消费品销售后，回纳税人核算地或所在地缴纳消费税。(　　)

4. 纳税人直接出口的应税消费品办理免税后发生退关或国外退货，进口时已予以免税的，报关出口者必须及时向所在地主管税务机关申报补缴已退的消费税税款。(　　)

5. 金银首饰消费税的纳税义务发生时间为收讫销货款或取得索取销货款凭据的当天。(　　)

二、选择题（第1～4题为单项选择题，第5～7题为多项选择题）

1. 下列各项中，符合消费税纳税义务发生时间规定的是(　　)。

A. 进口的应税消费品，为取得进口货物的当天

B. 自产自用的应税消费品，为移送使用的当天

C. 委托加工的应税消费品，为支付加工费的当天

D. 采取预收货款结算方式的，为收到预收款的当天

2. 纳税人进口的应税消费品，其纳税义务的发生时间为(　　)的当天。

A. 纳税人办完入关手续　　B. 消费税报关进口

C. 纳税人提货　　D. 纳税人接到通知

3. 某消费税纳税人销售应税消费品，其纳税义务发生时间为(　　)。

A. 采取预收货款结算方式的，为收到货款的当天

B. 采取托收承付结算方式的，为货物发出的当天

C. 采取赊销方式的，为双方约定的任一时间

D. 采取分期收款结算方式的，为销售合同规定的收款日期的当天

4. 进口消费品的消费税由(　　)代征。

A. 海关　　B. 税务机关　　C. 工商局　　D. 邮政部门

5. 关于消费税纳税义务发生时间的说法，正确的有（　　）。

A. 某酒厂销售葡萄酒20箱并收取价款4 800元，其纳税义务发生时间为收款的当天

B. 某汽车厂自产自用3台小汽车，其纳税义务发生时间为移送使用的当天

C. 某烟花企业采用托收承付结算方式销售焰火，其纳税义务发生时间为发出焰火并办妥托收手续的当天

D. 某化妆品厂采用赊销方式销售化妆品，合同约定收款日期为6月30日，实际收到货款为7月30日，纳税义务发生时间为6月30日

6. 下列消费税的纳税地点表述正确的有（　　）。

A. 纳税人销售的应税消费品和自产自用的应税消费品，除国家另有规定外，应向纳税人核算地的税务机关申报缴纳消费税

B. 纳税人到外县（市）销售或者委托外县（市）代销自产应税消费品，应事先向其所在地主管税务机关提出申请，在应税消费品销售以后回纳税人核算地缴纳消费税

C. 纳税人的总机构与分支机构不在同一县（市）的，应在生产应税消费品的分支机构所在地缴纳消费税

D. 委托加工的应税消费品，一般由受托方和委托方本着方便缴纳的原则就近向税务机关解缴消费税税款

7. 关于自产自用消费品的业务，以下说法正确的有（　　）。

A. 某企业将自产的杆头用于本企业高尔夫球杆的生产，应该在杆头移送时，将杆头应纳的消费税计入高尔夫球杆成本

B. 某企业将自产的化妆品用于企业经销点的试用产品，应该在化妆品移送时，将化妆品的消费税计入销售费用

C. 某企业将自产的白酒用于巧克力的生产中，应该在白酒移送时，将白酒的消费税计入巧克力的成本

D. 某企业将自产的烟丝用于卷烟的生产中，应该在烟丝移送时，将烟丝的消费税计入卷烟的成本

任务五

消费税出口退税的处理

※ 任务描述 ※

当企业发生消费税出口退税时，企业报税岗位的会计人员首先要确定出口货物消费税的退税率，计算出口货物消费税退税额，同时进行消费税出口退税业务的会计核算，办理消费税出口退税的申报工作。

※ 知识准备与业务操作 ※

一、出口应税消费品退（免）税政策的适用范围

出口应税消费品退（免）消费税在政策适用上分为三种情况：

（一）出口免税并退税

适用这个政策的是：有出口经营权的外贸企业购进应税消费品直接出口，以及外贸企业

受其他外贸企业委托代理出口应税消费品。需要注意的是，外贸企业只有受其他外贸企业委托，代理出口应税消费品才可办理退税，外贸企业受其他企业（主要是非生产性的商贸企业）委托，代理出口应税消费品是不予退（免）税的。这个政策限定与前述出口货物退（免）增值税的政策规定是一致的。

（二）出口免税但不退税

适用这个政策的是：有出口经营权的生产性企业自营出口或生产企业委托外贸企业代理出口自产的应税消费品，依据其实际出口数量免征消费税，不予办理退还消费税。这里，“免征消费税”是指对生产性企业按其实际出口数量免征生产环节的消费税；“不予办理退还消费税”是指因已免征生产环节的消费税，该应税消费品出口时，已不含有消费税，所以也无须再办理退还消费税了。这与前述出口货物退（免）增值税的规定不一致，原因是消费税仅在生产环节征收，生产环节免了，出口的应税消费品就不含有消费税了；而增值税却在货物销售的各个环节征收，生产企业出口货物时，已纳的增值税就需退还。

（三）出口不免税也不退税

适用这个政策的是：除生产企业、外贸企业外的其他企业，具体是指一般商贸企业。这类企业委托外贸企业代理出口应税消费品一律不予退（免）税。

二、出口应税消费品的退税率

计算出口应税消费品应退消费税的税率或单位税额，依据《消费税暂行条例》所附的消费税税目税率（税额）表执行。退（免）消费税与退（免）增值税的一个重要区别是：当出口的货物是应税消费品时，其退还增值税要按规定的退税率计算，其退还消费税则按该应税消费品所适用的消费税税率计算。

企业应将不同消费税税率的出口应税消费品分开核算和申报，凡划分不清适用税率的，一律从低适用税率计算应退消费税税额。

三、出口应税消费品退税额的计算

（一）从价征收计算退税额

从价定率计征消费税的应税消费品，应依照外贸企业从工厂购进货物时征收消费税的价格计算应退消费税税额，其计算公式为：

应退消费税税额＝出口货物的工厂销售额×税率

公式中“出口货物的工厂销售额”不包含增值税，对含增值税的购进金额应换算成不含增值税的金额。

（二）从量征收计算退税额

从量定额计征消费税的应税消费品，应按货物购进和报关出口的数量计算应退消费税税额，其计算公式为：

应退消费税税额＝出口数量×单位税额

（三）复合征收计算退税额

复合计征消费税的应税消费品，应按货物购进和报关出口的数量以及外贸企业从工厂购进货物时征收消费税的价格计算应退消费税税额，其计算公式为：

应退消费税税额＝出口货物的工厂销售额×税率＋出口数量×单位税额

四、出口应税消费品的会计处理

生产企业直接出口自产应税消费品时，按规定予以直接免税，不计算应缴消费税；免税后发生退货或退关的，也可以暂不办理补税，待其转为国内销售时，再申报缴纳消费税。

生产企业将应税消费品销售给外贸企业，由外贸企业自营出口的，按先征后退办法进行核算。即外贸企业从生产企业购入应税消费品时，先缴纳消费税，在产品报关出口后，再申请出口退税；退税后若发生退货或退关，应及时补缴消费税。

【提示】 消费税与增值税出口退税政策差异见表3-7。

表3-7　消费税与增值税出口退税政策差异

项目	增值税出口退税	消费税出口退税
适用退税率	法定退税率	征税率即为退税率
生产企业自营出口或委托外贸企业代理出口	采用“免、抵、退”办法，运用特定公式和适用退税率计算退税额	采用出口免税不退税政策，不计算退税
外贸企业收购货物出口	采用“先征后退”办法，用收购价款和适用退税率计算退税额	采用出口免税并退税政策，用收购价和适用征税率计算退税额

【做中学3-11】 外贸公司从某化妆品厂购入高档化妆品一批，增值税专用发票上注明价款250万元、增值税税额32.5万元。外贸公司将该批高档化妆品销往国外，离岸价为50万美元（当日外汇牌价为1∶6.60），并按规定申报办理消费税退税。消费税税率为15%，增值税退税率为11%。

上述款项均已收付，会计处理如下：

（1）购入高档化妆品验收入库时：

借：库存商品　　2 500 000

　　应交税费——应交增值税（进项税额）　　325 000

　贷：银行存款　　2 825 000

（2）高档化妆品报关出口时：

借：银行存款　　3 300 000

　贷：主营业务收入　　3 300 000

（3）结转销售成本时：

借：主营业务成本　　2 500 000

　贷：库存商品　　2 500 000

（4）不得抵扣或退税税额，调整出口成本时：

借：主营业务成本　　50 000

贷：应交税费——应交增值税（进项税额转出）　　50 000

（5）申请退税时：

应退增值税＝2 500 000×11%＝275 000（元）

应退消费税＝2 500 000×15%＝375 000（元）

借：其他应收款　　650 000

贷：应交税费——应交增值税（出口退税）　　275 000

主营业务成本　　375 000

（6）收到出口退税时：

借：银行存款　　650 000

贷：其他应收款　　650 000

※ 职业能力判断与选择 ※

一、判断题

1. 企业应将不同消费税税率的出口应税消费品分开核算和申报，凡划分不清适用税率的，不得退税。(　　)

2. 除规定不退税的应税消费品以外，对生产企业委托外贸企业代理出口的应税消费品，一律免征消费税。(　　)。

3. 某酒厂（有自营出口权）出口外销一批白酒，离岸价格折合人民币为60万元，因该酒厂直接出口，可申请出口退还消费税。(　　)

4. 增值税出口退税率的调整不会影响消费税出口退税额。(　　)

二、选择题（第1～4题为单项选择题，第5～7题为多项选择题）

1. 出口应税消费品的免税办法由(　　)规定。

A. 国家税务总局　　B. 国务院

C. 全国人大及其常委会　　D. 税务机关

2. 某外贸公司2021年10月从生产企业购入高档化妆品一批，取得的增值税专用发票上注明价款25万元、增值税税额3.25万元，支付购买高档化妆品的运输费用3万元。当月将该批高档化妆品全部出口取得销售收入35万元。该外贸公司出口高档化妆品应退的消费税为(　　)。

A. 3.75万元　　B. 4.2万元　　C. 4.85万元　　D. 5.25万元

3. 广东兴光国际贸易公司为增值税一般纳税人（有进出口权），从摩托车厂购进摩托车100辆，直接报关离境出口；购进时取得的增值税专用发票上注明的单价是每辆0.5万元，支付从摩托车厂到出境口岸的运费4万元，装卸费3万元，离岸价为每辆0.08万美元（美元与人民币汇率为1∶6.6)。这种摩托车的消费税税率为10%，则该公司应退消费税税额为(　　)。

A. 5万元　　B. 5.16万元　　C. 5.28万元　　D. 5.70万元

4. 下列说法中，不符合消费税法规规定的是(　　)。

A. 外贸企业受其他外贸企业的委托代理出口应税消费品，可享受“出口免税并退税”的政策

B. 有出口经营权的外贸企业购进应税消费品直接出口，不征税但可以退税

C. 有出口经营权的生产性企业自营出口应税消费品的，可以依据其实际出口量免征消费税

D. 有出口经营权的生产性企业委托外贸企业代理出口自产应税消费品，不征税但可以退税

5. 下列各项中，属于我国消费税现行政策的是(　　)。

A. 免税但不退税　　B. 不免税但退税

C. 免税并退税　　D. 不免税也不退税

6. 下列企业出口应税消费品时，既退（免）增值税又退（免）消费税的有(　　)。

A. 酒厂出口白酒　　B. 烟厂出口卷烟、雪茄烟

C. 外贸企业收购烟、酒后出口　　D. 外贸企业委托外贸代理出口烟、酒

7. 生产自产产品自营出口或委托外贸企业代理出口自产的应税消费品，其出口退税政策是（　　）。

A. 增值税采用免抵退税政策　　B. 消费税采用免税并退税政策

C. 增值税采用先征后退政策　　D. 消费税采用免税但不退税政策

※ 单项任务训练 ※

1. 美净化妆品公司（一般纳税人）出口兼内销，产品为高档化妆品。2021 年 10 月发生以下业务：

（1）委托欧雅日用品化工厂（简称“欧雅厂”）加工某种高档化妆品，收回后以其为原料，继续生产高档化妆品销售。欧雅厂本月收到美净化妆品公司价值 30 万元的委托加工材料，并按合同约定代垫辅助材料 1 万元，应收加工费 3 万元（不含增值税）。欧雅厂本月外购高档化妆品半成品一批，取得的增值税专用发票上注明的销售额为 20 万元，销售给美净化妆品公司，开具的增值税专用发票上注明的价款为 24 万元，货款已收妥。

（2）本月美净化妆品公司将委托加工收回的高档化妆品用于生产。本月销售高档化妆品 565 万元（含增值税）给博美外贸企业，期初库存的委托加工的高档化妆品价值 12 万元，月末库存的委托加工的高档化妆品价值 12 万元。本月外购高档化妆品半成品的 50%用于生产。该外贸企业将购入的该批化妆品全部出口。

要求：计算 10 月欧雅日用品化工厂、美净化妆品公司销售高档化妆品应缴纳的消费税，以及博美外贸企业出口高档化妆品应退还的消费税。

2. 外贸公司 2021 年 9 月从生产企业购进一批高档化妆品，取得的增值税专用发票上注明销售额 300 000 元、增值税税额 39 000 元；支付收购高档化妆品运输费，取得增值税专用发票，注明运输费 30 000 元、税额 2 700 元。当月该批高档化妆品全部出口实现销售额 400 000 元，增值税出口退税率为 12%。

要求：计算该公司出口高档化妆品应退的增值税税额、消费税税额，并作账务处理。

【项目小结】

消费税作为增值税的补充，“两税”实现优势互补。消费税作为价内税与增值税作为价外税，并未改变“两税”作为流转税的性质。消费税是以特定消费行为计税的，它是单一环节税，因此，确认消费税的纳税环节尤为重要。由于消费税的特点，其会计处理方法与增值税不同，切勿混淆。在税务会计实务中，消费税的计算、缴纳、会计处理，往往是与增值税同步进行，因此，要综合运用。

【项目综合实训】

一、实训材料

1. 企业概况

企业名称：双利集团公司

企业性质：国有企业（一般纳税人）

企业地址及电话：北京市光华路88号　65554466

企业所属行业：工业企业

开户银行及账号：工行光华路分理处　12—55345

纳税人识别号：110100000010001

2. 2021年6月业务资料

该企业主要生产经营酒类、卷烟和化妆品。2021年6月发生如下经济业务（假定销售产品不结转成本）：

（1）6月4日，将自己生产的啤酒20吨销售给知青商店，收取押金300元/吨，价税款及押金均已收到；另外提供10吨让客户及顾客免费品尝。该啤酒出厂价为2 800元/吨，成本为2 000元/吨。

（2）6月10日，带包装销售粮食白酒20吨，单价为7 050元，价款为141 000元，含包装物价款为25 000元；同时从购货方取得价外补贴24 000元。6月20日，用自产粮食白酒10吨抵偿永生农场大米款70 000元，不足或多余部分不再结算。该粮食白酒每吨本月售价在5 500元与6 500元之间浮动，平均售价为6 000元。

（3）6月12日，向大方超市销售用上月外购烟丝生产的甲类卷烟20个标准箱，每标准条调拨价格60元，共计300 000元（购入烟丝支付含增值税价款79 100元），采取托收承付结算方式，货已发出并办妥托收手续。

（4）6月16日，将一批自产的化妆品用作职工集体福利，这批化妆品的成本为10 000元。假设该类化妆品不存在同类消费品销售价格。

（5）6月24日，从国外购进成套高档化妆品，关税完税价格为60 000美元，关税税率为50%。假定当日美元对人民币的汇率为1∶6.60，货款全部以银行存款付清。

（6）2020年5月20日，提供一批生产化妆品的材料80 000元给万柳化妆品生产公司，委托其加工一批高档化妆品，受托方已代垫辅助材料4 000元（款已付）。本月应支付的加工费为 15 000 元（不含税）。受托方同类消费品的销售价格为 135 000 元。27 日，双利集团公司以银行存款付清全部款项。28 日，收回已加工完成的高档化妆品，支付给运输单位销货运输费用，取得增值税专用发票，注明运输费 8 000 元、税额 720 元。30 日，该高档化妆品全部用于销售，其售价为 145 000 元，款已收到。

二、实训要求

1. 根据双利集团公司提供的 6 月材料，编制有关会计分录并填制记账凭证。
2. 根据上述资料计算双利集团公司 2020 年 6 月应缴纳的增值税和消费税。
3. 登记“应交税费——应交消费税”明细账、“应交税费——应交增值税”明细账。
4. 填制各税目的消费税纳税申报表。

三、实训条件

在税务实训室进行，双利集团公司经济业务资料，酒类应税消费品消费税纳税申报表、烟类应税消费品消费税纳税申报表、其他应税消费品消费税纳税申报表。

项目四

关税会计核算与申报

【学习目标】

- 能根据学习项目、任务的需要查阅有关资料。
- 掌握关税的基本法规知识和应纳税额的计算方法；熟悉关税的相关优惠政策，会根据业务资料计算应纳关税税额。
- 掌握关税征收管理的相关规定和纳税申报流程，能根据业务资料填制海关进出口关税专用缴款书，会办理关税的日常纳税申报工作。
- 熟悉进出口关税涉税业务的会计处理方法，能根据业务资料进行进出口关税的涉税会计业务的处理。
- 培养敬业精神、团队合作能力和良好的职业道德修养。

【项目导航】

美国政府在2009年9月11日不顾中国方面和美国业者的强烈反对，决定对从中国进口的所有小轿车和轻型卡车轮胎实施惩罚性关税，即在4%的原有关税基础上，在今后三年分别加征35%、30%和25%的附加关税。这一特保措施于当年9月26日正式生效。这是2001年美国支持中国加入世界贸易组织（WTO）以来，第一次运用“特保条款”对中国产品征收惩罚性关税。而根据WTO规则，相关国家可以直接援引美国的制裁方案对中国轮胎实施制裁。中国商务部在2009年9月13日则表示，依照中国法律和WTO规则，对原产于美国的部分进口汽车产品和肉鸡产品启动了反倾销和反补贴立案审查程序。

从上述此类事件中可以看出，关税已经成为贸易壁垒战的一种屡试不爽的武器。作为一名会计工作者，有必要了解关税的知识，掌握必要的技能，那就让我们一起来进入关税的世界吧！

任务一

关税税款计算

※ 任务描述 ※

当企业的货物进出关境时，就会涉及关税的缴纳，报税岗位的会计人员首先需要确定关税的征税对象，明确其具体内容，计算其完税价格，选择合适的税率，运用税收的优惠政策，计算进口关税税额或出口关税税额。

※ 知识准备与业务操作 ※

一、征税对象和纳税人的确定

关税是海关依法对进出关境的货物和物品征收的一种流转税。关税以统一的国境或关境为征税环节。国境是一个国家以边界为界限，全面行使主权的境域，包括领土、领海和领空。关境是一个国家关税法令完全施行的境域。一般情况下，一个国家的国境与关境是一致的，但当一个国家在国境内设立自由贸易港、自由贸易区、保税区、保税仓库时，关境就小于国境；当几个国家或地区结成关税同盟，成员之间相互取消关税，对外实行共同的关税税则时，就其成员而言，关境就大于国境。

（一）征税对象的确定

关税的征税对象，是准许进出我国国境或关境的货物和物品。货物是指贸易性商品，物品包括入境旅客随身携带的行李和物品、各种运输工具上服务人员携带进口的自用物品、个人邮递物品、馈赠物品以及以其他方式入境的个人物品。

（二）纳税人的确定

贸易性商品的纳税人是经营进出口货物的收、发货人。对有商品进出口自营权的企业，纳税人就是自营进出口业务的收、发货人；对虽然从事进出口业务，但没有自营进出口权利的企业，必须委托专门的报关人代理报关和申报纳税。

物品的纳税人是物品的持有人、所有人或收件人。具体包括：（1）入境旅客随身携带的行李和物品的持有人；（2）各种运输工具上服务人员入境时携带的自用物品的持有人；（3）进口个人邮件的收件人；（4）馈赠物品以及以其他方式入境个人物品的所有人。

二、关税的分类

（一）进口税和出口税

按通过关境的货物和物品的不同流向分，有进口税和出口税。

进口税是指海关对进口货物或物品征收的关税，通常是在货物或物品进入关境、国境，或者从保税仓库提出投入国内市场时征收。当今世界各国的关税均以进口税为关税主体。征收进口税的目的在于保护本国市场和增加财政收入。

出口税是指海关对出口货物或物品征收的关税。征收出口税将增加出口货物的成本，降低出口货物在国际市场的竞争力，目前世界各国一般少征或不征出口税。但在一些发展中国家和经济落后的国家，为保护本国生产和市场供应，增加财政收入，特别是为防止本国自然资源的大量外流，对部分商品仍征收出口税。

（二）加重关税和优惠关税

按对进口货物输出国实行区别对待的原则分，有加重关税和优惠关税。

加重关税，也称歧视性关税，是指国家为了加强关税对国内经济的保护作用，在征收一般关税之外又加征的一种临时性的进口附加税，主要包括反倾销税、反补贴税和报复关税。

优惠关税是指对某些国家进口的货物使用低于普通税率的优惠税率所征收的关税，包括互惠税、特惠税、最惠国待遇、普惠制和世界贸易组织成员间的关税减让。

(三) 从价税、从量税、复合税和滑准税

按计税标准不同分，有从价税、从量税、复合税和滑准税。

从价税是指以进出口货物的完税价格为计税标准计征的关税。其计算公式为：

应纳税额＝应税进出口货物完税价格×适用税率

从量税是指以进出口货物的数量、重量、容量等计量单位为计税标准计征的关税。其计算公式为：

应纳税额＝应税进出口货物数量×关税单位税额

复合税是对同一进出口货物同时采用从价和从量标准计征的关税。其计算公式为：

应纳税额＝应税进出口货物完税价格×适用税率＋应税进出口货物数量×关税单位税额

滑准税，也叫滑动税，是指关税税率随进口商品价格的变动而反方向变动的一种税率形式，即价格越高，税率越低。

(四) 财政关税和保护关税

按征收目的分，有财政关税和保护关税。

财政关税是以增加财政收入为主要目的而课征的关税。其税率一般比保护关税低。

保护关税是以保护本国经济发展为主要目的而课征的关税。保护关税主要是进口税，税率较高。它是实现一个国家对外贸易政策的重要措施之一。

三、关税完税价格的确定

关税完税价格是海关计征关税所使用的计税价格，是海关以进出口货物的实际成交价格为基础审定的完税价格。实际成交价格是一般贸易项下进口或出口货物的买方为购买该项货物向卖方实际支付或应当支付的价格。实际成交价格不能确定时，完税价格由海关依法估定。纳税人向海关申报的价格不一定等于完税价格，只有经海关审核并接受的申报价格才能作为完税价格。

(一) 一般进口货物完税价格的确定

1. 以成交价格为基础的完税价格的确定

根据《中华人民共和国海关法》(简称《海关法》) 的相关规定，进口货物以海关审定的成交价格为基础的到岸价格为完税价格。“到岸价格”包括货价及货物运抵我国境内输入地点起卸前的运费、包装费、保险费和其他劳务费。“我国境内输入地”为入境海关地，包括内陆河、江口岸，一般为第一口岸。“成交价格”是指买方为购买该货物，并按有关规定调整后的实付或应付价格，即买方为购买进口货物直接或间接支付的总额。具体要注意以下

几点：

（1）下列费用或价值未包含在进口货物的成交价格中，应一并计入完税价格：

①特许权使用费，但与进口货物无关或者不构成进口货物向境内销售要件的不计入完税价格。

②除购货佣金以外的佣金和经纪费，比如卖方佣金。“购货佣金”是指买方为购买进口货物向自己的采购代理人支付的劳务费用，“经纪费”是指买方为购买进口货物向代表买卖双方利益的经纪人支付的劳务费用。

③货物运抵我国关境内输入地点起卸前由买方支付的包装费、运费、保险费和其他劳务费用。

④由买方负担的与进口货物视为一体的容器费用。

⑤由买方负担的包装材料和包装劳务的费用。

⑥卖方直接或间接从买方对该货物进口后转售（含处置和使用）所得中获得的收益。

（2）下列费用，如在货物的成交价格中单独列明的，应从完税价格中扣除：

①工业设施、机械设备类货物进口后发生的基建、安装、调试、技术指导等费用；

②货物运抵境内输入地点起卸后的运输费用、保险费用和其他相关费用；

③进口关税及其他国内税收；

④为在境内复制进口货物而支付的费用；

⑤境内外技术培训及境外考察费用。

（3）进口货物完税价格中的运费和保险费按下列规定确定：

①进口货物的运费，应当按照实际支付的费用计算。如果进口货物的运费无法确定，海关应当按照该货物的实际运输成本或者该货物进口同期运输行业公布的运费率（额）计算运费。

运输工具作为进口货物，利用自身动力进境的，海关在审查确定完税价格时，不再另行计入运费。

②进口货物的保险费，应当按照实际支付的费用计算。如果进口货物的保险费无法确定或者未实际发生，海关应当按照“货价加运费”两者总额的3‰计算保险费。

③邮运进口的货物，应当以邮费作为运输及其相关费用、保险费。

④以境外边境口岸价格条件成交的铁路或者公路运输进口货物，海关应当按照境外边境口岸价格的1%计算运输及其相关费用、保险费。

2. 进口货物海关估价的方法

进口货物的成交价格不符合成交价格条件的，经海关审查未能确定的，应当依次以下列价格为基础，估定完税价格：

（1）相同货物成交价格估价法，是指海关以与进口货物同时或者大约同时向我国境内销售相同货物的成交价格为基础，审查确定进口货物完税价格的估价方法。

（2）类似货物成交价格估价法，是指海关以与进口货物同时或者大约同时向我国境内销售类似货物的成交价格为基础，审查确定进口货物的完税价格的估价方法。

（3）倒扣价格估价法，是指海关以进口货物、相同或者类似进口货物在境内的销售价格为基础，扣除境内发生的关税和进口环节海关代征税及其他国内税、运费、保险费、利润等相关规定费用后，审查确定进口货物完税价格的估价方法。

(4) 计算价格估价法，是指海关按照下列各项总和计算出完税价格：生产该货物所使用的料件成本和加工费用，向境内销售同等级或者同种类货物通常的利润和一般费用，该货物运抵境内输入地点起卸前的运费及相关费用、保险费。

(5) 其他合理方法，是指海关以客观量化的数据资料为基础审查确定进口货物完税价格的估价方法。

(二) 特殊进口货物完税价格的确定

特殊进口货物的完税价格一般来说包括以下几种情况：

1. 运往境外加工的货物

运往境外加工的货物，出境时向海关报明，并在海关规定期限内复运进境的，按下列顺序确定其完税价格：

(1) 以加工后的货物进境时的到岸价格与原出境货物相同或类似货物在进境时的到岸价格的差额作为完税价格；

(2) 若无法得到原出境货物在进境时的到岸价格，可用原出境货物申报出境时的离岸价格替代；

(3) 若上述方法均不能确定，可用该出境货物在境外加工时支付的工缴费，加上运抵我国关境输入地点起卸前的包装费、运费、保险费和其他劳务费等一切费用作为完税价格。

2. 运往境外修理的货物

运往境外修理的机械器具、运输工具或其他货物，出境时已向海关报明，并在海关规定期限内复运进境的，按海关审定的境外修理费和料件费作为完税价格。

3. 租赁和租借方式进口的货物

租赁方式进口的货物，按照下列方法审查确定完税价格：

①以租金方式对外支付的租赁货物，在租赁期间以海关审查确定的租金作为完税价格，利息应当予以计入；

②留购的租赁货物以海关审查确定的留购价格作为完税价格；

③纳税义务人申请一次性缴纳税款的，可以选择申请按照进口货物海关估价的方法确定完税价格，或者按照海关审查确定的租金总额作为完税价格。

4. 暂时进境货物

经海关批准的暂时进境的货物，应按照一般进口货物估价办法的规定，估定完税价格。

5. 留购的进口货样等货物

国内单位留购的进口货样、展览品及广告陈列品，以海关审定的留购价格作为完税价格。

(三) 出口货物完税价格的确定

1. 以成交价格为基础的完税价格

出口货物的完税价格，由海关以该货物向境外销售的成交价格以及该货物运至我境内输入地点装卸前的运输及相关费用、保险费为基础审定，但不包括出口关税税额。

出口货物的成交价格，是指该货物出口销售到我国境外时买方向卖方实付或应付的价格。但下列费用应予扣除：

（1）成交价格中含有支付给国外的佣金，与货物成交价格分列的，应予扣除；未单独列明的，则不予扣除。

（2）出口货物的销售价格如果包括离境口岸至境外口岸之间的运输、保险费的，该运费、保险费应予扣除。

出口货物完税价格的计算公式为：

完税价格＝离岸价格÷（1＋出口关税税率）

2. 由海关估定的完税价格

出口货物的发货人或其代理人应如实向海关申报出口货物售予境外的价格，对出口货物的成交价格不能确定时，完税价格由海关依次按下列方法予以估定：

（1）同时或大约同时向同一国家或地区销售出口的相同货物的成交价格；

（2）同时或大约同时向同一国家或地区销售出口的类似货物的成交价格；

（3）根据境内生产相同或类似货物的成本、储运和保险费用、利润及其他杂费计算所得的价格；

（4）按照其他合理方法估定的价格。

四、关税税率的选择

关税税率是整个关税制度的核心要素。目前我国的关税税率主要有以下几种：

（一）进口货物税率

改革开放后，我国多次降低进口关税税率。从 1992 年初的 44.4％（简单算术平均，下同）下降至 1996 年初的 23％；1997 年 10 月 1 日起，平均税率为 17％；2001 年 12 月 11 日起我国已正式成为世界贸易组织成员，2001 年平均税率为 15.3％；按 2002 年的新税则，我国的关税总水平 2002 年已降至 12.7％；2006 年我国的关税总水平为 9.9％。我国于 2015 年 6 月 1 日、2016 年 1 月 1 日、2017 年 1 月 1 日、2017 年 12 月 1 日，三年内四次降低关税税率。2018 年 7 月 1 日起，我国又大幅度降低关税，将服装鞋帽、厨房和体育健身用品等进口关税平均税率由 15.9％降至 7.1％，将洗衣机、冰箱等家用电器进口关税平均税率由 20.5％降至 8％，将养殖类、捕捞类水产品和矿泉水等加工食品进口关税平均税率从 15.2％降至 6.9％，将洗涤用品和护肤、美发等化妆品及部分医药健康类产品进口关税平均税率由 8.4％降至 2.9％。

进口关税设置最惠国税率、协定税率、特惠税率、普通税率、配额税率等，进口货物在一定期限内可以实行暂定税率。

（1）最惠国税率：适用原产于与我国共同适用最惠国待遇条款的世界贸易组织成员国或地区的进口货物，或原产于与我国签订有相互给予最惠国待遇条款的双边贸易协定的国家或地区的进口货物。

（2）协定税率：适用原产于我国参加的含有关税优惠条款的区域性贸易协定的有关缔约方的进口货物。

（3）特惠税率：适用原产于与我国签订有特殊优惠关税协定的国家或地区的进口货物。

（4）普通税率：适用原产于上述国家或地区以外的国家或地区的进口货物。

（5）配额税率：配额内关税是对一部分实行关税配额的货物，按低于配额外税率的进口税率征收的关税。按照国家规定实行关税配额管理的进口货物，关税配额内的，适用关税配额税率；关税配额外的，其税率的适用按照前述的规定执行。

（6）暂定税率：是对某些税号中的部分货物在适用最惠国税率的前提下，通过法律程序暂时实施的进口税率，具有非全税目的特点，低于最惠国税率。

适用最惠国税率的进口货物有暂定税率的，应当适用暂定税率；适用协定税率、特惠税率的进口货物有暂定税率的，应当从低适用税率；适用普通税率的进口货物，不适用暂定税率。

（二）出口货物税率

出口货物税率没有普通税率和优惠税率之分。为了鼓励国内企业出口创汇，又做到能够控制一些商品的盲目出口，我国对绝大部分出口货物不征收出口关税，只对少数产品征收出口关税。现行税则仅对鳗鱼苗、部分有色金属矿砂及其精矿、生锑、磷、苯、山羊板皮、部分铁合金、钢铁废碎料、铜和铝原料及其制品、镍锭、锌锭、锑锭等30多种商品征收出口关税。其中，23种商品实行0%～20%暂定税率，其中16种商品为零税率，6种商品的关税税率为10%及以下，真正征收出口关税的商品只有近20种，其税率都很低。

五、优惠政策的运用

（一）法定减免

法定减免是指《海关法》《进出口关税条例》和《中华人民共和国海关进出口税则》（简称《海关进出口税则》）等法规中所规定的减免税，包括：

（1）下列货物，经海关审查无讹，可以免税：①关税税额在人民币50元以下的一票货物；②无商业价值的广告品和货样；③外国政府、国际组织无偿赠送的物资；④进出境运输工具装载的途中必需的燃料、物料和饮食用品。

（2）中华人民共和国缔结或者参加的国际条约规定减征、免征关税的货物、物品，海关按规定减免关税。

（3）有下列情形之一的进口货物，海关可以酌情减免关税：①在境外运输途中或者在起卸时，遭受损坏或者损失；②起卸后海关放行前，因不可抗力遭受损坏或者损失；③海关查验时已经破漏、损坏或者腐烂，经证明不是保管不慎造成的。

（4）为境外厂商加工、装配成品和为制造外销产品而进口的原材料、辅料、零件、部件、配套件和包装物料，海关按实际加工出口的成品数量免征进口关税；或者对进口料件，先征进口关税，再按实际加工出口的成品数量予以退税。

（5）经海关核准，暂时进境或暂时出境并在6个月内复运出境或复运进境的货样、展览品、施工机械、工程车辆、工程船舶、安装设备时使用的仪器和工具、电视或电影摄制器械、盛装货物的容器，以及剧团的服装道具等，在货物收发货人向海关缴纳相当于税款的保证金或提供担保后，准予暂时免纳关税。

（6）无代价抵偿货物，即进口货物在征税放行后，发现货物残损、短少或品质不良，而由国外承运人、发货人或保险公司免费补偿或更换的同类货物，可以免税，但有残损或质量问题的原进口货物如未退回国外，其进口的无代价抵偿货物应该照章征税。

（7）因故退还的中国出口货物，经海关查实，可予免征进口关税，但已征的出口关税不予退还。

（8）因故退还的境外进口货物，经海关查实，可予免征出口关税，但已征的进口关税不予退还。

（9）法律规定的其他可以免税的进出口货物。

（二）特定减免税

特定减免税亦称政策性减免税，是指在法定减免税以外，由国务院或国务院授权的机关颁布法规、规章特别规定的减免税。特定减免税货物一般有地区、企业和用途的限制，海关需要进行后续管理，并进行减免税统计。

（三）临时减免税

临时减免税是指在法定和特定减免税以外的其他减免税，即由国务院根据《海关法》对某个单位、某类商品、某个项目或某批进出口货物的特殊情况，给予特别照顾，一案一批，专文下达的减免税，一般不能比照执行。

六、关税应纳税额的计算

（一）进口货物应纳关税

1. 从价应纳税额的计算

进口关税税额＝应税进口货物数量×单位完税价格×税率

具体分以下几种情况：

（1）以我国口岸到岸价格（CIF）成交的，或者和我国毗邻的国家以两国共同边境地点交货价格成交的进口货物，其成交价格即为完税价格。应纳关税的计算公式为：

应纳进口关税税额＝CIF×关税税率

【做中学 4－1】 某进出口公司 2021 年 9 月从美国进口一批化工原料，到岸价格为 CIF 上海 USD800 000 元，另外在货物成交过程中，公司向卖方支付佣金 USD40 000 元，已知当时的外汇牌价为 USD100＝￥660，该原料的进口关税税率为 18%。试计算该公司进口该批货物应纳的关税。

该批原料的完税价格包括到岸价格和支付给卖方的佣金，故：

完税价格＝(800 000＋40 000)×6.60＝5 544 000（元）

应纳进口关税税额＝5 544 000×18%＝997 920（元）

（2）以国外口岸离岸价（FOB）或国外口岸到岸价格成交的，应另加从发货口岸或国外交货口岸运到我国口岸以前的运杂费和保险费作为完税价格。应纳关税的计算公式为：

应纳进口关税税额＝(FOB＋运杂费＋保险费)×关税税率

在国外口岸成交情况下，完税价格中包括的运杂费、保险费，原则上应按实际支付的金额计算，若无法得到实际支付金额，也可以以外贸系统海运进口运杂费率或按协商规定的固定运杂费率计算运杂费，保险费按中国人民保险公司的保险费率计算。应纳关税的计算公式为：

应纳进口关税税额＝(FOB＋运杂费)÷(1＋保险费率)×关税税率

【做中学4-2】 宏远公司委托天兴进出口贸易公司代理进口材料一批。该批材料实际支付离岸价为USD480 000，海外运输费、包装费、保险费共计USD20 000（支付日市场汇价为1美元兑换6.70元人民币），进口报关当日中国人民银行公布的市场汇价为1美元＝6.65元人民币，进口关税税率为20%。试计算该公司进口该批货物应纳的关税。

进口报关时应纳税额为：

应纳进口关税税额＝(480 000＋20 000)×6.65×20% ＝665 000（元）

(3) 以国外口岸离岸价格加运费（即CFR价格）成交的，应另加保险费作为完税价格。应纳关税的计算公式为：

应纳进口关税税额＝(CFR＋保险费)×关税税率

＝CFR÷(1＋保险费率)×关税税率

【做中学4-3】 某企业从香港进口原产地为韩国的设备3台，该设备的总成交价格为CFR上海港HKD180 000，保险费率为3‰，设备进口关税税率为10%，当日外汇牌价HKD100＝￥83，则应纳的关税为：

完税价格＝180 000×0.83×(1＋3‰)＝149 848.2（元）

应纳进口关税＝149 848.2×10%＝14 984.82（元）

(4) 特殊进口商品关税计算。特殊进口货物种类繁多，需在确定完税价格基础上，再计算应纳税额，应纳关税的计算公式为：

应纳税额＝特殊进口货物完税价格×关税税率

【做中学4-4】 某企业2019年将以前年度进口的设备运往境外修理，设备进口时成交价格为58万元，发生境外运费和保险费共计6万元；在海关规定的期限内复运进境，进境时同类设备价格为65万元；发生境外修理费8万元，料件费9万元，境外运输费和保险费共计3万元，进口关税税率为20%。试计算该设备复运进境时应纳的进口关税。

运往境外修理的机械器具、运输工具或其他货物，出境时已向海关报明，并在海关规定期限内复运进境的，应当以海关审定的境外修理费和料件费为完税价格。

应纳进口关税税额＝(8＋9)×20%＝3.4（万元）

2. 从量应纳税额的计算

应纳进口关税税额＝应税进口货物数量×单位货物税额

3. 复合税应纳税额的计算

我国目前实行的复合税都是先计征从量税，再计征从价税。

应纳进口关税税额＝应税进口货物数量×单位税额＋应税进口货物数量×单位完税价格×税率

(二) 出口货物应纳关税

1. 从价应纳税额的计算

应纳进口关税税额＝应税出口货物数量×单位完税价格×税率

具体分以下几种情况：

（1）以我国口岸离岸价格（FOB）成交的出口关税计算公式为：

应纳出口关税税额＝FOB÷(1＋关税税率)×关税税率

（2）以国外口岸到岸价格（CIF）成交的出口关税计算公式为：

应纳出口关税税额＝(CIF－保险费－运费)÷(1＋关税税率)×关税税率

（3）以国外口岸价格加运费价格（CFR）成交的出口关税计算公式为：

应纳出口关税税额＝(CFR－运费)÷(1＋关税税率)×关税税率

【做中学4－5】某进出口公司自营出口商品一批，我国口岸FOB价格折合人民币为720 000元，出口关税税率为20%，根据海关开出的专用缴款书，以银行转账支票付讫税款。应纳的出口关税税额为：

应纳出口关税税额＝720 000/(1＋20%)×20%＝120 000（元）

2. 从量应纳税额的计算

应纳出口关税税额＝应税出口货物数量×单位货物税额

3. 复合税应纳税额的计算

我国目前实行的复合税都是先计征从量税，再计征从价税。

应纳出口关税税额＝应税出口货物数量×单位货物税额＋应税出口货物数量×单位完税价格×税率

※ 职业能力判断与选择 ※

一、判断题

1. 关税是海关依法对进出关境的货物和物品征收的一种流转税。（　　）

2. 关税税额在20元以下的一票货物可以免征关税。（　　）

3. 当国境内设有自由贸易区时，关境就大于国境。（　　）

4. 我国的关税按照统一的关税税则征收一次关税后，就可以在整个关境内流通，不再征收关税。（　　）

5. 出口关税税率是一种差别比例税率，分为普通税率和优惠税率。（　　）

6. 以租赁方式进口的货物，应以海关审定的货物的租金作为完税价格，但对租赁期限超过五年的，则应以货物的到岸价格作为完税价格。（　　）

7. 进口货物以海关审定的成交价格为基础的到岸价格作为完税价格，到岸价格就是货价。（　　）

8. 运往境外加工的货物，出境时向海关报明，并在海关规定期限内复运进境的，应当以加工后的货物进境时的到岸价格作为完税价格。（　　）

9. 根据《进出口关税条例》的规定，外国政府、国际组织、国际友人和港、澳、台同胞无偿赠送的物资，经海关审查无讹，可以免征关税。（　　）

10. 出口货物应以海关审定的成交价格作为基础的离岸价格作为关税的完税价格。（　　）

二、选择题（第1～4题为单项选择题，第5～10题为多项选择题）

1. 我国关税由(　　)征收。

A. 税务机关　　B. 海关

C. 工商行政管理部门　　D. 人民政府

2. 根据进出口商品价格的变动而税率相应增减的进出口关税属于(　　)。

A. 从价税　　B. 从量税　　C. 滑准税　　D. 复合税

3. 进口货物正常成交价格中若包含以下费用，(　　)可以从中扣除。

A. 包装费　　B. 运输费　　C. 卖方付的回扣　　D. 保险费

4. 出口货物的完税价格不应该包括（　　）。

A. 向境外销售的成交价格

B. 货物运至我国境内输出地点装载前的运费及其相关费用

C. 货物运至我国境内输出地点装载前的保险费用

D. 离境口岸至境外口岸之间的运费、保管费

5. 我国《海关法》规定，减免进出口关税的权限属中央政府，关税的减免形式有(　　)。

A. 法定减免　　B. 特定减免　　C. 临时减免　　D. 困难减免

6. 非贸易性物品的关税纳税人是(　　)。

A. 入境旅客随身携带的行李、物品的持有人

B. 进口个人邮件的收件人

C. 外贸进出口公司

D. 有进出口经营权的企业

7. 下列各项中，属于关税法定纳税义务人的有(　　)。

A. 进口货物的收货人　　B. 进口货物的代理人

C. 出口货物的发货人　　D. 出口货物的代理人

8. 进口货物以海关审定的成交价格为基础的到岸价格作为完税价格。到岸价格包括货价，加上货物运抵中国关境内输入地点起卸前的(　　)等费用。

A. 包装费　　B. 其他劳务费

C. 保险费　　D. 运输费

9. 下列未包含在进口货物价格中的项目，应计入进口货物完税价格的有(　　)。

A. 买方负担除购货佣金以外的佣金及经纪费

B. 卖方负担的佣金

C. 由买方负担的与该货物视为一体的容器费用

D. 由买方负担的包装劳务费

10. 关于关税的减免税，下列表述正确的有(　　)。

A. 无商业价值的广告品视同货物进口征收关税

B. 外国企业赠送的物资免征关税

C. 保税区内加工运输出境的产品免征进口关税和进口环节税

D. 关税税额在人民币 50 元以下的货物免征关税

※ 单项任务训练 ※

1. 某公司进口一批应缴消费税的消费品，货价为 500 万元。该公司另外向境外支付的特许权使用费为 25 万元。此外，该批货物运抵我国关境需支付运费和保险费 25 万元。假设该货物适用的关税税率为 8%，增值税税率为 13%，消费税税率为 20%。

要求：请分别计算该公司应纳的关税、消费税和增值税。

2. 某企业从日本进口一批电子零件，成交价格为 550 万元，而日本出口方出售该批货物的国际市场价格为 700 万元。另外，该企业承担了该批零件的包装材料费 50 万元，同时，该企业支付给出口方零件进口后的技术服务费用 150 万元。已知电子零件的进口关税税率为 10%。

要求：请计算该企业进口电子零件应缴纳的关税。

3. 上海某公司从美国进口货物一批，货物以国外离岸价格成交，成交价格折合人民币 1 510万元，其中包括向境外采购代理人支付的买方佣金 10 万元，公司另向卖方支付佣金 15 万元，因使用该货物需要而向境外支付软件费 40 万元，支付货物运抵我国上海港的运费、保险费等 40 万元。假设该批货物适用的关税税率为 20%，增值税税率为 17%，消费税税率为 10%。

要求：请分别计算该公司应缴纳的关税、增值税和消费税。

4. 某公司进口货物一批，CIF 成交价格为人民币 600 万元，含单独计价并经海关审核属实的进口后装配调试费用 30 万元，该货物进口关税税率为 10%，海关填发税款缴纳证日期为 2019 年 1 月 10 日，该公司于 1 月 25 日缴纳税款。

要求：计算其应纳关税及滞纳金。

任务二

关税会计核算

※ 任务描述 ※

在计算出进出口货物应纳关税税额的基础上，报税岗位的会计人员需要设置“应交税费——应交进（出）口关税”的会计科目和明细账簿，对每笔进出口货物的应纳关税税额进行会计核算，涉及的业务主要有自营进（出）口业务的会计核算和代理进（出）口业务的关税核算等。

※ 知识准备与业务操作 ※

一、会计科目的设置

有进出口货物的企业在核算关税时，应在“应交税费”科目下设置“应交进口关税”“应交出口关税”两个明细科目分别对进、出口关税进行账务处理。企业按规定计算应纳税额时，借记有关科目，贷记“应交税费——应交进（出）口关税”科目；实际缴纳时，借记“应交税费——应交进（出）口关税”科目，贷记“银行存款”科目。

在实际工作中，由于企业经营进出口业务的形式和内容不同，因此具体会计核算方式有所区别。

二、会计核算实务处理

1. 自营进（出）口关税的核算

自营进（出）口是指由有进（出）口自营权的企业办理对外洽谈和签订进（出）口合同，执行合同并办理运输、开证、付汇全过程，同时自负进（出）口盈亏。

企业自营进口商品计算应纳关税税额时，借记“在途物资”等科目，贷记“应交税费——应交进口关税”科目，进口当时直接支付关税的，也可不通过“应交税费”科目；企业自营出口商品计算应纳关税税额时，借记“税金及附加”等科目，贷记“应交税费——应交出口关税”科目。

【做中学4-6】 某外贸企业从国外自营进口商品一批，CIF价格折合人民币为400 000元，进口关税税率为40%，代征增值税税率为13%，根据海关开出的专用缴款书，以银行转账支票付讫税款。

（1）计算应交关税和物资采购成本如下：

应交关税＝400 000×40%＝160 000（元）

物资采购成本＝400 000＋160 000＝560 000（元）

代征增值税＝560 000×13%＝72 800（元）

（2）作会计分录如下：

①计提关税和增值税时：

借：在途物资	560 000	
贷：应交税费——应交进口关税		160 000
应付账款		400 000

②支付关税和增值税时：

借：应交税费——应交进口关税	160 000	
——应交增值税（进项税额）	72 800	
贷：银行存款		232 800

③商品验收入库时：

借：库存商品　　560 000

　贷：在途物资　　560 000

【做中学4-7】某企业直接对外出口产品一批，离岸价为2 000 000元，出口关税税率为15%，则：

应纳出口关税税额＝2 000 000÷（1＋15%）×15%＝260 869.57（元）

作会计分录如下：

（1）出口产品时：

借：银行存款　　2 000 000

　贷：主营业务收入　　2 000 000

借：税金及附加　　260 869.57

　贷：应交税费——应交出口关税　　260 869.57

（2）缴纳出口关税时：

借：应交税费——应交出口关税　　260 869.57

　贷：银行存款　　260 869.57

2. 代理进（出）口关税的核算

代理进（出）口是外贸企业接受国内委托方的委托，办理对外洽谈和签订进（出）口合同，执行合同并办理运输、开证、付汇全过程的进（出）口业务。受托企业不负担进（出）口盈亏，只按规定收取一定比例的手续费。因此，受托企业进（出）口商品计算应纳关税时，借记“应收账款”等有关科目，贷记“应交税费——应交进（出）口关税”科目；代交进（出）口关税时，借记“应交税费——应交进（出）口关税”科目，贷记“银行存款”科目；收到委托单位的税款时，借记“银行存款”科目，贷记“应收账款”科目。

【做中学4-8】某进出口公司接受宏远公司的委托进口商品一批，进口货款为2 550 000元，已汇入进出口公司存款户。该进口商品我国口岸CIF价格为USD240 000，进口关税税率为20%，当日的外汇牌价为USD100＝RMB660，代理手续费按货价2%收取，现该批商品已运达，向委托单位办理结算。

（1）计算应交关税和代理手续费如下：

商品货价＝240 000×6.6＝1 584 000（元）

进口关税＝1 584 000×20%＝316 800（元）

代理手续费＝1 584 000×2%＝31 680（元）

（2）作会计分录如下：

①收到委托单位划来进口货款时：

借：银行存款　　2 550 000

　贷：应付账款——宏远公司　　2 550 000

②对外付汇进口商品时：

借：应收账款——外商　　1 584 000

　贷：银行存款　　1 584 000

③支付进口关税时：

借：应付账款——宏远公司　　316 800

　贷：应交税费——应交进口关税　　316 800

借：应交税费——应交进口关税　　316 800

　贷：银行存款　　316 800

④将进口商品交付委托单位并收取手续费时：

借：应付账款——宏远公司　　1 615 680

　贷：其他业务收入（或主营业务收入）　　31 680

　　应收账款——外商　　1 584 000

⑤将委托单位剩余的进口货款退回时：

借：应付账款——宏远公司　　617 520

　贷：银行存款　　617 520

【做中学 4-9】某进出口公司代理乙企业出口商品一批，该商品的FOB价格折合人民币为300 000元，出口关税税率为20%，手续费为12 800元。

(1) 计算并缴纳关税：

应纳出口关税=300 000÷（1+20%）×20%=50 000（元）

借：应收账款——乙企业　　50 000

　贷：应交税费——应交出口关税　　50 000

借：应交税费——应交出口关税　　50 000

　贷：银行存款　　50 000

(2) 计算应收手续费时：

借：应收账款——乙企业　　12 800

　贷：其他业务收入（或主营业务收入）　　12 800

(3) 收到乙单位支付的税款及手续费时：

借：银行存款　　62 800

　贷：应收账款——乙企业　　62 800

※ 职业能力判断与选择 ※

一、判断题

1. 工业企业通过外贸企业代理或直接从国外进口原材料，直接支付进口关税时，可不通过“应交税费”科目核算，将其直接计入进口原材料的采购成本，借记“在途物资”科目，贷记“银行存款”等科目。（　　）

2. 企业自营出口产品应缴纳的出口关税，支付时可直接借记“主营业务成本”科目，贷记“应交税费——应交出口关税”科目。（　　）

3. 代理进出口业务，一般以收取手续费形式为委托方提供代理服务，因此，由于进出口而计缴的关税均由委托方负担，受托方即使向海关缴纳了关税，也只是代垫或代付，日后仍

要从委托方收回。（　　）

二、选择题（第 1 题为单项选择题，第 2、3 题为多项选择题）

1. 某进出口公司向美国出口一批铬铁，国内港口 FOB 价格折合人民币为 560 000 元，铬铁出口税率为 40%，涉及关税的会计处理如下：

A. 借：主营业务成本	160 000	
贷：应交税费——应交出口关税		160 000
B. 借：税金及附加	160 000	
贷：应交税费——应交出口关税		160 000
C. 借：主营业务成本	224 000	
贷：应交税费——应交出口关税		224 000
D. 借：税金及附加	224 000	
贷：应交税费——应交出口关税		224 000

2. 下列说法正确的是（　　）。

A. 关税与消费税都是价内税

B. 关税与消费税的会计处理相同

C. 关税与增值税的会计处理相同

D. 出口关税的会计处理方法与消费税相同

3. 在关税会计处理中，借记的科目可能有（　　）。

A. “税金及附加”　　B. “在建工程”

C. “银行存款”　　D. “在途物资”

※ 单项任务训练 ※

1. 某进出口公司为增值税一般纳税人，地处市区，于 2020 年 9 月进口应税消费品一批，以离岸价格成交，成交价折合人民币为 2 760 万元。另外支付该货物运抵我国关境内输入地点起卸前发生的运费 20 万元、保险费 10 万元、包装材料费 10 万元，委托境内某运输企业将进口货物运抵本单位取得增值税专用发票，注明运输费 10 万元、税款 0.9 万元。取得海关开具的完税凭证。入库后本月将进口应税消费品全部销售，取得不含税销售额 7 000 万元。（该货物适用的关税税率为 50%，增值税税率为 13%，消费税税率为 10%。）

要求：根据税法规定，计算该公司进口环节及内销环节应纳的关税、增值税、消费税，并进行相关的会计处理。

2. 某化妆品生产企业为增值税一般纳税人，2020 年 10 月上旬从国外进口一批散装高档化妆品，支付给国外的货价 120 万元、相关税金 10 万元、卖方佣金 2 万元、运抵我国海关前的运杂费和保险费 18 万元；进口机器设备一套，支付给国外的货价 35 万元、运抵我国海关前的运杂费和保险费 5 万元。散装高档化妆品和机器设备均验收入库。本月内企业将进口的散装高档化妆品的80%生产加工为成套化妆品7 800件，对外批发销售6 000件，取得不含税销售额290万元；向消费者零售800件，取得含税销售额49.72万元。（高档化妆品的进口关税税率为40%、消费税税率为15%，机器设备的进口关税税率为20%。）

要求：计算该企业在进口环节、国内生产销售环节应缴纳的消费税、增值税，并进行相关的会计处理。

任务三

关税征收管理

※ 任务描述 ※

发生进出口货物时，报税岗位的会计人员需要办理进出口货物的报关手续，持海关进（出）口关税专用缴款书，在规定的期限内到指定的地点缴纳关税。关税缴纳后，因某种原因，出现关税多缴或少缴情况时，还需要办理税款的退还或补缴等工作。

※ 知识准备与业务操作 ※

一、进出口货物报关

（一）报关时间

进口货物的纳税人应当自运输工具申报进境之日起14日内，向货物的进境地海关申报，如实填写海关进口货物报关单，并提交进口货物的发票、装箱清单、进口货物提货单或运单、关税免税或免予查验的证明文件等。

出口货物的发货人除海关特准外，应当在运抵海关监管区装货的24小时以前，填报出口货物报关单，交验出口许可证和其他证件，申报出口，由海关放行，否则货物不得离境出口。

（二）报关应提交的相关材料

进出口货物时应当提交以下材料：

（1）进出口货物报关单（见表4-1、表4-2）；（2）合同；（3）发票；（4）装箱清单；（5）载货清单（舱单）；（6）提（运）单；（7）代理报关授权委托协议；（8）进出口许可证件；（9）海关要求的加工贸易手册（纸质或电子数据的）及其他进出口有关单证。

表 4－1　中华人民共和国海关出口货物报关单

预录入编号：　　　　海关编号：　　　　（申报地海关）　　　　页码/页数：

<table>
<tr><td>境内发货人</td><td colspan="2">出境关别</td><td colspan="2">出口日期</td><td colspan="2">申报日期</td><td>备案号</td></tr>
<tr><td>境外收货人</td><td colspan="2">运输方式</td><td colspan="2">运输工具名称及航次号</td><td colspan="3">提运单号</td></tr>
<tr><td>生产销售单位</td><td colspan="2">监管方式</td><td colspan="2">征免性质</td><td colspan="3">许可证号</td></tr>
<tr><td>合同协议号</td><td colspan="2">贸易国（地区）</td><td colspan="2">运抵国（地区）</td><td colspan="3">指运港</td></tr>
<tr><td>包装种类</td><td>件数</td><td>毛重（千克）</td><td>净重（千克）</td><td>成交方式</td><td>运费</td><td>保费</td><td>杂费</td></tr>
<tr><td colspan="4">随附单证
随附单证一：</td><td colspan="4">随附单证二：</td></tr>
<tr><td colspan="8">标记唛码及备注</td></tr>
<tr><td colspan="8">项号　商品编号　商品名称及规格型号　数量及单位　单价/总价/币制　原产国（地区）　最终目的国（地区）　境内货源地　征免</td></tr>
<tr><td colspan="8"></td></tr>
<tr><td colspan="8"></td></tr>
<tr><td colspan="8"></td></tr>
<tr><td colspan="8"></td></tr>
<tr><td colspan="8"></td></tr>
<tr><td colspan="8"></td></tr>
<tr><td colspan="8">特殊关系确认：　价格影响确认：　支付特许权使用费确认：　自报自缴：</td></tr>
<tr><td colspan="6">申报人员　申报人员证号　电话　兹申明以上内容承担如实申报、依法纳税之法律责任
申报单位　　　　　　　　　　　　　　　　申报单位（签章）</td><td colspan="2">海关批注及签章</td></tr>
</table>

表 4-2　中华人民共和国海关进口货物报关单

预录入编号：　　　　海关编号：　　　　（申报地海关）　　　　页码/页数：

<table>
<tr><td>境内收货人</td><td colspan="2">进境关别</td><td colspan="2">进口日期</td><td colspan="2">申报日期</td><td>备案号</td></tr>
<tr><td>境外发货人</td><td colspan="2">运输方式</td><td colspan="2">运输工具名称及航次号</td><td colspan="2">提运单号</td><td>货物存放地点</td></tr>
<tr><td>消费使用单位</td><td colspan="2">监管方式</td><td colspan="2">征免性质</td><td colspan="2">许可证号</td><td>启运港</td></tr>
<tr><td>合同协议号</td><td colspan="2">贸易国（地区）</td><td colspan="2">启运国（地区）</td><td colspan="2">经停港</td><td>入境口岸</td></tr>
<tr><td>包装种类</td><td>件数</td><td>毛重（千克）</td><td>净重（千克）</td><td>成交方式</td><td>运费</td><td>保费</td><td>杂费</td></tr>
<tr><td colspan="8">随附单证
随附单证一：　　　　　　　　随附单证二：</td></tr>
<tr><td colspan="8">标记唛码及备注</td></tr>
<tr><td colspan="8">项号　商品编号　商品名称及规格型号　数量及单位　单价/总价/币制　原产国（地区）　最终目的国（地区）　境内目的地　征免</td></tr>
<tr><td colspan="8"></td></tr>
<tr><td colspan="8"></td></tr>
<tr><td colspan="8"></td></tr>
<tr><td colspan="8"></td></tr>
<tr><td colspan="8"></td></tr>
<tr><td colspan="8"></td></tr>
<tr><td colspan="8">特殊关系确认：　　价格影响确认：　　支付特许权使用费确认：　　自报自缴：</td></tr>
<tr><td colspan="6">申报人员　申报人员证号　电话　兹申明以上内容承担如实申报、依法纳税之法律责任
申报单位　　　　　　　　　　　　　　　　申报单位（签章）</td><td colspan="2">海关批注及签章</td></tr>
</table>

二、关税的缴纳

（一）缴纳地点

根据纳税人的申请及进出口货物的具体情况，关税可以在关境地缴纳，也可以在主管地缴纳。关境地缴纳是指进出口货物在哪里通关，纳税人即在哪里缴纳关税，这是最常见的做法。主管地纳税是指纳税人住址所在地海关监管其通关并征收关税，它只适用于集装箱运载的货物。

（二）缴纳凭证

海关在接受进出口货物通关手续申报后，逐票计算应征关税并向纳税人或其代理人填发海关进（出）口关税专用缴款书（见表4-3），纳税人或其代理人持海关进（出）口关税专用缴款书在规定期限内向银行办理税款交付手续。

表4-3　海关进（出）口关税专用缴款书（收据联）

收入系统：　　　　　　　　填发日期：　　年　　月　　日　　　　　　No.

<table>
<tr><td rowspan="3">收款单位</td><td>收入机关</td><td colspan="2"></td><td rowspan="3">缴款单位（人）</td><td>名称</td><td></td></tr>
<tr><td>科目</td><td>预算级次</td><td></td><td>科目</td><td></td></tr>
<tr><td>收缴国库</td><td colspan="2"></td><td>开户银行</td><td></td></tr>
<tr><td>税号</td><td>货物名称</td><td>数量</td><td>单位</td><td>完税价格（¥）</td><td>税率（%）</td><td>税款金额（¥）</td></tr>
<tr><td></td><td></td><td></td><td></td><td></td><td></td><td></td></tr>
<tr><td></td><td></td><td></td><td></td><td></td><td></td><td></td></tr>
<tr><td></td><td></td><td></td><td></td><td></td><td></td><td></td></tr>
<tr><td></td><td></td><td></td><td></td><td></td><td></td><td></td></tr>
<tr><td colspan="5">金额人民币（大写）　万　仟　佰　拾　元　角　分</td><td>合计（¥）</td><td></td></tr>
<tr><td>申请单位编号</td><td></td><td>报关单编号</td><td colspan="2"></td><td rowspan="3">填制单位</td><td rowspan="3">收缴国库（银行）</td></tr>
<tr><td>合同（批文）号</td><td></td><td>运输工具（号）</td><td colspan="2"></td></tr>
<tr><td>缴款日期</td><td>年　月　日</td><td>提/装货单号</td><td colspan="2"></td></tr>
<tr><td>备注</td><td colspan="4">一般征税

国际代码</td><td>制单人：
复核人：
（单证专用章）</td><td>（业务公章）</td></tr>
</table>

第一联：（收据）国库收款签章后交缴款单位或缴款人

说明：从填发缴款书之日起限15日内缴纳（期末遇法定节假日顺延），逾期按日征收税款总额0.5‰的滞纳金。

进出口货物收发货人或其代理人缴纳税款后，应将盖有“收讫”章的海关进（出）口关税专用缴款书第一联送签发海关验核，海关凭此办理有关手续。

（三）缴纳期限

纳税人应当自海关填发税款缴款书之日起15日内，向指定银行缴纳税款。如果关税缴纳期限的最后1日是周末或法定节假日，则关税缴纳期限顺延至周末或法定节假日过后的第

1个工作日。

关税纳税人因不可抗力或者在国家税收政策调整的情形下，不能按期缴纳税款的，经海关总署批准，可以延期缴纳税款，但最长不得超过6个月。

三、关税的强制执行

根据《海关法》规定，纳税人或其代理人应当在海关规定的缴款期限内缴纳税款，逾期未缴的即构成关税滞纳。为保证海关决定的有效执行和国家财政收入的及时入库，《海关法》赋予海关对滞纳关税的纳税人强制执行的权力。强制措施主要有征收滞纳金和强制征收两类。

(一) 征收滞纳金

滞纳金自关税缴纳期限届满滞纳之日起，至纳税人缴纳关税之日止，按滞纳税款万分之五的比例按日征收，周末或法定节假日不予扣除。计算公式为：

$$关税滞纳金金额=滞纳关税税额\times 0.5‰\times 滞纳天数$$

(二) 强制征收

纳税人自海关填发缴款书之日起3个月仍未缴纳税款的，经海关关长批准，海关可以采取强制措施扣缴。强制措施主要有强制扣缴和变价抵缴两种。

1. 强制扣缴

强制扣缴是指海关依法自行或向人民法院申请采取从纳税人的开户银行或者其他金融机构的存款中将相当于纳税人应纳税款的款项强制划拨入国家金库的措施。即书面通知其开户银行或者其他金融机构从其存款中扣缴税款。

2. 变价抵缴

变价抵缴是指如果纳税人的银行账户中没有存款或存款不足以强制扣缴时，海关可以将未放行的应税货物依法变卖，以销售货物所得价款抵缴应缴税款。如果该货物已经放行，海关可以将该纳税人的其他价值相当于应纳税款的货物或其他财产依法变卖，以变卖所得价款抵缴应缴税款。

强制扣缴和变价抵缴的税款含纳税人未缴纳的税款滞纳金。

四、关税的退还

关税的退还是关税纳税人缴纳税款后，因某种原因的出现，海关将实际征收多于应当征收的税款退还给原纳税人的一种行政行为。根据《海关法》规定，海关多征的税款，海关发现后应当立即退还。

按规定，有下列情形之一的，纳税人可以自缴纳税款之日起1年内，书面声明理由，连同原纳税收据向海关申请退还税款并加算银行同期活期存款利息，逾期不予受理：

(1) 因海关误征，多纳税款的；

(2) 海关核准免验进口的货物，在完税后发现有短缺情况，经海关审查认可的；

（3）已征出口关税的货物，因故未装运出口，申报退关，经海关查明属实的。

对已征出口关税的出口货物和已征进口关税的进口货物，因货物品种或规格原因（非其他原因）原状复运进境或出境的，经海关查验属实的，也应退还已征关税，海关应当在受理退税申请之日起 30 日内作出书面答复并通知退税申请人。

五、关税的补征和追征

关税的补征和追征是海关在纳税人按海关规定缴纳关税后，发现实际征收税额少于应当征收的税额时，责令纳税人补缴所差税款的一种行政行为。

关税的补征是非因纳税人违反海关规定造成少征关税。根据《海关法》规定，进出境货物或物品放行后，海关发现少征或漏征税款，应当自缴纳税款或者货物、物品放行之日起 1 年内，向纳税人补征。

关税的追征是由于纳税人违反海关规定造成少征关税。因纳税人违反规定而造成的少征或者漏征的税款，自纳税人应缴纳税款之日起 3 年以内可以追征，并从缴纳税款之日起按日加收少征或者漏征税款万分之五的滞纳金。

六、关税的纳税争议

为保护纳税人的合法权益，我国《海关法》和《进出口关税条例》都规定了纳税人对海关确定的进出口货物的征税、减税、补税或者退税等有异议时，有提出申诉的权利。在纳税义务人同海关发生纳税争议时，可以向海关申请复议，但同时应当在规定期限内按海关核定的税额缴纳关税，逾期则构成滞纳，海关有权按规定采取强制执行措施。

纳税争议的内容一般为进出境货物和物品的纳税人对海关在原产地认定、税则归类、税率或汇率适用、完税价格确定、关税减征、免征、追征、补征和退还等征税行为是否合法或适当，是否侵害了纳税义务人的合法权益，而对海关征收关税的行为表示异议。

纳税争议的申诉程序：纳税义务人自海关填发税款缴款书之日起 30 日内，向原征税海关的上一级海关书面申请复议。逾期申请复议的，海关不予受理。海关应当自收到复议申请之日起 60 日内作出复议决定，并以复议决定书的形式正式答复纳税人；纳税人对海关复议决定仍然不服的，可以自收到复议决定书之日起 15 日内，向人民法院提起诉讼。

※ 职业能力判断与选择 ※

一、判断题

1. 进口货物因收发货人或者他们的代理人违反规定而造成的关税少征或漏征，海关在 3 年内可以追征，有特殊情况的，追征期可以延长到 10 年。（　　）

2. 关税纳税义务人或他们的代理人应在海关填发税款缴纳证的次日起 7 日内，向指定银行缴纳，并由当地银行解缴中央金库。（　　）

3. 已征出口关税的货物，因故未装运出口，申报退关，经海关查明属实的，纳税人可以自缴纳税款之日起 1 年内申请退还税款。（　　）

4. 关税纳税义务人对海关确定的进出口货物的征税、减税、补税或者退税等有异议的，可以先采取关税缓纳的办法。(　　)

5. 进出口货物完税后，如发现非纳税人原因造成的少征或者漏征关税税款，海关应当自缴纳税款或者货物放行之日起1年内，向收发货人或他们的代理人补征。(　　)

6. 关税纳税人因不可抗力或者在国家税收政策调整的情形下，不能按期缴纳税款的，经海关总署批准，可以延期缴纳税款，但最长不得超过6个月。(　　)

7. 出口货物的发货人应当在运抵海关监管区装货的24小时以前，向海关填报出口货物报关单。

8. 海关对进出口货物的完税价格进行审定时，可以进入进出口货物的收发货人的生产经营场所，检查与进出口活动有关的货物和生产经营情况，但不可以进入该收发货人的业务关联企业进行检查。

二、选择题(第1～6题为单项选择题，第7、8题为多项选择题)

1. 关税纳税义务人因不可抗力或者在国家税收政策调整的情形下，不能按期缴纳税款的，经海关总署批准，可以延期缴纳税款，但最多不得超过(　　)。

A. 3个月　　B. 6个月　　C. 9个月　　D. 12个月

2. 关税滞纳金自(　　)起，至纳税义务人缴纳关税之日止，按滞纳税款万分之五的比例按日征收，周末或法定节假日不予扣除。

A. 商品报关之日　　B. 商品进出关境之日

C. 关税缴纳期限届满之日　　D. 自海关填发税款缴款书之日

3. 进出口货物，因收发货人或者他们的代理人违反规定而造成少征或者漏征关税的，海关可以(　　)征收。

A. 在1年内　　B. 在3年内　　C. 在10年内　　D. 无限期

4. 海关对逾期未交的关税，按日加收(　　)滞纳金。

A. 2‰　　B. 0.5‰　　C. 2%　　D. 1%

5. 纳税义务人或其代理人应在海关填发税款缴纳凭证之日起(　　)内，向指定银行缴纳税款。

A. 7日　　B. 10日　　C. 15日　　D. 30日

6. 某公司进口一批货物，海关于2020年3月1日填发税款缴款书，但公司迟至3月27日才缴纳500万元的关税。海关应征收关税滞纳金(　　)。

A. 2.75万元　　B. 3万元　　C. 6.5万元　　D. 6万元

7. 下列各项中，不符合关税减免规定的有(　　)。

A. 因故退还的国内出口货物，经海关审查属实，可予免征进口关税，已征收的出口关税准予退还

B. 因故退还的国内出口货物，经海关审查属实，可予免征进口关税，但已征收的出口关税不予退还

C. 因故退还的境外进口货物，经海关审查属实，可予免征出口关税，已征收的进口关税准予退还

D. 因故退还的境外进口货物，经海关审查属实，可予免征出口关税，但已征收的进口关税不予退还

8. 关税的征收管理规定中，关于补征和追征的期限为（　　）。

A. 补征期为 1 年内　　B. 追征期为 1 年内

C. 补征期为 3 年内　　D. 追征期为 3 年内

【项目小结】

关税作为国际通用的税种，是维护国家经济权益的有力工具，在各国的税制中具有特殊作用。关税分进口关税与出口关税两类，计算和申报比较复杂，这是关税的特殊性。正确确认关税完税价格是计税的基础和前提。进口关税与出口关税的会计处理方法不同，对进口货物，海关要代征消费税、增值税，对关税、消费税、增值税的计算程序、计算方法、会计处理方法应重点掌握。

项目五

企业所得税会计核算与申报

【学习目标】

- 能根据学习项目、任务的需要查阅有关资料。
- 掌握企业所得税的基本法规知识，能判断居民企业纳税人、非居民企业纳税人，以及分别适用何种种率。
- 掌握企业所得税的纳税调整和应税所得额的计算，理解相关抵免规定，会根据业务资料计算应纳企业所得税税额。
- 熟悉企业所得税月（季）度预缴、年终汇算清缴的相关规定，会根据业务资料填制企业所得税月（季）度预缴纳税申报表、企业所得税年度纳税申报表及相关附表，能办理年终企业所得税的汇算清缴工作。
- 熟悉企业所得税涉税业务的会计处理方法，能根据业务资料进行所得税会计处理。
- 培养敬业精神、团队合作能力和良好的职业道德修养。

【项目导航】

2007年3月16日，第十届全国人民代表大会第五次会议通过了现行的《中华人民共和国企业所得税法》（简称《企业所得税法》），并于2008年1月1日起施行，实现了内外资企业实行统一的企业所得税法。企业所得税借助于会计才得以推行，现代会计因企业所得税而更加规范，当然也更为复杂。由于财务会计与所得税法在确认收益实现和费用扣减的时间以及费用扣减标准的不同，根据会计准则计算的税前利润，要经过调整才能作为计算企业所得税的基础。

任务一

企业所得税纳税人和征税对象的确定

※ 任务描述 ※

报税岗位的会计人员在明确自己所在的企业是缴纳企业所得税的纳税人后，首先需要确定该企业是居民企业纳税人还是非居民企业纳税人；需要划分各项经济所得的来源渠道，确定来自中国境内还是境外；需要明确企业所得税的具体内容，选择合适的税率，正确运用税收的优惠政策，明确企业所得税的减免税项目。

※ 知识准备与业务操作 ※

一、纳税人的确定

企业所得税是指国家对境内企业生产、经营所得和其他所得依法征收的一种税。它是国家参与企业利润分配的重要手段。

企业所得税的纳税义务人为在中华人民共和国境内企业和其他取得收入的组织（以下统称企业）。个人独资企业、合伙企业不征收企业所得税，而征收个人所得税。企业所得税纳税人按照国际惯例一般分为居民企业和非居民企业，这是确定纳税人是否负有全面纳税义务的基础。

（一）居民企业

居民企业是指依法在中国境内成立，或者依照外国法律成立但实际管理机构在中国境内的企业。实际管理机构，是指对企业的生产经营、人员、账务、财产等实施实质性全面管理和控制的机构。例如，在我国注册成立的沃尔玛（中国）公司、通用汽车（中国）公司，就是我国的居民企业；在英国、百慕大群岛等国家和地区注册的公司，但实际管理机构在我国境内，也是我国的居民企业。

（二）非居民企业

非居民企业是指按照中国税法规定不符合居民企业标准的企业，即依照外国（地区）法律、法规成立且实际管理机构不在中国境内，但在中国境内设立机构、场所的，或者在中国境内未设立机构、场所，但有来源于中国境内所得的企业。例如，在我国设立代表处及其他分支机构的外国企业。

对中国境内未设立机构、场所的非居民企业或者虽设立机构、场所但取得的所得与其所设机构、场所没有实际联系的中国境内所得应缴纳的所得税，实行源泉扣缴，以支付人为扣缴义务人，税款由扣缴义务人在每次支付或者到期应支付时，从支付或者到期应支付的款项中扣缴；对非居民企业在中国境内取得工程作业和劳务所得应缴纳的所得税，税务机关可以指定工程价款或者劳务费的支付人为扣缴义务人；扣缴义务人未依法扣缴或者无法履行扣缴义务的，由纳税人在所得发生地缴纳。纳税人未依法缴纳的，税务机关可以从该纳税人在中国境内其他收入项目的支付人应付的款项中，追缴该纳税人的应纳税款。

【提示】我国法律规定，个人独资企业和合伙企业的出资人对外承担无限责任，企业的财产与出资人的财产密不可分，生产经营收入就是出资人个人的收入，个人独资企业和合伙企业应就其出资人所得缴纳个人所得税，因此，他们属于个人所得税纳税人，不属于企业所得税纳税人。

二、征税对象的确定

企业所得税的征税对象为在中国境内企业的生产经营所得和其他所得。所谓生产经营所得，是指企业从事物质生产、商品流通、交通运输、劳动服务以及其他盈利事业取得的境内外所得。其他所得包括企业有偿转让各类财产取得的财产转让所得，纳税人购买各种有价证券取得的利息及因外单位欠款取得的利息所得，纳税人出租固定资产、包装物等取得的租赁所得，纳税人因提供转让专利权、非专利技术、商标权、著作权等取得的特许权使用费所得，纳税人对外投资入股取得的股息、红利所得以及固定资产盘盈，因债权人原因确实无法支付的应付款项、物资及现金溢余等取得的其他所得。

居民企业应当就其来源于中国境内、境外的所得缴纳企业所得税；非居民企业在中国境内设立机构、场所的，应当就其所设机构、场所取得的来源于中国境内的所得，以及发生在中国境外但与其所设机构、场所有实际联系的所得，缴纳企业所得税；非居民企业在中国境内未设立机构、场所的，或者虽设立机构、场所但取得的所得与其所设机构、场所没有实际联系的，应当就其来源于中国境内的所得缴纳企业所得税。

纳税对象的具体化即为应纳税所得额，是指纳税人每一纳税年度的收入总额减除不征税收入、免税收入、各项扣除以及允许弥补的以前年度亏损后的余额。

【提示】《企业所得税法》对所得来源地的确认有明确规定：销售货物所得为交易活动发生地；提供劳务所得为劳务发生地；不动产转让所得为不动产所在地，动产转让所得为转让动产的企业或机构、场所所在地；权益性投资资产转让所得为被投资企业所在地；股息、红利等权益性投资所得为分配所得的企业所在地；利息所得、租金所得、特许权使用费所得为负担支付所得的企业或机构、场所所在地，或负担、支付所得的个人的住所地；其他所得，由国务院财政、税务主管部门确定。

三、税率的选择

我国企业所得税实行的是比例税率，从2008年起税法规定企业所得税税率为25%，同时对以下所得作了专门的规定：

（1）对符合条件的小型微利企业减按20%的税率征收。小型微利企业是指从事国家非限制和禁止行业，并符合下列条件的企业：工业企业，年度应纳税所得额不超过30万元，从业人数不超过100人，资产总额不超过3 000万元；其他企业，年度应纳税所得额不超过30万元，从业人数不超过80人，资产总额不超过1 000万元。在2019年1月1日至2021年12月31日期间，将小型微利企业条件放宽为从事国家非限制和禁止行业，且同时符合年度应纳税所得额不超过300万元、从业人数不超过300人、资产总额不超过5 000万元这三个条件的企业。

（2）在中国境内未设立机构、场所，或者虽设立机构、场所但取得的所得与其所设机构、场所没有实际联系的非居民企业的中国境内所得，减按10%的税率征收企业所得税。

（3）对国家需要重点扶持的高新技术企业，减按15%的税率征收企业所得税。

四、优惠政策的运用

税收优惠政策是指为了照顾某些纳税人的特殊情况而给予减征或免征所得税款的规定。它是税法原则性和灵活性相结合的体现，是发挥税收特殊调节作用的重要手段。根据《企业所得税法》《中华人民共和国企业所得税法实施条例》（简称《企业所得税法实施条例》）及现行的有关法规，我国从 2008 年 1 月 1 日起企业所得税的减免优惠政策主要有以下五个方面：

（一）促进技术创新和科技进步

（1）对国家需要重点扶持的高新技术企业，减按 15%的税率征收企业所得税。国家需要重点扶持的高新技术企业，必须同时符合下列条件：

①拥有核心自主知识产权；

②产品（服务）属于《国家重点支持的高新技术领域》规定的范围；

③有关比例符合规定标准，即研究开发费用占销售收入的比例、高新技术产品（服务）收入占企业总收入的比例、科技人员占企业职工总数的比例不低于规定比例；

④《高新技术企业认定管理办法》规定的其他条件。

（2）对经济特区（深圳、珠海、汕头、厦门和海南）和上海浦东新区内，在 2008 年 1 月 1 日（含）之后完成登记注册的国家需要重点扶持的高新技术企业（简称新设高新技术企业），在经济特区和上海浦东新区内取得的所得，自取得第一笔生产经营收入所属纳税年度起，第一年至第二年免征企业所得税，第三年至第五年按照 25%的法定税率减半征收企业所得税。

（3）企业为开发新技术、新产品、新工艺发生的研究开发费用，未形成无形资产计入当期损益的，在按照规定据实扣除的基础上，按照研究开发费用的 75%加计扣除（制造业可按 100%加计扣除）；形成无形资产的，按照无形资产成本的 175%摊销（制造业可按 200%摊销）。

（4）创业投资企业采取股权投资方式投资于未上市的中小高新技术企业 2 年以上的，可以按照其投资额的 70%在股权持有满 2 年的当年抵扣该创业投资企业的应纳税所得额；当年不足抵扣的，可以在以后纳税年度结转抵扣。

在京津冀、上海、广东、安徽、四川、武汉、西安、沈阳 8 个全面创新改革试验地区和苏州工业园区开展试点，从 2017 年 1 月 1 日起，对公司制创业投资企业采取股权投资方式直接投资于种子期、初创期科技型企业满 2 年的，可以按照投资额的 70%在股权持有满 2 年的当年抵扣该公司制创业投资企业的应纳税所得额；当年不足抵扣的，可以在以后纳税年度结转抵扣。自 2017 年 7 月 1 日起，将享受这一优惠政策的投资主体由公司制和合伙制创投企业的法人合伙人扩大到个人投资者。自 2018 年 1 月 1 日起，有关优惠政策推广到全国。

（5）企业的固定资产由于技术进步等原因，确实需要加速折旧的，可以缩短折旧年限或者采取加速折旧的方法。

可以采取缩短折旧年限或者采取加速折旧方法的固定资产，包括：①由于技术进步，产品更新换代较快的固定资产；②常年处于强震动、高腐蚀状态的固定资产。

采取缩短折旧年限方法的，最低折旧年限不得低于规定折旧年限的 60%；采取加速折旧方法的，可以采取双倍余额递减法或者年数总和法。

（6）在一个纳税年度内，居民企业技术转让所得不超过 500 万元的部分，免征企业所得税；超过 500 万元的部分，减半征收企业所得税。

【提示】技术转让的范围，包括居民企业转让专利技术、计算机软件著作权、集成电路布图设计权、植物新品种、生物医药新品种，以及财政部和国家税务总局确定的其他技术；居民企业从直接或间接持有股权之和达到 100%的关联方取得的技术转让所得，不享受技术转让减免企业所得税优惠政策。

(7) 关于鼓励软件产业和集成电路产业发展的优惠政策：

①软件生产企业实行增值税即征即退政策所退还的税款，由企业用于研究开发软件产品和扩大再生产，不作为企业所得税应税收入，不予征收企业所得税；

②我国境内新办软件生产企业经认定后，自获利年度起，第一年和第二年免征企业所得税，第三年至第五年减半征收企业所得税；

③国家规划布局内的重点软件生产企业，如当年未享受免税优惠的，减按10%的税率征收企业所得税；

④软件生产企业的职工培训费用，可按实际发生额在计算应纳税所得额时扣除；

⑤企事业单位购进软件，凡符合固定资产或无形资产确认条件的，可以按照固定资产或无形资产进行核算，经主管税务机关核准，其折旧或摊销年限可以适当缩短，最短可为2年；

⑥集成电路生产企业的生产性设备，经主管税务机关核准，其折旧年限可以适当缩短，最短可为3年；

⑦投资额超过80亿元人民币或集成电路线宽小于0.25微米的集成电路生产企业，可以减按15%的税率缴纳企业所得税，其中，经营期在15年以上的，从开始获利的年度起，5年免税、5年减半征收企业所得税；

⑧对生产线宽小于0.8微米（含）集成电路产品的生产企业，经认定后，自获利年度起，2年免税、3年减半征收企业所得税。

（二）鼓励基础设施建设

从事国家重点扶持的公共基础设施项目投资经营的所得，自项目取得第一笔生产经营收入所属纳税年度起，第一年至第三年免征企业所得税，第四年至第六年减半征收企业所得税。国家重点扶持的公共基础设施项目，是指《公共基础设施项目企业所得税优惠目录》规定的港口码头、机场、铁路、公路、城市公共交通、电力、水利等项目，不包括企业承包经营、承包建设和内部自建自用的项目。

（三）扶持农、林、牧、渔业发展

(1) 企业从事下列项目的所得，免征企业所得税：

①蔬菜、谷物、薯类、油料、豆类、棉花、麻类、糖料、水果、坚果的种植；

②农作物新品种的选育；

③中药材的种植；

④林木的培育和种植；

⑤牲畜、家禽的饲养；

⑥林产品的采集；

⑦灌溉、农产品初加工、兽医、农技推广、农机作业和维修等农、林、牧、渔服务业项目；

⑧远洋捕捞。

(2) 企业从事下列项目的所得，减半征收企业所得税：

①花卉、茶以及其他饮料作物和香料作物的种植；

②海水养殖、内陆养殖。

企业从事国家限制和禁止发展的项目，不得享受企业所得税优惠。

（四）支持环境保护、节能节水、资源综合利用、安全生产

（1）从事符合条件的环境保护、节能节水项目的所得，自项目取得第一笔生产经营收入所属纳税年度起，第一年至第三年免征企业所得税，第四年至第六年减半征收企业所得税。

环境保护、节能节水项目，包括公共污水处理、公共垃圾处理、沼气综合开发利用、节能减排技术改造、海水淡化等。

（2）企业以《资源综合利用企业所得税优惠目录》规定的资源作为主要原材料并符合规定比例，生产国家非限制和禁止并符合国家和行业相关标准的产品取得的收入，可以在计算应纳税所得额时减按 90%计入收入总额。

（3）企业购置用于环境保护、节能节水、安全生产等专用设备投资额的 10%可以从企业当年的应纳税额中抵免；当年不足抵免的，可以在以后 5 个纳税年度结转抵免。

【提示】取得增值税专用发票：进项税额可从其销项税额中抵扣，则专用设备投资额不再包括增值税进项税额；如进项税额不允许抵扣，其专用设备投资额应为增值税专用发票上注明的价税合计金额。取得普通发票：专用设备投资额为普通发票上注明的金额。

购置环境保护、节能节水、安全生产设备是指企业购置并实际使用《环境保护专用设备企业所得税优惠目录》《节能节水专用设备企业所得税优惠目录》和《安全生产专用设备企业所得税优惠目录》规定的专用设备。企业购置的专用设备在 5 年内转让、出租的，应当停止享受企业所得税优惠，并补缴已经抵免的企业所得税税款。

（五）促进公益事业和照顾弱势群体

（1）企业发生的公益性捐赠支出，在年度利润总额 12%以内的部分，准予在计算应纳税所得额时扣除。

公益性捐赠，是指企业通过公益性社会团体或者县级以上人民政府及其部门，用于《中华人民共和国公益事业捐赠法》规定的公益事业的捐赠。年度利润总额，是指企业依照国家统一会计制度的规定计算的年度会计利润。

（2）企业安置残疾人员的，在按照支付给残疾职工工资据实扣除的基础上，按照支付给残疾职工工资的 100%加计扣除。残疾人员的范围适用《中华人民共和国残疾人保障法》的有关规定。

（3）企业安置国家鼓励的其他就业人员所支付的工资，可以在计算应纳税所得额时加计扣除；国家鼓励安置的其他就业人员是指下岗失业人员、军队转业干部、城镇退役士兵、随军家属等。

（4）民族自治地方的自治机关对本民族自治地方的企业应缴纳的企业所得税中属于地方分享的部分，可以决定减征或者免征。自治州、自治县决定减征或者免征的，须报省、自治区、直辖市人民政府批准。

（5）对设在西部地区（包括重庆市、四川省、贵州省、云南省、西藏自治区、陕西省、甘肃省、宁夏回族自治区、青海省、新疆维吾尔自治区、新疆生产建设兵团、内蒙古自治区和广西壮族自治区。湖南省湘西土家族苗族自治州、湖北省恩施土家族苗族自治州、吉林省延边朝鲜族自治州可以比照西部地区执行），以国家规定的鼓励类产业项目为主营业务，且其当年主营业务收入超过企业总收入 70%的企业，实行企业自行申请，税务机关审核的管理办法。经税务机关审核确认后，企业可减按 15%税率缴纳企业所得税。

（6）自 2019 年 1 月 1 日至 2022 年 12 月 31 日，对小型微利企业年应纳税所得额不超过

100万元的部分，减按12.5%计入应纳税所得额，按20%的税率缴纳企业所得税；对年应纳税所得额超过100万元但不超过300万元的部分，减按50%计入应纳税所得额，按20%的税率缴纳企业所得税。

企业同时从事适用不同企业所得税待遇的项目的，其优惠项目应当单独计算所得，并合理分摊企业的期间费用；没有单独计算的，不享受企业所得税优惠。

纳税人申请减免税，必须向主管税务机关提供如下书面资料：①减免税申请报告，包括减免税的依据、范围、年限、金额、企业的基本情况等；②纳税人的财务会计报表；③工商执照和税务登记证的复印件；④根据不同的减免税项目，税务机关要求提供的其他材料；⑤减免税受理的截止日期为年度终了后2个月内，逾期税务机关不再办理减免税申请。

※ 职业能力判断与选择 ※

一、判断题

1. 企业所得税的纳税人仅指企业，不包括社会团体。(　　)
2. 《企业所得税法》也适用于个人独资企业、合伙企业。(　　)
3. 在中国境内设立的外商投资企业，应就来源于我国境内、境外的所得缴纳所得税。(　　)
4. 外国企业在中国境内未设有机构、场所，但有来源于中国境内的所得时，应按我国税法规定缴纳所得税。(　　)
5. 《企业所得税法》中的居民纳税义务人负有全面纳税义务，应就其来源于境内、境外所得申报缴纳企业所得税。(　　)
6. 企业取得的所有技术服务收入均可暂免征收企业所得税。(　　)
7. 企业所得税的减免税优惠，必须由省、自治区、直辖市税务机关作出决定。(　　)
8. 对于综合利用资源，生产国家非限制和禁止并符合国家和行业相关标准的产品取得的收入，减按90%计入收入总额。(　　)

二、选择题(第1～6题为单项选择题，第7～10题为多项选择题)

1. 根据《企业所得税法》的规定，下列各项中，属于企业所得税纳税人的有(　　)。

A. 股份有限公司　　B. 个人　　C. 合伙企业　　D. 个人独资企业

2. 下列所得中，不属于企业所得税征税范围的是(　　)。

A. 居民企业来源于境外的所得

B. 非居民企业来源于中国境外，且与所设机构没有实际联系的所得

C. 非居民企业来源于中国境内的所得

D. 在中国境内设立机构、场所的非居民企业取得的境内所得

3. 根据《企业所得税法》的规定，以下适用25%税率的是(　　)。

A. 在中国境内未设立机构、场所的非居民企业

B. 在中国境内设立机构、场所但其所得与所设机构、场所没有实际联系的非居民企业

C. 在中国境内设立机构、场所且其所得与所设机构、场所有实际联系的非居民企业

D. 高新技术生产企业

4.《企业所得税法》中所称的小型微利工业企业，必须符合年度应纳税所得额不超过(　　)万元，从业人数不超过(　　)人，资产总额不超过(　　)万元。

A. 30，80，3 000　　B. 100，80，1 000

C. 20，100，3 000　　D. 300，300，5 000

5. 在一个纳税年度内，居民企业技术转让所得不超过(　　)的部分，免征企业所得税，超过部分，减半征收企业所得税。

A. 5 万元　　B. 10 万元　　C. 20 万元　　D. 500 万元

6. 符合固定资产加速折旧条件，采取缩短折旧年限方法的，最低折旧年限不得低于规定折旧年限的(　　)。

A. 40%　　B. 50%　　C. 60%　　D. 80%

7. 企业从事(　　)项目的所得，减半征收企业所得税。

A. 中药材的种植

B. 花卉、茶以及其他饮料作物和香料作物的种植

C. 海水养殖、内陆养殖

D. 牲畜、家禽的饲养

8. 依据《企业所得税法》的规定，判定居民企业的标准有(　　)。

A. 登记注册地标准　　B. 所得来源地标准

C. 经营行为实际发生地标准　　D. 实际管理机构所在地标准

9. 依据企业所得税的相关规定，下列资产中，可采用加速折旧方法的有(　　)。

A. 常年处于强震动状态的固定资产

B. 常年处于高腐蚀状态的固定资产

C. 单独估价作为固定资产入账的土地

D. 由于技术进步原因而产品更新换代较快的固定资产

10. 下列项目可以享有加计扣除的有(　　)。

A. 企业安置残疾人员所支付的工资

B. 企业购置节水专用设备的投资

C. 开发新技术、新产品、新工艺发生的研究开发费用

D. 购进的环境保护专用设备的投资

任务二

企业所得税税款计算

※ 任务描述 ※

报税岗位的会计人员平时根据企业的所得情况计算企业所得税的预缴金额；年度终了

后，在规定期限内，在会计利润的基础上分别计算纳税调整增加额、纳税调整减少额，确定应税所得额，选择适用的税率，计算应纳税额；根据税收优惠政策确定减免所得税额、抵免所得税额、境外所得应补的税额等，计算本年应补（退）的所得税额并办理企业所得税的年度汇算清缴工作；对于企业所得税核定征收的企业，确定所得税核定征收的范围，选择核定征收方式，计算核定征收的应纳税额。

※ 知识准备与业务操作 ※

一、应税所得额的计算

应税所得额也称为应纳税所得额，是指纳税人每一纳税年度的收入总额减除不征税收入、免税收入、各项扣除以及允许弥补的以前年度亏损后的余额，是计算应纳所得税额的依据。实际工作中，一般根据国家税务总局2020年12月公布的《中华人民共和国企业所得税年度纳税申报表（A类A100000)》的规定，在企业会计利润总额的基础上，加减纳税调整额及相关项目金额后计算出应纳税所得额。其计算公式为：

应纳税所得额＝利润总额－境外所得＋纳税调整增加额－纳税调整减少额
－免税、减计收入及加计扣除＋境外应税所得抵减境内亏损
－所得减免－抵扣应纳税所得额－弥补以前年度亏损

下面按顺序分析各项目的计算过程：

（一）利润总额的确定

利润总额是指按会计准则核算计算的会计利润总额，数据可直接取自利润表。利润总额的计算公式为：

利润总额＝营业收入－营业成本－税金及附加－期间费用－资产减值损失
＋公允价值变动收益＋投资收益＋营业外收入－营业外支出

1. 营业收入

营业收入是指纳税人当期发生的，主要经营业务和其他经营业务取得的收入总额，包括会计核算中的主营业务收入和其他业务收入。

（1）主营业务收入。包括销售商品收入、提供劳务收入、建造合同收入、让渡资产使用权收入以及其他收入。

（2）其他业务收入。包括材料销售收入、出租固定资产收入、出租无形资产收入、出租包装物和商品收入以及其他收入。

2. 营业成本

营业成本是纳税人经营主要业务和其他业务发生的实际成本总额，包括会计核算中的主营业务成本和其他业务成本。

（1）主营业务成本。包括销售商品成本、提供劳务成本、建造合同成本、让渡资产使用权成本和其他成本。

（2）其他业务成本。包括材料销售成本、出租固定资产成本、出租无形资产成本、包装物出租成本和其他支出。

3. 税金与附加

税金及附加是指企业发生的除企业所得税和允许抵扣的增值税以外的各项税金及其附加，包括消费税、城市维护建设税、资源税、土地增值税和教育费附加等。企业缴纳的增值税因其属于价外税，也不属于本项目。

【做中学 5-1】某市一家居民企业为增值税一般纳税人，主要生产销售彩色电视机，假定 2020 年 9 月有关经营业务如下：

(1) 销售高档化妆品取得不含税收入 8 600 万元，与高档化妆品配比的销售成本为 3 160 万元。

(2) 转让技术所有权取得收入 700 万元，直接与技术所有权转让有关的成本和费用为 100 万元。

(3) 出租房产取得租金收入 210 万元（含增值税），按简易计税办法 5%税率征收增值税，接受原材料捐赠取得增值税专用发票，注明材料金额 50 万元、增值税进项税额 6.5 万元，取得国债利息收入 30 万元。

(4) 购进原材料共计 3 000 万元，取得增值税专用发票，注明进项税额 390 万元；支付购料运输费用取得货物运输业增值税专用发票，注明运输费 200 万元、税额 18 万元。

注意：城市维护建设税按应纳增值税、消费税税额的 7%缴纳，教育费附加按应纳增值税、消费税税额的 3%缴纳。

企业所得税税前可以扣除的税费金额计算如下：

应缴纳的增值税＝8 600×13%＋210÷(1＋5%)×5%－6.5－390－18＝713.5（万元）

应缴纳的消费税＝8 600×15%＝1 290（万元）

应缴纳的城市维护建设税和教育费附加＝(713.5＋1 290)×(7%＋3%)
＝200.35（万元）

所得税税前可以扣除的税费＝1 290＋200.35＝1 490.35（万元）

4. 期间费用

期间费用是指企业在生产经营活动中发生的销售费用、管理费用和财务费用，已经计入成本的有关费用除外。

(1) 销售费用。销售费用是指纳税人在销售商品和材料、提供劳务的过程中发生的各种费用。包括包装费、广告费等费用和为销售本企业商品而专设的销售机构的职工薪酬、业务费等经营费用。

(2) 管理费用。管理费用是指纳税人为组织和管理企业生产经营所发生的管理费用。

(3) 财务费用。财务费用是指纳税人为筹集生产经营所需资金等而发生的筹资费用。

5. 资产减值损失

资产减值损失是指纳税人计提各项资产准备发生的减值损失。

6. 公允价值变动收益

公允价值变动收益是指纳税人在初始确认时划分为以公允价值计量且其变动计入当期损益的金融资产或金融负债，以及采用公允价值模式计量的投资性房地产、衍生工具和套期保期业务中公允价值变动形成的应计入当期损益的利得或损失。

7. 投资收益

投资收益是指纳税人以各种方式对外投资所取得的收益或发生的损失。企业持有的交易性金融资产处置和出让时，处置收益部分应当自“公允价值变动损益”项目转出，列入本项目，包括境外投资应纳税所得额。

8. 营业外收入

营业外收入是指纳税人发生的与其经营活动无直接关系的各项收入。

9. 营业外支出

营业外支出是指纳税人发生的与其经营活动无直接关系的各项支出。

（二）境外所得

境外所得是指纳税人分国（地区）别取得的境外税后所得计入利润总额的金额。其金额为纳税人中国境外税前所得减去其来源于境外的股息、红利等权益性投资收益由外国企业在境外实际缴纳的所得税税额后的余额。

（三）纳税调整项目

在计算应纳税所得额时，纳税人按照会计准则、会计制度核算与税收规定不一致的项目，应当进行纳税调整。根据国家税务总局 2020 年 12 月公布的纳税调整明细表（A105000）的规定，纳税调整项目分为收入类调整项目、扣除类调整项目、资产类调整项目、特殊事项调整项目和特别纳税调整项目，每个项目涉及纳税调整增加和纳税调整减少的内容。现按照纳税调整明细表的顺序分别说明如下。

1. 收入类调整项目

（1）收入类纳税调整增加的项目。

①视同销售收入。是指会计上不作为销售核算，而在税收上应作为应税收入缴纳企业所得税的收入。主要包括非货币性交换视同销售收入、用于市场推广或销售视同销售收入、用于交际应酬视同销售收入、用于职工奖励或福利视同销售收入、用于股息分配视同销售收入、用于对外捐赠视同销售收入、用于对外投资项目视同销售收入、提供劳务视同销售收入和其他视同销售收入。

《企业所得税法实施条例》规定：“企业发生非货币性资产交换，以及将货物、财产、劳务用于捐赠、偿债、赞助、集资、广告、样品、职工福利或者利润分配等用途的，应当视同销售货物、转让财产或者提供劳务，但国务院财政、税务主管部门另有规定的除外。”

《国家税务总局关于企业处置资产所得税处理问题的通知》（国税函〔2008〕828 号）对企业处置资产是否作为企业所得税视同销售处理，以“资产所有权属在形式和实质上是否改变为原则”，具体明确如下：

企业发生下列情形的处置资产，除将资产转移至境外以外，由于资产所有权属在形式和实质上均不发生改变，应作为内部处置资产，不视同销售确认收入，相关资产的计税基础延续计算：将资产用于生产、制造、加工另一产品；改变资产形状、结构或性能；改变资产用途（如自建商品房转为自用或经营）；将资产在总机构及其分支机构之间转移；上述两种或两种以上情形的混合；其他不改变资产所有权属的用途。

【做中学 5-2】东方股份公司将自产 A 产品一批转为公司免税项目工程建设用，实际成本共计 60 000 元，税务机关认定的计税价格为 80 000 元。是否要进行纳税调整？

按企业会计准则进行会计处理时，不作为销售，不确认利润。

根据《增值税暂行条例》规定，应作为视同销售，应缴纳增值税：

应纳税额＝80 000×13%＝10 400（元）

根据《企业所得税法》相关规定，上述业务由于资产所在权属未改变，应作为企业内部处置资产，不确认视同销售收入，不影响应纳税所得额，不需要进行纳税调整。

【做中学 5-3】东方股份公司将自产 B 产品以福利形式分给本公司职工个人，实际成本共计 40 000 元，同类产品不含税售价为 50 000 元。是否要进行纳税调整？

按企业会计准则进行会计处理时，作为销售，确认利润额 10 000（＝50 000－40 000）元。

根据《增值税暂行条例》规定，应作为视同销售，应缴纳增值税：

应纳税额＝50 000×13%＝6 500（元）

根据《企业所得税法》相关规定，上述业务属于企业所得税视同销售行为，应按同类产品售价确认计税销售收入 50 000 元，允许扣除销售成本 40 000 元，即确认应纳税所得额 10 000 元。由于应纳税所得额与会计利润额相等，因此不需要进行纳税调整。

若将自产的 B 产品无偿赠送给本企业以外的其他人，则：

按企业会计准则进行会计处理时，对外赠送不作为销售，不确认利润额。

根据《增值税暂行条例》规定，应作为视同销售，应缴纳增值税 6 500 元。

根据《企业所得税法》相关规定，上述业务属于企业所得税视同销售行为，应确认应纳税所得额 10 000 元。由于会计不确认利润额，故需要调增纳税所得额 10 000 元。

【提示】增值税的视同销售行为与企业所得税的视同销售行为不完全相同。主要表现在：第一，法律依据不同；第二，两者的具体内容不同；第三，两者的计量方法不同。

②交易性金融资产初始投资调整。是指纳税人根据税法规定确认交易性金融资产初始投资金额与会计核算的交易性金融资产初始投资账面价值的差额，调增纳税所得额。

（2）收入类纳税调整减少的项目。

按权益法核算长期股权投资对初始投资成本调整确认收益。是指纳税人采取权益法核算下，初始投资成本小于取得投资时应享有被投资单位可辨认净资产公允价值份额的，两者之间的差额在会计核算中计入取得投资当期的营业外收入的金额。税收规定对这部分收入不征税，调减纳税所得额。

（3）收入类纳税调整视情况增减的项目。

①未按权责发生制原则确认的收入。是指会计上按照权责发生制原则确认收入，计税时未按权责发生制确认的收入，如分期收款销售商品销售收入的确认、税收规定按收付实现制确认的收入、持续时间超过 12 个月的收入的确认、利息收入的确认、租金收入的确认等企业财务会计处理办法与税收规定不一致应进行纳税调整产生的时间性差异的项目数据。税收规定的收入大于会计核算确认的收入，其差额应调整增加纳税所得额；反之，则应调整减少纳税所得额。

②投资收益。是指纳税人根据《企业所得税法》及其实施条例以及企业会计制度、企业会计准则核算投资项目的持有收益、处置收益中，会计核算与税收的差异金额。会计核算确认的投资收益大于税收规定的收入，其差额应调整减少纳税所得额；反之，则应调整增加纳

税所得额。

《企业所得税法实施条例》规定，对来自所有非上市企业，以及连续持有上市公司股票12个月以上取得的股息、红利收入，给予免税，不再实行补税率差的做法；纳税人因收回、转让或清算处置股权投资发生的股权投资损失，可以在税前扣除，但在每一纳税年度扣除的股权投资损失，不得超过当年实现的股权投资收益和投资转让所得，超过部分可按规定向以后年度结转扣除。

③公允价值变动净收益。是指企业以公允价值计量且其变动计入当期损益的金融资产、金融负债以及投资性房地产的公允价值，其税法规定的计税基础与会计处理不一致应进行纳税调整的金额。

当纳税人所有的按照公允价值计量且其变动进入当期损益的金融资产、金融负债以及投资性房地产按照税收规定确认的期末与期初的差额大于根据企业会计准则核算的期末与期初的差额时，其差额应调整增加纳税所得额；反之，则应调整减少纳税所得额。

④不征税收入。包括财政拨款、行政事业性收费、政府性基金及其他：

财政拨款是指各级人民政府对纳入预算管理的事业单位、社会团体等组织拨付的财政资金，但国务院和国务院财政、税务主管部门另有规定的除外。

行政事业性收费是指依照法律、行政法规等有关规定，按照国务院规定程序批准，在实施社会公共管理，以及在向公民、法人或者其他组织提供特定公共服务过程中，向特定对象收取并纳入财政管理的费用。

政府性基金是指纳税人依照法律、行政法规等有关规定，代政府收取的具有专项用途的财政资金。

其他不征税收入是指纳税人取得的，由国务院财政、税务主管部门规定专项用途并经国务院批准的财政性资金。财政性资金，是指企业取得的来源于政府及其有关部门的财政补助、补贴、贷款贴息，以及其他各类财政专项资金，包括直接减免的增值税和即征即退、先征后退、先征后返的各种税收，但不包括企业按规定取得的出口退税款。

纳税人符合税法规定不征税收入条件并作为不征税收入处理，且已计入当期损益的金额，应调减纳税所得额；纳税人以前年度取得财政性资金且已作为不征税收入处理，在5年(60个月）内未发生支出且未缴回财政部门或其他拨付资金政府部门的，应调增纳税所得额。

【提示】企业的不征税收入用于支出所形成的费用，不得在计算应纳税所得额时扣除；企业的不征税收入用于支出所形成的资产，其计算的折旧、摊销不得在计算应纳税所得额时扣除。

⑤销售折扣、折让和退回。是指不符合税收规定的销售折扣和折让应进行纳税调整的金额和发生的销售退回因会计处理与税法规定有差异需纳税调整的金额。税收规定对折扣额另开发票的，不得从销售额中减除折旧额，应调增纳税所得额；销货退回影响损益的跨期时间性差异，应调减纳税所得额。

⑥其他。是指纳税人其他因会计处理与税法规定有差异需纳税调整的收入类项目金额。

2. 扣除类调整项目

(1) 扣除类纳税调整增加的项目。

①业务招待费。是指企业发生的与生产经营活动有关的业务招待费支出，按照发生额的60%扣除，但最高不得超过当年销售（营业）收入的5‰，超过部分应调增纳税所得额。

【做中学 5-4】 某企业 2021 年实现销售收入 2 000 万元，请计算在以下两种情况下业务招待费的纳税调整额：第一种情况是若实际发生业务招待费 40 万元，第二种情况是若实际发生业务招待费 15 万元。

业务招待费发生扣除最高限额＝2 000×5‰＝10（万元）。

第一种情况：实际发生 40 万元，40×60%＝24（万元）；税前可扣除 10 万元，纳税调整增加额＝40－10＝30（万元）。

第二种情况：实际发生 15 万元，15×60%＝9（万元）；税前可扣除 9 万元，纳税调整增加额＝15－9＝6（万元）。

②捐赠支出。捐赠支出分为公益性捐赠支出和非公益性捐赠支出。公益性捐赠是指企业通过公益性社会团体或者县级以上人民政府及其部门，用于《中华人民共和国公益事业捐赠法》规定的公益事业的捐赠。自 2019 年 1 月 1 日至 2022 年 12 月 31 日，企业通过公益性社会组织或者县级（含县级）以上人民政府及其组成部门和直属机构，用于目标脱贫地区的扶贫捐赠支出，准予在计算企业所得税应纳税所得额时据实扣除。在政策执行期限内，目标脱贫地区实现脱贫的，可继续适用上述政策。

企业发生的公益性捐赠支出，不超过年度会计利润总额 12%的部分，准予据实扣除。超过部分和非公益性捐赠支出不允许税前扣除，应调增纳税所得额。

【提示】 与流转税的关系：企业将自产货物用于捐赠，按公允价值缴纳增值税；同时视同对外销售缴纳所得税，但会计上不确认收入和利润。

【做中学 5-5】 某企业 2021 年开具增值税专用发票取得收入 3 510 万元。收入对应的销售成本为 2 480 万元，期间费用为 360 万元，营业外支出为 200 万元（其中 180 万元为公益性捐赠支出），销售税金及附加为 60 万元。公益性捐赠支出纳税调整计算如下：

年度利润总额＝3 510－2 480－360－200－60＝410（万元）

捐赠扣除限额＝410×12%＝49.2（万元）

纳税调整增加额＝180－49.2＝130.8（万元）

③罚金、罚款和被没收财物的损失。纳税人的生产、经营因违反国家法律、法规和规章，被有关部门处以的罚款、被没收财物的损失以及因违反税法规定而被处以的滞纳金、罚金，不得扣除，应调增纳税所得额。但纳税人按照经济合同规定支付的违约金（包括银行罚息）、罚款和诉讼费，不属于行政性罚款，允许在税前扣除。

④税收滞纳金、加收利息。是指纳税人会计核算计入当期损益的税收滞纳金、加收利息。不得在税前扣除，应调增纳税所得额。

⑤赞助支出。是指纳税人会计核算计入当期损益的不符合税法规定的公益性捐赠的赞助支出的金额，包括直接向受赠人的捐赠、赞助支出等，应调增纳税所得额。不含广告性的赞助支出，如果属于广告性赞助支出，可参照广告费用的相关规定扣除。

⑥佣金和手续费支出。纳税人会计核算计入当期损益的佣金和手续费金额扣除税法规定允许税前扣除的金额后的余额，应调增纳税所得额。

⑦不征税收入用于支出所形成的费用。是指符合条件的不征税收入用于支出所形成的计入当期损益的费用化支出金额，应调增纳税所得额。

⑧与收入无关的支出。是指纳税人实际发生与取得收入无关的支出，如企业已出售给职工个人住房的折旧费、维修管理费，应调增纳税所得额。

⑨境外所得分摊的共同支出。是指纳税人境外分支机构应合理分摊的总部管理费等有关成本费用和实际发生与取得境外所得有关但未直接计入境外所得应纳税所得的成本费用支出，应调增纳税所得额。

（2）扣除类纳税调整减少的项目。

视同销售成本。是指纳税人按税收规定计算的与视同销售收入对应的成本，每一笔被确认为视同销售的经济事项，在确认计算应税收入的同时，均有与此收入相配比的应税成本。主要包括非货币性交换视同销售成本、用于市场推广或销售视同销售成本、用于交际应酬视同销售成本、用于职工奖励或福利视同销售成本、用于股息分配视同销售成本、用于对外捐赠视同销售成本、用于对外投资项目视同销售成本、提供劳务视同销售成本和其他视同销售成本。

（3）扣除类纳税调整视情况增减的项目。

①职工薪酬。包括工资薪金支出、职工福利费支出、工会经费支出、职工教育经费支出、各类基本社会保障性缴款、住房公积金、补充养老保险、补充医疗保险和其他。

工资薪金支出是指纳税人每一纳税年度支付给在本企业任职或者受雇的员工的所有现金形式或者非现金形式的劳动报酬，包括基本工资、奖金、津贴、补贴、年终加薪、加班工资，以及与员工任职或者受雇有关的其他支出。企业发生的合理工资薪金支出，准予扣除；对明显不合理的工资薪金，则不予扣除。

纳税人实际支出的职工福利费、工会经费，分别按照工资薪金总额的14%、2%计算限额扣除，超过部分应调增纳税所得额；纳税人的职工教育经费按工资薪金总额的2.5%计算扣除（自2018年1月1日起，从2.5%提高到8%），超过部分，准予在以后纳税年度结转扣除，本年度应调增纳税所得额；当本年度职工教育经费低于工资薪金总额的8%时，差额准予结转以前年度累计未扣除的职工教育经费金额，应调减纳税所得额。

【提示】软件生产企业发生的职工教育经费中的职工培训费用，可以全额在企业所得税前扣除。

纳税人依照国务院有关主管部门或者省级人民政府规定的范围和标准为职工缴纳的基本养老保险费、基本医疗保险费、失业保险费、工伤保险费、生育保险费等基本社会保险费和住房公积金，准予扣除。超过规定范围和标准部分应调增纳税所得额。

纳税人为投资者或者职工支付的补充养老保险费、补充医疗保险费，在国务院财政、税务主管部门规定的范围和标准内，准予扣除。除纳税人依照国家有关规定为特殊工种职工支付的人身安全保险费和国务院财政、税务主管部门规定可以扣除的其他商业保险费外，纳税人为投资者或者职工支付的商业保险费，不得扣除，应调增纳税所得额。

②广告费和业务宣传费支出。企业发生的符合条件的广告费和业务宣传费支出，除国务院财政、税务主管部门另有规定外，不超过当年销售（营业）收入15%的部分，准予扣除；超过部分，准予在以后纳税年度结转扣除，本年度调增纳税所得额。当本年度广告费和业务宣传费低于当年扣除限额时，差额准予结转以前年度累计未扣除的广告费和业务宣传费金额，应调减纳税所得额。纳税人因行业特点等特殊原因确需提高广告费扣除比例的，须报国家税务总局批准。对化妆品制造、医药制造和饮料制造（不含酒类制造）企业发生的广告费和业务宣传费支出，不超过当年销售（营业）收入30%的部分，准予扣除，超过部分，准予在以后纳税年度结转扣除；烟草企业的烟草广告费和业务宣传费支出，一律不得在计算应

纳税所得额时扣除。

【提示】企业计算业务招待费、广告费和业务宣传费的扣除限额时，其计算基础均是“销售（营业）收入”，具体包括企业发生非货币性资产交换，以及将货物、财产、劳务用于捐赠、偿债、赞助、集资、广告、样品、职工福利或者利润分配等用途应当视同销售（营业）的收入额，也就是会计核算中所涉及的主营业务收入、其他业务收入和视同销售收入，但不包括“营业外收入”和“投资收益”。

【做中学5-6】某服装厂2021年销售收入为3 000万元，发生现金折扣100万元；转让技术使用权收入为200万元，广告费支出为1 000万元，业务宣传费为40万元。广告宣传费的纳税调整额计算如下：

广告费和业务宣传费扣除标准=(3 000+200)×15%=480（万元）

广告费和业务宣传费实际发生额=1 000+40=1 040（万元）

超标准1 040万元-480万元=560万元，纳税调整增加额为560万元。

③利息支出。在生产、经营期间，非金融企业向金融企业借款的利息支出、金融企业的各项存款利息支出和同业拆借利息支出、企业经批准发行债券的利息支出，按照实际发生数扣除；非金融企业向非金融企业借款的利息支出，不超过按照金融企业同期同类贷款利率计算的数额的部分，准予扣除。企业为购置、建造固定资产、无形资产和经过12个月以上的建造才能达到预定可销售状态的存货发生借款的，在有关资产购置、建造期间发生的合理的借款费用，应当作为资本性支出计入有关资产的成本，调增纳税所得额。纳税人从关联方取得的借款金额超过其注册资本50%的，超过部分利息支出，不论利率高低，全额不得在税前扣除，未超过的部分只能按金融机构同期利率计算扣除。此外，纳税人逾期归还银行贷款，向银行支付的加收罚息，不属于行政性罚款，允许在税前扣除。

比较会计与税法对利息支出的规定，两者的主要差异表现为向非金融企业和关联方借款利息支出的扣除规定。

【做中学5-7】某居民企业2021年发生财务费用40万元，其中含向非金融企业借款250万元所支付的年利息20万元（当年金融企业贷款的年利率为5.8%）。利息支出的纳税调整计算如下：

利息支出税前扣除额=250×5.8%=14.5（万元）

财务费用纳税调整增加额=20-14.5=5.5（万元）

④与未实现融资收益相关在当期确认的财务费用。具有融资性质的分期收款销售商品时，根据企业会计准则，企业应当按照应收的合同或协议价款的公允价值确定收入金额，即按照其未来现金流量现值或商品现销价格计算确定，合同或协议价款与其公允价值之间的差额，应当在合同或协议期间内，按照实际利率法摊销，分期冲减财务费用。税收规定分期收款销售商品，按合同或协议确定的时间确认收入，不存在未实现融资收益抵减当期财务费用问题，企业发生与未实现融资收益相关在当期确认的财务费用时应调增纳税所得额。

⑤跨期扣除。是指纳税人维简费（即专项用于维持简单再生产的资金）、安全生产费用、预提费用、预计负债等跨期扣除项目调整情况。当纳税人按会计核算计入当期损益的跨期扣除项目金额大于按照税法规定允许税前扣除的金额时，其差额调增纳税所得额；反之，则调减纳税所得额。

⑥其他。是指纳税人因会计处理与税法规定有差异需要纳税调整的其他扣除类项目

金额。

3. 资产类调整项目

(1) 资产折旧、摊销。

1) 固定资产。下列差异可能导致固定资产税法折旧额与会计折旧额不一致，在计算企业所得税应税所得额时，应作纳税调整。

a. 固定资产初始成本与计税基础的差异。税法规定，固定资产以历史成本为计税基础，企业会计准则规定固定资产一般应以历史成本为计量基础，因此，两者一般不存在差异。但下列情况可能导致固定资产初始成本与计税基础的差异。

一是超过正常信用条件购入固定资产。税法规定，外购固定资产以购买价款和支付的相关税费以及直接归属于使该资产达到预定用途发生的其他支出为计税基础；企业会计准则规定，超过正常信用条件购入固定资产，按应付购买价款的现值为固定资产的入账价值，应付购买价款与其现值之间的差额作为未确认融资费用。由此将造成固定资产的初始成本与计税基础之间的差异。

二是融资租入固定资产。税法规定，融资租入的固定资产，以租赁合同约定的付款总额和承租人在签订租赁合同过程中发生的相关费用为计税基础，租赁合同未约定付款总额的，以该资产的公允价值和承租人在签订租赁合同过程中发生的相关费用为计税基础；企业会计准则规定，融资租入固定资产，以租赁开始日租赁资产的公允价值与最低租赁付款额的现值两者中的较低者为基础确定租入固定资产的入账价值，以最低租赁付款额为长期应付款，其差额作为未确认融资费用。由此将造成固定资产的初始成本与计税基础之间的差异。

根据税法规定，准予税前扣除的固定资产折旧，是以按税法确定的固定资产计税基础为基数计算的计税折旧额，固定资产初始成本与计税基础的不同将直接导致会计折旧与计税折旧之间存在差异，从而导致应纳税所得额与会计利润的不同，必须进行纳税调整。

【提示】企业固定资产投入使用后，由于工程款项尚未结清而未取得全额发票的，可暂按合同规定的金额计入固定资产计税基础计提折旧，待发票取得后进行调整。但该项调整应在固定资产投入使用后12个月内进行。

b. 固定资产折旧范围的差异。税法规定，除房屋建筑物以外未投入使用的固定资产、已足额提取折旧仍继续使用的固定资产、与经营活动无关的固定资产和单独估价作为固定资产入账的土地不得计提折旧；企业会计准则规定，除已提足折旧继续使用的固定资产和单独估价作为固定资产入账的土地外，所有的固定资产均应计提折旧。

当税法规定的折旧范围与会计确定的折旧范围不一致时，必将造成计税折旧与会计折旧之间的差异，进而必须进行纳税调整。

c. 固定资产折旧方法的差异。税法规定，固定资产应采用直线法计提折旧，但特殊原因确需加速折旧的，可缩短折旧年限或采取加速折旧的方法。采取缩短折旧年限方法的，最低折旧年限不得低于企业所得税法规定折旧年限的60%；采取加速折旧方法的，可以采取双倍余额递减法或年数总和法。“特殊原因”一是指由于技术进步，产品更新换代较快；二是指常年处于强震动、高腐蚀状态。企业会计准则规定，企业应根据固定资产所包含的经济利益预期实现方式，合理选择固定资产折旧方法，如年限平均法、工作量法、双倍余额递减法和年数总和法等。

对生物药品制造业，专用设备制造业，铁路、船舶、航空航天和其他运输设备制造业，计算机、通信和其他电子设备制造业，仪器仪表制造业，信息传输、软件和信息技术服务业等 6 个行业的企业于 2014 年 1 月 1 日后新购进的固定资产和轻工、纺织、机械、汽车等 4 个领域重点行业的企业于 2015 年 1 月 1 日后新购进的固定资产，可缩短折旧年限或采取加速折旧的方法。

当企业采用的折旧方法不符合税法规定时，就会造成会计折旧与计税折旧之间的差异，进而必须进行纳税调整。

d. 固定资产折旧年限的差异。《企业所得税法》按不同种类固定资产分别规定了计算折旧的最低年限：房屋、建筑物为 20 年，飞机、火车、轮船、机器、机械和其他生产设备为 10 年，与生产经营活动有关的器具、工具、家具等为 5 年，飞机、火车、轮船以外的运输工具为 4 年，电子设备为 3 年。企业会计准则要求企业根据固定资产的性质和使用情况，合理确定固定资产的使用寿命，并按使用寿命分期计提折旧。

对 2014 年 1 月 1 日后新购进的下列固定资产，单位价值不超过 100 万元的，允许一次性计入当期成本费用并在计算应纳税所得额时扣除，不再分年度计算折旧，单位价值超过 100 万元的，可缩短折旧年限或采取加速折旧的方法：一是所有行业企业专门用于研发的仪器、设备；二是生物药品制造业，专用设备制造业，铁路、船舶、航空航天和其他运输设备制造业，计算机、通信和其他电子设备制造业，仪器仪表制造业，信息传输、软件和信息技术服务业这 6 个行业和 2015 年 1 月 1 日后购进的轻工、纺织、机械、汽车等 4 个领域重点行业的小型微利企业供研发和生产经营共用的仪器、设备。

自 2014 年 1 月 1 日起，对所有行业企业持有的单位价值不超过 5 000 元的固定资产（包括 2018 年 1 月 1 日至 2023 年 12 月 31 日期间新购进，单位价值不超过 500 万元的设备、器具），允许一次性计入当期成本费用在计算应纳税所得额时扣除，不再分年度计算折旧。

当税法规定的折旧年限与会计确定的折旧年限不一致时，必将造成计税折旧与会计折旧之间的差异，进而必须进行纳税调整。

e. 固定资产减值的差异。税法规定，不符合国务院财政、税务主管部门规定的各项资产减值准备、风险准备等准备金支出，不得在计算应纳税所得额时扣除。企业持有各项资产期间的资产增值或减值，除国务院财政、税务主管部门规定可以确认损益外，不得调整该项资产的计税基础；企业会计准则规定，在会计期末，当固定资产存在减值迹象，经测试可收回金额低于其账面价值的，应确认资产的减值损失，同时计提固定资产减值准备。计提减值准备后的固定资产，应当按照计提减值准备后的账面价值及尚可使用年限重新计算确定折旧率、折旧额。由此将造成以后期间计税折旧和会计折旧的差异，进而必须进行纳税调整。

【做中学 5-8】某企业于 2021 年 4 月 20 日购进一台机械设备，取得的增值税专用发票上注明的价款为 600 万元（购入成本），当月投入使用。按税法规定，该设备按直线法折旧，期限为 10 年，残值率为 5%，企业将设备购入成本一次性计入费用并在税前作了扣除。此项业务应当调整的纳税所得额计算如下：

税法规定可扣除的折旧额 $=600\times(1-5\%)\div10\div12\times8=38$（万元）

外购设备应调增的应纳税所得额 $=600-38=562$（万元）

2）生产性生物资产折旧。是指企业为生产农产品、提供劳务或者出租等而持有的生物资产，包括经济林、薪炭林、产畜和役畜等。生产性生物资产折旧在会计核算上与税收规定不一致时，需要按税收规定进行纳税调整。

生产性生物资产按照以下方法确定计税基础：外购的生产性生物资产，以购买价款和支付的相关税费为计税基础；通过捐赠、投资、非货币性资产交换、债务重组等方式取得的生产性生物资产，以该资产的公允价值和支付的相关税费为计税基础。

生产性生物资产应当按照直线法计算折旧，企业应当自生产性生物资产投入使用月份的次月起计算折旧；停止使用的生产性生物资产，应当自停止使用月份的次月起停止计算折旧。企业应当根据生产性生物资产的性质和使用情况，合理确定生产性生物资产的预计净残值，预计净残值一经确定，不得变更。生产性生物资产计算折旧的最低年限如下：林木类生产性生物资产，为10年；畜类生产性生物资产，为3年。

3）无形资产摊销。是指企业为生产产品、提供劳务、出租或者经营管理而持有的、没有实物形态的非货币性长期资产，包括专利权、商标权、著作权、土地使用权、非专利技术、特许权使用费等。无形资产摊销在会计核算上与税收规定不一致时，需要按税收规定进行纳税调整。

无形资产按照以下方法确定计税基础：外购的无形资产，以购买价款和支付的相关税费以及直接归属于使该资产达到预定用途发生的其他支出为计税基础；自行开发的无形资产，以开发过程中该资产符合资本化条件后至达到预定用途前发生的支出为计税基础；通过捐赠、投资、非货币性资产交换、债务重组等方式取得的无形资产，以该资产的公允价值和支付的相关税费为计税基础。

无形资产按照直线法计算的摊销费用，准予扣除，摊销年限不得低于10年；作为投资或者受让的无形资产，有关法律规定或者合同约定了使用年限的，可以按照规定或者约定的使用年限分期摊销；外购商誉的支出，在企业整体转让或者清算时，准予扣除。

下列无形资产不得计算摊销费用扣除：①自行开发的支出已在计算应纳税所得额时扣除的无形资产；②自创商誉；③与经营活动无关的无形资产；④其他不得计算摊销费用扣除的无形资产。

【做中学5-9】某市区的一个企业于2021年1月购买一项无形资产的所有权。购买时支付60万元。会计上按5年直线法摊销。2021年计算纳税所得额时应调整的金额计算如下：

会计上按5年直线法摊销时，每年摊销额＝60÷5＝12（万元）。

税法规定无形资产摊销年限不低于10年，则每年摊销额＝60÷10＝6（万元）。

纳税调整增加额＝12－6＝6（万元）

4）长期待摊费用的摊销。是指不能全部计入当年损益，应当在以后年度内分期摊销的各项费用。包括固定资产的改建支出（含已足额提取折旧的固定资产的改建支出和租入固定资产改建支出）、固定资产的大修理支出和开办费等。长期待摊费用的摊销在会计核算上与税收规定不一致时，需要按税收规定进行纳税调整。

固定资产的改建支出是指改变房屋或者建筑物结构、延长使用年限等发生的支出。已足额提取折旧的固定资产的改建支出按照固定资产预计尚可使用年限分期摊销；租入固定资产的改建支出按照合同约定的剩余租赁期限分期摊销。其他改建的固定资产延长使用年限的，应当适当延长折旧年限。

固定资产的大修理支出，是指同时符合下列条件的支出：①修理支出达到取得固定资产时的计税基础50%以上；②修理后固定资产的使用年限延长2年以上。

固定资产的大修理支出按照固定资产尚可使用年限分期摊销。

其他应当作为长期待摊费用的支出自支出发生月份的次月起，分期摊销，摊销年限不得低于 3 年。

（2）资产减值准备金。纳税人未经财政、税务部门核实的准备金，如坏账准备金、存货跌价准备金、短期投资跌价准备金、理赔费用准备金、固定资产减值准备金、长期投资减值准备金、无形资产减值准备金以及国家税收法规规定可提取的准备金之外的任何形式的准备金，不得扣除，应调增纳税所得额。企业按会计准则规定因价值恢复、资产转让等原因转回准备金时，调减纳税所得额。企业资产损失实际发生时，经报主管税务机关核定后，在实际发生年度按其发生额扣除。

（3）资产损失。企业在生产经营活动中发生的固定资产和存货的盘亏、毁损、报废损失，转让财产损失，呆账损失，坏账损失，自然灾害等不可抗力因素造成的损失以及其他损失，减除责任人赔偿和保险赔款后的余额，依照税务主管部门的规定扣除。企业已经作为损失处理的资产，在以后纳税年度又全部或部分收回时，应当计入当期收入。企业发生的各类财产损失的扣除额按以下原则确定：

1）货币资产损失。包括现金损失、银行存款损失和应收及预付款项损失等。

a. 现金损失。企业清查出的现金短缺减除责任人赔偿后的余额，作为现金损失在计算应纳税所得额时扣除。

b. 银行存款损失。企业将货币性资金存入法定具有吸收存款职能的机构，因该机构依法破产、清算，或政府责令停业、关闭等原因，确实不能收回的部分，作为存款损失在计算应纳税所得额时扣除。

c. 应收及预付款项损失。企业除贷款类债权外的应收、预付账款符合下列条件之一的，减除可收回金额后确认的无法收回的应收、预付款项，可以作为坏账损失在计算应纳税所得额时扣除：债务人依法宣告破产、关闭、解散、被撤销，或被依法注销、吊销营业执照，其清算财产不足清偿的；债务人死亡，或依法被宣告失踪、死亡，其财产或遗产不足清偿的；债务人逾期 3 年以上未清偿，且有确凿证据证明已无力清偿债务的；与债务人达成债务重组协议或法院批准破产重组计划后，无法追偿的；因自然灾害、战争等不可抗力导致无法收回的；国务院财政、税务主管部门规定的其他条件。

2）非货币资产损失。包括存货损失、固定资产损失、无形资产损失、在建工程损失、生产性生物资产损失等。

对企业盘亏的固定资产或存货，以该固定资产的账面净值或存货的成本减除责任人赔偿后的余额，作为固定资产或存货盘亏损失在计算应纳税所得额时扣除；对企业毁损、报废的固定资产或存货，以该固定资产的账面净值或存货的成本减除残值、保险赔款和责任人赔偿后的余额，作为固定资产或存货毁损、报废损失在计算应纳税所得额时扣除；对企业被盗的固定资产或存货，以该固定资产的账面净值或存货的成本减除保险赔款和责任人赔偿后的余额，作为固定资产或存货被盗损失在计算应纳税所得额时扣除；企业因存货盘亏、毁损、报废、被盗等原因不得从增值税销项税额中抵扣的进项税额，可以与存货损失一起在计算应纳税所得额时扣除。

3）投资损失。企业的股权投资符合下列条件之一的，减除可收回金额后确认的无法收回的股权投资，可以作为股权投资损失在计算应纳税所得额时扣除：被投资方依法宣告破产、关闭、解散、被撤销，或被依法注销、吊销营业执照的；被投资方财务状况严重恶化，累计发生巨额亏损，已连续停止经营3年以上，且无重新恢复经营改组计划的；对被投资方不具有控制权，投资期限届满或投资期限已超过10年，且被投资单位因连续3年经营亏损导致资不抵债的；被投资方财务状况严重恶化，累计发生巨额亏损，已完成清算或清算期超过3年的；国务院财政、税务主管部门规定的其他条件。

企业的各项财产损失，应在损失发生当年申报扣除，不得提前或延后。非因计算错误或其他客观原因，企业未及时申报的财产损失，逾期不得扣除。确因税务机关原因未能按期扣除的，经税务机关批准后，应调整该财产损失发生年度的纳税申报表，并相应抵退税款，不得改变财产损失所属纳税年度。

（4）其他。其他是指纳税人因会计处理与税法规定有差异需要纳税调整的其他资产类项目金额。

4. 特殊事项调整项目

（1）企业重组。企业重组包括债务重组、股权收购、资产收购、企业合并、企业分立和其他等项目，发生企业重组的纳税人，按税法确认的所得（或损失）与按会计核算确认的损益金额的差额若大于0，应调增纳税所得额；若小于0，则调减纳税所得额。对于发生债务重组业务且选择特殊性税务处理（即债务重组所得可以在5个纳税年度均匀计入应纳税所得额）的纳税人，重组日所属纳税年度的以后纳税年度，也在本项目进行债务重组的纳税调整。

（2）政策性搬迁。企业政策性搬迁是指由于社会公共利益的需要，在政府主导下企业进行整体搬迁或部分搬迁。企业在搬迁期间发生的搬迁收入和搬迁支出，可以暂不计入当期应纳税所得额，而在完成搬迁的年度，对搬迁收入和支出进行汇总清算，进行纳税所得额的调整。

①搬迁收入。包括搬迁过程中从本企业以外（包括政府或其他单位）取得的搬迁补偿收入，以及本企业搬迁资产处置收入等。搬迁补偿收入是指企业由于搬迁取得的货币性和非货币性补偿收入。具体包括：对被征用资产价值的补偿，因搬迁、安置而给予的补偿，对停产停业形成的损失而给予的补偿，资产搬迁过程中遭到毁损而取得的保险赔款和其他补偿收入。搬迁资产处置收入是指企业由于搬迁而处置企业各类资产所取得的收入。企业由于搬迁处置存货而取得的收入，应按正常经营活动取得的收入进行所得税处理，不作为企业搬迁收入。

②搬迁支出。包括搬迁费用支出以及由于搬迁所发生的企业资产处置支出。搬迁费用支出是指企业搬迁期间所发生的各项费用，包括安置职工实际发生的费用、停工期间支付给职工的工资及福利费、临时存放搬迁资产而发生的费用、各类资产搬迁安装费用以及其他与搬迁相关的费用。资产处置支出是指企业由于搬迁而处置各类资产所发生的支出，包括变卖及处置各类资产的净值、处置过程中所发生的税费等支出。

③搬迁所得或损失。企业的搬迁收入扣除搬迁支出后的余额，若大于0，为企业的搬迁所得，调增搬迁完成年度的纳税所得额；若小于0，则为搬迁损失，可选择一次性扣除或分期扣除的办法调减纳税所得额。

（3）特殊行业准备金。特殊行业的准备金包括保险公司的准备金、证券行业的风险基金、期货行业的风险准备金、金融行业的损失准备金、中小企业信用担保机构的赔偿准备金等。

特殊行业纳税人按会计核算计入当期损益的金额与按税法规定允许税前扣除的金额的差额若大于0，应调增纳税所得额；若小于0，则调减纳税所得额。

(4) 房地产开发企业特定业务计算的纳税调整额。房地产开发企业特定业务计算的纳税调整额是指房地产企业销售未完工产品、未完工产品转完工产品特定业务按税法规定纳税调整的金额。

房地产企业销售未完工开发产品取得销售收入按税收规定计算的纳税调整额与房地产企业销售的未完工产品转完工产品按税法规定计算的纳税调整额的差额若大于0，应调增纳税所得额；若小于0，则调减纳税所得额。

5. 特别纳税调整项目

特别纳税调整是税务机关对各种避税行为进行特定纳税事项所作的调整，包括针对纳税人转让定价、资本弱化、避税港避税及其他情况所进行的税务调整。

(1) 企业与其关联方之间的业务往来，不符合独立交易原则而减少企业或者其关联方应纳税收入或者所得额的，税务机关有权按照合理方法进行调整。

(2) 企业与其关联方共同开发、受让无形资产，或者共同提供、接受劳务发生的成本，在计算应纳税所得额时应当按照独立交易原则进行分摊。企业与其关联方分摊成本时，应当按照成本与预期收益相配比的原则进行，并在税务机关规定的期限内，按照税务机关的要求报送有关资料。企业与其关联方分摊成本时违反独立交易原则或配比原则的，其自行分摊的成本不得在计算应纳税所得额时扣除。

(3) 由居民企业，或者由居民企业和中国居民控制的设立在实际税负明显低于我国法定税率水平的国家（地区）的企业，即低于我国法定税率的50%，并非由于合理的经营需要而对利润不作分配或者减少分配的，上述利润中应归属于该居民企业的部分，应当计入该居民企业的当期收入。

(4) 企业从其关联方接受的债权性投资与权益性投资的比例超过规定标准而发生的利息支出，不得在计算应纳税所得额时扣除。

企业实施其他不具有合理商业目的的安排而减少其应纳税收入或者所得额的，税务机关有权按照合理方法调整。税务机关作出纳税调整，需要补征税款的，应当补征税款，并按照规定加收利息。

税务机关根据规定对企业作出特别纳税调整的，自税款所属纳税年度的次年6月1日起至补缴税款之日止的期间，按日加收利息，并按照税款所属纳税年度中国人民银行公布的与补税期间同期的人民币贷款基准利率加5个百分点计算；企业按规定提供有关资料的，可以只按规定的人民币贷款基准利率计算利息。加收的利息，不得在计算应纳税所得额时扣除。

企业与其关联方之间的业务往来，不符合独立交易原则，或者企业实施其他不具有合理商业目的的安排的，税务机关有权在该业务发生的纳税年度起10年内，进行纳税调整。

(四) 免税、减计收入及加计扣除

免税、减计收入及加计扣除是指纳税人属于税法规定的免税收入、减计收入和加计扣除金额的合计。

1. 免税收入

免税收入是指纳税人本年度发生的根据税收规定免征企业所得税的收入和所得，具体包

括国债利息收入、符合条件的居民企业之间的股息、红利等权益性投资收益、符合条件的非营利组织的收入和其他专项优惠。

(1) 国债利息收入是指企业持有国务院财政部门发行的国债取得的利息收入,是到期的利息收入,不是中途转让的收益。

(2) 符合条件的居民企业之间的股息、红利等权益性投资收益是指居民企业直接投资于另一居民企业所取得的投资收益,不包括连续持有居民企业公开发行并上市流通的股票不足12个月取得的投资收益。税收政策规定对来自所有非上市企业,以及连续持有上市公司股票12个月以上取得的股息、红利等投资收益,给予免税,不再补税率差。

(3) 符合条件的非营利组织的收入是指同时符合下列条件的非营利组织的收入:依法履行非营利组织登记手续;从事公益性或者非营利性活动;取得的收入除用于与该组织有关的、合理的支出外,全部用于登记核定或者章程规定的公益性或者非营利性事业;财产及其孳息不用于分配;按照登记核定或者章程规定,该组织注销后的剩余财产用于公益性或者非营利性目的,或者由登记管理机关转赠给与该组织性质、宗旨相同的组织,并向社会公告;投入人对投入该组织的财产不保留或者享有任何财产权利;工作人员工资福利开支控制在规定的比例内,不变相分配该组织的财产。

我国相关管理办法规定,非营利组织一般不能从事营利性活动。因此,为规范此类组织的活动,防止其从事经营性活动可能带来的税收漏洞,《企业所得税法实施条例》规定,对非营利组织的营利性活动取得的收入,不予免税。但国务院财政、税务主管部门另有规定的除外。

(4) 其他专项优惠是指纳税人除上述已列明免税收入以外的,按税收规定可以免税的其他收入。例如,中国清洁发展机制基金取得的收入,证券投资基金从证券市场取得的收入,取得的地方政府债券利息所得或收入,受灾地区企业取得的救灾和灾后恢复重建款项等收入等。

2. 减计收入

减计收入包括综合利用资源生产产品取得的收入和其他专项优惠。

(1) 综合利用资源生产产品取得的收入是指纳税人以《资源综合利用企业所得税优惠目录》内的资源作为主要原材料,生产非国家限定并符合国家和行业相关标准的产品所取得的收入,减按90%计入收入总额。调减按政策规定减计10%收入的部分。

(2) 其他专项优惠是指金融、保险等机构取得的涉农利息、保费收入和取得的中国铁路建设债券利息收入,对企业持有发行的中国铁路建设债券取得的利息收入,减半征收企业所得税,调减按政策规定减计50%收入的部分。

3. 加计扣除

加计扣除主要包括开发新产品、新技术、新工艺所发生的研究开发费用,企业安置残疾人员所支付的工资和安置国家鼓励安置的其他就业人员所支付的工资等可以加计扣除的税收优惠政策。

(1) 开发新产品、新技术、新工艺所发生的研究开发费用,包括新产品设计费、工艺流程制定费、设备调整费、原材料和半成品的试验费、技术图书资料费、未纳入国家计划的中间试验费、研究机构人员的工资、研究设备的折旧、与新产品的试制和技术研究有关的其他经费以及委托其他单位进行科研试制的费用。这些费用未形成无形资产的,可不受比例限制，在据实扣除的基础上，按照研究开发费用的75%加计扣除（制造业可按100%加计扣除），加计扣除部分已形成企业年度亏损的，可以用以后年度所得弥补，但结转年限最长不超过5年；形成无形资产的，按照无形资产成本的175%摊销（制造业可按200%摊销）。

（2）企业安置残疾人员所支付的工资，在按照支付给残疾职工工资据实扣除的基础上，按照支付给残疾职工工资的100%加计扣除。残疾人员的范围适用《中华人民共和国残疾人保障法》的有关规定。

（3）企业安置国家鼓励安置的其他就业人员所支付的工资，可以在计算应纳税所得额时加计扣除；国家鼓励安置的其他就业人员是指下岗失业人员、军队转业干部、城镇退役士兵、随军家属等。

（五）境外应税所得抵减境内亏损

境外应税所得抵减境内亏损是指纳税人在计算缴纳企业所得税时，其境外营业机构的盈利可以抵减境内营业机构的亏损。即当“利润总额”加上“纳税调整增加额”，减去“境外所得”“纳税调整减少额”和“免税、减计收入及加计扣除”后的余额为负数时，境外应税所得可以用于抵减境内亏损，最大不得超过企业当年的全部境外应税所得；当为正数时，如以前年度无亏损额，则不需要抵减，如以前年度有亏损额，则可以抵减以前年度亏损额，最大不得超过企业当年的全部境外应税所得。

（六）所得减免

所得减免是指按照税法规定减征、免征企业所得税项目的所得。其主要包括农林牧渔业项目、国家重点扶持的公共基础设施项目、符合条件的环境保护节能节水项目、符合条件的技术转让项目和其他专项优惠项目。

（七）抵扣应纳税所得额

抵扣应纳税所得额是指创业投资企业采取股权投资方式投资于未上市的中小高新技术企业2年以上的，可以按照其投资额的70%在股权持有满2年的当年抵扣该创业投资企业的应纳税所得额；当年不足抵扣的，可以在以后纳税年度结转抵扣。

（八）弥补以前年度亏损

弥补以前年度亏损是指纳税人按税收规定可以在税前弥补的以前年度亏损额。税法中的亏损称为应税亏损，它是指对财务会计亏损按税法调整后的应纳税所得额为负数的金额。企业某一年度发生的亏损可以用下一年度的所得弥补；下一年度的所得不足以弥补的，可以逐年延续弥补，但最长不超过5年，自2018年1月1日起，高新技术企业科技型中小企业亏损结转年限由5年延长至10年。亏损弥补应注意的问题如下：

（1）亏损弥补期应连续计算，不得间断，不论弥补亏损期间是否盈利或亏损。

（2）连续发生亏损，其亏损弥补期应按每个年度分别计算，按先亏先补的顺序弥补，不能将每个亏损年度的亏损弥补期相加。

（3）企业境外业务之间的盈亏可以互相弥补，但企业境外投资除合并、撤销、依法清算外形成的亏损不得用境内盈利弥补。

【提示】(1) 该盈利为税法中的盈利，即应纳税所得额为“正数”的情况，会计上有可能为盈利，但税法上有可能为亏损。反之也存在。(2) 企业自开始生产经营的年度，为开始计算企业损益的年度。企业从事生产经营之前进行筹办活动期间发生筹办费用支出，不得计算为当期的亏损。

二、应纳所得税额的计算

(一) 平时预缴所得税额的计算

企业所得税实行按年计征、分月（季）预缴、年终汇算清缴、多退少补的办法。实行查账征收方式申报企业所得税的居民纳税人及在中国境内设立机构的非居民纳税人在月（季）度预缴企业所得税时可采用以下方法计算缴纳：

1. 据实预缴

本月（季）应缴所得税额＝实际利润累计额×税率－减免所得税额
－已累计预缴的所得税额

实际利润累计额是指纳税人按会计制度核算的利润总额，包括从事房地产开发企业按本期取得预售收入计算出的预计利润等。平时预缴时，先按会计利润计算，暂不作纳税调整，待会计年度终了再作纳税调整。

税率统一按照《企业所得税法》规定的25%计算应纳所得税额。

减免所得税额是指纳税人当期实际享受的减免所得税额，包括享受减免税优惠过渡期的税收优惠、小型微利企业的税率优惠、高新技术企业的税率优惠及经税务机关审批或备案的其他减免税优惠。

2. 按照上一纳税年度应纳税所得额的平均额预缴

$$本月（季）应缴所得税额=\frac{上一纳税年度应纳税所得额}{12(或4)}\times 税率$$

按上一纳税年度应纳税所得额实际数除以12（或4）得出每月（或季）纳税所得额，上一纳税年度所得额中不包括纳税人的境外所得。税率统一按照25%计算。

除了以上两种方法计算预缴所得税外，还可以按照税务机关确定的其他方法进行。

(二) 应纳所得税额的年终汇算

企业所得税纳税人在分月（季）预缴的基础上，实行年终汇算清缴、多退少补的办法。计算公式如下：

实际应纳所得税额＝应纳税所得额×税率－减免所得税额－抵免所得税额
＋境外所得应纳所得税额－境外所得抵免所得税额

本年应补（退）的所得税额＝实际应纳所得税额－本年累计实际已预缴的所得税额

应纳税所得额是指在企业会计利润总额的基础上，加减纳税调整等相关项目金额后计算得出，税率按25%计算。

1. 减免所得税额

减免所得税额是指纳税人按照税收优惠政策规定实际减免的企业所得税额，主要有：

（1）小型微利企业的减征税额。纳税人从事国家非限制和禁止行业并符合规定条件的小型微利企业享受20%的优惠税率。其计算公式为：

小型微利企业的减征税额＝应纳税所得额×(25%－20%)

（2）高新技术企业的减征税额。纳税人从事国家需要重点扶持的高新技术企业，减按15%的税率征收企业所得税。其计算公式为：

高新技术企业的减征税额＝应纳税所得额×(25%－15%)

（3）民族自治地方企业的减征额。民族自治地方的自治机关对本民族自治地方的企业应缴纳的企业所得税中属于地方分享的部分，可以决定减征或者免征。自治州、自治县决定减征或者免征的，须报省、自治区、直辖市人民政府批准。

（4）其他专项优惠减征额。其他专项优惠减征额是指除上述已列明减征额以外的，按税收规定可以减征的其他企业的减征金额。如经济特区和上海浦东新区新设立的高新技术企业、受灾地区损失严重的企业、符合条件的集成电路企业和软件企业等按税法规定可以减免所得税的金额。

2. 抵免所得税额

纳税人购置并实际使用《环境保护专用设备企业所得税优惠目录》《节能节水专用设备企业所得税优惠目录》和《安全生产专用设备企业所得税优惠目录》规定的环境保护、节能节水、安全生产等专用设备的，该专用设备的投资额的10%可以从企业当年的应纳税额中抵免；当年不足抵免的，可以在以后5个纳税年度结转抵免。

享受上述企业所得税优惠的企业，应当实际购置并自身实际投入使用规定的专用设备；企业购置上述专用设备在5年内转让、出租的，应当停止享受企业所得税优惠，并补缴已经抵免的企业所得税税款。

3. 境外所得应补税额的计算

居民纳税人应就其来源于境内外所得纳税，对来源于境外的所得已在境外缴纳的所得税税额，可以从其当期应纳税额中抵免。计算步骤如下：

境外所得应补税额＝境外所得应纳所得税额－境外所得抵免所得税额

境外所得应纳所得税额＝(境外所得换算成含税收入的所得－弥补以前年度境外亏损－境外免税所得－境外所得弥补境内亏损)×税率

境外所得抵免所得税额＝本年可抵免的境外所得税额＋本年可抵免以前年度所得税额

（1）境外所得应纳所得税额的计算。境外所得是指纳税人来源于境外的收入总额（包括生产经营所得和其他所得），扣除按税收规定允许扣除的境外发生的成本费用后的金额。若取得的所得为税后收入，则需将其换算为包含在境外缴纳企业所得税的所得，换算公式如下：

$$\text{境外所得换算成含税收入的所得}=\frac{\text{适用所在国家（地区）所得税税率的境外所得}}{}\div\left(1-\text{适用所在国家（地区）所得税税率}\right)+\text{适用所在国家（地区）预提所得税率的境外所得}\div\left(1-\text{适用所在国家（地区）预提所得税税率}\right)$$

弥补以前年度境外亏损是指纳税人境外所得按税收规定弥补以前年度的境外亏损额；境外免税所得是指境外所得中按税收规定予以免税的部分；境外所得弥补境内亏损是指境外所得按税收规定弥补境内的亏损额部分。

（2）境外所得抵免所得税额的计算。境外所得抵免所得税额包括本年可抵免的境外所得税额和本年可抵免以前年度所得税额两部分金额。

境外所得税额的抵免限额为该项所得依照我国税法规定计算的应纳税额，超过抵免限额的部分，可以在以后5个年度内，用每年度抵免限额抵免当年应抵税额后的余额进行抵补。计算公式如下：

$$抵免限额=\frac{中国境内、境外所得依照企业所得}{税法和条例的规定计算的应纳税总额}\times\frac{来源于某国（地区）}{的应纳税所得额}\div\frac{中国境内、境外}{应纳税所得总额}$$

从2017年1月1日起，企业可以选择按国（地区）别分别计算（即“分国（地区）不分项”），或者不按国（地区）别汇总计算（即“不分国（地区）不分项”）其来源于境外的应纳税所得额，并按照规定的税率，分别计算其可抵免境外所得税税额和抵免限额，方式一经选择，5年内不得改变。

纳税人来源于境外的所得在境外实际缴纳的所得税税款，低于依照税法计算的扣除限额的，可以从应纳税额中如数扣除，若有前5年境外所得已缴税款未抵扣的余额，可在限额内扣除；高于扣除限额的，其超过部分不得在本年度的应纳税额中扣除，也不得列为费用支出，但可用以后年度税额扣除的余额补扣，补扣期限最长不得超过5年。

【提示】企业按照规定计算的当期境内、境外应纳税所得总额小于零的，应以零计算当期境内、境外应纳税所得总额，其当期境外所得税的抵免限额也为零。

【做中学5-10】某企业2021年度境内应纳税所得额为100万元，适用25%的企业所得税税率。另外，该企业分别在A、B两国设有分支机构，在A国分支机构的应纳税所得额为50万元，A国企业所得税税率为20%；在B国分支机构的应纳税所得额为30万元，B国企业所得税税率为30%。假设在A、B两国应税所得额的计算与我国税法相同，两个分支机构在A、B两国分别缴纳了10万元和9万元的企业所得税。该企业汇总时选择“不分国不分项”方式抵免境外所得税税额，在我国应缴纳的企业所得税税额计算如下：

（1）该企业按我国税法计算的境内、境外所得的应纳税额：

应纳税额=(100+50+30)×25%=45（万元）

（2）A、B两国的扣除限额：

A国扣除限额=45×[50÷(100+50+30)]=12.5（万元）

B国扣除限额=45×[30÷(100+50+30)]=7.5（万元）

境外扣除限额=12.5+7.5=20（万元）

境外实际缴纳税额=10+9=19（万元）

在“不分国不分项”的情况下，境外实际缴纳的税额全部可以抵扣。

（3）汇总时在我国应缴纳的所得税=45-10-9=26（万元）。

三、企业所得税的核定征收

为了加强企业所得税的征收管理，对部分中小企业采取核定征收的办法计算其应纳税额，根据《税收征收管理法》的有关规定，核定征收企业所得税的有关规定如下：

（一）所得税核定征收的范围

纳税人具有下列情形之一的，应采取核定征收方式征收企业所得税：

（1）依照税法规定可以不设账或应设而未设账的；

（2）只能准确核算收入总额或收入总额能够查实，但其成本费用支出不能准确核算；

（3）只能准确核算成本费用支出或成本费用支出能够查实，但其收入总额不能准确核算；

（4）收入总额、成本费用支出虽能正确核算，但未按规定保存有关凭证、账簿及纳税资料；

（5）虽然能够按规定设置账簿并进行核算，但未按规定保存有关凭证、账簿及纳税资料；

（6）未按规定期限办理纳税申报，经税务机关责令限期申报，逾期仍不申报的。

（二）核定征收的办法

核定征收方式包括定额征收和核定应税所得率征收两种方法。

1. 定额征收

定额征收是税务机关按照一定的标准、程序和方法，直接核定纳税人年度应纳所得税额，由纳税人按规定申报缴纳的办法。主管税务机关应对纳税人的有关情况进行调查研究、分类排队、认真测算，按年从高直接核定纳税人的应纳所得税额。

2. 核定应税所得率征收

核定应税所得率征收是税务机关按照一定的标准、程序和方法，预先核定纳税人的应税所得率，由纳税人根据纳税年度内的收入总额或成本费用等项目的实际发生额，按预先核定的应税所得率计算缴纳企业所得税的办法。

应税所得额的计算公式如下：

$$应税所得额=应税收入总额\times应税所得率$$

或

$$=\frac{成本费用支出额}{1-应税所得率}\times应税所得率$$

$$应税收入额=收入总额-不征税收入-免税收入$$

$$应纳所得税额=应税所得额\times适用税率$$

应税所得率统一执行标准见表 5－1。

表 5－1　应税所得率

行业	应税所得率（%）
农、林、牧、渔业	3～10
制造业	5～15
批发和零售贸易业	4～15
交通运输业	7～15
建筑业	8～20
饮食业	8～25
娱乐业	15～30
其他行业	10～30

企业经营多业时，不论其经营项目是否单独核算，均由主管税务机关根据其主营项目，核定其适用某一行业的应税所得率。

【做中学5-11】 某零售企业2021年度自行申报收入总额364万元、成本费用372万元、经营亏损8万元。经主管税务机关审核，发现其发生的成本费用真实，实现的收入无法确认，依据规定对其进行核定征收。假定应税所得率为9%，则该小型零售企业2021年度应缴纳的企业所得税税额计算如下：

应税所得额＝372÷(1－9%)×9%＝36.79（万元）

应纳所得税额＝36.79×25%＝9.20（万元）

任务设计

企业所得税应纳税额的计算

一、工作实例

2021年4月，会计专业应届毕业生陈某到甲公司报税岗位进行顶岗实习，正值企业进行2020年度企业所得税年度汇算清缴工作。

甲公司为居民企业，2020年境内经营业务如下：

(1) 取得销售收入2 500万元；

(2) 销售成本1 100万元；

(3) 发生销售费用670万元（其中广告费450万元），管理费用480万元（其中业务招待费为15万元，新技术的研究开发费用为40万元），财务费用60万元；

(4) 销售税金160万元（含增值税120万元）；

(5) 营业外收入70万元，营业外支出50万元（含通过公益性社会团体向贫困山区捐款36.24万元，支付税收滞纳金6万元）；

(6) 连续12月以上的权益性投资收益34万元（已在投资方所在地按15%的税率缴纳了所得税）；

(7) 计入成本、费用中的实发工资总额150万元，拨缴职工工会经费3万元，支出职工福利费23万元、职工教育经费6万元。

甲公司2020年已预缴了企业所得税50万元。

甲公司在A、B两国设有分支机构，在A国机构的税后所得为28万元，A国所得税税率为30%；在B国机构的税后所得为24万元，B国所得税税率为20%。在A、B两国已分别缴纳所得税12万元、6万元。假设在A、B两国应税所得额的计算与我国税法相同，该企业汇总时选择“不分国不分项”方式抵免境外所得税税额。

请问：陈某将会学到企业所得税纳税申报的哪些能力？能直接用会计利润计算所得税额吗？

二、操作步骤

步骤一： 根据企业会计准则，计算会计利润总额：

会计利润总额＝2 500－1 100－670－480－60－40＋70－50＋34＋28＋24＝256（万元）

步骤二： 计算纳税调整增加额：

(1) 广告费和业务宣传费调增所得额＝450－2 500×15%＝450－375＝75（万元）。

（2）业务招待费调增所得额＝15－15×60%＝15－9＝6（万元）；

2 500×5‰＝12.5（万元）＞9（万元）。

（3）捐赠支出应调增所得额＝36.24－256×12%＝5.52（万元）。

（4）支付的税收滞纳金调增所得额＝6 万元。

（5）职工福利费调增所得额＝23－150×14%＝2（万元）。

职工教育经费 6 万元＜12 万元（150 万元×8%），因此不需要调整。

纳税调整增加额＝75＋6＋5.52＋6＋2＝94.52（万元）。

步骤三：计算纳税调整减少额：

（1）技术研究开发费用调减所得额＝40×75%＝30（万元）。

（2）权益性投资收益调减所得额＝34 万元。

（3）境外税后所得在计算境内所得应纳税额时，予以调减 28＋24＝52（万元）。

纳税调整减少额＝30＋34＋52＝116（万元）。

步骤四：计算应税所得额：

应税所得额＝256＋94.52－116＝234.52（万元）

步骤五：计算应纳所得税额：

（1）境内所得应纳所得税额＝234.52×25%＝58.63（万元）。

（2）境外所得应补缴的税额：

境外所得换算为含税收入的所得：

A 国：28÷(1－30%)＝40（万元）

B 国：24÷(1－20%)＝30（万元）

境外所得应纳所得税额＝(40＋30)×25%＝17.5（万元）

抵扣限额：

A 国的抵扣限额＝(246.77＋40＋30)×25%×40÷316.77＝10（万元）

B 国的抵扣限额＝(246.77＋40＋30)×25%×30÷316.77＝7.5（万元）

在 A 国实际缴纳所得税 12 万元，在 B 国实际缴纳所得税 6 万元，合计 18 万元，高于抵扣限额 17.5 万元，在“不分国不分项”情况下，不需要再补缴企业所得税。

（3）甲公司 2020 年应补缴企业所得税额＝58.63－50＝8.63（万元）。

※ 职业能力判断与选择 ※

一、判断题

1. 利息收入和股息收入一样，都表现为全额增加企业所得税的应纳税所得额。（　　）

2. 企业销售啤酒、黄酒以外的酒类产品收取的包装物押金，无论是否退回均应计征增值税和消费税，同时要计征企业所得税。（　　）

3. 纳税人缴纳的增值税不得在企业所得税前扣除，但按当期缴纳的增值税计算的城市维护建设税和教育费附加，准予在所得税前扣除。（　　）

4. 纳税人在生产、经营期间的借款利息支出作为费用，在计算应纳税所得时，可以按实际发生数扣除。（　　）

5. 企业发生的年度亏损，可用以后5个盈利年度的利润弥补。(　　)

6. 某企业当年应纳税所得额为50万元，但上一年度利润表上亏损48万元，则当年应缴纳企业所得税5 000元。(　　)

7. 确定应纳税所得额时，对企业生产、经营期间，向经中国人民银行批准从事金融业务的非银行金融机构的借款利息支出，可按照实际发生额从税前扣除。(　　)

8. 纳税人来源于境外的所得在境外实际缴纳的所得税税额，准予在汇总纳税时从其应纳税额中扣除；其在境外发生的亏损也可用境内的利润弥补。(　　)

9. 因债权人缘故确实无法支付的应付款项，应该纳入收入总额，计算缴纳企业所得税。(　　)

10. 企业在计算应纳税所得额时，对于根据生产需要租入固定资产所支付的租赁费可以据实从收入总额中扣除。(　　)

11. 纳税人有应提未提折旧、应计未计费用，导致年度应纳税额减少的，应于下年发现时补扣，相应调减应纳税所得额。(　　)

12. 在计征企业所得税时，非广告性质的赞助费不允许税前扣除，广告宣传费可以在税前正常列支。(　　)

13. 提取坏账准备金的企业，在计算企业所得税应纳税所得额时，实际发生的坏账损失大于已提取的坏账准备金的部分，不能在发生当期直接扣除。(　　)

14. 某企业为另一企业的银行贷款提供担保，其贷款到期未还，由该企业代其支付本息并在税前进行了扣除。(　　)

15. 投资方从联营企业分回利润的已纳税款，可以从投资方应纳所得税税额中全部扣除。(　　)

二、选择题（第1～7题为单项选择题，第8～15题为多项选择题）

1. 下列利息收入中，不计入企业所得税应纳税所得额的是(　　)。

A. 企业债券利息　　B. 外单位欠款付给的利息收入

C. 购买国库券的利息收入　　D. 银行存款利息收入

2. 企业缴纳的下列税种，在计算企业所得税应纳税所得额时，不准从收入总额中扣除的是(　　)。

A. 增值税　　B. 消费税

C. 城市维护建设税　　D. 土地增值税

3. 下列项目中，准予在计算企业所得税应纳税所得额时从收入总额中扣除的项目是(　　)。

A. 资本性支出　　B. 无形资产开发未形成资产的部分

C. 违法经营的罚款支出　　D. 各项税收滞纳金、罚金、罚款支出

4. 纳税人通过国内非营利的社会团体、国家机关的公益、救济性捐赠，在年度(　　)12%以内的部分准予扣除。

A. 收入总额　　B. 利润总额

C. 纳税调整后所得　　D. 应纳税所得额

5. 除国务院财政、税务主管部门另有规定外，《企业所得税法》规定：固定资产计算折旧的最低年限为(　　)。

A. 房屋、建筑物，为 25 年

B. 与生产经营活动有关的器具、工具、家具、电子设备等，为 5 年

C. 飞机、火车、轮船、机器、机械和其他生产设备，为 10 年

D. 飞机、火车、轮船以外的运输工具，为 6 年

6. 企业来源于境外所得，已在境外实际缴纳的所得税税额，在汇总纳税并按规定计算扣除限额时，如果境外实际缴纳的税额超过扣除限额，对超过部分的处理方法是(　　)。

A. 列为当年费用支出

B. 从本年的应纳所得税额中扣除

C. 用以后年度税额扣除的余额补扣，补扣期限最长不得超过 5 年

D. 从以后年度境外所得中扣除

7. 某外商投资企业某年实现利润 200 万元，通过境内民政局向灾区捐赠 20 万元，若无其他调整项目，该企业的应税所得额为(　　)万元。

A. 180　　B. 176　　C. 200　　D. 220

8. 在下列支出项目中，准予在计算应纳税所得额时从收入总额中直接扣除的有(　　)。

A. 企业缴纳的增值税

B. 转让固定资产发生的费用

C. 以经营租赁方式租入的固定资产发生的租赁费

D. 以融资租赁方式租入的固定资产发生的租赁费

9. 下列项目中，在会计利润的基础上应调整增加额的项目有(　　)。

A. 职工教育经费支出超标准　　B. 利息费用支出超标准

C. 公益救济性捐赠超标准　　D. 查补的消费税

10. 下列项目中，在会计利润的基础上应调整减少额的项目有(　　)。

A. 查补的消费税　　B. 多提的职工福利费

C. 国库券利息收入　　D. 多列的无形资产摊销费

11. 企业下列收入应计入收入总额计算缴纳所得税的有(　　)。

A. 在建工程发生的试运行收入　　B. 接受的捐赠收入

C. 外单位欠款收到的利息　　D. 固定资产盘盈收入

12. 企业发生的借款利息支出，在计算应纳税所得额时，不得从收入额中扣除的有(　　)。

A. 筹办期间发生的借款利息支出

B. 在生产、经营期间，向金融机构借款的利息支出

C. 开发无形资产发生的借款利息支出

D. 以融资租赁方式租入固定资产投入使用前发生的借款利息支出

13. 下列准予扣除的项目中，如果当年不足抵扣或当年未抵扣，不得结转以后年度抵扣的是(　　)。

A. 技术开发费加计扣的 75%部分

B. 业务招待费用支出

C. 应提未提折旧

D. 创业投资企业采取股权投资方式投资于未上市中小高新技术企业2年以上投资额的70%部分

14. 按照我国税法规定，企业的下列各项支出中，不准税前扣除的是(　　)。

A. 销售白酒给予买方的回扣　　B. 赞助支出

C. 逾期还贷支付银行加收的罚息　　D. 卖给职工的住房折旧费和维修费

15. 下列各项中，不属于企业所得税工资、薪金支出范围的有(　　)。

A. 为雇员年终加薪的支出　　B. 为离休雇员提供待遇的支出

C. 为雇员缴纳社会保险的支出　　D. 为雇员提供的劳动保护费支出

※ 单项任务训练 ※

1. 某国有经营公司2021年度取得营业收入总额4 000万元，成本、费用和损失共3 800万元，其中列支业务招待费20万元，广告宣传支出10万元。全年缴纳增值税51.3万元、消费税79.7万元、城市维护建设税和教育费附加14.3万元，企业所得税税率为25%。

要求：计算该公司当年应纳的企业所得税税额。

2. 某市增值税一般纳税人2021年购进一批酒精，勾兑加工成其他酒实现销售，取得不含税销售收入80 000万元，购进酒精所支付的价款为50 000万元，增值税税额为6 500万元，并支付运输部门费用，取得货物运输业增值税专用发票，注明运输费1 300万元、税款117万元。另外，该一般纳税人为加工其他酒所发生的其他成本费用共计12 000万元。其他酒的消费税税率为10%，企业所得税税率为25%。

要求：计算该纳税人2021年应缴纳的企业所得税税额。

3. 假定某企业为居民企业，2021年经营业务如下：

(1) 取得销售收入2 500万元。

(2) 销售成本1 100万元。

(3) 发生销售费用670万元(某中广告费450万元)，管理费用480万元(其中业务招待费15万元)，财务费用60万元。

(4) 销售税金160万元(含增值税120万元)。

(5) 营业外收入70万元，营业外支出50万元(含通过公益性社会团体向贫困山区捐款30万元，支付税收滞纳金6万元)。

(6) 计入成本、费用中的实发工资总额150万元，拨缴职工工会经费3万元，支出职工福利费25.3万元、职工教育经费3.7万元。

要求：计算该企业2021年度实际应纳的企业所得税税额。

4. 甲企业2021年在利润表中反映的利润总额为300万元，经某会计师事务所检查，涉及利润表的有关事项如下：

(1) 取得国库券利息收入3万元，取得国家指定用于设备更新的补贴收入3.5万元。

(2) 以经营租赁方式租入设备一台，租赁期为2年，一次性支付租金30万元，已经计入其他业务支出。

(3) 企业用库存商品一批对乙企业投资，双方协议该批商品价格为58.5万元(含增值税），该批商品账面价值为 30 万元。

（4）对外捐赠 5 万元，其中，4 万元捐赠给希望工程基金会，向灾区直接捐赠 1 万元，均已计入营业外支出。

要求：计算该企业 2021 年度应缴纳的企业所得税税额。

5. 某运输企业 2021 年资产总额为 700 万元，从业人员为 15 人，年度营业收入为 100 万元，各项成本支出为 95 万元，全年发生亏损 9 万元。经主管税务机关核查，该企业支出项目不能准确核算，需要采用核定应税所得率征收方式计算所得税。主管税务机关核定该企业的应税所得率为 10%。

要求：计算该企业年度应纳所得税税额。

6. 某企业 2021 年度境内总机构的应纳税所得额为 440 万元。其设在 A 国分支机构应税所得为 240 万元，其中：生产经营所得为 200 万元，该国规定的税率为 40%；利息和特许权使用费所得为 40 万元，税率为 20%。设在 B 国分支机构应税所得为 120 万元，其中：生产经营所得为 80 万元，该国税率为 30%；财产转让所得为 40 万元，税率为 10%。假设境外应税所得与我国税法规定计算的应纳税所得额相一致，境外所得均已分别按该国规定的税率缴纳了所得税。该企业选择“不分国不分项”的方式抵免境外所得税税额。

要求：计算该企业本年度应纳企业所得税税额。

7. 某公司 2021 年资产总额为 800 万元，从业人员为 80 人，所得税实行按年计算，分季预缴，各季所得额如下：第一季度累计计税所得额为 20 万元；第二季度累计计税所得额为 70 万元；第三季度累计计税所得额为 120 万元；第四季度累计计税所得额为 180 万元。

年终汇算清缴时，需调整事项如下：

（1）按实付工资额 600 万元拨付了三项经费 111 万元，但其中工会经费 12 万元未取得工会组织开具的专用收据，职工福利费 84 万元和职工教育经费 15 万元均已经实际支付使用。

（2）财务费用中，有支付本期债券集资的利息 1 万元，当期企业共募集资金 10 万元，期限为半年，银行同期年利息率为 5.41%。

（3）逾期包装物押金收入 1 万元不再退还，直接冲减了包装物成本。

（4）因排污不当，被环保部门罚款 2 万元，已计入营业外支出。

要求：计算该企业 2021 年各季度预缴和全年应纳的企业所得税税额，以及年终汇算清缴实际入库的企业所得税税额。

任务三

企业所得税会计核算

※ 任务描述 ※

在核算企业所得税时，报税岗位的会计人员首先要明确本企业的核算方法，是采用资产负债表债务法还是应付税款法。若采用资产负债表债务法，就要依次确定资产的计税基础、负债的计税基础，计算应纳税暂时性差异、可抵扣暂时性差异；设置“递延所得税负债”“递延所得税资产”“所得税费用”“应交税费——应交所得税”等会计科目；年末结合纳税调整进行企业所得税会计处理。

※ 知识准备与业务操作 ※

企业所得税会计核算是对按照会计准则计算的税前会计利润（或亏损）与按税法计算的应纳税所得（或亏损）之间的差异进行会计处理。目前有两种处理办法：一是将应纳所得税全部作为所得税费用，计入当期利润表；二是对应税所得额进行调整，然后得出所得税费用。前者称为应付税款法，后者称为纳税影响会计法。纳税影响会计法又可分为递延法和债务法，债务法分为利润表债务法和资产负债表债务法。我国《企业会计准则第18号——所得税》规定，所得税会计核算应该采用资产负债表债务法。

一、暂时性差异的确认

暂时性差异是指资产或负债的账面价值与其计税基础之间的差额。账面价值是指按照企业会计准则规定确定的有关资产、负债在企业的资产负债表中应列示的金额。计税基础分为资产的计税基础和负债的计税基础。

（一）资产计税基础的确定

资产的计税基础是指企业收回资产账面价值的过程中，计算应纳税所得额时按照税法规定可以自应税经济利益中抵扣的金额，即某一项资产在未来期间计税时可以税前扣除的金额。从税收的角度考虑，资产的计税基础是假定企业按照税法规定进行核算所提供的资产负债表中资产的应有金额，本质上就是税收口径的资产价值标准。

通常情况下，资产在取得时其入账价值与计税基础是相同的，后续计量过程中因企业会计准则规定与税法规定不同，可能造成计税基础与其账面价值不同。常见的有以下资产项目：

1. 固定资产

以各种方式取得的固定资产，初始确认时入账价值基本上是被税法认可的，即取得时其入账价值一般等于计税基础，但固定资产在持有期间进行后续计量时，会计与税收处理在折旧方法、折旧年限的不同以及固定资产减值准备的提取等方面会产生差异。

(1) 折旧方法、折旧年限不同产生的差异。企业会计准则规定，企业可以根据消耗固定资产经济利益的方式合理选择折旧方法，如可以按直线法计提折旧，也可以按双倍余额递减法、年数总和法等计提折旧，前提是有关的方法能够反映固定资产为企业带来经济利益的实现方式。税法一般会规定固定资产的折旧方法，除某些按照规定可以加速折旧的情况外，基本上可以税前扣除的是按照直线法计提的折旧。

(2) 因计提固定资产减值准备产生的差异。持有固定资产的期间，在对固定资产计提了减值准备以后，因所计提的减值准备不允许税前扣除，账面价值下降，但计税基础不会随资产减值准备的提取而发生变化，也会造成其账面价值与计税基础的差异。

【做中学5-12】 某公司2020年年末以100万元购入一项固定资产，会计上采用折旧年限5年，税法规定折旧年限10年，会计与税法均按平均年限法计提折旧，净残值为0，假定固定资产未发生减值。则该项固定资产2021年12月31日的账面价值和计税基础计算如下：

账面价值＝100－100÷5＝80（万元）

计税基础＝100－100÷10＝90（万元）

2. 无形资产

在无形资产后续计量和内部研究开发形成无形资产的初始确认方面，其入账价值与税法规定的成本之间会存在一定差异。

（1）无形资产在后续计量时，会计与税收的差异主要产生于对无形资产是否需要摊销及无形资产减值准备的提取。企业会计准则规定，对于无形资产应根据其使用寿命情况，区分为使用寿命有限的无形资产与使用寿命不确定的无形资产。对于使用寿命不确定的无形资产，不要求摊销，在会计期末应进行减值测试。税法规定，企业取得的无形资产成本，应在一定期限内摊销，合同、法律未明确规定摊销期限的，应按不少于10年的期限摊销。因摊销规定的不同，会造成其账面价值与计税基础的差异；在对无形资产计提减值准备的情况下，因所计提的减值准备不允许税前扣除，也会造成其账面价值与计税基础的差异。

（2）对于内部研究开发形成的无形资产，企业会计准则规定，有关研究开发支出区分为两个阶段，研究阶段的支出应当费用化计入当期损益，而开发阶段符合资本化条件以后发生的支出应当资本化作为无形资产的成本；税法规定，企业发生的研究开发支出可税前加计扣除，即一般可按当期实际发生的研究开发支出的75%加计扣除（制造业可按100%加计扣除），形成无形资产的按无形资产成本的175%摊销（制造业可按200%摊销）。两者就会造成其账面价值与计税基础的差异。

【做中学5-13】 某制造企业当期发生研究开发费用总计为1 300万元，其中，研究阶段费用支出为300万元，开发阶段符合资本化条件前费用支出为400万元，符合资本化条件后至达到预定用途前费用支出为600万元，假定开发形成的无形资产在当期期末已达到预定用途（尚未开始摊销）。当期期末该资产账面价值与计税基础分别确定如下：

按照企业会计准则规定，当期发生的研究开发支出中应予以费用化的金额为700万元，形成无形资产的成本为600万元，即期末所形成无形资产的账面价值为600万元。

按照税法规定，可在当期税前扣除的金额为1 400万元，所形成无形资产在未来期间可予税前扣除的金额为1 200万元，其计税基础为1 200万元。

【提示】 该无形资产的确认不是产生于企业合并交易，而是在资产初始确认时产生，确认该资产时既不影响会计利润也不影响应纳税所得额，则按照所得税会计准则的规定，不确认有关暂时性差异的所得税影响。

3. 以公允价值计量且其变动计入当期损益的金融资产

按照《企业会计准则第22号——金融工具确认和计量》的规定，对于以公允价值计量且其变动计入当期损益的金融资产，其于某一会计期末的账面价值为公允价值；税法规定按照企业会计准则确认的公允价值变动损益在计税时不予考虑，即有关金融资产在某一会计期末的计税基础为其取得成本，从而会造成该类金融资产账面价值与其计税基础之间的差异。

【做中学5-14】 某公司2021年年末持有一项交易性金融资产，成本为80万元，期末公

允价值为90万元。年末该资产账面价值与计税基础分别确定如下:

按照企业会计准则规定,交易性金融资产期末应以公允价值计量,公允价值的变动计入当期损益。即该交易性金融资产的账面价值为90万元。

按照税法规定,交易性金融资产在持有期间公允价值变动不计入应纳税所得额,即其计税基础保持80万元不变。

4. 其他资产

因为企业会计准则规定与税法规定不同,所以对于企业持有的其他资产,这可能造成其账面价值与计税基础之间存在差异。

(1) 投资性房地产。对于采用公允价值模式进行后续计量的投资性房地产,其期末账面价值为公允价值;而如果税法规定不认可该类资产在持有期间因公允价值变动产生的利得或损失,则其计税基础应以取得时支付的历史成本为基础计算确定,从而会造成账面价值与计税基础之间的差异。

(2) 其他计提了资产减值准备的各项资产。有关资产计提减值准备以后,其账面价值会随之下降,而税法规定,资产的减值准备在转化为实质性损失之前,不允许税前扣除,即其计税基础不会因减值准备的提取而发生变化,从而造成资产的账面价值与其计税基础之间的差异。

【做中学5-15】某公司2021年年末存货余额为590万元,已确认并计提存货跌价准备10万元。2021年年末该存货的账面价值和计税基础确认如下:

按照企业会计准则规定,存货的账面价值为580万元。

按照税法规定,企业提取的资产减值准备一般不能在税前抵扣,只有在资产发生实质性损失时才允许税前扣除,由此存货的计税基础为590万元。

(二) 负债计税基础的确定

负债的计税基础是指负债的账面价值减去未来期间计算应纳税所得额时按照税法规定可予抵扣的金额。其与账面价值的关系式如下:

负债的计税基础=负债的账面价值-将来负债在兑付时允许扣税的金额

一般情况下,负债的确认与偿还不会影响企业的损益,也不会影响其应纳税所得额,未来期间计算应纳税所得额时按照税法规定可予抵扣的金额为零,计税基础即为账面价值。如企业的短期借款、应付账款等。但是,某些情况下,负债的确认可能会影响企业的损益,进而影响不同期间的应纳税所得额,使得其计税基础与账面价值之间产生差额,如按照会计规定确认的某些预计负债和预收账款。

1. 企业因销售商品提供售后服务等原因确认的预计负债

按照《企业会计准则第13号——或有事项》的规定,企业应将预计提供售后服务发生的支出在销售当期确认为费用,同时确认预计负债。如果税法规定,有关的支出在实际发生时可全部税前扣除,该事项产生的预计负债在期末的计税基础为其账面价值与未来兑付时允许扣除的全部账面价值之间的差额等于零,即计税基础为零。

因其他事项确认的预计负债,应按照税法规定的计税原则确定其计税基础。某些情况下,因有些事项确认的预计负债,如果税法规定其支出无论是否实际发生均不允许税前扣除,即未来期间按照税法规定可予抵扣的金额为零,则其账面价值与计税基础相同。

【做中学 5-16】甲企业 2021 年因销售产品承诺提供 3 年的保修服务，在当年度利润表中确认了 500 万元的销售费用，同时确认为预计负债，当年度未发生任何保修支出。2021 年 12 月 31 日此项负债的账面价值和计税基础确认如下：

按照企业会计准则规定，负债的账面价值为 500 万元。

按照税法规定，与产品售后服务相关的费用在实际发生时允许税前扣除，负债计税基础＝500－500＝0。

2. 预收账款

企业在收到客户预付款项时，因不符合收入确认条件，会计上将其确认为负债。税法中对于收入的确认原则一般与会计规定相同，即会计上未确认收入时，计税时一般亦不计入应纳税所得额，该部分经济利益在未来期间计税时可予税前扣除的金额为零，计税基础等于账面价值。

如果不符合企业会计准则规定的收入确认条件，但按照税法规定应计入当期应纳税所得额，则预收账款的计税基础为零，即因其产生时已经计算缴纳所得税，未来期间可全额税前扣除，计税基础为账面价值减去在未来期间可全额税前扣除的金额，即其计税基础为零。

【做中学 5-17】A 公司于 2021 年 12 月 20 日收到一笔合同预付款，金额为 2 500 万元，作为预收账款核算。按照适用税法规定，该款项应计入取得当期应纳税所得额计算缴纳所得税。2021 年年末该项负债的账面价值和计税基础确认如下：

按照企业会计准则规定，账面价值为 2 500 万元。

按照税法规定，该项预收账款在未来期间计算应纳税所得额时可予全部抵扣，计税基础＝2 500－2 500＝0。

3. 应付职工薪酬

企业会计准则规定，企业为获得职工提供的服务给予的各种形式的报酬以及其他相关支出均应作为企业的成本费用，在未支付之前确认为负债。税法中对于职工薪酬基本允许税前扣除，但税法中如果规定了税前扣除标准的，按照会计准则规定计入成本费用支出的金额超过规定标准部分，应进行纳税调整。因超过部分在发生当期不允许税前扣除，在以后期间也不允许税前扣除，即该部分差额对未来期间计税不产生影响，所以所产生应付职工薪酬负债的账面价值等于计税基础。

【做中学 5-18】甲企业 2020 年 12 月计入成本费用的职工工资总额为 4 000 万元，至 2020 年 12 月 31 日尚未支付。按照适用税法规定，当期计入成本费用的 4 000 万元工资支出中，可予税前扣除的金额为 3 000 万元。2021 年年末此项负债的账面价值和计税基础确认如下：

按照企业会计准则规定，账面价值为 4 000 万元。

按照税法规定，当期可以抵扣的是 3 000 万元，当期不能抵扣的 1 000 万元在发生时进行了纳税调整，以后也不能在税前扣除，因此，未来期间计算应纳税所得额时可予抵扣的金额为 0，计税基础＝4 000－0＝4 000（万元）。

4. 其他负债

其他负债如企业应交的罚款和滞纳金等，在尚未支付之前按照企业会计准则规定确认为费用，同时作为负债反映。税法规定，罚款和滞纳金不能税前扣除，即该部分费用无论是在发生当期还是在以后期间均不允许税前扣除，其计税基础为账面价值减去未来期间计税时可予税前扣除的金额零之间的差额，即计税基础等于账面价值。

【做中学5-19】 A公司2021年12月因违反当地有关环保法规的规定，接到环保部门的处罚通知，要求其支付罚款500万元。税法规定，企业因违反国家有关法律法规支付的罚款和滞纳金，计算应纳税所得额时不允许税前扣除。至2021年12月31日，该项罚款尚未支付。此项负债的账面价值和计税基础确认如下：

按照企业会计准则规定，负债的账面价值为500万元。

按照税法规定，该项负债未来期间计算应纳税所得额时可予抵扣的金额为0，计税基础=500−0=500（万元）。

（三）应纳税暂时性差异的确认

应纳税暂时性差异是指在确定未来收回资产或清偿负债期间的应纳税所得额时，将导致产生应税金额的暂时性差异。该差异在未来期间转回时，会增加转回期间的应纳税所得额。该暂时性差异的转回，会进一步增加转回期间的应纳税所得额和应交所得税额。在该暂时性差异产生当期，应当确认相关的递延所得税负债。应纳税暂时性差异通常产生于以下两种情况：

1. 资产的账面价值大于其计税基础

一项资产的账面价值代表的是企业在持续使用及最终出售该项资产时会取得的经济利益的总额，而计税基础代表的是一项资产在未来期间可予税前扣除的总金额。当资产的账面价值大于计税基础时，其意味着该项资产未来期间产生的经济利益不能全部税前扣除，两者之间的差额需要交税，产生应纳税暂时性差异。

例【做中学5-14】中，某公司交易性金融资产的账面价值90万元与其计税基础80万元之间产生的差额10万元，意味着企业将于未来期间增加应纳税所得额和应交所得税，属于应纳税暂时性差异，应确认相应的递延所得税负债。

2. 负债的账面价值小于其计税基础

一项负债的账面价值为企业预计在未来期间清偿该项负债时的经济利益流出，而计税基础代表的是账面价值在扣除税法规定未来期间允许税前扣除的金额之后的差额。当负债的账面价值小于其计税基础时，其意味着该项负债在未来期间可以税前抵扣的金额为负数，即应在未来期间应纳税所得额的基础上调增，增加应纳税所得额和应交所得税金额，产生应纳税暂时性差异，这种情况一般情况下不会产生。

（四）可抵扣暂时性差异的确认

可抵扣暂时性差异是指在确定未来收回资产或清偿负债期间的应纳税所得额时，将导致产生可抵扣金额的暂时性差异。该差异在未来期间转回时会减少转回期间的应纳税所得额，减少未来期间的应交所得税。在该暂时性差异产生当期，应当确认相关的递延所得税资产。可抵扣暂时性差异一般产生于以下两种情况：

1. 资产的账面价值小于计税基础

从经济含义来看，资产在未来期间产生的经济利益少，按照税法规定允许税前扣除的金额多，则企业在未来期间可以减少应税所得额并减少应交所得税，形成可抵扣暂时性差异。

在【做中学 5－12】中，某公司固定资产的账面价值 80 万元与其计税基础 90 万元之间产生的差额 10 万元，因其在未来期间会减少企业的应纳税所得额和应交所得税，为可抵扣暂时性差异，应确认与其相关的递延所得税资产。

2. 负债的账面价值大于计税基础

负债产生的暂时性差异实质上是税法规定就该项负债可以在未来期间税前扣除的金额。一项负债的账面价值大于其计税基础，意味着未来期间按照税法规定构成负债的全部或部分金额可以从未来应税经济利益中扣除，减少未来期间的应交所得税，产生可抵扣暂时性差异。

在【做中学 5－16】中，甲企业预计负债的账面价值 500 万元与其计税基础 0 之间形成暂时性差异 500 万元，在未来期间转回时，会减少企业的应纳税所得额，使企业于未来期间以应交所得税的方式流出的经济利益减少，为可抵扣暂时性差异，在其产生期间，应确认相关的递延所得税资产。

二、会计科目的设置

企业在选择资产负债表债务法时，应设置“递延所得税负债”“递延所得税资产”“所得税费用”“应交税费——应交所得税”等科目。

（1）“递延所得税负债”是负债类科目，核算企业确认的应纳税暂时性差异产生的所得税负债。其贷方反映企业确认的各类递延所得税负债以及递延所得税负债的应有余额大于其账面余额的差额。与直接计入所有者权益的交易或事项相关的递延所得税负债以及企业合并中取得资产、负债的入账价值与其计税基础不同形成的应纳税暂时性差异也贷记本科目。其借方反映资产负债表日递延所得税负债的应有余额小于其账面余额的差额。期末贷方余额反映企业已确认的递延所得税负债。

（2）“递延所得税资产”是资产类科目，核算企业由于可抵扣暂时性差异确认的递延所得税资产及按规定可用以后年度税前利润弥补的亏损及税款抵减产生的所得税资产。其借方反映期末确认的各类递延所得税资产以及递延所得税资产应有余额大于其账面余额的差额。其贷方反映企业期末递延所得税资产应有余额小于其账面余额的差额。在资产负债表日，预计未来期间很可能无法获得足够的应纳税所得额用以抵扣可抵扣暂时性差异的，按原已确认的递延所得税资产中应减记的金额贷记本科目。本科目的期末借方余额，反映企业确认的递延所得税资产。

（3）“所得税费用”是损益类科目，核算企业确认的应从当期利润总额中扣除的所得税费用，按“当期所得税费用”“递延所得税费用”进行明细核算。其借方反映在资产负债表日，企业按照税法规定计算确定的当期应交所得税（当期所得税费用）和递延所得税资产的应有余额小于“递延所得税资产”科目余额的差额（递延所得税费用）。其贷方反映在资产负债表日，递延所得税资产的应有余额大于“递延所得税资产”科目余额的差额（递延所得税费用）。企业应予确认的递延所得税负债，也比照上述原则调整本科目。期末，应将本科目的余额转入“本年利润”科目，结转后本科目无余额。

三、资产负债表债务法的会计处理

企业会计准则规定，企业应采用资产负债表债务法核算所得税。资产负债表债务法是指从资产负债表出发，通过比较资产负债表上列示的资产、负债按照企业会计准则规定确定的账面价值与按照税法规定的计税基础，对于两者之间的差额分别确认应纳税暂时性差异与可抵扣暂时性差异，确认相关的递延所得税负债和递延所得税资产，并在此基础上确定每一期间利润表中的所得税费用。

(一) 递延所得税资产的确认

(1) 递延所得税资产的确认应以未来期间可能取得的应纳税所得额为限。资产、负债的账面价值与其计税基础不同产生可抵扣暂时性差异的，在估计未来期间能够取得足够的应纳税所得额用以利用该可抵扣暂时性差异时，应当以很可能取得用来抵扣可抵扣暂时性差异的应纳税所得额为限，确认相关的递延所得税资产；在可抵扣暂时性差异转回的未来期间内，若企业无法产生足够的应纳税所得额用以抵减可抵扣暂时性差异的影响，使得与递延所得税资产相关的经济利益无法实现，则该部分递延所得税资产不应确认。

(2) 按照税法规定可以结转以后年度的未弥补亏损和税款抵减，应视同可抵扣暂时性差异处理。在预计可利用可弥补亏损或税款抵减的未来期间内能够取得足够的应纳税所得额时，应当以很可能取得的应纳税所得额为限，确认相应的递延所得税资产，同时减少确认当期的所得税费用。

(3) 适用税率的确定。确认递延所得税资产时，应估计相关可抵扣暂时性差异的转回时间，以转回期间适用的所得税税率为基础计算确定。无论相关的可抵扣暂时性差异转回期间如何，递延所得税资产均不予折现。

(4) 在资产负债表日，企业应当对递延所得税资产的账面价值进行复核。如果未来期间很可能无法取得足够的应纳税所得额用以利用递延所得税资产的利益，应当减记递延所得税资产的账面价值。递延所得税资产的账面价值减记以后，继后期间根据新的环境和情况判断能够产生足够的应纳税所得额利用可抵扣暂时性差异，使得递延所得税资产包含的经济利益能够实现的，应相应恢复递延所得税资产的账面价值。

递延所得税资产的计算公式为：

递延所得税资产的余额＝该时点可抵扣暂时性差异×当时的所得税税率

当期递延所得税资产变动额＝(年末可抵扣暂时性差异－年初可抵扣暂时性差异)×所得税税率

如果所得税税率发生变化，则：

当期递延所得税资产变动额＝年末可抵扣暂时性差异×新的所得税税率－年初可抵扣暂时性差异×旧的所得税税率

(二) 递延所得税负债的确认

(1) 应纳税暂时性差异在转回期间将增加未来期间企业的应纳税所得额和应交所得税，导致企业经济利益的流出，从其发生当期看，构成企业应支付税金的义务，应作为递延所得税负债确认。除直接计入所有者权益的交易或事项以及企业合并外，在确认递延所得税负债的同时，应增加利润表中的所得税费用。

（2）递延所得税负债应以相关应纳税暂时性差异转回期间适用的所得税税率计量。在我国，除享受优惠政策的情况以外，企业适用的所得税税率在不同年度之间一般不会发生变化，企业在确认递延所得税负债时，以现行适用税率为基础计算确定，递延所得税负债的确认不要求折现。

递延所得税负债的计算公式为：

递延所得税负债的余额＝该时点应纳税暂时性差异×当时的所得税税率

当期递延所得税负债变动额＝（年末应纳税暂时性差异－年初应纳税暂时性差异）×所得税税率

如果所得税税率发生变化，则：

当期递延所得税负债变动额＝年末应纳税暂时性差异×新的所得税税率－年初应纳税暂时性差异×旧的所得税税率

（三）所得税费用的确认

利润表中的所得税费用由当期所得税和递延所得税两部分组成，即：

所得税费用＝当期所得税＋递延所得税

当期所得税是指企业按照税法规定计算确定的针对当期发生的交易和事项，应缴纳给税务部门的所得税金额，即应交所得税。

递延所得税是指按照企业会计准则规定应予以确认的递延所得税资产和递延所得税负债在期末应有的金额相对于原已确认金额之间的差额，即递延所得税资产及递延所得税负债的当期发生额，但不包括直接计入所有者权益交易事项及企业合并的所得税影响。用公式表示如下：

递延所得税＝递延所得税费用－递延所得税收益

递延所得税费用＝当期递延所得税负债增加额＋当期递延所得税资产减少额

递延所得税收益＝当期递延所得税资产增加额＋当期递延所得税负债减少额

四、应付税款法的会计处理

企业会计准则规定，上市公司应采用资产负债表法核算所得税，非上市企业仍执行《企业会计制度》和《小企业会计制度》，因而绝大部分非上市企业采用应付税款法核算所得税费用。这里对应付税款法也作简单介绍。

应付税款法是指企业不确认时间性差异对所得税的影响金额，将当期计算的应交所得税确认为所得税费用的方法。在这种情况下，当期所得税费用等于当期应交的所得税。该核算方法的特点是，本期所得税费用为按照本期应税所得与适用的所得税率计算的应交所得税，即本期从净利润中扣除的所得税费用等于本期应交的所得税。时间性差异产生的影响所得税的金额均在本期确认所得税费用，或在本期抵减所得税费用，在会计报表中不反映为一项负债或一项资产。例如，按照我国税法规定，企业固定资产一般应按直线法提取折旧。但企业会计准则对企业的固定资产采用什么方法提取折旧由企业自行确定。在这种情况下，按直线法提取折旧额计算的应税所得和采用加速折旧法提取折旧额计算的税前会计利润之间必然产生一个差额。在采用应付税款法进行处理时，应按税法规定，就存在的差额对本期税前会计利润进行调整，将其调整为应税所得，按照应税所得计算的本期应交所得税，作为本期的所得税费用。

根据实际应缴的所得税税额，作会计分录如下：

借：所得税费用

  贷：应交税费——应交所得税

实际上交所得税时，作会计分录如下：

借：应交税费——应交所得税

  贷：银行存款

在应付税款法下，本期发生的暂时性差异不单独核算，与本期发生的永久性差异同样处理。也就是说，不管税前会计利润是多少，在计算缴纳所得税时均应按税法规定对税前会计利润进行调整，将其调整为应税所得，再按应税所得计算出本期应交的所得税，作为本期所得税费用，即本期所得税费用等于本期应交所得税。

任务设计

资产负债表债务法的应用

一、工作设计1

(一)工作实例

东方股份有限公司2020年度利润表中利润总额为1 200万元，该公司适用的所得税税率为25%，假定2019年年末资产负债表各项目的账面价值与其计税基础一致。2020年发生的有关交易和事项中，会计处理与税收处理存在的差异有：

(1) 2020年1月2日开始计提折旧的一项固定资产，成本为600万元，使用年限为10年，净残值为零，税法规定可采用双倍余额递减法计提折旧，会计处理按直线法计提折旧。假定税法规定的使用年限及净残值与会计规定相同。

(2) 向关联企业提供现金捐赠200万元。

(3) 当年度发生技术研究支出500万元。

(4) 应付违反环保法规定罚款100万元。

(5) 期末对持有的存货计提了30万元的存货跌价准备。

要求：按资产负债表债务法进行会计核算。

(二)操作步骤

步骤一：计算2020年度当期应缴纳的所得税金额：

应纳税所得额=1 200−60+200−(500×175%−500)+100+30=1 095（万元）

应交所得税=1 095×25%=273.75（万元）

步骤二：确定资产、负债的账面价值和计税基础并确定暂时性差异：

该公司2020年资产负债表相关项目金额及其计税基础见表5-2。

表 5-2　暂时性差异的计算过程　　单位：万元

项目	账面价值	计税基础	差异	
			应纳税暂时性差异	可抵扣暂时性差异
存货	800	830		30
固定资产				
固定资产原价	600	600		
减：累计折旧	60	120		
减：固定资产减值准备	0	0		
固定资产账面价值	540	480	60	
其他应付款	100	100		
总计			60	30

步骤三：计算确定所得税费用：

递延所得税费用＝60×25%＝15（万元）

递延所得税收益＝30×25%＝7.5（万元）

递延所得税＝15－7.5＝7.5（万元）

利润表中应确认的所得税费用＝273.75＋7.5＝281.25（万元）

步骤四：进行账务处理：

借：所得税费用——当期所得税费用　　2 737 500
　　所得税费用——递延所得税费用　　75 000
　　递延所得税资产　　75 000
　贷：应交税费——应交所得税　　2 737 500
　　　递延所得税负债　　150 000

二、工作设计 2

（一）工作实例

沿用工作设计 1 的资料，假定东方股份有限公司 2021 年当期应交所得税为 462 万元，所得税税率为 25%，年末资产负债表中有关资产、负债的账面价值与其计税基础相关资料见表 5-3，除所列项目外，其他资产、负债项目不存在会计和税收的差异。

要求：按资产负债表债务法进行会计核算。

表 5-3　资产、负债的账面价值与其计税基础　　单位：万元

项目	账面价值	计税基础
存货	1 600	1 680
固定资产		
固定资产原价	600	600
减：累计折旧	120	216
减：固定资产减值准备	20	0
固定资产账面价值	460	384
预计负债	100	0
总计		

(二) 操作步骤

步骤一:计算当期应缴纳的所得税金额:

2021年度应交所得税税额为462万元。

步骤二:确定资产、负债的账面价值和计税基础并确定暂时性差异。

具体计算过程见表5-4。

表5-4 暂时性差异的计算过程 单位:万元

项目	账面价值	计税基础	差异	
			应纳税暂时性差异	可抵扣暂时性差异
存货	1 600	1 680		80
固定资产				
固定资产原价	600	600		
减:累计折旧	120	216		
减:固定资产减值准备	20	0		
固定资产账面价值	460	384	76	
预计负债	100	0		100
总计			76	180

步骤三:计算确定所得税费用:

(1) 当期递延所得税:

①期末递延所得税负债=76×25%=19(万元)

期初递延所得税负债=60×25%=15(万元)

递延所得税负债增加额=19-15=4(万元)

②期末递延所得税资产=180×25%=45(万元)

期初递延所得税资产=30×25%=7.5(万元)

递延所得税资产增加额=45-7.5=37.5(万元)

③递延所得税收益=37.5(万元)

递延所得税费用=4(万元)

递延所得税=4-37.5=-33.5(万元)

(2) 所得税费用:

所得税费用=462-33.5=428.5(万元)

步骤四:进行账务处理:

借:所得税费用——当期所得税费用　4 620 000

　　递延所得税资产　375 000

　贷:递延所得税负债　40 000

　　　应交税费——应交所得税　4 620 000

　　　所得税费用——递延所得税费用　335 000

※ 职业能力判断与选择 ※

一、判断题

1. 资产的账面价值大于其计税基础或者负债的账面价值小于其计税基础的，产生可抵扣暂时性差异。（　　）

2. 确认由可抵扣暂时性差异产生的递延所得税资产，应当以未来期间很可能取得用来抵扣可抵扣暂时性差异的应纳税所得额为限。（　　）

3. 负债的计税基础是指负债的账面价值中按照税法规定可予抵扣的金额。（　　）

4. 可抵扣暂时性差异是指在确定未来收回资产或清偿负债期间的应纳税所得额时将导致产生应税金额的暂时性差异。（　　）

5. 递延所得税负债应以相关应纳税暂时性差异转回期间税法规定的适用税率计量。（　　）

6. 在采用资产负债表债务法进行所得税会计核算时，应将由于暂时性差额和永久性差额产生的对未来所得税的影响金额，作为一项递延所得税资产或负债。（　　）

7. 采用应付税款法进行所得税会计处理时，即使在永久性和时间性差异同时存在的情况下，当期的所得税费用也等于当期应缴所得税的数额。（　　）

8. “递延所得税资产”科目用来核算企业由于可抵扣暂时性差异确认的递延所得税资产及按规定可用以后年度税前利润弥补的亏损及税款抵减产生的所得税资产。（　　）

二、选择题（第 1～8 题为单项选择题，第 9、10 题为多项选择题）

1. 下列关于资产计税基础的说法错误的是（　　）。

A. 资产的计税基础是指资产在未来期间计税时按税法规定可以税前扣除的金额

B. 资产的计税基础是指企业收回资产账面价值过程中，计算应纳税所得额时按税法规定可以从应税经济利益中抵扣的金额

C. 资产的计税基础＝未来可税前扣除的金额

D. 资产的计税基础＝资产的账面价值－未来可税前扣除的金额

2. 下列项目中，产生可抵扣暂时性差异的是（　　）。

A. 固定资产会计折旧小于税法折旧

B. 税法折旧大于会计折旧形成的差额部分

C. 对固定资产，企业根据期末公允价值大于账面价值的部分进行了调整

D. 对无形资产，企业根据期末可收回金额小于账面价值计提减值准备的部分

3. 下列负债项目中，其账面价值与计税基础会产生差异的是（　　）。

A. 短期借款　　　　B. 应付票据

C. 应付账款　　　　D. 预计负债

4. 甲股份有限公司 2006 年 12 月购入一台设备，原价为 3 010 万元，预计净残值为 10 万元，税法规定的折旧年限为 5 年，按直线法计提折旧，公司按照 3 年计提折旧，折旧方法与税法相一致。2008 年 1 月 1 日起，公司所得税税率由 33%降为 25%。除该事项外，历年

来无其他纳税调整事项。公司采用资产负债表债务法进行所得税会计处理。该公司2008年年末资产负债表中反映的“递延所得税资产”项目的金额为(　　)万元。

A. 186.67　　B. 400　　C. 200　　D. 320

5. 资料同第4题，2008年年初“递延所得税资产”项目的余额为(　　)万元。

A. 140　　B. 120　　C. 132　　D. 152

6. 资料同第4题，如果甲公司2008年税前会计利润为500万元，则当年的所得税费用为(　　)万元。

A. 145　　B. 162　　C. 157　　D. 147

7. 乙公司采用资产负债表债务法核算所得税。2007年年末“递延所得税负债”账户的贷方余额为330万元，适用的所得税税率为33%。2008年年初所得税税率由原来的33%改为25%，本期新增应纳税暂时性差异350万元，则乙公司2008年“递延所得税负债”的本期发生额为(　　)。

A. 借记7.5万元　　B. 借记6万元

C. 贷记7.5万元　　D. 贷记6万元

8. 乙公司采用资产负债表债务法核算所得税。2007年年末“递延所得税资产”账户的借方余额为660万元，适用的所得税税率为33%。2008年年初所得税税率由原来的33%改为25%，本期转回可抵扣暂时性差异300万元，则乙公司2008年“递延所得税资产”的本期发生额为(　　)。

A. 借记300万元　　B. 贷记235万元

C. 借记235万元　　D. 贷记300万元

9. 对接受捐赠资产的会计处理和税务处理的说法中，正确的是(　　)。

A. 按照会计制度，对接受捐赠的资产不确认收入，不计入企业接受捐赠当期的利润总额

B. 按照会计制度，对接受捐赠的资产应确认收入，计入企业接受捐赠当期的利润总额

C. 按照税法规定，企业接受捐赠的资产，应计入当期应纳税所得额，计算缴纳企业所得税

D. 按照税法规定，企业接受捐赠的资产，不计入当期应纳税所得额

10. 在采用资产负债表债务法对所得税进行核算的情况下，当期发生的下列事项中，影响当期所得税费用的有(　　)。

A. 时间性差异产生的递延税款借项

B. 时间性差异产生的递延税款贷项

C. 税率变动对递延税款余额的调整金额

D. 计提存货跌价准备

※ 单项任务训练 ※

1. 假定甲企业2020年利润总额为1 500万元，企业适用的所得税税率为25%。

(1) 该企业2020年会计与税收之间的差异包括以下事项：

①国债利息收入100万元；

②税款滞纳金120万元；

③交易性金融资产公允价值增加140万元；

④计提固定资产减值准备 400 万元；

⑤因售后服务预计费用 220 万元。

（2）假定甲企业 2020 年 12 月 31 日资产负债表中部分项目账面价值与计税基础情况见表 5－5。

表 5－5　资产负债表相关项目的账面价值与计税基础　　单位：元

项目	账面价值	计税基础	差异	
			应纳税差异	可抵扣差异
交易性金融资产	5 400 000	4 000 000	1 400 000	
固定资产	30 000 000	34 000 000		4 000 000
预计负债	2 200 000	0		2 200 000
总计			1 400 000	6 200 000

（3）假定 2021 年应税所得额为 2 000 万元，2021 年 12 月 31 日资产负债表中部分项目情况见表 5－6。

表 5－6　资产负债表相关项目的账面价值与计税基础　　单位：元

项目	账面价值	计税基础	差异	
			应纳税差异	可抵扣差异
交易性金融资产	5 800 000	6 000 000		200 000
固定资产	30 000 000	34 000 000		4 000 000
预计负债	1 200 000	0		1 200 000
无形资产	2 000 000	0	2 000 000	
总计			2 000 000	5 400 000

要求：

（1）计算确认 2020 年度递延所得税资产及递延所得税负债的发生额；

（2）计算确定 2020 年度应纳税所得额及应交所得税；

（3）编制 2020 年度所得税费用确认的会计分录；

（4）计算确认 2021 年递延所得税资产的年末余额及当年的变动额；

（5）计算确认 2021 年递延所得税负债的年末余额及当年的变动额；

（6）编制 2021 年度所得税费用确认的会计分录。

2. 某企业 5 年内暂时性差异是因折旧方法不同所致，即企业在计算税前会计利润时采用直线法，而在申报所得税时采用年数总和法。每年计提折旧费及其税前会计利润见表 5－7，前两年所得税税率为 33%，后三年为 25%。

表 5－7　某企业有关纳税资料　　单位：万元

发生年份	税前利润	年数总和法下折旧费	直线法下折旧费
1	100	150	90
2	250	120	90
3	300	90	90
4	380	60	90
5	470	30	90
合计		450	450

要求：用资产负债表债务法分别反映该企业五年内有关所得税核算的会计分录。

任务四

企业所得税纳税申报

※ 任务描述 ※

报税岗位的会计人员应明确企业所得税的征收方式，在每月经济业务结束后，填制企业所得税月（季）度预缴纳税申报表，办理企业所得税的预缴工作；年度终了后，在规定期限内进行纳税调整，填制企业所得税年度纳税申报表和相关附表，办理年度汇算清缴工作。

※ 知识准备与业务操作 ※

一、企业所得税的征收管理

（一）征收方式的确定

企业在每年第一季度应填列企业所得税征收方式鉴定表（见表5－8）一式三份，报主管税务机关审核。第1至第5项均合格的，实行纳税人自行申报、税务机关查账方式征收；若第1、第4、第5项中有一项不合格或第2、第3项均不合格，实行定额征收；若第2、第3项中有一项合格、一项不合格的，实行核定应税所得率办法征收。征收方式确定后，在一个纳税年度内一般不得变更。

表5－8　企业所得税征收方式鉴定表

<table>
<tr><td colspan="2">纳税人识别号</td><td colspan="4"></td></tr>
<tr><td colspan="2">纳税人名称</td><td colspan="4"></td></tr>
<tr><td colspan="2">纳税人地址</td><td colspan="4"></td></tr>
<tr><td>经济类型</td><td></td><td>所属行业</td><td></td><td>开业日期</td><td></td></tr>
<tr><td>开户银行</td><td></td><td>账　　号</td><td colspan="3"></td></tr>
<tr><td>邮政编码</td><td></td><td>联系电话</td><td colspan="3"></td></tr>
<tr><td colspan="2">上年收入总额</td><td></td><td colspan="2">上年成本费用额</td><td></td></tr>
<tr><td colspan="2">上年应纳税所得额</td><td></td><td colspan="2">上年所得税税额</td><td></td></tr>
<tr><td>行次</td><td>项　目</td><td colspan="2">纳税人自报情况</td><td colspan="2">主管税务机关审核情况</td></tr>
<tr><td>1</td><td>账簿设置情况</td><td colspan="2"></td><td colspan="2"></td></tr>
<tr><td>2</td><td>收入总额核算情况</td><td colspan="2"></td><td colspan="2"></td></tr>
<tr><td>3</td><td>成本费用核算情况</td><td colspan="2"></td><td colspan="2"></td></tr>
<tr><td>4</td><td>账簿凭证保存情况</td><td colspan="2"></td><td colspan="2"></td></tr>
<tr><td>5</td><td>纳税义务履行情况</td><td colspan="2"></td><td colspan="2"></td></tr>
<tr><td colspan="6">征 收 方 式：</td></tr>
<tr><td colspan="6">纳税人意见：
纳税人签章：　　　　　　　　（公章）　　年　　月　　日</td></tr>
</table>

<table>
<tr><td colspan="3">税务机关审批意见：</td></tr>
<tr><td>经办人签字：

年 月 日</td><td>科室负责人签字：
（公章）
年 月 日</td><td>主管局长签字：
（公章）
年 月 日</td></tr>
</table>

（二）纳税期限

企业所得税实行按年计算，按月或季预缴，年终汇算清缴、多退少补的征收办法。纳税年度一般为公历年度，即公历 1 月 1 日至 12 月 31 日为一个纳税年度；纳税人在一个纳税年度的中间开业，或由于合并、关闭等原因使该纳税年度的实际经营期不足 12 个月的，以其实际经营期为一个纳税年度；纳税人破产清算时，以清算期为一个纳税年度。

纳税人应当在月份或季度终了后 15 日内，向其所在地主管税务机关报送预缴所得税申报表，预缴税款。企业应当自年度终了之日起 5 个月内，无论盈利还是亏损，均应向税务机关报送年度企业所得税纳税申报表、财务会计报告和其他有关资料并汇算清缴，结清应缴应退税款。少预缴的所得税税额，应在下一年度内补缴；多预缴的所得税税额，在下一年度内抵缴；抵缴后仍有结余，或下一年度发生亏损的，应及时办理退库。

企业在年度中间终止经营活动的，应当自实际经营终止之日起 60 日内，向税务机关办理当期企业所得税汇算清缴。

扣缴义务人每次代扣的税款，应当自代扣之日起 7 日内缴入国库，并向所在地的税务机关报送扣缴企业所得税报告表。

纳税人预缴所得税时，应按纳税期限的实际数预缴。按实际数预缴有困难的，可按上一年度应纳税所得额的 1/12（月度）或 1/4（季度），或经当地税务机关认可的其他方法预缴所得税。预缴方法一经确定，不得随意改变。

企业进行清算时，应当在办理注销工商登记之前，办理所得税申报。企业若在年度中间合并、分立、终止，应当在停止生产经营之日起 60 日内，向当地税务机关办理当期所得税汇算清缴。

（三）纳税地点

企业所得税由纳税人向其所在地主管税务机关缴纳。居民企业以企业登记注册地为纳税地点；但登记注册地在境外的，以实际管理机构所在地为纳税地点；居民企业在中国境内设立不具有法人资格的营业机构的，应当汇总计算并缴纳企业所得税。

非居民企业在中国境内设立机构、场所的，取得的所得以及发生在中国境外但与其所设机构、场所有实际联系的所得，应当以机构、场所所在地为纳税地点；非居民企业在中国境内未设立机构、场所，或者虽设立机构、场所但取得的所得与其所设机构、场所没有实际联系的，以扣缴义务人所在地为纳税地点；非居民企业在中国境内设立两个或者两个以上机构、场所的，经税务机关审核批准，可以选择由其主要机构、场所汇总缴纳企业所得税。

除国务院另有规定外，企业之间不得合并缴纳企业所得税。

二、企业所得税的申报

根据 2008 年 1 月 1 日开始实施的《企业所得税法》，国家税务总局印发了新的企业所得税月（季）度预缴纳税申报表和企业所得税年度纳税申报表，2014 年又进行了修改。

(一) 企业所得税预缴纳税申报表

查账征收企业所得税的居民纳税人及在中国境内设立机构的非居民纳税人在月（季）度预缴企业所得税时应填制企业所得税月（季）度预缴纳税申报表（A类）（见表5－9）；实行核定征收管理办法（包括核定应税所得率和核定税额征收方式）缴纳企业所得税的纳税人在月（季）度申报缴纳企业所得税时应填制企业所得税月（季）度预缴纳税申报表（B类）（见表5－10）。

表5－9　中华人民共和国企业所得税月（季）度预缴纳税申报表（A类）

税款所属期间：　　年　　月　　日至　　年　　月　　日

纳税人识别号（统一社会信用代码）：□□□□□□□□□□□□□□□□□□

纳税人名称：　　　　　　　　　　　　　　　　　　　　金额单位：人民币元（列至角分）

<table>
<tr><td colspan="11">优惠及附报事项有关信息</td></tr>
<tr><td colspan="2" rowspan="2">项目</td><td colspan="2">一季度</td><td colspan="2">二季度</td><td colspan="2">三季度</td><td colspan="2">四季度</td><td rowspan="2">季度平均值</td></tr>
<tr><td>季初</td><td>季末</td><td>季初</td><td>季末</td><td>季初</td><td>季末</td><td>季初</td><td>季末</td></tr>
<tr><td colspan="2">从业人数</td><td></td><td></td><td></td><td></td><td></td><td></td><td></td><td></td><td></td></tr>
<tr><td colspan="2">资产总额（万元）</td><td></td><td></td><td></td><td></td><td></td><td></td><td></td><td></td><td></td></tr>
<tr><td colspan="2">国家限制或禁止行业</td><td colspan="3">□是　□否</td><td colspan="3">小型微利企业</td><td colspan="3">□是　□否</td></tr>
<tr><td colspan="2"></td><td colspan="8">附报事项名称</td><td>金额或选项</td></tr>
<tr><td colspan="2">事项1</td><td colspan="8">（填写特定事项名称）</td><td></td></tr>
<tr><td colspan="2">事项2</td><td colspan="8">（填写特定事项名称）</td><td></td></tr>
<tr><td>行次</td><td colspan="9">预缴税款计算</td><td>本年累计</td></tr>
<tr><td>1</td><td colspan="9">营业收入</td><td></td></tr>
<tr><td>2</td><td colspan="9">营业成本</td><td></td></tr>
<tr><td>3</td><td colspan="9">利润总额</td><td></td></tr>
<tr><td>4</td><td colspan="9">加：特定业务计算的应纳税所得额</td><td></td></tr>
<tr><td>5</td><td colspan="9">减：不征税收入</td><td></td></tr>
<tr><td>6</td><td colspan="9">减：资产加速折旧、摊销（扣除）调减额（填写A201020）</td><td></td></tr>
<tr><td>7</td><td colspan="9">减：免税收入、减计收入、加计扣除（7.1＋7.2＋……）</td><td></td></tr>
<tr><td>7.1</td><td colspan="9">（填写优惠事项名称）</td><td></td></tr>
<tr><td>7.2</td><td colspan="9">（填写优惠事项名称）</td><td></td></tr>
<tr><td>8</td><td colspan="9">减：所得减免（8.1＋8.2＋……）</td><td></td></tr>
<tr><td>8.1</td><td colspan="9">（填写优惠事项名称）</td><td></td></tr>
<tr><td>8.2</td><td colspan="9">（填写优惠事项名称）</td><td></td></tr>
<tr><td>9</td><td colspan="9">减：弥补以前年度亏损</td><td></td></tr>
<tr><td>10</td><td colspan="9">实际利润额（3＋4－5－6－7－8－9）\ 按照上一纳税年度应纳税所得额平均额确定的应纳税所得额</td><td></td></tr>
<tr><td>11</td><td colspan="9">税率（25%）</td><td></td></tr>
<tr><td>12</td><td colspan="9">应纳所得税额（10×11）</td><td></td></tr>
<tr><td>13</td><td colspan="9">减：减免所得税额（13.1＋13.2＋……）</td><td></td></tr>
<tr><td>13.1</td><td colspan="9">（填写优惠事项名称）</td><td></td></tr>
<tr><td>13.2</td><td colspan="9">（填写优惠事项名称）</td><td></td></tr>
<tr><td>14</td><td colspan="9">减：本年实际已缴纳所得税额</td><td></td></tr>
<tr><td>15</td><td colspan="9">减：特定业务预缴（征）所得税额</td><td></td></tr>
<tr><td>16</td><td colspan="9">本期应补（退）所得税额（12－13－14－L15）\ 税务机关确定的本期应纳所得税额</td><td></td></tr>
</table>

<table>
<tr><td colspan="4">汇总纳税企业总分机构税款计算</td></tr>
<tr><td>17</td><td rowspan="4">总机构填报</td><td colspan="2">总机构本期分摊应补（退）所得税额（18+19+20）</td><td></td></tr>
<tr><td>18</td><td colspan="2">其中：总机构分摊应补（退）所得税额（16×总机构分摊比例____%）</td><td></td></tr>
<tr><td>19</td><td colspan="2">财政集中分配应补（退）所得税额（16×财政集中分配比例____%）</td><td></td></tr>
<tr><td>20</td><td colspan="2">总机构具有主体生产经营职能的部门分摊所得税额（16×全部分支机构分摊比例____%×总机构具有主体生产经营职能部门分摊比例____%）</td><td></td></tr>
<tr><td>21</td><td rowspan="2">分支机构填报</td><td colspan="2">分支机构本期分摊比例</td><td></td></tr>
<tr><td>22</td><td colspan="2">分支机构本期分摊应补（退）所得税额</td><td></td></tr>
<tr><td colspan="5">实际缴纳企业所得税计算</td></tr>
<tr><td>23</td><td colspan="2">减：民族自治地区企业所得税地方分享部分：□ 免征 □ 减征：减征幅度____%）</td><td>本年累计应减免金额［(12－13－15)×40%×减征幅度］</td><td></td></tr>
<tr><td>24</td><td colspan="2">实际应补（退）所得税额</td><td></td><td></td></tr>
<tr><td colspan="5">谨声明：本纳税申报表是根据国家税收法律法规及相关规定填报的，是真实的、可靠的、完整的。
纳税人（签章）：　　　　年　　月　　日</td></tr>
<tr><td colspan="3">经办人：
经办人身份证号：
代理机构签章：
代理机构统一社会信用代码：</td><td colspan="2">受理人：
受理税务机关（章）：
受理日期：　　年　　月　　日</td></tr>
</table>

国家税务总局监制

表 5-10　中华人民共和国企业所得税月（季）度预缴和年度纳税申报表（B 类）

税款所属期间：　　年　　月　　日至　　年　　月　　日

纳税人识别号（统一社会信用代码）：□□□□□□□□□□□□□□□□□□

纳税人名称：　　　　　　　　　　金额单位：人民币元（列至角分）

<table>
<tr><td>核定征收方式</td><td colspan="9">□核定应税所得率（能核算收入总额的）　□核定应税所得率（能核算成本费用总额的）　□核定应纳所得税额</td></tr>
<tr><td colspan="10">按季度填报信息</td></tr>
<tr><td rowspan="2">项目</td><td colspan="2">一季度</td><td colspan="2">二季度</td><td colspan="2">三季度</td><td colspan="2">四季度</td><td rowspan="2">季度平均值</td></tr>
<tr><td>季初</td><td>季末</td><td>季初</td><td>季末</td><td>季初</td><td>季末</td><td>季初</td><td>季末</td></tr>
<tr><td>从业人数</td><td></td><td></td><td></td><td></td><td></td><td></td><td></td><td></td><td></td></tr>
<tr><td>资产总额（万元）</td><td></td><td></td><td></td><td></td><td></td><td></td><td></td><td></td><td></td></tr>
<tr><td>国家限制或禁止行业</td><td colspan="3">□ 是　□ 否</td><td colspan="3">小型微利企业</td><td colspan="3">□ 是　□ 否</td></tr>
<tr><td colspan="10">按年度填报信息</td></tr>
<tr><td>从业人数
（填写平均值）</td><td colspan="3"></td><td colspan="3">资产总额
（填写平均值，单位：万元）</td><td colspan="3"></td></tr>
<tr><td>国家限制或禁止行业</td><td colspan="3">□ 是　□ 否</td><td colspan="3">小型微利企业</td><td colspan="3">□ 是　□ 否</td></tr>
</table>

行次	项目	本年累计金额
1	收入总额	
2	减：不征税收入	
3	减：免税收入（4+5+10+11）	
4	国债利息收入免征企业所得税	
5	符合条件的居民企业之间的股息、红利等权益性投资收益免征企业所得税（6+7.1+7.2+8+9）	

续前表

行次	预缴税款计算	本年累计
6	其中：一般股息红利等权益性投资收益免征企业所得税	
7.1	通过沪港通投资且连续持有H股满12个月取得的股息红利所得免征企业所得税	
7.2	通过深港通投资且连续持有H股满12个月取得的股息红利所得免征企业所得税	
8	居民企业持有创新企业CDR取得的股息红利所得免征企业所得税	
9	符合条件的居民企业之间属于股息、红利性质的永续债利息收入免征企业所得税	
10	投资者从证券投资基金分配中取得的收入免征企业所得税	
11	取得的地方政府债券利息收入免征企业所得税	
12	应税收入额（1－2－3）\成本费用总额	
13	税务机关核定的应税所得率（%）	
14	应纳税所得额（第12×13行）\[第12行÷(1－第13行)×第13行\]	
15	税率（25%）	
16	应纳所得税额（14×15）	
17	减：符合条件的小型微利企业减免企业所得税	
18	减：实际已缴纳所得税额	
L19	减：符合条件的小型微利企业延缓缴纳所得税额（是否延缓缴纳所得税 □是 □否）	
19	本期应补（退）所得税额（16－17－18－L19）\税务机关核定本期应纳所得税额	
20	民族自治地方的自治机关对本民族自治地方的企业应缴纳的企业所得税中属于地方分享的部分减征或免征（ □免征 □减征：减征幅度____%）	
21	本期实际应补（退）所得税额	
谨声明：本纳税申报表是根据国家税收法律法规及相关规定填报的，是真实的、可靠的、完整的。 纳税人（签章）： 年 月 日		
经办人： 经办人身份证号： 代理机构签章： 代理机构统一社会信用代码：	受理人： 受理税务机关（章）： 受理日期： 年 月 日	

国家税务总局监制

（二）企业所得税年度纳税申报表

查账征收企业所得税的纳税人在年度汇算清缴时，无论盈利还是亏损，都必须在规定的期限内进行纳税申报，填写企业所得税年度纳税申报表及其有关附表。

2017年12月修订后施行的企业所得税年度纳税申报表共有37张，除了1张基础信息表和1张主表外，还有附表35张，即6张收入费用明细表、13张纳税调整表、1张亏损弥补表、9张税收优惠表、4张境外所得抵免表、2张汇总纳税表。其中，作为主表的附表15张，作为附表的附表20张。

（三）开具税收缴款书缴纳税款

纳税人在向税务机关报送企业所得税月（季）度预缴纳税申报表或年度纳税申报表后，应在规定期限内向税务机关指定为代理金库的银行缴纳税款，缴纳税款时，应开具税收缴款书。税收缴款书共6联，纳税人缴纳税款后，以经国库经收处收款签章后的“收据联”作为完税凭证，证明纳税义务完成，并据此作为会计核算的依据。

任务设计

企业所得税年度纳税申报表及附表的填报

一、工作实例

接本项目任务二的工作实例，填报甲公司2020年度纳税申报表及其附表，办理2020年度甲企业所得税年度汇算清缴工作。

二、操作步骤

步骤一：填报收入、成本、费用明细表：

收入明细表见表5-11，成本支出明细表见表5-12，期间费用明细表见表5-13。这些表根据收入、支出的会计核算资料填写。

A101010

表5-11　一般企业收入明细表

行次	项　　目	金额
1	一、营业收入（2+9）	25 000 000
2	（一）主营业务收入（3+5+6+7+8）	25 000 000
3	1. 销售商品收入	25 000 000
4	其中：非货币性资产交换收入	
5	2. 提供劳务收入	
6	3. 建造合同收入	
7	4. 让渡资产使用权收入	
8	5. 其他	
9	（二）其他业务收入（10+12+13+14+15）	
10	1. 销售材料收入	
11	其中：非货币性资产交换收入	
12	2. 出租固定资产收入	
13	3. 出租无形资产收入	
14	4. 出租包装物和商品收入	
15	5. 其他	
16	二、营业外收入（17+18+19+20+21+22+23+24+25+26）	700 000
17	（一）非流动资产处置利得	700 000
18	（二）非货币性资产交换利得	
19	（三）债务重组利得	
20	（四）政府补助利得	
21	（五）盘盈利得	
22	（六）捐赠利得	
23	（七）罚没利得	
24	（八）确实无法偿付的应付款项	
25	（九）汇兑收益	
26	（十）其他	

A102010

表 5-12 一般企业成本支出明细表

行次	项 目	金额
1	一、营业成本（2+9）	11 000 000
2	（一）主营业务成本（3+5+6+7+8）	11 000 000
3	1. 销售商品成本	11 000 000
4	其中：非货币性资产交换成本	
5	2. 提供劳务成本	
6	3. 建造合同成本	
7	4. 让渡资产使用权成本	
8	5. 其他	
9	（二）其他业务成本（10+12+13+14+15）	
10	1. 材料销售成本	
11	其中：非货币性资产交换成本	
12	2. 出租固定资产成本	
13	3. 出租无形资产成本	
14	4. 包装物出租成本	
15	5. 其他	
16	二、营业外支出（17+18+19+20+21+22+23+24+25+26）	500 000
17	（一）非流动资产处置损失	77 600
18	（二）非货币性资产交换损失	
19	（三）债务重组损失	
20	（四）非常损失	
21	（五）捐赠支出	362 400
22	（六）赞助支出	
23	（七）罚没支出	60 000
24	（八）坏账损失	
25	（九）无法收回的债券股权投资损失	
26	（十）其他	

A104000

表 5-13 期间费用明细表

行次	项 目	销售费用	其中：境外支付	管理费用	其中：境外支付	财务费用	其中：境外支付
		1	2	3	4	5	6
1	一、职工薪酬		*		*	*	*
2	二、劳务费					*	*
3	三、咨询顾问费					*	*
4	四、业务招待费		*		*	*	*
5	五、广告费和业务宣传费		*		*	*	*
6	六、佣金和手续费						

续前表

行次	项　　目	销售费用	其中：境外支付	管理费用	其中：境外支付	财务费用	其中：境外支付
		1	2	3	4	5	6
7	七、资产折旧摊销费		*		*	*	*
8	八、财产损耗、盘亏及毁损损失		*		*	*	*
9	九、办公费		*		*	*	*
10	十、董事会费		*		*	*	*
11	十一、租赁费					*	*
12	十二、诉讼费		*		*	*	*
13	十三、差旅费		*		*	*	*
14	十四、保险费		*		*	*	*
15	十五、运输、仓储费					*	*
16	十六、修理费					*	*
17	十七、包装费		*		*	*	*
18	十八、技术转让费					*	*
19	十九、研究费用					*	*
20	二十、各项税费		*		*	*	*
21	二十一、利息收支	*	*	*	*		
22	二十二、汇兑差额	*	*	*	*		
23	二十三、现金折扣	*	*	*	*		*
24	二十四、党组织工作经费						
25	二十五、其他						
26	合计（1+2+3+…+25）	6 700 000		4 800 000		600 000	

注：表中期间费用明细项目的具体数值略。

步骤二： 填报纳税调整项目明细表（A105000）及附表：

先根据会计核算资料填写附表，本实例中，纳税调整项目明细表的附表主要有职工薪酬支出及纳税调整明细表（见表 5－14）、广告费和业务宣传费等跨年度纳税调整明细表（见表 5－15）、捐赠支出及纳税调整明细表（见表 5－16），再根据这些附表资料及会计核算资料填报纳税调整项目明细表（见表 5－17）。

A105050

表 5－14　职工薪酬支出及纳税调整明细表

行次	项　　目	账载金额	实际发生额	税收规定扣除率	以前年度累计结转扣除额	税收金额	纳税调整金额	累计结转以后年度扣除额
		1	2	3	4	5	6（1－5）	7（1＋4－5）
1	一、工资薪金支出	1 500 000	1 500 000		*	1 500 000	0	*
2	其中：股权激励				*			*

续前表

行次	项　　目	账载金额	实际发生额	税收规定扣除率	以前年度累计结转扣除额	税收金额	纳税调整金额	累计结转以后年度扣除额
		1	2	3	4	5	6（1－5）	7（1＋4－5）
3	二、职工福利费支出	230 000	230 000	14%	*	210 000	20 000	*
4	三、职工教育经费支出	60 000	60 000			60 000	0	0
5	其中：按税收规定比例扣除的职工教育经费	60 000	60 000	8%		60 000	0	0
6	按税收规定全额扣除的职工培训费用				*			*
7	四、工会经费支出	30 000	30 000	2%	*	30 000	0	*
8	五、各类基本社会保障性缴款				*			*
9	六、住房公积金			*	*			*
10	七、补充养老保险				*			*
11	八、补充医疗保险				*			*
12	九、其他			*				*
13	合计（1＋3＋4＋7＋8＋9＋10＋11＋12）	1 820 000	1 820 000	*		1 800 000	20 000	0

A105060

表5-15　广告费和业务宣传费等跨年度纳税调整明细表

行次	项　　目	广告费和业务宣传费	保险企业手续费及佣金支出
		1	2
1	一、本年支出	4 500 000	
2	减：不允许扣除的支出		
3	二、本年符合条件的支出（1－2）	4 500 000	
4	三、本年计算扣除限额的基数	25 000 000	
5	乘：税收规定扣除率	15%	
6	四、本企业计算的扣除限额（4×5）	3 750 000	
7	五、本年结转以后年度扣除额（3＞6，本行＝3－6；3≤6，本行＝0）	750 000	
8	加：以前年度累计结转扣除额		
9	减：本年扣除的以前年度结转额［3＞6，本行＝0；3≤6，本行＝8或（6－3）孰小值］		
10	六、按照分摊协议归集至其他关联方的金额（10≤3或6孰小值）		
11	按照分摊协议从其他关联方归集至本企业的金额		
12	七、本年支出纳税调整金额（3＞6，本行＝2＋3－6＋10－11；3≤6，本行＝2＋10－11－9）	750 000	
13	八、累计结转以后年度扣除额（7＋8－9）	750 000	

A105070

表 5－16　捐赠支出及纳税调整明细表

行次	项　　目	账载金额	以前年度结转可扣除的捐赠额	按税收规定计算的扣除限额	税收金额	纳税调增金额	纳税调减金额	可结转以后年度扣除的捐赠额
		1	2	3	4	5	6	7
1	一、非公益性捐赠		*	*	*		*	*
2	二、限额扣除的公益性捐赠（3＋4＋5＋6）	362 400		307 200	307 200	55 200		
3	前三年度（　　年）	*		*	*	*		
4	前二年度（　　年）	*		*	*	*		
5	前一年度（　　年）	*		*	*	*		
6	本年（2020 年）	362 400	*	307 200	307 200	55 200	*	
7	三、全额扣除的公益性捐赠		*	*		*	*	*
8			*	*		*	*	* *
9			*	*		*	*	*
10			*	*		*	*	*
11	合计（1＋2＋7）	362 400		307 200	307 200	55 200		
附列资料	2015 年度至本年发生的公益性扶贫捐赠合计金额		*	*		*	*	*

A105000

表 5－17　纳税调整项目明细表

行次	项　　目	账载金额	税收金额	调增金额	调减金额
		1	2	3	4
1	一、收入类调整项目（2＋3＋4＋5＋6＋7＋8＋10＋11）	*	*		
2	（一）视同销售收入（填写 A105010）	*			*
3	（二）未按权责发生制原则确认的收入（填写 A105020）				
4	（三）投资收益（填写 A105030）				
5	（四）按权益法核算长期股权投资对初始投资成本调整确认收益	*	*	*	
6	（五）交易性金融资产初始投资调整	*	*		*
7	（六）公允价值变动净损益		*		
8	（七）不征税收入	*	*		
9	其中：专项用途财政性资金（填写 A105040）	*	*		
10	（八）销售折扣、折让和退回				
11	（九）其他				
12	二、扣除类调整项目（13＋14＋15＋16＋17＋18＋19＋20＋21＋22＋23＋24＋26＋27＋28＋29＋30）	*	*	945 200	
13	（一）视同销售成本（填写 A105010）	*		*	
14	（二）职工薪酬（填写 A105050）	1 820 000	1 800 000	20 000	

续前表

行次	项　　目	账载金额	税收金额	调增金额	调减金额
		1	2	3	4
15	（三）业务招待费支出	150 000	90 000	60 000	*
16	（四）广告费和业务宣传费支出（填写A105060）	*	*	750 000	
17	（五）捐赠支出（填写A105070）	362 400	307 200	55 200	*
18	（六）利息支出				
19	（七）罚金、罚款和被没收财物的损失		*		*
20	（八）税收滞纳金、加收利息	60 000	*	60 000	*
21	（九）赞助支出		*		*
22	（十）与未实现融资收益相关在当期确认的财务费用				
23	（十一）佣金和手续费支出				*
24	（十二）不征税收入用于支出所形成的费用	*	*		*
25	其中：专项用途财政性资金用于支出所形成的费用（填写A105040）	*	*		*
26	（十三）跨期扣除项目				
27	（十四）与取得收入无关的支出		*		*
28	（十五）境外所得分摊的共同支出	*	*		*
29	（十六）党组织工作经费				
30	（十七）其他				
31	三、资产类调整项目（32+33+34+35）	*	*		
32	（一）资产折旧、摊销（填写A105080）				
33	（二）资产减值准备金		*		
34	（三）资产损失（填写A105090）				
35	（四）其他				
36	四、特殊事项调整项目（37+38+…+43）	*	*		
37	（一）企业重组及递延纳税事项（填写A105100）				
38	（二）政策性搬迁（填写A105110）	*	*		
39	（三）特殊行业准备金（39.1+39.2+39.4+39.5+39.6+39.7）				
39.1	1. 保险公司保险保障基金	*			
39.2	2. 保险公司准备金	*	*		
39.3	其中：已发生未报案未决赔款准备金	*	*		
39.4	3. 证券行业准备金	*	*		
39.5	4. 期货行业准备金				
39.6	5. 中小企业融资（信用）担保机构准备金				
39.7	6. 金融企业、小额贷款公司准备金（填写A105120）				
40	（四）房地产开发企业特定业务计算的纳税调整额（填写A105010）				
41	（五）合伙企业法人合伙方应分得的应纳税所得额				
42	（六）发行永续债利息支出				
43	（七）其他	*	*		

续前表

行次	项　目	账载金额	税收金额	调增金额	调减金额
		1	2	3	4
44	五、特别纳税调整应税所得				
45	六、其他				
46	合计（1＋12＋31＋36＋44＋45）			945 200	

步骤三：填报免税、减计收入及加计扣除优惠明细表（A107010）及附表：

先根据会计核算资料填写附表，本实例中，免税、减计收入及加计扣除优惠明细表的附表主要有研发费用加计扣除优惠明细表（见表5－18）和符合条件的居民企业之间的股息、红利等权益性投资收益优惠明细表（见表5－19），再根据这些附表资料及会计核算资料填报免税、减计收入及加计扣除优惠明细表（见表5－20）。

A107012

表5－18　研发费用加计扣除优惠明细表

基本信息			
1	□一般企业　　□科技型中小企业	科技型中小企业登记编号	
2	本年可享受研发费用加计扣除项目数量		
研发活动费用明细			
3	一、自主研发、合作研发、集中研发（4＋8＋17＋20＋24＋35）		400 000
4	（一）人员人工费用（5＋6＋7）		
5	1. 直接从事研发活动人员工资薪金		
6	2. 直接从事研发活动人员五险一金		
7	3. 外聘研发人员的劳务费用		
8	（二）直接投入费用（9＋10＋…＋16）		
9	1. 研发活动直接消耗材料		
10	2. 研发活动直接消耗燃料		
11	3. 研发活动直接消耗动力费用		
12	4. 用于中间试验和产品试制的模具、工艺装备开发及制造费		
13	5. 用于不构成固定资产的样品、样机及一般测试手段购置费		
14	6. 用于试制产品的检验费		
15	7. 用于研发活动的仪器、设备的运行维护、调整、检验、维修等费用		
16	8. 通过经营租赁方式租入的用于研发活动的仪器、设备租赁费		
17	（三）折旧费用（18＋19）		
18	1. 用于研发活动的仪器的折旧费		
19	2. 用于研发活动的设备的折旧费		
20	（四）无形资产摊销（21＋22＋23）		
21	1. 用于研发活动的软件的摊销费用		
22	2. 用于研发活动的专利权的摊销费用		
23	3. 用于研发活动的非专利技术（包括许可证、专有技术、设计和计算方法等）的摊销费用		

续前表

研发活动费用明细		
24	（五）新产品设计费等（25＋26＋27＋28）	
25	1. 新产品设计费	
26	2. 新工艺规程制定费	
27	3. 新药研制的临床试验费	
28	4. 勘探开发技术的现场试验费	
29	（六）其他相关费用（30＋31＋32＋33＋34）	
30	1. 技术图书资料费、资料翻译费、专家咨询费、高新科技研发保险费	
31	2. 研发成果的检索、分析、评议、论证、鉴定、评审、评估、验收费用	
32	3. 知识产权的申请费、注册费、代理费	
33	4. 职工福利费、补充养老保险费、补充医疗保险费	
34	5. 差旅费、会议费	
35	（七）经限额调整后的其他相关费用	
36	二、委托研发［（37－38）×80%］	
37	委托外部机构或个人进行研发活动所发生的费用	
38	其中：委托境外进行研发活动所发生的费用	
39	三、年度研发费用小计（3＋36）	400 000
40	（一）本年费用化金额	400 000
41	（二）本年资本化金额	
42	四、本年形成无形资产摊销额	
43	五、以前年度形成无形资产本年摊销额	
44	六、允许扣除的研发费用合计（40＋42＋43）	400 000
45	减：特殊收入部分	
46	七、允许扣除的研发费用抵减特殊收入后的金额（44－45）	400 000
47	减：当年销售研发活动直接形成产品（包括组成部分）对应的材料部分	
48	减：以前年度销售研发活动直接形成产品（包括组成部分）对应材料部分结转金额	
49	八、加计扣除比例	75%
50	九、本年研发费用加计扣除总额（46－47－48）×49	300 000
51	十、销售研发活动直接形成产品（包括组成部分）对应材料部分结转以后年度扣减金额（当46－47－48≥0，本行＝0；当46－47－48＜0，本行＝46－47－48的绝对值）	

注：研发项目具体支出明细费用数值略。

A107011

表 5-19　符合条件的居民企业之间的股息、红利等权益性投资收益优惠明细表

行次	被投资企业	被投资企业统一社会信用代码（纳税人识别号）	投资性质	投资成本	投资比例	被投资企业利润分配确认金额		被投资企业清算确认金额			撤回或减少投资确认金额						合计
						被投资企业做出利润分配或转股决定时间	依决定归属于本公司的股息、红利等权益性投资收益金额	分得的被投资企业清算剩余资产	被清算企业累计未分配利润和累计盈余公积应享有部分	应确认的股息所得	从被投资企业撤回或减少投资取得的资产	减少投资比例	收回初始投资成本	取得资产中超过收回初始投资成本部分	撤回或减少投资应享有被投资企业累计未分配利润和累计盈余公积	应确认的股息所得	
	1	2	3	4	5	6	7	8	9	10（8与9孰小）	11	12	13（4×12）	14（11－13）	15	16（14与15孰小）	17（7＋10＋16）
1																	
2																	
3																	
4																	
5																	
6																	
7																	
8	合计																340 000
9	其中：直接投资或非 H 股票投资																
10	股票投资—沪港通 H 股																
11	股票投资—深港通 H 股																
12	创新企业 CDR																
13	永续债																

注：被投资企业的具体资料略。

A107010

表 5-20 免税、减计收入及加计扣除优惠明细表

行次	项 目	金额
1	一、免税收入(2+3+6+7+…+16)	340 000
2	(一)国债利息收入免征企业所得税	
3	(二)符合条件的居民企业之间的股息、红利等权益性投资收益免征企业所得税(4+5+6+7+8)	340 000
4	1. 一般股息红利等权益性投资收益免征企业所得税(填写 A107011)	
5	2. 内地居民企业通过沪港通投资且连续持有 H 股满 12 个月取得的股息红利所得免征企业所得税(填写 A107011)	
6	3. 内地居民企业通过深港通投资且连续持有 H 股满 12 个月取得的股息红利所得免征企业所得税(填写 A107011)	
7	4. 居民企业持有创新企业 CDR 取得的股息红利所得免征企业所得税(填写 A107011)	
8	5. 符合条件的永续债利息收入免征企业所得税(填写 A107011)	
9	(三)符合条件的非营利组织的收入免征企业所得税	
10	(四)中国清洁发展机制基金取得的收入免征企业所得税	
11	(五)投资者从证券投资基金分配中取得的收入免征企业所得税	
12	(六)取得的地方政府债券利息收入免征企业所得税	
13	(七)中国保险保障基金有限责任公司取得的保险保障基金等收入免征企业所得税	
14	(八)中国奥委会取得北京冬奥组委支付的收入免征企业所得税	
15	(九)中国残奥委会取得北京冬奥组委分期支付的收入免征企业所得税	
16	(十)其他	
17	二、减计收入(18+19+23+24)	
18	(一)综合利用资源生产产品取得的收入在计算应纳税所得额时减计收入	
19	(二)金融、保险等机构取得的涉农利息、保费减计收入(20+21+22)	
20	1. 金融机构取得的涉农贷款利息收入在计算应纳税所得额时减计收入	
21	2. 保险机构取得的涉农保费收入在计算应纳税所得额时减计收入	
22	3. 小额贷款公司取得的农户小额贷款利息收入在计算应纳税所得额时减计收入	
23	(三)取得铁路债券利息收入减半征收企业所得税	
24	(四)其他	
24.1	1. 取得的社区家庭服务收入在计算应纳税所得额时减计收入	
24.2	2. 其他	
25	三、加计扣除(26+27+28+29+30)	300 000
26	(一)开发新技术、新产品、新工艺发生的研究开发费用加计扣除(填写 A107012)	300 000
27	(二)科技型中小企业开发新技术、新产品、新工艺发生的研究开发费用加计扣除(填写 A107012)	
28	(三)企业为获得创新性、创意性、突破性的产品进行创意设计活动而发生的相关费用加计扣除	
29	(四)安置残疾人员所支付的工资加计扣除	
30	(五)其他	
31	合计(1+17+25)	640 000

步骤四: 填报境外所得税收抵免明细表(A108000)及附表:

先根据会计核算资料填写附表，本实例中，境外所得税收抵免明细表的附表主要有境外所得纳税调整后所得明细表(见表 5-21)，再根据附表资料及会计核算资料填报境外所得税收抵免明细表(见表 5-22)。

A108010

表 5-21　境外所得纳税调整后所得明细表

行次	国家（地区）	境外税后所得								境外所得可抵免的所得税额				境外税前所得	境外分支机构收入与支出纳税调整额	境外分支机构调整分摊扣除的有关成本费用	境外所得对应调整的相关成本费用支出	境外所得纳税调整后所得	其中：海南自由贸易港企业新增境外直接投资所得							
		分支机构机构营业利润所得	股息红利等权益性投资所得	利息所得	租金所得	特许权使用费所得	财产转让所得	其他所得	小计	直接缴纳的所得税额	间接负担的所得税额	享受税收饶让抵免税额	小计						新设境外分支机构所得					新增境外直接投资相对应的股息所得		境外享受免税政策的所得小计
																			营业利润	调整分摊扣除的有关成本费用	纳税调整额	纳税调整后所得	境外所得税额	对应的股息所得	对应的股息境外所得税额	
	1	2	3	4	5	6	7	8	9(2+3+4+5+6+7+8)	10	11	12	13（10+11+12）	14（9+10+11）	15	16	17	18（14+15－16－17）	19	20	21	22（19－20+21）	23	24	25	26（22+24）
1	A	280000							280 000		120 000		120 000	400 000				400 000								
2	B	240 000							240 000		60 000		60 000	300 000				300 000								
3																										
4																										
5																										
6																										
7																										
8																										
9																										
10	合计	520 000							520 000		180 000		180 000	700 000				700 000								

A108000

表 5-22　境外所得税收抵免明细表

行次	国家（地区）	境外税前所得	境外所得纳税调整后所得	弥补境外以前年度亏损	境外应纳税所得额	抵减境内亏损	抵减境内亏损后的境外应纳税所得额	税率	境外所得应纳税额	境外所得可抵免税额	境外所得抵免限额	本年可抵免境外所得税额	未超过境外所得税抵免限额的余额	本年可抵免以前年度未抵免境外所得税额	按简易办法计算				境外所得抵免所得税额合计
															按低于12.5%的实际税率计算的抵免额	按12.5%计算的抵免额	按25%计算的抵免额	小计	
	1	2	3	4	5 (3－4)	6	7 (5－6)	8	9 (7×8)	10	11	12	13 (11－12)	14	15	16	17	18 (15＋16＋17)	19 (12＋14＋18)
1	A	400 000	400 000		400 000		400 000	25%	100 000	120 000	100 000	115 000							115 000
2	B	300 000	300 000		300 000		300 000	25%	75 000	60 000	75 000	60 000							60 000
3																			
4																			
5																			
6																			
7																			
8																			
9																			
10	合计	700 000	700 000		700 000		700 000		175 000	180 000	175 000	175 000							175 000

步骤五：填报企业所得税年度纳税申报表（A 类 A100000）：

企业所得税年度纳税申报表（A 类）是纳税申报表的主表（见表 5－23），根据相关附表及会计核算资料填写。同时要完成报表封面、填报表单目录和企业基础信息表等填报内容。

A100000

表 5－23　中华人民共和国企业所得税年度纳税申报表（A 类）

类别	行次	项　　目	金额
利润总额计算	1	一、营业收入（填写 A101010＼101020＼103000）	25 000 000
	2	减：营业成本（填写 A102010＼102020＼103000）	11 000 000
	3	税金及附加	400 000
	4	销售费用（填写 A104000）	6 700 000
	5	管理费用（填写 A104000）	4 800 000
	6	财务费用（填写 A104000）	600 000
	7	资产减值损失	
	8	加：公允价值变动收益	
	9	投资收益	860 000
	10	二、营业利润（1－2－3－4－5－6－7＋8＋9）	2 360 000
	11	加：营业外收入（填写 A101010＼101020＼103000）	700 000
	12	减：营业外支出（填写 A102010＼102020＼103000）	500 000
	13	三、利润总额（10＋11－12）	2 560 000
应纳税所得额计算	14	减：境外所得（填写 A108010）	520 000
	15	加：纳税调整增加额（填写 A105000）	945 200
	16	减：纳税调整减少额（填写 A105000）	
	17	减：免税、减计收入及加计扣除（填写 A107010）	640 000
	18	加：境外应税所得抵减境内亏损（填写 A108000）	
	19	四、纳税调整后所得（13－14＋15－16－17＋18）	2 345 200
	20	减：所得减免（填写 A107020）	
	21	减：抵扣应纳税所得额（填写 A107030）	
	22	减：弥补以前年度亏损（填写 A106000）	
	23	五、应纳税所得额（19－20－21－22）	2 345 200
应纳税额计算	24	税率（25％）	25％
	25	六、应纳所得税额（23×24）	586 300
	26	减：减免所得税额（填写 A107040）	
	27	减：抵免所得税额（填写 A107050）	
	28	七、应纳税额（25－26－27）	586 300
	29	加：境外所得应纳所得税额（填写 A108000）	175 000
	30	减：境外所得抵免所得税额（填写 A108000）	175 000
	31	八、实际应纳所得税额（28＋29－30）	586 300
	32	减：本年累计实际已预缴的所得税额	500 000
	33	九、本年应补（退）所得税额（31－32）	86 300
	34	其中：总机构分摊本年应补（退）所得税额（填写 A109000）	
	35	财政集中分配本年应补（退）所得税额（填写 A109000）	
	36	总机构主体生产经营部门分摊本年应补（退）所得税额（填写 A109000）	
附列资料	37	以前年度多缴的所得税额在本年抵减额	
	38	以前年度应缴未缴在本年入库所得税额	

※ 职业能力判断与选择 ※

一、判断题

1. 我国《企业所得税法》规定，企业缴纳所得税，按年计算，分月或分季预缴。纳税人应于月份或季度终了后15天内预缴，年度终了后3个月内汇算清缴，多退少补。(　　)

2. 纳税人在一个纳税年度的中间开业，或由于合并、关闭等原因使该纳税年度的实际经营期不足12个月的，其实际经营期为一个纳税年度。(　　)

3. 企业在年度中间终止经营活动的，应当自实际经营终止之日起30日内，向税务机关办理当期企业所得税汇算清缴。(　　)

4. 扣缴义务人每次代扣的企业所得税税款，应当自代扣之日起15日内缴纳入库，并向所在地的税务机关报送扣缴企业所得税报告表。(　　)

5. 对于企业收取的包装物押金，凡超过一年未返还的，无论合同如何规定，均应确认为期满之日所属年度的收入，计征企业所得税。(　　)

6. 居民企业以企业登记注册地为纳税地点，但登记注册地点在境外的，以实际管理机构所在地为纳税地点。(　　)

7. 非居民企业在中国境内设立机构、场所的，取得的所得以及发生在中国境外但与其所设立机构、场所有实际联系的所得，应当以机构、场所所在地为纳税地点。(　　)

8. 企业的成本费用核算和收入总额核算两项中，凡其中一项不合格者，就要采用定额征收企业所得税。(　　)

二、选择题(第1～5题为单项选择题，第6～8题为多项选择题)

1. 境内居民企业注册地与实际经营管理地不一致时，其纳税地点按税法规定应该是(　　)。

A. 注册地　　B. 实际经营管理地

C. 由税务机关决定　　D. 由纳税人自行决定

2. 非居民企业在中国境内未设立机构、场所的，以(　　)为企业所得税纳税地点。

A. 收入发生地　　B. 业务发生地

C. 扣缴义务人所在地　　D. 机构、场所所在地

3. 缴纳企业所得税，月份或季度终了后要在规定的期限内预缴，年度终了后要在规定的期限内汇算清缴，其预缴、汇算清缴的规定期限分别是(　　)。

A. 7日、45日　　B. 15日、45日

C. 15日、5个月　　D. 15日、4个月

4. 企业进行清算时，应当在(　　)，向当地主管税务机关办理所得税申报，并就其清算终了后的清算所得，缴纳企业所得税。

A. 清算终结之日　　B. 办理工商注销登记的同时

C. 办理工商注销登记之前　　D. 办理工商注销登记之后

5. 纳税人进行破产清算时，应当以(　　)作为一个企业所得税的纳税年度计算清算所得。

A. 当年1月1日至清算开始日期　　B. 当年1月1日至清算结束日期

C. 当年1月1日至12月31日　　D. 清算期间

6. 下列各种情形中，应对纳税人采取核定征收方式征收企业所得税的有(　　)。

A. 能正确核算成本费用支出，收入总额不能准确核算的

B. 收入和费用均不能正确核算的

C. 没有按规定保存有关账簿、凭证资料的

D. 不按税法规定的期限办理纳税申报的

7. 关于企业所得税的纳税地点，下列表述正确的是(　　)。

A. 非居民企业在中国未设立机构、场所的，以扣缴义务人所在地为纳税地点

B. 非居民企业在中国境内设立两个机构、场所的，应分别申报缴纳企业所得税

C. 居民企业登记注册地在境外的，以实际管理机构所在地为纳税地点

D. 居民企业一般以企业登记注册地为纳税地点

8. 下列关于所得税纳税申报的说法，正确的有（　　）。

A. 企业应当自月份或者季度终了之日起15日内，向税务机关报送预缴企业所得税纳税申报表，预缴税款

B. 企业应当自年度终了之日起4个月内，向税务机关报送年度企业所得税纳税申报表，并汇算清缴，结清应缴应退税款

C. 年度中间终止经营活动的，应当自实际经营终止之日起30日内，向税务机关办理当期企业所得税汇算清缴

D. 在办理注销登记前，就其清算所得向税务机关申报并依法缴纳企业所得税

【项目小结】

本项目是全书重点内容之一。本项目比较全面、系统地阐述了《企业所得税法》的基本内容，在此基础上，对所得税会计的理论基础、会计处理方法、账户设置等进行了阐述，并举例说明了所得税业务的两种会计处理方法。所得税作为直接税是我国税制体系中的重要税种，现代所得税制离不开会计，会计对现代所得税制的形成和推进具有重要作用，而所得税会计是采用应付税款法，还是采用资产负债表债务法，则是判断会计是以税法为导向还是以会计准则（制度）为导向的主要标志。

【项目综合实训】

一、实训材料

1. 企业基本情况

企业名称：东海电器制造有限公司

统一社会信用代码：33060678630944787C

企业地址：东海市滨河路234号

法人代表：陈洪富

注册资本：5 000万元

企业类型：有限责任公司

经营范围：电器制造、销售

企业开户银行及账号：工商银行东海市滨河支行 8522671260890859431

财务负责人：刘春

办税员：郑日照

东海电器制造有限公司为增值税一般纳税人，2020年度有员工480人，月平均工资薪金为2 500元，企业所得税实行按年计算、分季据实预缴的办法。

2.2020年度企业经营资料

(1) 企业收入汇总表（见表5-24）。

表5-24 2020年收入汇总表

单位：万元

项 目	第一季度	第二季度	第三季度	第四季度	总计
1. 主营业务收入小计	1 925	1 700	2 000	2 100	7 725
销售货物收入	1 925	1 700	2 000	2 100	7 725
2. 其他业务收入小计	20	40	40	60	160
材料销售收入	20	30	20	30	100
提供运输服务收入		10	20	30	60
3. 投资收益小计	15	15	20	15	65
4. 营业外收入小计			10	40	50
处置固定资产净收益				20	20
出售无形资产收益			10	20	30
总 计	1 960	1 755	2 070	2 215	8 000

(2) 企业成本费用汇总表（见表5-25）。

表5-25 2020年成本费用汇总表

单位：万元

项 目	第一季度	第二季度	第三季度	第四季度	总计
1. 主营业务成本小计	1 225	1 030	1 330	1 365	4 950
销售货物成本	1 225	1 030	1 330	1 365	4 950
2. 其他业务成本小计	15	20	20	35	90
材料销售成本	15	15	10	20	60
提供运输服务成本		5	10	15	30
3. 营业外支出小计			20	50	70
固定资产盘亏				11	11
罚款支出			20	19	39
捐赠支出				20	20
4. 期间费用小计	700	690	690	740	2 820
销售费用	300	290	290	320	1 200
管理费用	395	395	395	415	1 600
财务费用	5	5	5	5	20
总 计	1 940	1 740	2 060	2 190	7 930

（3）企业流转税汇总表（不考虑财政性规费）（见表 5－26）。

表 5－26　2020 年流转税费汇总表　　单位：万元

项　　目	第一季度	第二季度	第三季度	第四季度	总计
1. 增值税	75	60.5	64	73.22	272.72
2. 城市维护建设税	5.25	4.24	4.48	5.13	19.10
3. 教育费附加	2.25	1.81	1.92	2.20	8.18
总　计	82.5	66.55	70.40	80.55	300

（4）企业第一至三季度已经预缴的企业所得税（见表 5－27）。

表 5－27　2020 年第一至三季度企业会计利润及已缴的所得税汇总表　　单位：万元

项　　目	第一季度	第二季度	第三季度	第四季度	合计
1. 会计利润额	12.5	8.95	3.60		
2. 企业所得税	3.125	2.237 5	0.90		

3. 有关税收问题

2021 年 3 月，经聘请的会计师事务所审计，发现有关税收问题如下：

（1）扣除的成本费用中包括全年的工资费用、职工福利费、职工工会经费和职工教育费共 270 万元。该企业已成立工会组织，拨缴工会经费有上交的专用收据。

（2）企业全年提取各项资产减值准备金 1.38 万元。

（3）收入总额 8 000 万元中含国债利息收入 7 万元、金融债券利息收入 20 万元、从被投资的未上市的国有公司分回的税后股息 38 万元（被投资企业的企业所得税税率为 15%）。

（4）当年 1 月向其他企业借款 200 万元，借款期限为 1 年，年利率为 8%，同期银行贷款利率为 6%。企业所支付的借款利息费用共计 16 万元，全部计入了财务费用。

（5）企业全年发生的业务招待费 45 万元、广告费和业务宣传费 1 190 万元，全都作了扣除。

（6）12 月通过当地政府机关向贫困山区捐赠家电产品一批，成本价为 20 万元，市场销售价格为 23 万元，企业核算时按成本价值直接冲减了库存商品，按市场销售价格计算的增值税销项税额 2.99 万元与成本价合计 22.99 万元计入营业外支出账户。

（7）“营业外支出”账户中还列支：缴纳的税款滞纳金 3 万元，银行借款超期罚息 6 万元，给购货方的回扣 12 万元，意外事故净损失 8 万元，非广告性赞助 10 万元。全都如实作了扣除。

（8）“管理费用”账户中含有新技术的研究费用 30 万元。

二、实训要求

（1）根据东海电器制造有限公司提供的第四季度收支资料，计算该企业第四季度应预缴的企业所得税税额。

（2）根据会计师事务所的审计意见，进行纳税调整，计算东海电器制造有限公司 2020

年应补缴的企业所得税税额。

（3）根据东海电器制造有限公司提供的第四季度收支资料，按照分季据实预缴的办法填写第四季度企业所得税预缴纳税申报表。

（4）根据会计师事务所的审计情况，填写企业所得税纳税申报表的相关附表。

（5）根据资料和附表填写企业所得税年度纳税申报表。

三、实训条件

在税务实训室进行，东海电器制造有限公司收支情况，各类收支计算表，企业所得税月（季）度预缴纳税申报表（A类）、企业所得税年度纳税申报表附表。

项目六

个人所得税会计核算与申报

【学习目标】

- 能根据学习项目、任务的需要查阅有关资料。
- 掌握个人所得税的基本法规知识，能判断居民纳税义务人、非居民纳税义务人，划分应税所得项目，选择适用税率。
- 掌握个人所得税各应税项目所得额的确定，理解相关税收优惠政策，会根据各项应税所得分别计算应纳个人所得税税额。
- 熟悉自行申报和源泉扣缴两种个人所得税的申报方式，能根据个人所得资料填制个人所得税纳税申报表，会办理个人所得税代（预）扣代（预）缴业务。
- 熟悉代（预）扣代（预）缴个人所得税涉税业务的会计处理方法，能根据业务资料进行代（预）扣代（预）缴个人所得税的会计处理。
- 培养敬业精神、团队合作能力和良好的职业道德修养。

【项目导航】

“我反对所得税，因为所有的富人都雇用律师和会计师来确保自己不用缴税。”（安·理查德）在你表示是否同意前，最好还是先了解个人所得税。

在我国，个人的所得来源非常广泛，有工资薪金所得、劳务报酬所得、稿酬所得等，各项所得均需视情况缴纳个人所得税，我们每个人都会成为个人所得税的纳税人。同样的收入，缴纳的税可以不一样，如果少缴税，有的符合法律或法律无依据追究，而有的会触犯法律，遭遇罚款甚至承担刑事责任。就连日本一名前自民党副总裁、意大利一名歌星、我国有的影视明星都因偷逃个人所得税款而触犯刑律，受到法律的惩罚，为什么？原因就在于不懂税法、不遵守税法。学了本项目，你将得到意想不到的收获，使你受益终身。

任务一 个人所得税纳税人和征税对象的确定

※ 任务描述 ※

当发生支付给个人所得时，报税岗位的会计人员要区分支付对象是居民纳税义务人还是非居民纳税义务人，确定个人所得税的征税对象，明确税目，选择合适的税率，运用税收优惠政策，明确其减免税的项目。

※ 知识准备与业务操作 ※

一、纳税人的确定

个人所得税是指以个人（自然人）取得的各项应税所得为征税对象征收的一种税。个人所得来源渠道多样，性质各异，各国采用不同的征收模式，一般有分类征收制、综合征收制和混合征收制三种，我国现行个人所得税的征收实行综合与分类相结合的征收制。

个人所得税的纳税义务人是指在中国境内有住所，或者虽无住所但在一个纳税年度内在境内居住累计满 183 天的个人，以及无住所又不居住或在一个纳税年度内在境内居住累计不满 183 天但有从中国境内取得所得的个人。包括中国公民、个体工商户以及在中国境内有所得的外籍人员和香港、澳门、台湾同胞。自 2000 年 1 月 1 日起，个人独资企业和合伙企业投资者也为个人所得税的纳税义务人。依据住所和居住时间两个标准，可将纳税人区分为居民纳税义务人和非居民纳税义务人，分别承担不同的纳税义务。

个人所得税以支付所得的单位或者个人为扣缴义务人，扣缴义务人扣缴税款时，纳税人应当向扣缴义务人提供纳税人识别号。纳税人有中国公民身份证号码的，以中国公民身份证号码为纳税人识别号；纳税人没有中国公民身份证号码的，由税务机关赋予其纳税人识别号。

（一）居民纳税义务人及其纳税义务

居民纳税义务人，是指在中国境内有住所，或者无住所而一个纳税年度内在中国境内居住累计满 183 天的个人。居民个人负有无限纳税义务，应就其来源于中国境内和境外的应纳税所得额缴纳个人所得税。

所谓在中国境内有住所的个人，是指因户籍、家庭、经济利益关系而在中国境内习惯性居住的个人。习惯性居住是指个人因学习、工作、探亲等原因消除之后，没有理由在其他地方继续居留时所要回到的地方。如某人因学习等原因而在中国境外居住，在其原因消除之后，必须回到中国境内居住，则中国即为该纳税人的习惯性居住地。

所谓在境内居住累计满 183 天，是指一个纳税年度（即公历 1 月 1 日起至 12 月 31 日止，下同）内，在中国境内居住累计满 183 天。

（二）非居民纳税义务人及其纳税义务

非居民个人，是指在中国境内无住所又不居住，或无住所且居住不满 183 天的个人。非居民个人负有限纳税义务，仅就其来源于中国境内的所得，向中国缴纳个人所得税。在现实生活中，非居民纳税义务人，实际上只能是在一个纳税年度中，没有在中国境内居住，或者在中国境内居住累计不满 183 天的外籍人员或香港、澳门、台湾同胞。

【提示】两个时间段计算的区别：（1）判断非居民纳税人在华居住天数时，对个人入境、离境、往返或多次往返境内外的当天，均按一天计算在华逗留天数；（2）计算非居民纳税人在华实际工作时间时，对个人入境、离境、往返或多次往返境内外的当天，均按半天计算在华工作天数。

（三）所得来源的确定

居民纳税义务人应就其来源于中国境内外的所得缴纳个人所得税，非居民纳税义务人仅就来源于中国境内所得缴纳个人所得税，因此，判断哪些所得为来源于中国境内的所得就显得十分重要。《中华人民共和国个人所得税法》（简称《个人所得税法》）及《中华人民共和国个人所得税法实施条例》（简称《个人所得税法实施条例》）对此作了规定：下列所得，不论支付地点是否在中国境内，均为来源于中国境内的所得：

（1）因任职、受雇、履约等而在中国境内提供劳务取得的所得；

（2）将财产出租给承租人在中国境内使用而取得的所得；

（3）转让中国境内的不动产等财产或者在中国境内转让其他财产取得的所得；

（4）许可各种特许权在中国境内使用而取得的所得；

（5）从中国境内的企业、事业单位、其他组织以及居民个人取得的利息、股息、红利所得。

二、征税对象的确定

个人所得税的征税对象是纳税人取得的各项应税所得。税法中列举的应税所得项目共9项，其具体内容如下：

（一）工资、薪金所得

工资、薪金所得是指个人因任职或者受雇而取得的工资、薪金、奖金、年终加薪、劳动分红、津贴、补贴以及与任职或者受雇有关的其他所得。

对于一些不属于工资、薪金性质的补贴、津贴或者不属于纳税人本人工资、薪金所得项目的收入，不予征税。这些项目包括：（1）独生子女补贴；（2）执行公务员工资制度，未纳入基本工资总额的补贴、津贴差额和家属成员的副食品补贴；（3）托儿补助费；（4）差旅费津贴、误餐补助（指因工作在同城不能及时赶回原地而在外就餐的补助）。

（二）劳务报酬所得

劳务报酬所得是指个人从事设计、装潢、安装、制图、化验、测试、医疗、法律、会计、咨询、讲学、新闻、广播、翻译、审稿、书画、雕刻、影视、录音、录像、演出、表演、广告、展览、技术服务、介绍服务、经纪服务、代办服务以及其他劳务报酬的所得。

个人不在公司任职、受雇，仅在公司担任董事、监事职务而取得的董事费、监事费按“劳务报酬所得”项目征税；个人在公司任职、受雇同时兼任董事、监事职务的，应将取得的董事费、监事费与个人工资收入合并，按“工资、薪金所得”项目征税。

劳务报酬所得与工资、薪金所得的区别：劳务报酬所得是个人独立从事自由职业或独立提供某种劳务取得的所得，不存在雇佣与被雇佣的关系；工资、薪金所得则是个人从事非独立劳动，从所在单位领取的报酬，存在着雇佣与被雇佣的关系。比如演员从剧团领取工资应属于工资、薪金范围，演员自己走穴取得的报酬则属于劳务报酬范围。

【提示】在商品营销活动中，企业和单位对其营销业绩突出的非雇员以培训班、研讨会、工作考察等名义组织旅游活动，通过免收差旅费、旅游费对个人实行的营销业绩奖励（包括实物、有价证券等），应根据所发生费用的全额作为该营销人员当期的劳务收入，按照“劳务报酬所得”项目征收个人所得税。

（三）稿酬所得

稿酬所得是指个人因其作品以图书、报刊形式出版、发行而取得的所得。作者去世后，财产继承人取得的遗作稿酬，亦应征收个人所得税。

【提示】受出版社委托进行审稿的报酬应作为劳务报酬所得征税，不作为稿酬所得。

（四）特许权使用费所得

特许权使用费所得是指个人提供专利权、商标权、著作权、非专利技术以及其他特许权的使用权取得的所得。

提供著作权的使用权取得的所得，不包括稿酬的所得；对于作者将自己的文字作品手稿原件或复印件公开拍卖（竞价）取得的所得，应按特许权使用费所得征收个人所得税。

（五）经营所得

经营所得具体包括以下内容：

(1) 个体工商户从事生产、经营活动取得的所得，个人独资企业投资人、合伙企业的个人合伙人来源于境内注册的个人独资企业、合伙企业生产、经营的所得；

(2) 个人依法从事办学、医疗、咨询以及其他有偿服务活动取得的所得；

(3) 个人对企业、事业单位承包经营、承租经营以及转包、转租取得的所得；

(4) 个人从事其他生产、经营活动取得的所得。

（六）利息、股息、红利所得

利息、股息、红利所得是指个人拥有债权、股权而取得的利息、股息、红利所得。

（七）财产租赁所得

财产租赁所得是指个人出租不动产、机器设备、车船以及其他财产取得的所得。个人取得的财产转租收入，属于“财产租赁所得”的征税范围。

（八）财产转让所得

财产转让所得是指个人转让有价证券、股权、合伙企业中的财产份额、不动产、机器设备、车船以及其他财产取得的所得。对股票转让所得征收个人所得税的办法，由国务院另行规定，并报全国人民代表大会常务委员会备案。

个人发生非货币性资产交换以及将财产用于捐赠、偿债、赞助、投资等用途的，除国务院财政、税务主管部门另有规定外，应当视同转让财产，对转让方按“财产转让所得”征税。

【提示】个人因购买和处置债权取得所得，应按“财产转让所得”项目缴纳个人所得税。

（九）偶然所得

偶然所得是指个人得奖、中奖、中彩以及其他偶然性质的所得。偶然所得应缴纳的个人所得税税款，一律由发奖单位或机构代扣代缴。

居民个人取得前面第一项至第四项所得（以下称“综合所得”），按纳税年度合并计算个人所得税；非居民个人取得前面第一项至第四项所得，按月或者按次分项计算个人所得税。纳税人取得前面第五项至第九项所得，分项计算个人所得税。

三、税率的选择

我国个人所得税采用综合与分类相结合的所得税制，对不同的所得项目确定不同的适用税率和不同的税率形式。采用的税率形式分别为比例税率和超额累进税率，适用的税率具体确定如下：

（1）综合所得，适用七级超额累进税率，税率为3%～45%，见表6-1。

表6-1 个人所得税税率表

（综合所得适用）

级数	全年应纳税所得额	税率（%）	速算扣除数（元）
1	不超过36 000元的	3	0
2	超过36 000元至144 000元的部分	10	2 520
3	超过144 000元至300 000元的部分	20	16 920
4	超过300 000元至420 000元的部分	25	31 920
5	超过420 000元至660 000元的部分	30	52 920
6	超过660 000元至960 000元的部分	35	85 920
7	超过960 000元的部分	45	181 920

说明：(1) 本表所称全年应纳税所得额是指依照《个人所得税法》第六条的规定，居民个人取得综合所得以每一纳税年度收入额减除费用6万元以及专项扣除、专项附加扣除和依法确定的其他扣除后的余额。

(2) 非居民个人取得工资、薪金所得，劳务报酬所得，稿酬所得和特许权使用费所得，依照本表按月换算后计算应纳税额。

（2）经营所得，适用5%～35%的五级超额累进税率，见表6-2。

表6-2 个人所得税税率表

（经营所得适用）

级数	全年应纳税所得额	税率（%）	速算扣除数（元）
1	不超过30 000元的	5	0
2	超过30 000元至90 000元的部分	10	1 500
3	超过90 000元至300 000元的部分	20	10 500
4	超过300 000元至500 000元的部分	30	40 500
5	超过500 000元的部分	35	65 500

说明：本表所称全年应纳税所得额是指依照规定，以每一纳税年度的收入总额减除成本、费用以及损失后的余额。

（3）利息、股息、红利所得，财产租赁所得，财产转让所得和偶然所得，适用比例税率，税率为20%（从2007年8月15日开始，储蓄存款利息个人所得税税率调整为5%；从2008年10月9日起，储蓄存款利息所得暂免征收个人所得税）。

四、优惠政策的运用

（一）免税项目

（1）省级人民政府、国务院部委和中国人民解放军军以上单位，以及外国组织、国际组织颁发的科学、教育、技术、文化、卫生、体育、环境保护等方面的奖金。

（2）国债和国家发行的金融债券利息。其中，国债利息是指个人持有的中华人民共和国财政部发行的债券而取得的利息，国家发行的金融债券利息是指个人持有国务院批准发行的金融债券而取得的利息所得。

（3）按照国家统一规定发给的补贴、津贴。这是指按照国务院规定发给的政府特殊津贴、院士津贴以及国务院规定免纳个人所得税的补贴、津贴。

（4）福利费、抚恤金、救济金。其中，福利费是指根据国家有关规定，从企业、事业单位、国家机关、社会团体提留的福利费或者工会经费中支付给个人的生活补助费；救济金是指国家民政部门支付给个人的生活困难补助费。下列收入不属于免税的福利费范围：①从超出国家规定的比例或基数计提的福利费、工会经费中支付给个人的各种补贴、补助；②从福利费和工会经费中支付给单位职工的人人有份的补贴、补助；③单位为个人购买汽车、住房、电子计算机等不属于临时性生活困难补助性质的支出。

（5）保险赔款。

（6）军人的转业费、复员费、退役金。

（7）按照国家统一规定发给干部、职工的安家费、退职费、基本养老金或者退休费、离休费、离休生活补助费。

对离休、退休干部和职工利用一技之长和经验再就业取得的工资、薪金所得，应区别于免税的退休工资、离休工资和离休生活补助费，依法征收个人所得税。此外，离、退休人员取得除免税的离退休工资、离休生活补助费以外的其他各项所得，也应依法缴纳个人所得税。实行内部退养的个人，在其办理内部退养手续后至法定离退休年龄之间从原任职单位取得的工资、薪金，不属于离退休工资，须按工资、薪金所得项目缴纳个人所得税。

（8）依照我国有关法律规定应予免税的各国驻华使馆、领事馆的外交代表、领事官员和其他人员的所得。

（9）中国政府参加的国际公约、签订的协议中规定免税的所得。

（10）国务院规定的其他免税所得，由国务院报全国人民代表大会常务委员会备案。

（二）减税项目

有下列情形之一的，可以减征个人所得税，具体幅度和期限由省、自治区、直辖市人民政府规定，并报同级人民代表大会常务委员会备案：

（1）残疾、孤老人员和烈属的所得；

（2）因自然灾害遭受重大损失的。

国务院可以规定其他减税情形，报全国人民代表大会常务委员会备案。

（三）暂免征税项目

（1）外籍个人以非现金形式或实报实销形式取得的住房补贴、伙食补贴、搬迁费、洗衣费。

（2）外籍个人按合理标准取得的境内、境外出差补贴。

（3）外籍个人取得的探亲费、语言训练费、子女教育费等，经当地税务机关审核批准为合理的部分。

(4) 外籍个人从外商投资企业取得的股息、红利所得。

(5) 个人举报、协查各种违法、犯罪行为而获得的奖金。

(6) 个人办理代扣代缴税款手续，按规定取得的扣缴手续费。

(7) 个人转让自用达5年以上，并且是唯一的家庭生活用房取得的所得。

(8) 对个人购买福利彩票、体育彩票，一次中奖收入在1万元以下的（含1万元）暂免征收个人所得税，超过1万元的全额征收个人所得税。

(9) 达到离、退休年龄，但确因工作需要，适当延长离、退休年龄的高级专家（指享受国家发放的政府特殊津贴的专家、学者)，其在延长离、退休期间的工资、薪金所得，视同离、退休工资免征个人所得税。

(11) 企业和个人按规定比例提取并缴付的住房公积金、医疗保险金、基本养老保险金和失业保险基金（简称“三险一金”)，免征个人所得税；个人领取“三险一金”，免征个人所得税；按规定比例缴付的“三险一金”存入银行个人账户所取得的利息收入，免征个人所得税。

(12) 对乡镇以上政府或县以上政府主管部门批准成立的见义勇为基金会或者类似组织，奖励见义勇为者的奖金或奖品，经主管税务机关批准，免征个人所得税。

(13) 从2015年9月8日起，对个人投资应从上市公司取得的股息红利所得，持股期限在1个月以内（含）的，其股息红利所得全额计入应纳税所得额，实际税负为20%；持股期限在1个月以上至1年（含）的，暂减按50%计入应纳税所得额，实际税负为10%；持股期限超过1年的，暂免征收个人所得税。

(14) 凡符合下列条件之一的外籍专家取得的工资、薪金所得可免征个人所得税：①根据世界银行专项贷款协议由世界银行直接派往我国工作的外国专家；②联合国组织直接派往我国工作的专家；③为联合国援助项目来华工作的专家；④援助国派往我国专为该国无偿援助项目工作的专家；⑤根据两国政府签订文化交流项目来华工作两年以内的文教专家，其工资、薪金所得由该国负担的；⑥根据我国大专院校国际交流项目来华工作两年以内的文教专家，其工资、薪金所得由该国负担的；⑦通过民间科研协定来华工作的专家，其工资、薪金所得由该国政府机构负担的。

(四) 其他减免税优惠

(1) 在中国境内无住所的个人，在中国境内居住累计满183天的年度连续不满6年的，经向主管税务机关备案，其来源于中国境外且由境外单位或者个人支付的所得，免予缴纳个人所得税；在中国境内居住累计满183天的任一年度中有一次离境超过30天的，其在中国境内居住累计满183天的年度的连续年限重新起算。

(2) 在中国境内无住所的个人，在一个纳税年度内在中国境内居住累计不超过90天的，其来源于中国境内的所得，由境外雇主支付并且不由该雇主在中国境内的机构、场所负担的部分，免予缴纳个人所得税。

※ 职业能力判断与选择 ※

一、判断题

1. 某美国公民于2019年8月1日至2020年12月31日在中国境内工作，该美国公民不

是我国个人所得税的居民纳税人。（　　）

2. 某美籍专家在中国境内从 2017 年至 2020 年已居住 4 年，按中国税法规定，其为中国的居民纳税人。2020 年（临时离境 20 天），他在中国取得的年薪金为 15 万元人民币，他在美国又取得利息、租金收入折合 20 万元人民币，他取得的 35 万元人民币所得都应向中国政府缴纳个人所得税。（　　）

3. 在中国境内无住所而在一个纳税年度中在中国境内连续或累计居住不超过 90 日的个人，由中国境外雇主支付并且不是由该雇主的中国境内机构负担的工资、薪金，免于申报缴纳个人所得税。（　　）

4. 对个人转让自用达 5 年以上的家庭居住用房取得的所得，可以免纳个人所得税。（　　）

5. 对非居民纳税人来源于中国境内雇佣公司支付但支付地点在境外的所得，免征个人所得税。（　　）

二、选择题（第 1～5 题为单项选择题，第 6～10 题为多项选择题）

1. 以下属于中国居民纳税人的是（　　）。

A. 美国公民甲 2019 年 8 月 1 日来到中国，2020 年 5 月 10 日离开中国

B. 美国公民乙 2019 年 1 月 25 日来到中国，当年 7 月 2 日离开中国

C. 美国公民丙 2019 年 1 月 1 日至 2019 年 6 月 30 日在中国工作，其中春节期间回国 30 天

D. 中国公民小王 2019 年 1 月 1 日到美国访学，2020 年 12 月 31 日回国

2. 下列属于非居民纳税人的自然人有（　　）。

A. 在中国境内无住所且不居住，但有来源于中国境内所得的居民

B. 在中国境内无住所的居民

C. 在中国境内无住所的居民，但居住时间满一个纳税年度

D. 在中国境内有住所，但目前未居住的居民

3. 下列利息、股息、红利所得应当征收个人所得税的是（　　）。

A. 国库券利息　　B. 国家发行的金融债券利息

C. 个人取得的储蓄存款利息　　D. 企业的债券利息

4. 来源于中国境内外的全部所得在中国缴纳个人所得税的我国居民纳税人应负（　　）。

A. 有限纳税义务　　B. 无限纳税义务

C. 有限、无限双重的纳税义务　　D. 全部纳税义务

5. 下列项目中，可以免征个人所得税的有（　　）。

A. 民间借贷利息

B. 个人举报、协查各种违法、犯罪行为而获得的奖金

C. 在超市购物中获得的中奖收入

D. 本单位自行规定发给的补贴、津贴

6. 下列个人所得中，适用 20% 比例税率的有（　　）。

A. 工资、薪金所得　　B. 劳务报酬所得

C. 偶然所得　　D. 财产转让所得

7. 下列各项中，属于个人所得税居民纳税人的是（　　）。

A. 在中国境内无住所，但一个纳税年度中在我国境内累计居住满183天的个人

B. 在中国境内无住所且不居住的个人

C. 中国境内无住所且累计居住不满183天的个人

D. 在中国境内有住所的个人

8. 下列各项所得中，可免征个人所得税的是（　　）。

A. 居民银行储蓄存款利息

B. 个人举报、协查各种违法犯罪行为而获得的奖金

C. 购买足球彩票时，获得的中奖所得

D. 事业单位自行规定发放的各种补贴或津贴

9. 将个人所得税的纳税义务人区分为居民纳税义务人和非居民纳税义务人，依据的标准有(　　)。

A. 境内有无住所　　B. 境内时间

C. 取得收入的工作地　　D. 境内居住时间

10. 个人所得税适用税率的3%～45%（七级超额累进税率）及5%～35%（五级超额累进税率）属于下列（　　）项目。

A. 综合所得　　B. 财产转让所得　　C. 经营所得　　D. 财产租赁所得

任务二

个人所得税税款计算

※ 任务描述 ※

报税岗位的会计人员在代扣代缴各类个人所得时，要针对9类不同所得，使用不同的费用扣除标准，选择不同税率，采用不同方法，分别计算各类所得应承担的个人所得税税额，履行个人所得税扣缴义务人的法定扣缴义务。

※ 知识准备与业务操作 ※

一、个人所得税分类应纳税额的计算

我国的个人所得税自2019年1月1日起，采用综合与分类相结合的所得税制。居民个人取得的工资薪金、劳务报酬、稿酬和特许权使用费四项所得按纳税年度合并计算个人所得税，有扣缴义务人的，由扣缴义务人按月或者按次预扣预缴税款，需要办理汇算清缴的，在取得所得的次年规定时间内办理汇算清缴；非居民个人取得的工资薪金、劳务报酬、稿酬和

特许权使用费四项所得按月或者按次分项计算个人所得税；对取得的经营、利息股息红利、财产租赁、财产转让、偶然的五项所得分别适用不同的费用扣除标准、不同的税率和不同的计税方法。

（一）居民个人综合所得应纳税额的计算

1. 居民个人综合所得应纳税所得额的确定

居民个人的综合所得，以每一纳税年度的收入额减除费用60 000元以及专项扣除、专项附加扣除和依法确定的其他扣除后的余额，为应纳税所得额。非居民个人的工资、薪金所得，以每月收入额减除费用5 000元后的余额为应纳税所得额；劳务报酬所得、稿酬所得、特许权使用费所得，以每次收入额为应纳税所得额。

（1）收入额的确定。

①工资薪金收入为个人因任职或者受雇而取得的工资、薪金、奖金、年终加薪、劳动分红、津贴、补贴以及与任职或者受雇有关的其他所得。对于一些不属于工资、薪金性质的补贴、津贴不计入收入额。

②劳务报酬所得、稿酬所得、特许权使用费所得以收入减除20%的费用后的余额为收入额。稿酬所得的收入额再减按70%计算，即为原收入的56%。

（2）专项扣除。专项扣除，包括居民个人按照国家规定的范围和标准缴纳的基本养老保险、基本医疗保险、失业保险等社会保险费和住房公积金等（即“三险一金”）。

（3）专项附加扣除。专项附加扣除，包括子女教育、继续教育、大病医疗、住房贷款利息或者住房租金、赡养老人等支出，具体如下：

①子女教育专项附加扣除，是指纳税人的子女接受学前教育和学历教育的相关支出，按照每个子女每月1 000元的标准定额扣除。其中，学前教育包括年满3岁至小学入学前教育，学历教育包括义务教育（小学和初中教育）、高中阶段教育（普通高中、中等职业教育、技工教育）、高等教育（大学专科、大学本科、硕士研究生、博士研究生教育）。受教育子女的父母分别按扣除标准的50%扣除；经父母约定，也可以选择由其中一方按扣除标准的100%扣除。具体扣除方式在一个纳税年度内不得变更。境外接受教育，需保留境外学校录取通知书、留学签证等相关教育资料备查。

起止时间为：学前教育，子女年满3周岁的当月至小学入学前一月；全日制学历教育，子女接受义务教育、高中教育、高等教育的入学当月至教育结束当月。因病或其他非主观原因休学但学籍继续保留的期间，以及施教机构按规定组织实施的寒暑假等假期，可连续扣除。

②继续教育专项附加扣除，是指纳税人接受学历（学位）继续教育的支出，在学历（学位）教育期间按照每月400元定额扣除。纳税人接受技能人员职业资格继续教育、专业技术人员职业资格继续教育支出，在取得相关证书的年度，按照每年3 600元定额扣除。职业资格具体范围，以人力资源社会保障部公布的国家职业资格目录为准。如果子女已就业且正在接受本科及以下学历（学位）继续教育，可以由父母选择按照子女教育扣除，也可以由子女选择按照继续教育扣除，但不得同时扣除。

起止时间为：学历（学位）继续教育，入学的当月至教育结束的当月，同一学历（学位）继续教育的扣除期限最长不能超过48个月。职业资格继续教育，以取得相关职业资格继续教育证书上载明的发证（批准）日期的所属年度为可以扣除的年度，需要保留技能人员、专业技术人员职业资格证书等备查。

③大病医疗专项附加扣除，是指一个纳税年度内，纳税人发生的与基本医保相关的医药费用支出，扣除医保报销后个人负担（指医保目录范围内的自付部分）累计超过15 000元的部分，由纳税人在办理年度汇算清缴时，在80 000元限额据实扣除。发生的医药费用支出可以选择由本人或者其配偶扣除，未成年子女发生的医药费用支出可以选择由其父母一方扣除。纳税人应当留存医疗服务收费及医保报销相关票据原件（或者复印件）或者医疗保障部门出具的医药费用清单备查。

④住房贷款利息专项附加扣除，是指纳税人本人或配偶单独或者共同使用商业银行或住房公积金个人住房贷款为本人或其配偶购买中国境内住房，发生的首套住房贷款利息支出，在贷款合同约定开始还款的当月至贷款全部归还或贷款合同终止的当月，可以按照每月1 000元标准定额扣除，扣除期限最长不超过240个月。纳税人只能享受一次首套住房贷款利息扣除，首套住房贷款是指购买住房享受首套住房贷款利率的住房贷款。经夫妻双方约定，可以选择由其中一方扣除，具体扣除方式在一个纳税年度内不得变更，同时应当留存住房贷款合同、贷款还款支出凭证备查。

夫妻双方婚前分别购买住房发生的首套住房贷款，其贷款利息支出，婚后可以选择其中一套购买的住房，由购买方按扣除标准的100%扣除，也可以由夫妻双方对各自购买的住房分别按扣除标准的50%扣除，具体扣除方式在一个纳税年度内不得变更。

⑤住房租金专项附加扣除，是指纳税人本人及配偶在纳税人的主要工作城市没有住房，而在主要工作城市租赁住房发生的租金支出，可以按照以下标准定额扣除：承租的住房位于直辖市、省会（首府）城市、计划单列市以及国务院确定的其他城市，扣除标准为每月1 500元；承租的住房位于其他城市的，市辖区户籍人口超过100万的，扣除标准为每月1 100元；承租的住房位于其他城市的，市辖区户籍人口不超过100万（含）的，扣除标准为每月800元。

主要工作城市是指纳税人任职受雇的直辖市、计划单列市、副省级城市、地级市（地区、州、盟）全部行政区域范围；无任职受雇单位的，为受理其综合所得汇算清缴的税务机关所在城市。夫妻双方主要工作城市相同的，只能由一方扣除，且为签订租赁住房合同的承租人来扣除住房租金支出。夫妻双方主要工作城市不相同的，且各自在其主要工作城市都没有住房的，可以按规定标准分别进行扣除。纳税人及其配偶不得同时分别享受住房贷款利息和住房租金专项附加扣除。

起止时间为：租赁合同（协议）约定的房屋租赁开始的当月至租赁期结束的当月，提前终止合同（协议）的，以实际租赁行为终止的月份为准。纳税人应当留存住房租赁合同、协议等有关资料备查。

⑥赡养老人专项附加扣除，是指纳税人赡养一位及以上被赡养人的赡养支出，可以按照以下标准定额扣除：纳税人为独生子女的，按照每月2 000元的标准定额扣除；纳税人为非独生子女的，应当与其兄弟姐妹分摊每月2 000元的扣除额度，每人分摊的额度不能超过每月1 000元，可以由赡养人均摊或者约定分摊，也可以由被赡养人指定分摊。约定或者指定分摊的须签订书面分摊协议，指定分摊优先于约定分摊，具体分摊方式和额度在一个纳税年度内不能变更。

被赡养人是指年满60周岁的父母（生父母、继父母、养父母）以及子女均已去世的年满60周岁的祖父母、外祖父母。

起止时间为：被赡养人年满60周岁的当月至赡养义务终止的年末。采取约定或指定分摊的，需留存分摊协议备查。

（4）依法确定的其他扣除。依法确定的其他扣除包括个人缴付符合国家规定的企业年金、职业年金，个人购买符合国家规定的商业健康保险、税收递延型商业养老保险的支出，以及国务院规定可以扣除的其他项目。

个人自行购买符合规定的商业健康保险产品的，在不超过200元/月的标准内按月扣除。一年内保费金额超过2 400元的部分，不得税前扣除；单位统一组织为员工购买或者单位和个人共同负担购买符合规定的健康保险产品，单位负担部分应当实名计入个人工资薪金明细清单，视同个人购买，并自购买产品次月起，在不超过200元/月的标准内按月扣除。一年内保费金额超过2 400元的部分，不得税前扣除。

专项扣除、专项附加扣除和依法确定的其他扣除，以居民个人一个纳税年度的应纳税所得额为限额。一个纳税年度扣除不完的，不结转以后年度扣除。

2. 居民个人综合所得平时预扣预缴税额的计算

居民个人平时取得综合所得，有扣缴义务人的，由扣缴义务人按月或者按次预扣预缴税款。

（1）工资薪金所得的预扣预缴。扣缴义务人向居民个人支付工资、薪金所得时，按照累计预扣法计算预扣税款，并按月办理全员全额扣缴申报。具体计算公式如下：

本期应预扣预缴税额＝（累计预扣预缴应纳税所得额×预扣率－速算扣除数）－累计减免税额－累计已预扣预缴税额

累计预扣预缴应纳税所得额＝累计收入－累计免税收入－累计减除费用－累计专项扣除－累计专项附加扣除－累计依法确定的其他扣除

其中：累计减除费用按照5 000元/月乘以纳税人当年截至本月在本单位的任职受雇月份数计算。

计算居民个人工资、薪金所得预扣预缴税额的预扣率、速算扣除数，按表6－3执行。

表6－3　个人所得税预扣率表

（居民个人工资、薪金所得预扣预缴适用）

级数	累计预扣预缴应纳税所得额	预扣率（%）	速算扣除数
1	不超过36 000元的部分	3	0
2	超过36 000元至144 000元的部分	10	2 520
3	超过144 000元至300 000元的部分	20	16 920
4	超过300 000元至420 000元的部分	25	31 920
5	超过420 000元至660 000元的部分	30	52 920
6	超过660 000元至960 000元的部分	35	85 920
7	超过960 000元的部分	45	181 920

【做中学6－1】某职员2015年入职，2021年每月应发工资均为10 000元，每月减除费用5 000元，“三险一金”等专项扣除为1 500元，从1月起享受子女教育专项附加扣除1 000元，没有减免收入及减免税额等情况，以前三个月为例，应当按照以下方法计算预扣预缴

税额：

1月份：(10 000－5 000－1 500－1 000)×3% =75（元）。

2月份：(10 000×2－5 000×2－1 500×2－1 000×2)×3%－75 =75（元）。

3月份：(10 000×3－5 000×3－1 500×3－1 000×3)×3%－75－75 =75（元）。

进一步计算可知，该纳税人全年累计预扣预缴应纳税所得额为30 000元，一直适用3%的税率，因此各月应预扣预缴的税款相同。

【做中学6-2】某职员2015年入职，2021年每月应发工资均为30 000元，每月减除费用5 000元，“三险一金”等专项扣除为4 500元，享受子女教育、赡养老人两项专项附加扣除共计2 000元，没有减免收入及减免税额等情况，以前三个月为例，应当按照以下方法计算各月应预扣预缴税额：

1月份：(30 000－5 000－4 500－2 000)×3% = 555（元）。

2月份：(30 000×2－5 000×2－4 500×2－2 000×2)×10% －2 520 －555 =625（元）。

3月份：(30 000×3－5 000×3－4 500×3－2 000×3)×10% －2 520 －555－625 =1 850（元）。

上述计算结果表明，由于2月份累计预扣预缴应纳税所得额为37 000元，已适用10%的税率，因此2月份和3月份应预扣预缴有所增高。

(2) 劳务报酬所得、稿酬所得、特许权使用费所得的预扣预缴。扣缴义务人向居民个人支付劳务报酬所得、稿酬所得、特许权使用费所得，按次或者按月预扣预缴个人所得税。属于一次性收入的，以取得该项收入为一次；属于同一项目连续性收入的，以一个月内取得的收入为一次。具体预扣预缴方法如下：

劳务报酬所得、稿酬所得、特许权使用费所得以收入减除费用后的余额为收入额。其中，稿酬所得的收入额减按70%计算。

减除费用：劳务报酬所得、稿酬所得、特许权使用费所得每次收入不超过4 000元的，减除费用按800元计算；每次收入4 000元以上的，减除费用按20%计算。

应纳税所得额：劳务报酬所得、稿酬所得、特许权使用费所得，以每次收入额为预扣预缴应纳税所得额。劳务报酬所得适用20%至40%的超额累进预扣率，见表6-4，稿酬所得、特许权使用费所得适用20%的比例预扣率。计算公式如下：

劳务报酬所得应预扣预缴税额＝预扣预缴应纳税所得额×预扣率－速算扣除数

稿酬所得、特许权使用费所得应预扣预缴税额＝预扣预缴应纳税所得额×20%

表6-4 个人所得税预扣率表

(居民个人劳务报酬所得预扣预缴适用)

级数	预扣预缴应纳税所得额	预扣率（%）	速算扣除数
1	不超过20 000元的	20	0
2	超过20 000元至50 000元的部分	30	2 000
3	超过50 000元的部分	40	7 000

【做中学6-3】假如某居民个人取得劳务报酬所得2 000元，则这笔所得应预扣预缴税额计算过程为：

收入额＝2 000－800＝1 200（元）

应预扣预缴税额＝1 200×20%＝240（元）

【做中学 6－4】 假如某居民个人取得稿酬所得 40 000 元，则这笔所得应预扣预缴税额计算过程为：

收入额＝(40 000－40 000×20%)×70%＝22 400（元）

应预扣预缴税额＝22 400×20%＝4 480（元）

3. 居民个人综合所得应纳税额的汇算清缴

居民个人取得综合所得，有下列情形之一的，需要在取得所得的次年 3 月 1 日至 6 月 30 日内办理汇算清缴，对于只取得一处工资薪金所得的纳税人，可在日常预缴环节缴纳全部税款的，不需办理汇算清缴：

（1）在两处或者两处以上取得综合所得，且综合所得年收入额减去专项扣除的余额超过 6 万元；

（2）取得劳务报酬所得、稿酬所得、特许权使用费所得中一项或者多项所得，且综合所得年收入额减去专项扣除的余额超过 6 万元；

（3）纳税年度内预缴税额低于应纳税额的。

纳税人需要退税的，应当办理汇算清缴，申报退税。申报退税应当提供本人在中国境内开设的银行账户。

计算公式如下：

全年应纳税所得额＝全年收入额－费用扣除标准（60 000 元）－专项扣除－专项附加扣除－依法确定的其他扣除

全年应纳税额＝$\sum$（各级距应纳税所得额×该级距的适用税率）

或　全年应纳税额＝应纳税所得额×适用税率－速算扣除数

汇算清缴补缴（应退）税额＝全年应纳税额－累计已纳税额

4. 全年一次性奖金所得应纳税额的计算

居民个人取得全年一次性奖金，在 2023 年 12 月 31 日前，不并入当年综合所得，以全年一次性奖金收入除以 12 个月得到的数额，以综合所得按月换算后的税率表（见表 6－5），确定适用税率和速算扣除数，单独计算纳税。计算公式为：

应纳税额＝全年一次性奖金收入×适用税率－速算扣除数

在一个纳税年度内，对每一个纳税人，该计税办法只允许采用一次。雇员取得除全年一次性奖金以外的其他各种名目奖金，如半年奖、季度奖、加班奖、先进奖、考勤奖等，一律与当月工资、薪金收入合并，按综合所得缴纳个人所得税。

居民个人取得全年一次性奖金，也可以选择并入当年综合所得计算纳税。自 2024 年 1 月 1 日起，居民个人取得全年一次性奖金，需并入当年综合所得计算缴纳个人所得税。

【做中学 6－5】 王先生系某高校教师，假定 2021 年每个月按规定扣除“三险一金”后的基本工资收入为 18 000 元。此外，学校按照每位教师教学工作量发放课时报酬：王先生 2—6 月份每个月课时报酬收入为 2 100 元，9—12 月份每个月课时报酬收入为 4 400 元。王先生于 2021 年 12 月获得全年一次性奖金收入 24 000 元。王先生于 2021 年出版教材一部，获得稿酬收入 12 000 元。另外，王先生为某大型企业集团讲学一次，获得收入 5 000 元；担任某集团公司独立董事，一次性取得董事费 40 000 元。王先生有一个小孩在读大学，同时王先生为独生子女，需要赡养两位 60 多岁的父母，另外还需每月支付首套住房商业贷款本息 6 000 元。

根据以上信息，王先生2021年应纳的个人所得税计算如下：

(1) 平时预扣预缴的计算。

①平时工资薪金所得预扣预缴税额的计算：

1月份预缴个人所得额=(18 000−5 000−1 000−2 000−1 000)×3%=270（元）

2月份预缴个人所得额=(18 000×2+2 100−5 000×2−1 000×2−2 000×2−1 000×2)×3%−270=333（元）

同理可计算出3月份预缴个人所得税为333元。

4月份预缴个人所得额=(18 000×4+2 100×3−5 000×4−1 000×4−2 000×4−1 000×4)×10%−2 520−270−333×2=774（元）

5月份预缴个人所得额=(18 000×5+2 100×4−5 000×5−1 000×5−2 000×5−1 000×5)×10%−2 520−270−333×2−774=1 110（元）

同理可计算出6月份预缴个人所得税为1 110元。

7月份预缴个人所得额=(18 000×7+2 100×5−5 000×7−1 000×7−2 000×7−1 000×7)×10%−2 520−270−333×2−774−1 110×2=900（元）

同理可计算出8月份预缴个人所得税为900元。

9月份预缴个人所得额=(18 000×9+2 100×5+4 400−5 000×9−1 000×9−2 000×9−1 000×9)×10%−2 520−270−333×2−774−1 110×2−900×2=1 340（元）

同理可计算出10月份、11月份、12月份预缴个人所得税均为1 340元。

全年工资薪金所得预缴个人所得税额合计=270+333×2+774+1 110×2+900×2+1 340×4=11 090（元）

年终一次性奖金应纳税额=24 000×3%=720（元）

②平时稿酬所得预扣预缴税额的计算：

出版教材应纳税所得额=12 000×(1−20%)×70%=6 720（元）

出版教材应预缴个人所得税额=6 720×20%=1 344（元）

③平时劳务报酬所得预扣预缴税额的计算：

讲学所得预扣预缴税额=5 000×(1−20%)×20%=800（元）

担任独立董事收入预扣预缴税额=40 000×(1−20%)×30%−2 000=7 600（元）

平时预扣预缴税额合计=11 090+1 344+800+7 600+720=21 554（元）

(2) 年度汇算清缴的计算。

全年综合所得应纳税所得额=18 000×12+2 100×5+4 400×4+6 720+5 000×(1−20%)+40 000×(1−20%)−5 000×12−1 000×12−2 000×12−1 000×12=178 820（元）

全年应纳税额=178 820×20%−16 920+720=19 564（元）

汇算清缴应退税款=19 564−21 554=−1 990（元）

汇算清缴后税务机关应退给王先生税款1 990元。

(二) 非居民个人综合所得应纳税额的计算

非居民个人取得工资、薪金所得，劳务报酬所得，稿酬所得和特许权使用费所得，有扣缴义务人的，由扣缴义务人按月或者按次代扣代缴税款，不办理汇算清缴。

1. 非居民个人综合所得应纳税所得额的确定

非居民个人的工资、薪金所得，以每月收入额减除费用 5 000 元后的余额为应纳税所得额；劳务报酬所得、稿酬所得、特许权使用费所得，以每次收入额为应纳税所得额。其中，劳务报酬所得、稿酬所得、特许权使用费所得以收入减除 20%的费用后的余额为收入额。稿酬所得的收入额减按 70%计算。

2. 非居民个人综合所得税率的确定

非居民个人的工资、薪金所得，劳务报酬所得，稿酬所得和特许权使用费所得，适用按月换算后的非居民个人月度税率表，见表 6－5。

表 6－5　个人所得税税率表

（非居民个人工资、薪金所得，劳务报酬所得，稿酬所得，特许权使用费所得适用）

级数	应纳税所得额	税率（%）	速算扣除数
1	不超过 3 000 元的	3	0
2	超过 3 000 元至 12 000 元的部分	10	210
3	超过 12 000 元至 25 000 元的部分	20	1 410
4	超过 25 000 元至 35 000 元的部分	25	2 660
5	超过 35 000 元至 55 000 元的部分	30	4 410
6	超过 55 000 元至 80 000 元的部分	35	7 160
7	超过 80 000 元的部分	45	15 160

3. 非居民个人综合所得应纳税额的计算

非居民个人工资、薪金所得，劳务报酬所得，稿酬所得，特许权使用费所得应纳税额＝应纳税所得额×税率－速算扣除数

【做中学 6－6】假如某非居民个人取得劳务报酬所得 20 000 元，则这笔所得代扣代缴个人所得税税额为：

(20 000－20 000×20%)×20%－1 410＝1 790（元）

【做中学 6－7】假如某非居民个人取得稿酬所得 10 000 元，则这笔所得代扣代缴个人所得税税额为：

(10 000－10 000×20%)×70%×10%－210＝350（元）

（三）财产租赁所得应纳税额的计算

1. 应纳税所得额的计算

财产租赁所得按次计税，以一个月取得的收入为一次。按税法规定，财产租赁所得以每次取得的收入减除规定费用后的余额为应纳税所得额。此处所指的规定费用特指以下三项内容：

（1）财产租赁过程中缴纳的税费。该项税费必须提供完税凭证，才能从其财产租赁收入中扣除。

（2）由纳税人负担的出租财产实际开支的修缮费用。该费用必须提供有效、准确凭证，并且其扣除额以每次 800 元为限，一次扣除不完的，准予在下一次继续扣除，直到扣完为止。

（3）税法规定的费用扣除标准：每次收入不超过 4 000 元的，减除费用为 800 元；4 000

元以上的，减除费用为收入额的20%。

同时应注意上述费用应按上述顺序依次扣除。

2. 应纳所得税税额的计算

计算公式如下：

(1) 每次（月）收入不超过4 000元的：

应纳税额＝[每次(月)收入额－准予扣除项目－修缮费用(800元为限)－800元]×适用税率

(2) 每次（月）收入超过4 000元的：

应纳税额＝[每次(月)收入额－准予扣除项目－修缮费用(800元为限)]×(1－20%)×适用税率

【提示1】上述的适用税率有两挡：基本税率为20%；对于个人按市场价格出租的居民住房取得的所得减按10%的税率征收个人所得税。

【提示2】“营改增”试点后，个人出租房屋的个人所得税应税收入不含增值税，计算房屋出租所得可扣除的税费不包括本次出租缴纳的增值税；个人转租房屋的，其向房屋出租方支付的租金及增值税税额，在计算转租所得时予以扣除。

【做中学6-8】中国公民李某2021年6月1日起将其位于市区的一套公寓住房按市场价格出租，每月收取租金3 800元。6月因卫生间漏水发生修缮费用1 200元，已取得合法、有效的支出凭证。李某6—7月出租房屋应缴纳的个人所得税税额计算如下（不考虑其他税费）：

个人出租住房的月租金收入不超过3万元，可享受小微企业免征增值税优惠政策，因而租金收入也不扣减增值税。

应纳个人所得税税额＝(3 800－800－800)×10%＋(3 800－400－800)×10%
＝480（元）

假设本例中，李某就取得的租金收入按税法规定缴纳了房产税、城市维护建设税和教育费附加，在计算应纳税额时，也可一并扣除。

（四）财产转让所得应纳税额的计算

财产转让所得以转让财产的收入减除财产原值和合理费用后的余额为应纳税所得额。其计算公式为：

应纳税所得额＝每次收入额－财产原值－合理费用

上式所指的财产原值，对有价证券为买入价以及买入时按照规定缴纳的有关费用，对建筑物为建造费用或者购进价格以及其他有关费用，对土地使用权为取得土地使用权所支付的金额、开发土地的费用以及其他有关费用，对机器设备、车船为购进价格、运输费、安装费以及其他有关费用，其他财产参照上述方法确定。纳税人未提供完整、准确的财产原值凭证，不能正确计算财产原值的，由主管税务机关核定其财产原值。

上式所指的合理费用是指卖出财产过程中按规定支付的有关费用。

个人住房转让时，纳税人不能提供完整、准确的房屋原值凭证和合理费用的凭证时，税务机关可对其实行核定征税，即按纳税人住房转让收入的一定比例核定应纳个人所得税税额，具体比例由省级地方税务局或省级地方税务局授权的地市级地方税务局根据纳税人出售住房的所处区域、地理位置、建造时间、房屋类型、住房平均价格水平等因素，在住房转让收入1%～3%的幅度内确定。

个人受赠的住房转让时，应按财产转让收入减除受赠、转让住房过程中缴纳的税金及有关合理费用后的余额为应纳税所得额，按20%的适用税率计算缴纳个人所得税，不得采用核定征收方式。

【提示】“营改增”试点后，个人转让房屋的个人所得税应税收入不含增值税，其取得房屋时所支付价款中包含的增值税计入财产原值，计算转让所得时可扣除的税费不包括本次转让缴纳的增值税。免征增值税的，确定计税依据时，转让房地产取得的收入不扣减增值税税额。

【做中学6-9】居住在市区的中国居民李某，2021年11月以每份218元的价格转让2019年的企业债券500份，发生相关税费870元，债券申购价为每份200元，申购时共支付相关税费350元；转让A股股票取得所得24 000元。李某转让有价证券所得应缴纳的个人所得税计算如下：

转让股票取得所得免征个人所得税。

转让有价证券所得应缴纳的个人所得税＝[(218－200)×500－870－350]×20%
＝1 556（元）

（五）利息、股息、红利所得和偶然所得应纳税额的计算

利息、股息、红利所得和偶然所得按次纳税。利息、股息、红利所得以支付利息、股息、红利时取得的收入为一次；偶然所得以每次收入为一次。

上述所得均应以每次收入额为应纳税所得额，不作任何费用扣除。其应缴个人所得税计算公式如下：

应纳税额＝每次收入额×20%

【做中学6-10】2021年刘先生购买福利彩票中奖5 000元，参加某商场举办的有奖销售活动中奖20 000元现金。刘先生应纳的个人所得税税额计算如下：

刘先生购买福利彩票中奖所得不超过1万元，暂免征收个人所得税；参加商场有奖销售活动所得应按“偶然所得”项目计征个人所得税。

应纳税额＝20 000×20%＝4 000（元）

（六）经营所得应纳税额的计算

1．经营所得应税所得额的计算

经营所得应以其每一纳税年度的收入总额减除成本、费用以及损失后的余额为应纳税所得额。其中：

（1）经营所得收入总额是指个体工商户、个人独资企业、合伙企业以及个人从事其他生产、经营活动所取得的各项收入。

（2）成本、费用是指生产、经营活动发生的各项直接支出和分配计入成本的间接费用以及销售费用、管理费用、财务费用；损失是指生产经营活动发生的固定资产和存货的盘亏、毁损、报废损失，转让财产损失、坏账损失，自然灾害等不可抗力因素造成的损失以及其他损失。

从事其他生产、经营活动，未提供完整、准确的纳税资料，不能正确计算应纳税所得额的，由主管税务机关核定应纳税所得额或者应纳税额。

2. 经营所得应纳税额的计算

经营所得应纳个人所得税税额实行按年计算，分月或分季预缴，年终汇算清缴，多退少补的方法，以每一纳税年度的收入总额，减除成本、费用以及损失后的余额作为应纳税所得额，按适用税率计算应纳税额。其应纳税额可按下列公式计算：

应纳税额＝应纳税所得额×适用税率－速算扣除数

实际使用上述公式时应注意以下规定：

(1) 取得经营所得的个人，没有综合所得的，计算其每一纳税年度的应纳税所得额时，应当减除费用6万元、专项扣除、专项附加扣除以及依法确定的其他扣除。专项附加扣除在办理汇算清缴时减除；个体工商户、个人独资企业和合伙企业向其从业人员实际支付的合理的工资、薪金支出，允许在税前据实扣除。

(2) 个体工商户、个人独资企业、合伙企业以及从事其他生产、经营活动的个人，拨缴的工会经费、发生的职工福利费、职工教育经费支出分别在工资、薪金总额2%、14%、8%的标准内据实扣除。

(3) 个体工商户、个人独资企业、合伙企业以及从事其他生产、经营活动的个人，每一纳税年度发生的广告费和业务宣传费用不超过当年销售（营业）收入15%的部分，可据实扣除；超过部分，准予在以后纳税年度结转扣除。

(4) 个体工商户、个人独资企业、合伙企业以及从事其他生产、经营活动的个人，每一纳税年度发生的与其生产经营业务直接相关的业务招待费支出，按照发生额的60%扣除，但最高不得超过当年销售（营业）收入的5‰。

(5) 个体工商户、个人独资企业、合伙企业以及从事其他生产、经营活动的个人，在生产、经营期间借款的利息支出，凡有合法的证明，不高于按金融机构同类、同期贷款利率计算的部分，准予扣除。

(6) 个体工商户、个人独资企业、合伙企业以及从事其他生产、经营活动的个人，取得与生产经营活动无关的各项所得，应分别适用各应税项目的规定计算征收个人所得税。

(7) 个体工商户业主、个人独资企业投资者、合伙企业个人合伙人以及从事其他生产、经营活动的个人及其家庭发生的生活费用不允许在税前扣除；企业在生产经营投资者及其家庭生活共用的固定资产，难以划分的，由主管税务机关根据企业的生产经营类型、规模等具体情况，核定准予在税前扣除的折旧费用的数额或比例。

(8) 个体工商户业主、个人独资企业投资者、合伙企业个人合伙人以及从事其他生产、经营活动的个人，自行购买符合条件的商业健康保险产品的，在不超过2 400元/年的标准内据实扣除。一年内保费金额超过2 400元的部分，不得税前扣除。

【做中学6-11】某酒楼是个体饭店，账证健全，12月取得营业额123 500元，购进米、面等原材料50 000元，缴纳水、电等各项费用15 000元，缴纳其他税费合计5 000元。该饭店共有4名雇工，当月共支付工资费用6 000元；业主自己月工资为6 000元。该饭店1—11月累计应纳税所得额为460 000元，已累计预缴个人所得税100 000元。试计算该业主12月份应缴纳个人所得税税额。

分析：雇员的合理工资可在税前全额扣除，业主按5 000元/月扣除。

12月份应纳税所得额＝123 500－50 000－15 000－5 000－6 000－5 000＝42 500（元）

全年累计应纳税所得额＝460 000＋42 500＝502 500（元）

全年累计应纳个人所得税金额＝502 500×35%－65 500＝110 375（元）

12 月份应缴纳个人所得税金额＝110 375－100 000＝10 375（元）

按照有关规定，达到规定经营规模的个体工商户，必须建账。对未达到规定经营规模暂未建账或经批准暂缓建账的个体工商户，可采取定期定额、综合负担率等办法征税。

任务设计

个人所得税应纳税额的计算

一、工作实例

赵小兵是北京市朝阳区 A 公司的技术骨干。2021 年，赵小兵的全部收入和税款缴纳情况如下：

（1）每月取得工资和年终奖及扣缴税款情况见表 6－6。

表 6－6　赵小兵 2021 年工资收入汇总表　　单位：元

	基本及岗位工资	伙食补助	月奖	住房补贴	过节费	应发工资	住房公积金	基本养老保险费	基本医疗保险费	失业保险费	“三险一金”合计	个人所得税	实发工资
	①	②	③	④	⑤	⑥	⑦	⑧	⑨	⑩	⑪	⑫	⑬
1 月	7 000	1 000	1 200	3 000	1 000	13 200	1 200	960	240	120	2 520	140.4	10 539.6
2 月	7 000	1 000	1 200	3 000	2 000	14 200	1 200	960	240	120	2 520	170.4	11 509.6
3 月	7 000	1 000	1 200	3 000	0	12 200	1 200	960	240	120	2 520	110.4	9 569.6
4 月	7 000	1 000	1 200	3 000	0	12 200	1 200	960	240	120	2 520	110.4	9 569.6
5 月	7 000	1 000	1 200	3 000	1 000	13 200	1 200	960	240	120	2 520	140.4	10 539.6
6 月	7 000	1 000	1 200	3 000	0	12 200	1 200	960	240	120	2 520	110.4	9 569.6
7 月	7 000	1 000	1 200	3 000	0	12 200	1 200	960	240	120	2 520	110.4	9 569.6
8 月	7 000	1 000	1 200	3 000	0	12 200	1 200	960	240	120	2 520	110.4	9 569.6
9 月	7 000	1 000	1 200	3 000	1 000	13 200	1 200	960	240	120	2 520	288.8	10 391.2
10 月	7 000	1 000	1 200	3 000	1 000	13 200	1 200	960	240	120	2 520	468	10 212
11 月	7 000	1 000	1 200	3 000	0	12 200	1 200	960	240	120	2 520	368	9 312
12 月	7 000	1 000	1 200	3 000	0	12 200	1 200	960	240	120	2 520	368	9 312
年终奖金	—	—	—	—	—	36 000	—	—	—	—		1 080	34 920
合计						188 400					30 240	3 576	154 584

说明：赵小兵有 1 个小孩正在读大学。

（2）2021 年 5 月 10 日完成某单位委托的某工程项目可行性方案，取得设计费 8 000 元，委托单位预扣预缴了个人所得税 1 280 元。

（3）在国内专业杂志上发表文章两篇，分别取得稿酬 1 300 元和 900 元，杂志社已扣个人所得税 84 元。

(4) 2021年3月1日将其拥有的一项发明专利让渡给甲公司，双方约定的转让款为40 000元，甲公司扣缴其个人所得税6 400元。

(5) 2021年1月1日出租自有商铺给乙公司，合同约定租期为1年，月租金为3 500元，按国家规定缴纳除个人所得税外的其他税费200元，缴纳个人所得税500元。

(6) 2021年6月转让设备一台，取得转让收入6 000元。该设备原价为5 000元，转让时支付的有关费用为200元，扣缴的个人所得税为160元。

(7) 取得本公司股权分红20 000元，扣缴个人所得税4 000元。

(8) 购买国债，取得利息收入2 000元。

(9) 购买企业债券，取得利息收入1 500元，没有扣缴个人所得税。

(10) 2021年6月3日一次购买体育彩票，中奖90 000元，扣缴个人所得税18 000元。

现在赵小兵向你咨询他的各项收入个人所得税税额是如何计算出来的，年末是否还需要补税。

二、操作步骤

步骤一：判断个人所得项目类别：

属于综合所得的有：工资、薪金所得的(1)、劳务报酬所得的(2)、稿酬所得的(3)、特许权使用费所得的(4)。

属于财产租赁所得的有：(5)。

属于财产转让所得的有：(6)。

属于利息、股息、红利所得的有：(7)、(8)、(9)。

属于偶然所得的有：(10)。

步骤二：分别确定计税依据并逐项计算应纳个人所得税税额：

(1) 综合所得平时预扣预缴税额的计算。

①工资、薪金所得：

平时每月工资、薪金所得预扣预缴个人所得税计算，分别以1月份、2月份、9月份、12月份为例。

1月份：

应纳税所得额＝应发工资－个人缴付的“三险一金”－费用扣除标准(5 000元)－专项附加扣除＝13 200－2 520－5 000－1 000＝4 680(元)

预扣预缴个人所得税税额＝4 680×3%＝140.40(元)

2月份：

累计应纳税所得额＝13 200＋14 200－2 520×2－5 000×2－1 000×2＝10 360(元)

预扣预缴个人所得税税额＝10 360×3%－140.4＝170.40(元)

9月份：

累计应纳税所得额＝13 200×3＋14 200＋12 200×5－2 520×9－5 000×9－1 000×9＝38 120(元)

预扣预缴个人所得税税额＝38 120×10%－2 520－140.4×2－170.4－110.4×5＝288.80(元)

12月份：

累计应纳税所得额＝152 400－30 240－60 000－12 000＝50 160(元)

预扣预缴个人所得税税额＝50 160×10％－2 520－140.4×2－170.4－110.4×5－288.8－468－368＝368（元）

工资、薪金所得预扣预缴税额合计＝140.4×2＋170.4＋110.4×5＋288.8＋468＋368＋368＝2 496（元）

年终一次性奖金所得应纳税额的计算：

年终一次性奖金所得 36 000 元，除以 12 等于 3 000 元，选择第 1 档税率 3％计算：

年终一次性奖金所得应纳税额＝36 000×3％＝1 080（元）

A 公司为扣缴义务人，赵小兵各月工资、薪金个人所得税应由发放工资的 A 公司预扣预缴。

②劳务报酬所得：

赵小兵为外单位设计项目可行性方案所得预扣预缴税额＝8 000×(1－20％)×20％＝1 280（元）

赵小兵取得的设计费应纳的个人所得税税额应由委托公司预扣预缴。

③稿酬所得：

稿酬所得预扣预缴应纳税款＝(1 300－800)×70％×20％＋(900－800)×70％×20％＝84（元）

稿酬所得应纳税款应由杂志社预扣预缴。

④特许权使用费所得：

应纳税额＝40 000×(1－20％)×20％＝6 400（元）

赵小兵让渡发明专利所得应预缴个人所得税应由甲公司在支付收入时预扣预缴。

（2）财产租赁所得：

应纳税额＝每月应纳税所得额×20％×12
＝(3 500－200－800)×20％×12
＝6 000（元）

小赵出租房屋所得应纳个人所得税应由承租的公司代扣代缴。

（3）财产转让所得：

应纳税额＝(6 000－5 000－200)×20％＝160（元）

（4）利息、股息、红利所得：

在第（7）～（9）项收入中，第（8）项国债利息收入属于免税所得，不计入年应纳税所得额，则：

年利息、股息、红利纳税所得额＝公司分红＋企业债券利息
＝20 000＋1 500＝21 500（元）

应纳税额＝21 500×20％＝4 300（元）

上述所得应纳的个人所得税均由支付单位代扣代缴。

（5）偶然所得：

应纳税额＝90 000×20％＝18 000（元）

步骤三：汇总本年度赵小兵应纳个人所得税税额，进行汇算清缴。

（1）综合所得年度汇算清缴：

综合所得应纳税所得额＝152 400－30 240－60 000－12 000＋8 000×(1－20％)＋(1 300＋900)×(1－20％)×70％＋40 000×(1－20％)＝89 792（元）

综合所得应纳个人所得税税额＝89 792×10％－2 520＝6 459.20（元）
平时已预缴个人所得税税额＝2 496＋1 280＋84＋6 400＝10 260（元）
综合所得汇算清缴后，应退税额＝6 459.20－10 260＝－3 800.8（元）

（2）本年度其他所得和年终一次性奖金所得应纳个人所得税总额：

本年度应纳个人所得税总额＝6 000＋160＋4 300＋18 000＋1 080＝29 540（元）

（3）本年度其他所得和年终一次性奖金所得已缴纳个人所得税总额：

本年度已经缴纳的个人所得税总额＝6 000＋160＋4 000＋18 000＋1 080
＝29 240（元）

赵小兵其他所得需要补税 300 元，而综合所得汇算清缴后可退税 3 800.8 元，因此实际退税 3 500.8 元。

二、个人所得税几种特殊情况应纳税额的计算

（一）个人发生公益、救济性捐赠个人所得税计算

个人将其所得通过中国境内的社会团体、国家机关向教育和其他社会公益事业以及遭受严重自然灾害地区、贫困地区捐赠，捐赠额未超过纳税人申报的应纳税所得额 30％的部分，可以从其应纳税所得额中扣除。

个人通过非营利性的社会团体和国家机关向红十字事业、农村义务教育以及公益性青少年活动场所的公益性捐赠，在计算缴纳个人所得税时，准予在税前的所得额中全额扣除。

【做中学 6－12】王某 5 月 1 日购买福利彩票，中价值为 200 000 元的小轿车一辆及人民币 50 000 元。王某领奖时拿出 20 000 元通过民政部门捐赠给灾区。王某应纳的个人所得税税额计算如下：

捐赠支出扣除限额＝(200 000＋50 000)×30％＝75 000（元）

纳税人实际捐赠支出 20 000 元低于捐赠支出扣除限额 75 000 元，可全部在税前扣除。

应纳税所得额＝200 000＋50 000－20 000＝230 000（元）
应纳税额＝230 000×20％＝46 000（元）

（二）境外所得已纳税额扣除的计算

根据《个人所得税法》规定，对个人所得税的居民纳税人，应就其来源于中国境内、境外的所得计算个人所得税，同时规定：

（1）居民个人来源于中国境外的综合所得，应当与境内综合所得合并计算应纳税额。

（2）居民个人来源于中国境外的经营所得，应当与境内经营所得合并计算应纳税额。居民个人来源于境外的经营所得，按照《个人所得税法》及《个人所得税法实施条例》的有关规定计算的亏损，不得抵减其境内或他国（地区）的应纳税所得额，但可以用来源于同一国家（地区）以后年度的经营所得按中国税法规定弥补。

（3）居民个人来源于中国境外的利息、股息、红利所得，财产租赁所得，财产转让所得和偶然所得（以下称其他分类所得），不与境内所得合并，应当分别单独计算应纳税额。

居民个人在一个纳税年度内来源于中国境外的所得，依照所得来源国家（地区）税收法

律规定在中国境外已缴纳的所得税税额允许在抵免限额内从其该纳税年度应纳税额中抵免。

居民个人来源于一国（地区）的所得的抵免限额，计算公式如下：

来源于一国（地区）综合所得的抵免限额＝中国境内和境外综合所得依照我国税法规定计算的综合所得应纳税额×来源于该国（地区）的综合所得收入额÷中国境内和境外综合所得收入额合计

来源于一国（地区）经营所得的抵免限额＝中国境内和境外经营所得依照我国税法规定计算的经营所得应纳税额×来源于该国（地区）的经营所得应纳税所得额÷中国境内和境外经营所得应纳税所得额合计

来源于一国（地区）其他分类所得的抵免限额＝该国（地区）的其他分类所得依照我国税法规定计算的应纳税额

来源于一国（地区）所得的抵免限额＝来源于该国（地区）综合所得抵免限额＋来源于该国（地区）经营所得抵免限额＋来源于该国（地区）其他分类所得抵免限额

居民个人一个纳税年度内来源于一国（地区）的所得实际已经缴纳的所得税税额，低于来源于该国（地区）该纳税年度所得的抵免限额的，应以实际缴纳税额作为抵免额进行抵免；超过来源于该国（地区）该纳税年度所得的抵免限额的，应在限额内进行抵免，超过部分可以在以后五个纳税年度内结转抵免。

居民个人申报境外所得税收抵免时，除另有规定外，应当提供境外征税主体出具的税款所属年度的完税证明、税收缴款书或者纳税记录等纳税凭证，未提供符合要求的纳税凭证，不予抵免。

（三）两个以上的纳税人共同取得同一项所得应纳税额的计算

两个或两个以上的纳税人共同取得同一项所得的，可以对每一个人分得的收入分别减除费用，并计算各自的应纳税额。

【做中学 6－13】甲、乙两人合著一本书，共取得稿费收入 9 800 元，其中：甲分得 7 000 元，乙分得 2 800 元。出版社应预扣预缴个人所得税税额计算如下：

甲应纳税额＝7 000×(1－20%)×20%×(1－30%)＝784（元）

乙应纳税额＝(2 800－800)×20%×(1－30%)＝280（元）

（四）不满一个月的工资、薪金所得应纳税额的计算

在中国境内无住所的个人，凡在中国境内居住不满一个月并仅就不满一个月期间的工资、薪金所得申报纳税的，均应按全月工资、薪金所得为依据计算实际应纳税额。其计算公式为：

应纳税额＝(当月工资、薪金应纳税所得额×适用税率－速算扣除数)×当月实际在中国境内的天数÷当月天数

如果属于上述情况的个人取得的是日工资、薪金，应以日工资、薪金乘以当月天数换成月工资、薪金后，再按上述公式计算应纳税额。

【做中学 6－14】某美国公民 9 月 1 日受美国某公司委派到中国境内某企业安装一设备，9 月 20 日回国，其间从中国境内企业取得工资 5 800 元，则其工资、薪金所得应纳个人所得税税额为：

应纳税额＝[(5 800×30÷20－5 000)×10%－210]×20÷30＝106.67（元）

(五) 税务机关有权进行纳税调整的情形

有下列情形之一的，税务机关有权按照合理方法进行纳税调整：

(1) 个人与其关联方之间的业务往来不符合独立交易原则而减少本人或者其关联方应纳税额，且无正当理由。

关联方，是指与个人有下列关联关系之一的个人、企业或者其他经济组织：①夫妻、直系血亲、兄弟姐妹，以及其他抚养、赡养、扶养关系；②资金、经营、购销等方面的直接或者间接控制关系；③其他经济利益关系。

(2) 居民个人控制的，或者居民个人和居民企业共同控制的设立在实际税负明显偏低的国家（地区）的企业，无合理经营需要，对应当归属于居民个人的利润不作分配或者减少分配。

(3) 个人实施其他不具有合理商业目的的安排而获取不当税收利益。

税务机关依照规定作出纳税调整，需要补征税款的，应当补征税款，并依法加收利息。

※ 职业能力判断与选择 ※

一、判断题

1. 张某承揽一项房屋装饰工程，工程2个月完工，房主第1个月支付给张某15 000元，第2个月支付20 000元。张某应预缴个人所得税5 600元。(　　)

2. 根据《中华人民共和国个人所得税法》规定，纳税人从中国境外取得的所得，准予其在应纳税额中据实扣除已在境外缴纳的个人所得税。(　　)

3. 某企业职工赵某2021年11月工资为5 000元，其捐给希望工程基金会1 400元，单位扣缴其个人所得税295元。(　　)

4. 专项扣除，包括居民个人按照国家规定的范围和标准缴纳的基本养老保险、基本医疗保险、失业保险等社会保险费和住房公积金等，即“三险一金”。(　　)

5. 城镇企事业单位及职工个人按照《失业保险条例》规定的比例实际缴付的失业保险费，均不计入职工个人当期工资、薪金收入，免予征收个人所得税。(　　)

6. 专项附加扣除，包括子女教育、继续教育、大病医疗、住房贷款利息或者住房租金、赡养老人等支出。(　　)

7. 两个或两个以上的纳税人共同取得同一项所得的，可以对每个人分得的收入分别减除费用，并计算各自应纳的税款。(　　)

8. 稿酬所得每次以收入减除20%的基础上，再减按70%计算，故实际按收入的56%计征。(　　)

9. 作者将自己的文字作品手稿原件或复印件拍卖取得的所得，应按“特许权使用费”所得缴纳个人所得税。(　　)

10. 同一作品在报刊上连载取得的收入，应以每次连载取得的收入为一次计征个人所得税。(　　)

二、选择题（第 1～8 题为单项选择题，第 9～15 题为多项选择题）

1. 下列应税项目中，以一个月为一次确定应纳税所得额的有(　　)。

A. 劳务报酬所得　　B. 特许权使用费所得

C. 财产租赁所得　　D. 财产转让所得

2. 某演员一次获得表演收入 80 000 元，其应预缴的个人所得税为(　　)元。

A. 16 000　　B. 19 200　　C. 12 800　　D. 18 600

3. 学者甲与乙合作 2021 年出版了一部专著，一次取得稿酬 20 000 元，甲分得 17 000 元稿酬，乙分得 3 000 元稿酬，学者甲与乙共计应预缴的个人所得税为(　　)元。

A. 2 240　　B. 2 212　　C. 3 160　　D. 3 200

4. 子女教育专项附加扣除是指纳税人的子女接受学前教育和学历教育的相关支出，按照每个子女每月(　　)元的标准定额扣除。

A. 1 000　　B. 300　　C. 400　　D. 1 200

5. 下列各项中不应按特许权使用费所得征收个人所得税的是(　　)。

A. 专利权　　B. 著作权　　C. 稿酬　　D. 非专利技术

6. 继续教育专项附加扣除中，纳税人接受技能人员职业资格继续教育、专业技术人员职业资格继续教育支出，在取得相关证书的年度，按照每年(　　)元定额扣除。

A. 14 400　　B. 3 600　　C. 4 800　　D. 9 600

7. 个人进行公益救济性质的捐赠时，计算个人所得税税额时可作如下扣除：(　　)。

A. 可扣除应税收入的 3%

B. 可扣除应税收入的 30%

C. 限额扣除，除规定全额扣除外，其他最多可扣除不超过纳税人申报的应纳税所得额的 30%

D. 可完全扣除

8. 下列个人所得在计算应税所得额时，应按全额计算个人所得税的是(　　)。

A. 个体工商户生产经营所得　　B. 财产转让所得

C. 偶然所得　　D. 个人承包经营、承租经营所得

9. 下列个人所得，在计算个人所得税时，不得减除费用的有(　　)。

A. 利息、股息、红利所得　　B. 稿酬所得

C. 劳务报酬所得　　D. 偶然所得

10. 继续教育专项附加扣除中，下列说法正确的有(　　)。

A. 纳税人接受学历（学位）教育期间按照每月 400 元定额扣除

B. 纳税人接受职业资格继续教育，在取得相关证书的年度按照每年 3 600 元定额扣除

C. 纳税人接受学历教育期间按照每月 1 000 元定额扣除

D. 纳税人接受职业资格继续教育，在取得相关证书的年度按照每年 3 600 元（每月 300 元）定额扣除

11. 个人所取得的下列所得中在不超过 4 000 元收入额下，费用扣除为 800 元的有(　　)。

A. 特许权使用费所得
B. 财产租赁所得
C. 财产转让所得
D. 个体工商户生产经营所得

12. 下列所得属于劳务报酬所得的是(   )。

A. 在报纸上发表文章取得的收入
B. 取得技术咨询费
C. 讲课费
D. 转让专利技术收入

13. 下列所得属于稿酬所得的是(   )。

A. 个人图书被出版取得的收入
B. 翻译资料取得的收入
C. 个人作品在杂志上连载取得的收入
D. 剧本被使用取得的收入

14. 住房租金专项附加扣除是指纳税人本人及配偶在纳税人的主要工作城市没有住房，而在主要工作城市租赁住房发生的租金支出，可以按照(   )标准定额扣除住房租金。

A. 承租的住房位于直辖市、省会城市、计划单列市以及国务院确定的其他城市，扣除标准为每月 1 500 元

B. 承租的住房位于其他城市的，市辖区户籍人口超过 100 万的，扣除标准为每月 1 100元

C. 承租的住房位于其他城市的，市辖区户籍人口不超过 100 万（含）的，扣除标准为每月 800 元

D. 承租的住房位于地（市）级城市的，扣除标准为每月 900 元

15. 下列所得中，属于来源于中国境内所得的有(   )。

A. 外国人出租在中国境内的房产并取得的所得

B. 某英国人在中国境内外资企业任职而其工薪由英国总公司支付

C. 中国某教授写成一本书，在日本出版并由日本支付的稿酬

D. 中国某科学家的一项专利，由境外某公司使用，专利权使用费由该外国公司的境内办事处支付

※ 单项任务训练 ※

1. 中国公民王某为一外商投资企业的高级职员，2021 年度其收入情况如下：

（1）雇佣单位每月支付工资、薪金 16 900 元；

（2）派遣单位每月支付工资、薪金 2 000 元；

（3）取得股票转让收益 100 000 元；

（4）从 A 国取得投资红利收入折合人民币 18 000 元，并提供了来源国纳税凭证，纳税折合人民币 1 800 元；

（5）购物中奖获得奖金 20 000 元；

（6）受托为某单位做工程设计，历时 3 个月，共取得工程设计费 40 000 元。

要求：计算王某平时个人所得税的预缴额和办理年度综合所得的汇算清缴工作。

2. 中国公民张某 1—12 月从中国境内取得工资、薪金收入 182 800 元，12 月份一次性取得年终奖金 22 000 元，在报刊上发表文章取得稿酬收入 5 000 元，当年还从 A 国取得股息收入折合人民币 10 000 元。该纳税人已按 A 国税法规定缴纳了个人所得税 1 650 元。

要求：计算该纳税人年度应纳个人所得税税额。

3. 某大学周教授 2021 年 2 月收入情况如下：

（1）每月工资收入 9 680 元；

（2）担任兼职律师取得收入 80 000 元，将其中 5 000 元通过国家机关向农村义务教育捐赠；

（3）取得稿酬 13 800 元；

（4）出售自有自用 6 年的家庭唯一住房，扣除当初购买公房的价格和售房时按规定支付的有关税费后，取得净收入 12 万元。

假定周教授有一个小孩在读高中，父母均已 60 岁以上，且自己为独生儿子。

要求：请计算周教授 2 月份应预缴的个人所得税税额。

4. 实行查账征收的某餐厅为合伙企业，某年度经营所得 10 万元。该企业投资者为个人，根据合伙协议约定，各自投资分配比例分别为：甲 60%、乙 40%。二人本年度已预缴个人所得税分别为：5 000 元、3 000 元。

要求：计算甲、乙该年度应缴纳的个人所得税税额。

5. 居民纳税人杨学东假定 2021 年 1 月至 12 月取得工资、薪金收入 120 000 元，个人文字作品手稿原件公开拍卖（竞价）收入 8 000 元，同时，又在 A 国取得投资红利收入 10 000 元。该纳税人已按 A 国税法规定，缴纳了个人所得税 2 500 元。

要求：计算杨学东在中国需补缴的个人所得税税额。

任务三

个人所得税会计核算

※ 任务描述 ※

报税岗位的会计人员在核算个人所得税时，分两种情况：实行查账征收的个体工商户，应设置“留存利润”和“应交税费——应交个人所得税”等科目，核算其应缴纳的个人所得税；一般企业涉及的代扣代缴个人所得税业务，设置“应交税费——代扣个人所得税”等科目，核算其代扣代缴情况。

※ 知识准备与业务操作 ※

一、会计科目的设置

对采用自行申报缴纳个人所得税的纳税人，除实行查账征收的个体工商户外（个人独资企业、合伙企业参照个体工商户执行，下同），一般不需要进行会计核算。实行查账征收的个体工商户，应设置“应交税费——应交个人所得税”科目，核算其应缴纳的个人所得税；一般企业涉及的代扣代缴个人所得税业务，应设置“应交税费——代扣个人所得税”科目，核算其代扣代缴情况。

二、会计核算实务

(一) 个体工商户生产、经营所得个人所得税的会计核算

实行查账征收的个体工商户，其应缴纳的个人所得税，应通过“所得税费用”和“应交税费——应交个人所得税”等科目。在计算应纳个人所得税时，借记“所得税费用”科目，贷记“应交税费——应交个人所得税”科目；实际上缴税款时，借记“应交税费——应交个人所得税”科目，贷记“银行存款”科目。

【做中学 6-15】 某个体工商户当年全年经营收入 500 000 元，其中生产经营成本、费用总额为 400 000 元，计算其全年应纳的个人所得税。

应纳税所得额＝500 000－400 000＝100 000（元）

应纳税额＝100 000×20%－10 500＝9 500（元）

会计分录如下：

计算应交个人所得税时：

借：所得税费用	9 500	
贷：应交税费——应交个人所得税		9 500

实际缴纳税款时：

借：应交税费——应交个人所得税	9 500	
贷：银行存款		9 500

(二) 代扣代缴个人所得税的会计核算

现行企业会计准则并未对代扣税款核算作出规定，但实际工作中，一般可在“应交税费”总账下设置“代扣个人所得税”明细账进行核算。同时，根据所代扣税款的具体项目不同，将代扣的税额冲减“应付职工薪酬”“应付账款”和“其他应付款”等账户。

1. 支付工资、薪金所得的单位代扣代缴个人所得税核算

企业对支付给职工的工资、薪金代扣个人所得税时，借记“应付职工薪酬”和“应付账款”等科目，贷记“应交税费——代扣个人所得税”科目；实际缴纳个人所得税税额时，借记“应交税费——代扣个人所得税”科目，贷记“银行存款”科目。

【做中学 6-16】 某企业按月发放职工工资时，代扣代缴职工李某个人所得税 230 元。该企业应作如下分录：

借：应付职工薪酬	230	
贷：应交税费——代扣个人所得税		230

按规定期限上缴税款时：

借：应交税费——代扣个人所得税	230	
贷：银行存款		230

2. 支付其他所得的单位代扣代缴个人所得税的核算

企业代扣除工资、薪金所得以外的个人所得税时，根据个人所得项目不同，代扣个人所得税时，应分别借记“应付债券”“应付股利”“应付账款”“其他应付款”等科目，贷记“应交税费——代扣个人所得税”科目；实际缴纳个人所得税税额时，借记“应交税费——

代扣个人所得税”科目，贷记“银行存款”科目。

【做中学 6-17】某企业3月份与王某签约购入其一项发明专利，支付专利转让费80 000元。根据《个人所得税法》规定，该企业应代扣代缴王某专利转让应交的个人所得税。

应代扣代缴的个人所得税税额＝80 000×（1－20%）×20%＝12 800（元）

会计分录如下：

购入专利时：

借：无形资产　　80 000

　贷：其他应付款　　80 000

支付转让款，并代扣个人所得税时：

借：其他应付款　　80 000

　贷：应交税费——代扣个人所得税　　12 800

　　　银行存款　　67 200

※ 职业能力判断与选择 ※

一、判断题

1. 对于个人独资企业和合伙企业，其自行申报缴纳个人所得税，应设置“应交税费——应交个人所得税”科目，核算个人所得税的缴纳情况。（　　）

2. 扣缴义务人应在“应交税费”科目下设置“代扣个人所得税”明细科目，核算代（预）扣代（预）缴情况。（　　）

3. 企业作为个人所得税的扣缴义务人，按规定扣（预）缴职工工资、薪金所得个人所得税时，借记“应交税费——代（预）扣代（预）缴个人所得税”科目，贷记“应付职工薪酬”科目。（　　）

二、选择题（第1题为单项选择题，第2、3题为多项选择题）

1. 企业作为个人所得税的扣缴义务人，在代（预）扣代（预）缴个人所得税时，必须设置(　　)科目进行会计核算。

A. “应交税费——应交个人所得税”

B. “应交税费——代（预）扣代（预）缴个人所得税”

C. “其他业务收入”

D. “所得税费用”

2. 李工程师向一家公司提供一项专利使用权，一次取得收入50 000元，则下列处理正确的有(　　)。

A. 公司负有代扣李工程师个人所得税的义务

B. 公司应预扣李工程师个人所得税8 000元

C. 公司购买专利时编制会计分录：

借：管理费用　　50 000

贷：应交税费——代（预）扣代（预）缴个人所得税　　8 000
　　库存现金　　42 000

D. 实际上缴代扣的个人所得税时编制会计分录：

借：应交税费——代（预）扣代（预）缴个人所得税　　8 000
　贷：银行存款　　8 000

3. 王先生为某企业行政人员，2021 年 9 月取得工资 5 700 元（已扣除“三险一金”等专项扣除和专项附加扣除），则下列处理正确的有（　　）。

A. 企业负有预扣工资、薪金个人所得税的义务

B. 企业应预扣王先生工资、薪金个人所得税 21 元

C. 企业计提工资、薪金时编制会计分录：

借：管理费用　　5 700
　贷：应付职工薪酬　　5 700

D. 发放工资并预扣个人所得税时编制会计分录：

借：应付职工薪酬　　5 700
　贷：银行存款　　5 679
　　应交税费——预扣个人所得税　　21

※ 单项任务训练 ※

1. 某企业杨某每月工资 18 000 元（已扣除“三险一金”等专项扣除和专项附加扣除）。

要求：计算杨某每月应预缴的个人所得税，并进行会计处理。

2. 甲公司向张工程师购入一项专利使用权，一次支付款项 80 000 元。

要求：计算代（预）扣代（预）缴张工程师应缴纳的个人所得税，并作会计分录。

3. 2021 年 3 月 1 日个人武忠与丹尼斯商场签订劳务合同，为该商场进行室外广告设计，劳务报酬共计 56 000 元。8 月 10 日，丹尼斯商场预扣武忠个人所得税后，以银行存款一次性付清了其劳务报酬。

要求：

(1) 计算武忠劳务报酬所得 8 月份应预缴的个人所得税税额。

(2) 据以作出丹尼斯商场支付劳务报酬和预扣个人所得税的会计处理。

任务四

个人所得税纳税申报

※ 任务描述 ※

在源泉扣缴征收方式下，报税岗位的会计人员在每月个人所得税扣缴义务结束后，填制

支付个人收入明细表和扣缴个人所得税报告表，办理个人所得税的代扣代缴工作；在自行申报的征收方式下，确定自行申报的范围、申报期限、申报地点和申报内容，填制个人所得税报告表，由个人办理所得税的缴纳工作。

※ 知识准备与业务操作 ※

一、个人所得税的扣缴申报

扣缴申报是指按照税法规定负有扣缴税款义务的单位或者个人，在向个人支付应税款项时，应当依照《个人所得税法》规定预扣或代扣税款，按时向税务机关报送扣缴个人所得税报告表，并专项记载备查。这种做法的目的是控制税源，防止偷漏税和逃税。

纳税人有中国公民身份证号码的，以中国公民身份证号码为纳税人识别号；纳税人没有中国公民身份证号码的，由税务机关赋予其纳税人识别号。扣缴义务人扣缴税款时，纳税人应当向扣缴义务人提供纳税人识别号。

（一）扣缴义务人

税法规定，凡是支付个人应纳税所得的企业（公司）、事业单位、机关单位、社团组织、军队、驻华机构、个体户等单位或者个人，都是个人所得税的扣缴义务人。扣缴义务人必须依法履行个人所得税全员全额扣缴申报义务，即扣缴义务人向个人支付应税所得时，不论其是否属于本单位人员、支付的应税所得是否达到纳税标准，应当在预扣或代扣税款的次月内，向主管税务机关报送其支付应税所得个人的基本信息、支付所得项目和数额、扣缴税款数额以及其他相关涉税信息，同时向纳税人提供其个人所得和已扣缴税款等信息。

（二）代扣代缴的范围

扣缴义务人向居民个人支付工资、薪金所得，劳务报酬所得，稿酬所得和特许权使用费所得时实行预扣个人所得税。扣缴义务人向个人支付经营所得，利息、股息、红利所得，财产租赁所得，财产转让所得，偶然所得和向非居民个人支付工资、薪金所得，劳务报酬所得，稿酬所得和特许权使用费所得时实行代扣个人所得税。

除大病医疗以外，子女教育、赡养老人、住房贷款利息、住房租金、继续教育，纳税人可以选择在单位发放工资、薪金时，按月享受专项附加扣除政策。首次享受时，纳税人填报个人所得税专项附加扣除信息表（纸质表格见表 6－7）给任职受雇单位，单位在每个月发放工资时，像“三险一金”一样，为大家办理专项附加扣除，不得拒绝。

一个纳税年度内，如果没有及时将扣除信息报送任职受雇单位，以致在单位预扣预缴工资、薪金所得税未享受扣除或未足额享受扣除的，纳税人可以在当年剩余月份内向单位申请补充扣除，也可以在次年 3 月 1 日至 6 月 30 日内，向汇缴地主管税务机关进行汇算清缴申报时办理扣除。

税务机关应根据扣缴义务人所扣（预）缴的税款，付给 2％的手续费，由扣缴义务人用于代（预）扣代（预）缴费用开支和奖励代（预）扣代（预）缴工作做得较好的办税人员。

表6-7　个人所得税专项附加扣除信息表

填报日期：　年　月　日　　　　扣除年度：

纳税人姓名：　　　　　　　　　纳税人识别号：□□□□□□□□□□□□□□□□□□

纳税人信息	手机号码				电子邮箱	
	联系地址				配偶情况	□有配偶　□无配偶
纳税人配偶信息	姓名		身份证件类型		身份证件号码	□□□□□□□□□□□□□□□□□□

有符合子女教育扣除条件的，填写本栏。

一、子女教育						
较上次报送信息是否发生变化：□首次报送（请填写全部信息）　□无变化（不需重新填写）　□有变化（请填写发生变化项目的信息）						
子女一 □子 □女	姓名		身份证件类型		身份证件号码	□□□□□□□□□□□□□□□□□□
	出生日期		当前受教育阶段	□学前教育阶段　□义务教育　□高中阶段教育　□高等教育		
	当前受教育阶段起始时间	年　月	当前受教育阶段结束时间	年　月	子女教育终止时间 *不再受教育时填写	年　月
	就读国家（或地区）		就读学校		本人扣除比例	□100%（全额扣除）　□50%（平均扣除）
子女二 □子 □女	姓名		身份证件类型		身份证件号码	□□□□□□□□□□□□□□□□□□
	出生日期		当前受教育阶段	□学前教育阶段　□义务教育　□高中阶段教育　□高等教育		
	当前受教育阶段起始时间	年　月	当前受教育阶段结束时间	年　月	子女教育终止时间 *不再受教育时填写	年　月
	就读国家（或地区）		就读学校		本人扣除比例	□100%（全额扣除）　□50%（平均扣除）

有符合继续教育扣除条件的，填写本栏。

二、继续教育						
较上次报送信息是否发生变化：□首次报送（请填写全部信息）　□无变化（不需重新填写）　□有变化（请填写发生变化项目的信息）						
学历（学位）继续教育	当前继续教育起始时间	年　月	当前继续教育结束时间	年　月	学历（学位）继续教育阶段	□专科　□本科　□硕士研究生　□博士研究生　□其他
职业资格继续教育	职业资格继续教育类型	□技能人员　□专业技术人员			证书名称	
	证书编号		发证机关		发证（批准）日期	

有符合住房贷款利息扣除条件的，填写本栏。

三、住房贷款利息						
较上次报送信息是否发生变化：□首次报送（请填写全部信息）　□无变化（不需重新填写）　□有变化（请填写发生变化项目的信息）						
房屋信息	住房坐落地址	省（区、市）　市　县（区）　街道（乡、镇）				
	产权证号/不动产登记号/商品房买卖合同号/预售合同号					
房贷信息	本人是否借款人	□ 是　□ 否			是否婚前各自首套贷款，且婚后分别扣除50%	□ 是　□ 否
	公积金贷款丨贷款合同编号					
	贷款期限（月）				首次还款日期	
	商业贷款丨贷款合同编号				贷款银行	
	贷款期限（月）				首次还款日期	

有符合住房租金扣除条件的，填写本栏。

四、住房租金						
较上次报送信息是否发生变化：□首次报送（请填写全部信息）　□无变化（不需重新填写）　□有变化（请填写发生变化项目的信息）						
房屋信息	住房坐落地址	省（区、市）　市　县（区）　街道（乡、镇）				
租赁情况	出租方（个人）姓名		身份证件类型		身份证件号码	□□□□□□□□□□□□□□□□□□
	出租方（单位）名称				纳税人识别号（统一社会信用代码）	
	主要工作城市（*填写市一级）				住房租赁合同编号（非必填）	
	租赁期起				租赁期止	

有符合赡养老人扣除条件的，填写本栏。

五、赡养老人						
较上次报送信息是否发生变化：□首次报送（请填写全部信息）　□无变化（不需重新填写）　□有变化（请填写发生变化项目的信息）						
纳税人身份		□独生子女　□非独生子女				
被赡养人一	姓名		身份证件类型		身份证件号码	□□□□□□□□□□□□□□□□□□
	出生日期		与本人关系	□父亲　□母亲　□其他		
被赡养人二	姓名		身份证件类型		身份证件号码	□□□□□□□□□□□□□□□□□□
	出生日期		与本人关系	□父亲　□母亲　□其他		
共同赡养人信息	姓名		身份证件类型		身份证件号码	□□□□□□□□□□□□□□□□□□
	姓名		身份证件类型		身份证件号码	□□□□□□□□□□□□□□□□□□
	姓名		身份证件类型		身份证件号码	□□□□□□□□□□□□□□□□□□
	姓名		身份证件类型		身份证件号码	□□□□□□□□□□□□□□□□□□
分摊方式 *独生子女不需填写		□平均分摊	□赡养人约定分摊	□被赡养人指定分摊	本年度月扣除金额	

日常工资、薪金所得扣缴税款时可办理项目

有符合大病医疗扣除条件的，预扣预缴时暂不填写本栏，次年汇算清缴时填写。

六、大病医疗（仅限综合所得年度汇算清缴申报时填写）						
较上次报送信息是否发生变化：□首次报送（请填写全部信息）　□无变化（不需重新填写）　□有变化（请填写发生变化项目的信息）						
患者一	姓名		身份证件类型		身份证件号码	□□□□□□□□□□□□□□□□□□
	医药费用总金额		个人负担金额		与本人关系	□本人　□配偶　□未成年子女
患者二	姓名		身份证件类型		身份证件号码	□□□□□□□□□□□□□□□□□□
	医药费用总金额		个人负担金额		与本人关系	□本人　□配偶　□未成年子女
需要在任职受雇单位预扣预缴工资、薪金所得个人所得税时享受专项附加扣除的，填写本栏						
重要提示：当您填写本栏，表示您已同意该任职受雇单位使用本表信息为您办理专项附加扣除。						
扣缴义务人名称					扣缴义务人纳税人识别号（统一社会信用代码）	□□□□□□□□□□□□□□□□□□

本人承诺：我已仔细阅读了填表说明，并根据《中华人民共和国个人所得税法》及其实施条例、《个人所得税专项附加扣除暂行办法》《个人所得税专项附加扣除操作办法（试行）》等相关法律法规规定填写本表。本人已就所填的扣除信息进行了核实，并对所填内容的真实性、准确性、完整性负责。

纳税人签字：　　年　月　日

代理机构签章：	受理人：
代理机构统一社会信用代码：	受理税务机关（章）：
经办人签字：	
经办人身份证件号码：	受理日期：　年　月　日

国家税务总局监制

（三）扣缴个人所得税报告表的编制

扣缴义务人向居民个人支付工资、薪金所得，劳务报酬所得，稿酬所得和特许权使用费所得的个人所得税时实行全员全额预扣预缴申报；向非居民个人支付工资、薪金所得，劳务报酬所得，稿酬所得和特许权使用费所得的个人所得税时实行全员全额扣缴申报；以及向纳税人（居民个人和非居民个人）支付利息、股息、红利所得，财产租赁所得，财产转让所得和偶然所得的个人所得税时实行全员全额扣缴申报。

全员全额扣缴申报，是指扣缴义务人应当在代扣税款的次月 15 日内，向主管税务机关报送其支付所得的所有个人的有关信息、支付所得数额、扣除事项和数额、扣缴税款的具体数额和总额以及其他相关涉税信息资料。

扣缴义务人应当在每月或者每次预扣、代扣税款的次月 15 日内，将已扣税款缴入国库，并向税务机关报送个人所得税扣缴申报表（见表 6－8）。

二、个人所得税的自行申报

自行申报纳税是指由纳税人自行在税法规定的纳税期限内，向税务机关申报取得的应税所得项目和数额，如实填写个人所得税纳税申报表，并按照税法规定计算应纳税额，据此缴纳个人所得税的一种方法。

（一）自行申报的范围

1. 自行办理纳税申报的范围

凡依据《个人所得税法》负有纳税义务的纳税人，有下列情形之一的，应当按规定办理自行纳税申报：

（1）取得综合所得需要办理汇算清缴；

（2）取得应税所得没有扣缴义务人；

（3）取得应税所得，扣缴义务人未扣缴税款；

（4）取得境外所得；

（5）因移居境外注销中国户籍；

（6）非居民个人在中国境内从两处以上取得工资、薪金所得；

（7）国务院规定的其他情形。

2. 需要办理汇算清缴的范围

个人所得税居民纳税人取得下列情形的综合所得时需要办理汇算清缴：

（1）在两处或者两处以上取得综合所得，且综合所得年收入额减去专项扣除的余额超过 6 万元；

（2）取得劳务报酬所得、稿酬所得、特许权使用费所得中一项或者多项所得，且综合所得年收入额减去专项扣除的余额超过 6 万元；

（3）纳税年度内预缴税额低于应纳税额的；

（4）纳税人申请退税。

表6-8　个人所得税扣缴申报表

税款所属期：　　年　月　日至　　年　月　日

扣缴义务人名称：

扣缴义务人纳税人识别号（统一社会信用代码）：□□□□□□□□□□□□□□□□□□□□　　金额单位：人民币元（列至角分）

							本月（次）情况														累计情况（工资、薪金）											税款计算							
							收入额计算				专项扣除				其他扣除									累计专项附加扣除															
序号	姓名	身份证件类型	身份证件号码	纳税人识别号	是否为非居民个人	所得项目	收入	费用	免税收入	减除费用	基本养老保险费	基本医疗保险费	失业保险费	住房公积金	年金	商业健康保险	税延养老保险	财产原值	允许扣除的税费	其他	累计收入额	累计减除费用	累计专项扣除	子女教育	赡养老人	住房贷款利息	住房租金	继续教育	累计其他扣除	减按计税比例	准予扣除的捐赠额	应纳税所得额	税率/预扣率	速算扣除数	应纳税额	减免税额	已扣缴税额	应补（退）税额	备注
1	2	3	4	5	6	7	8	9	10	11	12	13	14	15	16	17	18	19	20	21	22	23	24	25	26	27	28	29	30	31	32	33	34	35	36	37	38	39	40
合计																																							

谨声明：本扣缴申报表是根据国家税收法律法规及相关规定填报的，是真实的、可靠的、完整的。

扣缴义务人（签章）：　　　　年　月　日

代理机构签章： 代理机构统一社会信用代码： 经办人签字： 经办人身份证件号码：	受理人： 受理税务机关（章）： 受理日期：　年　月　日

纳税人申请退税，应当提供其在中国境内开设的银行账户，并在汇算清缴地就地办理税款退库。

纳税人可以委托扣缴义务人或者其他单位和个人办理汇算清缴。

非居民个人取得工资、薪金所得，劳务报酬所得，稿酬所得和特许权使用费所得，有扣缴义务人的，由扣缴义务人按月或者按次代扣代缴税款，不办理汇算清缴。

（二）自行申报地点

（1）取得综合所得需要办理汇算清缴的纳税人，纳税申报地点分别为：

①在中国境内有任职、受雇单位的，向任职、受雇单位所在地主管税务机关申报。

②在中国境内有两处或者两处以上任职、受雇单位的，选择并向其中一处任职、受雇单位所在地主管税务机关申报。

③在中国境内无任职、受雇单位，向户籍所在地或经常居住地主管税务机关申报。

（2）取得经营所得的纳税人，按月向经营管理所在地主管税务机关办理预缴纳税申报，次年办理汇算清缴；从两处以上取得经营所得的，选择向其中一处经营管理地主管税务机关办理年度汇总申报。

（3）非居民个人取得工资、薪金所得，劳务报酬所得，稿酬所得，特许权使用费所得，扣缴义务人未扣缴税款的，向扣缴义务人所在地主管税务机关申报；有两个以上扣缴义务人均未扣缴税款的，选择向其中一处扣缴义务人所在地主管税务机关办理纳税申报。

（4）居民个人从中国境外取得所得的，向中国境内任职、受雇单位所在地主管税务机关办理纳税申报；没有任职、受雇单位的，向户籍所在地或中国境内经常居住地主管税务机关申报；户籍所在地与中国境内经常居住地不一致的，选择其中一地主管税务机关申报；在中国境内没有户籍的，向中国境内经常居住地主管税务机关申报。

（5）纳税人因移居境外注销中国户籍的，应当在申请注销户籍前，向户籍所在地主管税务机关办理纳税申报，进行税款清算。

（6）非居民个人在中国境内从两处以上取得工资、薪金所得的，向其中一处任职、受雇单位所在地主管税务机关办理纳税申报。

（7）纳税人取得利息、股息、红利所得，财产租赁所得，财产转让所得和偶然所得，扣缴义务人未扣缴税款的，按相关规定向主管税务机关办理纳税申报。

纳税人不得随意变更纳税申报地点，因特殊情况需变更纳税申报地点的，须报原主管税务机关备案。

（三）自行申报期限

（1）居民个人取得综合所得，按年计算个人所得税；有扣缴义务人的，由扣缴义务人按月或者按次预扣预缴税款；需要办理汇算清缴的，应当在取得所得的次年 3 月 1 日至 6 月 30 日内办理汇算清缴。

（2）纳税人取得经营所得，按年计算个人所得税，由纳税人在月度或者季度终了后 15 日内向税务机关报送纳税申报表，并预缴税款；在取得所得的次年 3 月 31 日前办理汇算清缴。

(3) 纳税人取得应税所得没有扣缴义务人的，应当在取得所得的次月15日内向税务机关报送纳税申报表，并缴纳税款。

(4) 纳税人取得应税所得，扣缴义务人未扣缴税款的，纳税人应当在取得所得的次年6月30日前，缴纳税款；税务机关通知限期缴纳的，纳税人应当按照期限缴纳税款。非居民个人在次年6月30日前离境（临时离境除外）的，应当在离境前办理纳税申报。

(5) 居民个人从中国境外取得所得的，应当在取得所得的次年3月1日至6月30日内申报纳税。

(6) 非居民个人在中国境内从两处以上取得工资、薪金所得的，应当在取得所得的次月15日内，向其中一处任职、受雇单位所在地主管税务机关办理纳税申报，并报送个人所得税自行纳税申报表（A表）。

(7) 纳税人因移居境外注销中国户籍的，应当在注销中国户籍前办理税款清算。

(8) 纳税人取得利息、股息、红利所得，财产租赁所得，财产转让所得和偶然所得，按月或者按次计算个人所得税，有扣缴义务人的，由扣缴义务人按月或者按次代扣代缴税款。扣缴义务人每月或者每次预扣、代扣的税款，应当在次月15日内缴入国库，并向税务机关报送扣缴个人所得税申报表。

纳税人办理汇算清缴退税或者扣缴义务人为纳税人办理汇算清缴退税的，税务机关审核后，按照国库管理的有关规定办理退税。

(四) 自行申报方式

纳税人可以采用远程办税端、邮寄等方式申报，也可以直接到主管税务机关申报。纳税人办理自行纳税申报时，应当一并报送税务机关要求报送的其他有关资料。首次申报或者个人基础信息发生变化的，还应报送个人所得税基础信息表（B表）。纳税人采取远程办税端方式申报的，应当按照税务机关规定的期限和要求保存有关纸质资料；采取邮寄方式申报的，以邮政部门挂号信函收据作为申报凭据，以寄出的邮戳日期为实际申报日期。纳税人也可以委托有税务代理资质的中介机构或者他人代为办理纳税申报。

需要办理汇算清缴的纳税人，应当在取得所得的次年3月1日至6月30日内，向任职、受雇单位所在地主管税务机关办理纳税申报，居民个人纳税年度内仅从中国境内取得工资薪金所得、劳务报酬所得、稿酬所得、特许权使用费所得者，填报个人所得税年度自行纳税申报表（A表）（见表6-9）。居民个人纳税年度内取得境外所得的，按照税法规定办理取得境外所得个人所得税自行申报，填报个人所得税年度自行纳税申报表（B表），同时一并附报境外所得个人所得税抵免明细表。纳税人有两处以上任职、受雇单位的，选择向其中一处任职、受雇单位所在地主管税务机关办理纳税申报；纳税人没有任职、受雇单位的，向户籍所在地或经常居住地主管税务机关办理纳税申报。纳税人办理综合所得汇算清缴，应当准备与收入、专项扣除、专项附加扣除、依法确定的其他扣除、捐赠、享受税收优惠等相关的资料，并按规定留存备查或报送。

纳税人取得经营所得，按年计算个人所得税，由纳税人在月度或季度终了后15日内，向经营管理所在地主管税务机关办理预缴纳税申报，并报送个人所得税经营所得纳税申报表（A表）。

表 6－9　个人所得税年度自行纳税申报表（A 表）

（仅取得境内综合所得年度汇算适用）

税款所属期：　　年　月　日至　　年　月　日

纳税人姓名：

纳税人识别号：□□□□□□□□□□□□□□□□□□□□－□□　　　金额单位：人民币元（列至角分）

基本情况					
手机号码		电子邮箱		邮政编码	□□□□□□
联系地址	___省（区、市）___市___区（县）_____街道（乡、镇）________				
纳税地点（单选）					
1. 有任职受雇单位的，需选本项并填写“任职受雇单位信息”：			□任职受雇单位所在地		
任职受雇单位信息	名称				
	纳税人识别号	□□□□□□□□□□□□□□□□□□□□			
2. 没有任职受雇单位的，可以从本栏次选择一地：			□ 户籍所在地　□经常居住地		
户籍所在地/经常居住地		___省（区、市）___市___区（县）___街道（乡、镇）_____			
申报类型（单选）					
□ 首次申报　□更正申报					

综合所得个人所得税计算		
项目	行次	金额
一、收入合计（第 1 行＝第 2 行＋第 3 行＋第 4 行＋第 5 行）	1	
（一）工资、薪金	2	
（二）劳务报酬	3	
（三）稿酬	4	
（四）特许权使用费	5	
二、费用合计［第 6 行＝（第 3 行＋第 4 行＋第 5 行）×20%］	6	
三、免税收入合计（第 7 行＝第 8 行＋第 9 行）	7	
（一）稿酬所得免税部分［第 8 行＝第 4 行×（1－20%）×30%］	8	
（二）其他免税收入（附报个人所得税减免税事项报告表）	9	
四、减除费用	10	
五、专项扣除合计（第 11 行＝第 12 行＋第 13 行＋第 14 行＋第 15 行）	11	
（一）基本养老保险费	12	
（二）基本医疗保险费	13	
（三）失业保险费	14	
（四）住房公积金	15	
六、专项附加扣除合计（附报个人所得税专项附加扣除信息表）（第 16 行＝第 17 行＋第 18 行＋第 19 行＋第 20 行＋第 21 行＋第 22 行）	16	
（一）子女教育	17	
（二）继续教育	18	
（三）大病医疗	19	
（四）住房贷款利息	20	
（五）住房租金	21	
（六）赡养老人	22	
七、其他扣除合计（第 23 行＝第 24 行＋第 25 行＋第 26 行＋第 27 行＋第 28 行）	23	
（一）年金	24	
（二）商业健康保险（附报商业健康保险税前扣除情况明细表）	25	
（三）税延养老保险（附报个人税收递延型商业养老保险税前扣除情况明细表）	26	

续前表

<table>
<tr><td colspan="2">项目</td><td>行次</td><td>金额</td></tr>
<tr><td colspan="2">（四）允许扣除的税费</td><td>27</td><td></td></tr>
<tr><td colspan="2">（五）其他</td><td>28</td><td></td></tr>
<tr><td colspan="2">八、准予扣除的捐赠额（附报个人所得税公益慈善事业捐赠扣除明细表）</td><td>29</td><td></td></tr>
<tr><td colspan="2">九、应纳税所得额
（第30行＝第1行－第6行－第7行－第10行－第11行－第16行－第23行－第29行）</td><td>30</td><td></td></tr>
<tr><td colspan="2">十、税率（%）</td><td>31</td><td></td></tr>
<tr><td colspan="2">十一、速算扣除数</td><td>32</td><td></td></tr>
<tr><td colspan="2">十二、应纳税额（第33行＝第30行×第31行－第32行）</td><td>33</td><td></td></tr>
<tr><td colspan="4">全年一次性奖金个人所得税计算
（无住所居民个人预判为非居民个人取得的数月奖金，选择按全年一次性奖金计税的填写本部分）</td></tr>
<tr><td colspan="2">一、全年一次性奖金收入</td><td>34</td><td></td></tr>
<tr><td colspan="2">二、准予扣除的捐赠额（附报个人所得税公益慈善事业捐赠扣除明细表）</td><td>35</td><td></td></tr>
<tr><td colspan="2">三、税率（%）</td><td>36</td><td></td></tr>
<tr><td colspan="2">四、速算扣除数</td><td>37</td><td></td></tr>
<tr><td colspan="2">五、应纳税额［第38行＝（第34行－第35行）×第36行－第37行］</td><td>38</td><td></td></tr>
<tr><td colspan="4">税额调整</td></tr>
<tr><td colspan="2">一、综合所得收入调整额（需在“备注”栏说明调整的具体原因、计算方式等）</td><td>39</td><td></td></tr>
<tr><td colspan="2">二、应纳税额调整额</td><td>40</td><td></td></tr>
<tr><td colspan="4">应补/退个人所得税计算</td></tr>
<tr><td colspan="2">一、应纳税额合计（第41行＝第33行＋第38行＋第40行）</td><td>41</td><td></td></tr>
<tr><td colspan="2">二、减免税额（附报个人所得税减免税事项报告表）</td><td>42</td><td></td></tr>
<tr><td colspan="2">三、已缴税额</td><td>43</td><td></td></tr>
<tr><td colspan="2">四、应补/退税额（第44行＝第41行－第42行－第43行）</td><td>44</td><td></td></tr>
<tr><td colspan="4">无住所个人附报信息</td></tr>
<tr><td>纳税年度内在中国境内居住天数</td><td></td><td>已在中国境内居住年数</td><td></td></tr>
<tr><td colspan="4">退税申请
（应补/退税额小于0的填写本部分）</td></tr>
<tr><td colspan="4">□ 申请退税（需填写“开户银行名称”“开户银行省份”“银行账号”）　　□ 放弃退税</td></tr>
<tr><td>开户银行名称</td><td></td><td>开户银行省份</td><td></td></tr>
<tr><td>银行账号</td><td colspan="3"></td></tr>
<tr><td colspan="4">备注</td></tr>
<tr><td colspan="4">谨声明：本表是根据国家税收法律法规及相关规定填报的，本人对填报内容（附带资料）的真实性、可靠性、完整性负责。

纳税人签字：　　　　年　月　日</td></tr>
<tr><td colspan="2">经办人签字：
经办人身份证件类型：
经办人身份证件号码：
代理机构签章：
代理机构统一社会信用代码：</td><td colspan="2">受理人：

受理税务机关（章）：

受理日期：　　年　月　日</td></tr>
</table>

国家税务总局监制

※ 职业能力判断与选择 ※

一、判断题

1. 纳税人从两处或两处以上取得的工资、薪金所得的，应在两地税务机关分别申报纳税。（　）

2. 扣缴义务人应扣未扣、应收而不收税款的，由扣缴义务人补缴税款及滞纳金，并处罚款。（　）

3. 居民个人取得综合所得，按年计算个人所得税；有扣缴义务人的，由扣缴义务人按月或者按次预扣预缴税款；需要办理汇算清缴的，应当在取得所得的次年 3 月 1 日至 6 月 30 日内办理汇算清缴。（　）

4. 个人所得税扣缴义务人每月所扣的税款应当在次月 15 日内缴入国库。（　）

5. 个人所得税的代扣代缴单位，只对本单位职工的工资、薪金所得负有代扣代缴义务。（　）

二、选择题（第 1～5 题为单项选择题，第 6～10 题为多项选择题）

1.《个人所得税法》规定，自行申报纳税时在中国境内两处或两处以上取得应纳税所得的，其纳税地点的选择是（　）。

A. 收入来源地　　B. 税务局指定地点

C. 纳税人户籍所在地　　D. 纳税人选择并固定一地申报纳税

2. 综合所得年度汇算清缴的居民纳税人应在（　）到主管税务机关办理汇算清缴工作。

A. 取得所得的次年 6 个月内

B. 取得所得的次年 3 月 1 日至 6 月 30 日内

C. 取得所得的次年 3 个月内

D. 取得所得的次年 15 日内

3. 职工的工资、薪金所得预缴个人所得税的时间是（　）。

A. 次月 5 日内　　B. 次月 7 日内

C. 次月 15 日内　　D. 次月 30 日内

4. 下列关于个人所得税扣缴义务人的说法中不正确的是（　）。

A. 个人所得税各项目均应由扣缴义务人代扣代缴

B. 扣缴义务人履行代扣代缴义务，需要先征得纳税人同意

C. 凡向个人支付应纳税所得的企事业单位和个人，均为个人所得税的扣缴义务人

D. 个体工商的生产经营所得，需要自行申报缴纳个人所得税

5. 李某是个体工商户，其家庭所在地在甲市 A 区，工商注册地在甲市 B 区，实际经营地在甲市 C 区。以下正确的是（　）。

A. 李某应在 A 区申报缴纳个人所得税

B. 李某应在 B 区申报缴纳个人所得税

C. 李某应在 C 区申报缴纳个人所得税

D. 李某可以任意选择A区、B区或C区申报缴纳个人所得税

6. 个人所得税目前的主要征收方式有（　　）。

A. 代扣代缴方式　　B. 邮寄申报方式

C. 定额征收方式　　D. 自行申报方式

7. 以下说法正确的是（　　）。

A. 税务机关征收税款时，必须给纳税人开具完税凭证

B. 税务机关征收税款时，可根据情况决定是否给纳税人开具完税凭证

C. 扣缴义务人代扣、代收税款时，纳税人要求扣缴义务人开具代扣、代收税款凭证的，扣缴义务人应当开具

D. 扣缴义务人代扣、代收税款时，需向纳税人提供其个人所得税和已扣缴税款等信息

8. 从中国境外取得所得的纳税人，其来源于中国境外的应纳税所得，应在何时申报纳税？（　　）

A. 在境外以纳税年度计算缴纳个人所得税的，应在居住国的纳税年度终了，结清税款后的30日内，向中国主管税务机关申报纳税

B. 在境外以纳税年度计算缴纳个人所得税的，应在所得来源国的纳税年度终了，结清税款后的30日内，向中国主管税务机关申报纳税

C. 在取得境外所得时结清税款的，应在次年3月1日至6月30日内向中国主管税务机关申报纳税

D. 在境外按所得来源国税法规定免予缴纳个人所得税的，应在次年3月1日至6月30日内向中国主管税务机关申报纳税

9. 居民个人取得综合所得，需要办理汇算清缴的有（　　）。

A. 在两处或者两处以上取得综合所得，且综合所得年收入额减去专项扣除的余额超过6万元

B. 取得劳务报酬所得、稿酬所得、特许权使用费所得中一项或者多项所得，且综合所得年收入额减去专项扣除的余额超过6万元

C. 纳税年度内预缴税额低于应纳税额的

D. 纳税人申请退税的

10. 应当自行办理纳税申报个人所得税的纳税义务人有：（　　）。

A. 取得综合所得需要办理汇算清缴

B. 取得应纳税所得没有扣缴义务人的

C. 非居民个人在中国境内从两处以上取得工资、薪金所得

D. 取得应纳税所得，扣缴义务人未按规定扣缴税款的

【项目小结】

本项目系统阐述了我国个人所得税相关法规的基本内容，举例说明了不同应税项目个人所得税的计算原理、具体计算方法和纳税申报技能；从站在企业角度阐述了应履行的代扣代缴义务及相应的会计处理方法。

【项目综合实训】

一、实训材料

作家杨某是某作家协会的一名作家，假定2021年取得如下收入（假定境内所得均未扣税）：

（1）12月其小说稿在一次竞价中，取得拍卖收入100 000元；

（2）5月出版另一部小说取得稿酬60 000元；

（3）7月外出讲课一次，取得报酬5 000元；

（4）9月在某电视台做主持人取得收入5 000元；

（5）作家协会每月支付其工资8 500元（已扣除“三险一金”），12月取得全年奖金24 000元；

（6）全年取得投资股息收入64 000元；

（7）购买福利彩票中奖50 000元，通过民政部门给灾区捐款10 000元；

（8）11月从境外A国取得投资股息所得折合人民币58 000元，已按该国税法缴纳了个人所得税7 200元。

另外，杨某有一小孩在读大学，由杨某一方享受子女教育专项附加扣除。

二、实训要求

1. 根据杨某收入资料，汇总计算杨某2021年度应缴纳的个人所得税税额。
2. 填制杨某综合所得的个人所得税年度纳税申报表。

三、实训条件

在税务实训室进行，作家杨某收入资料，个人所得税年度自行纳税申报表（B表）。

项目七

其他税种会计核算与申报

【学习目标】

- 能根据学习项目、任务的需要查阅有关资料。
- 掌握房产税、城镇土地使用税、印花税、城市维护建设税、车船税、契税、土地增值税、资源税的基本法规知识，判断纳税义务人、征税范围，选择适用税率。
- 能根据相关规定计算房产税、城镇土地使用税、印花税、城市维护建设税、车船税、契税、土地增值税、资源税应纳税额。
- 熟悉房产税、城镇土地使用税、印花税、城市维护建设税、车船税、契税、土地增值税、资源税的会计处理方法，能根据经济业务进行相关涉税会计处理。
- 能熟练填制房产税、城镇土地使用税、印花税、城市维护建设税、车船税、契税、土地增值税、资源税纳税申报表，正确进行纳税申报。
- 培养敬业精神、团队合作能力和良好的职业道德修养。

【项目导航】

根据国家税务总局的统计资料，税收总额中流转税所占比重最大，其次为所得税。这两类税涉及面广，税额大，因而被称为税收大家庭中的大税种。除了大税种，还有许多小税种，它们分布广泛，大多是地方税，一般在发生时一次性缴纳。本项目选取其中企业经常碰到的一些税种加以介绍。虽然是小税种，但我们不能忽视，因为它们普遍存在，其应缴金额之和在某些企业也相当可观，甚至超过大税种的应缴金额，而且其会计处理各有特点，在税务会计实务中是不可或缺的内容。

任务一

城市维护建设税会计核算与申报

※ 任务描述 ※

当企业缴纳增值税、消费税等流转税时，就会涉及城市维护建设税的缴纳，报税岗位的会计人员需要确定城市维护建设税的征税对象，计算其计税依据，选择合适的税率，运用税收的优惠政策，计算城市维护建设税税额，并进行会计处理；同时，在规定期限内到指定的地点进行纳税申报，并办理税款缴纳。

※ 知识准备与业务操作 ※

一、纳税人和征税对象的确定

城市维护建设税是以纳税人实际缴纳的“二税”（增值税、消费税，“营改增”以前还包括营业税）税额为计税依据而征收的一种税。城市维护建设税是一种具有附加税性质的税种，按“二税”税额附加征收，其本身没有特定的、独立的课税对象。开征的目的主要是筹集城市公用事业和公共设施的维护、建设资金，加快城市开发建设步伐。

城市维护建设税的纳税人，是指负有缴纳“二税”义务的单位与个人，包括国有企业、集体企业、私营企业、股份制企业、行政事业单位、军事单位、社会团体，以及个体工商户和其他个人。自 2010 年 12 月 1 日起，外商投资企业、外国企业和外籍人员开始征收城市维护建设税。

二、城市维护建设税的计算

（一）计税依据的确定

城市维护建设税的计税依据是指纳税人实际缴纳的“二税”税额，但不包括纳税人违反“二税”有关税法而加收的滞纳金和罚款，但纳税人在被查补“二税”和被处以罚款时，应同时对其偷漏的城市维护建设税进行补税、征收滞纳金和罚款。城市维护建设税以“二税”税额为计税依据并同时征收，如果免征或减征“二税”，也就同时免征或减征城市维护建设税。但对进口货物或者境外单位和个人向境内销售劳务、服务、无形资产缴纳的增值税、消费税税额，不征收城市维护建设税；对出口商品退还增值税、消费税时，不退还已缴纳的城市维护建设税。

【提示】对实行“免、抵、退”税的企业，国家税务总局正式审核批准的当期免抵的增值税税额应作为城市维护建设税和教育费附加的依据。

（二）税率的选择

城市维护建设税采用比例税率。按纳税人所在地的不同，设置三档差别比例税率（见表 7－1）。

表 7－1　城市维护建设税税率表

纳税人所在地区	税率
市区	7%
县城和镇	5%
市区、县城和镇以外的其他地区	1%

城市维护建设税的适用税率，应当按照纳税人所在地的规定税率执行。但是，对下列两种情况，可按缴纳“二税”所在地的规定税率就地缴纳城建税：

（1）由受托方代扣代缴、代收代缴“二税”的单位和个人，其代扣代缴、代收代缴的城市维护建设税按受托方所在地适用税率执行；

(2) 流动经营等无固定纳税地点的单位和个人，在经营地缴纳“二税”的，其城市维护建设税的缴纳按经营地适用税率执行。

(三) 优惠政策的运用

城市维护建设税原则上不单独减免，但因其具有附加税性质，当主税发生减免时，城市维护建设税也相应发生减免。具体有以下三种情况：

(1) 随“二税”的减免而减免。

(2) 随“二税”的退库而退库。

(3) 对海关代征的进口货物增值税、消费税，不征收城市维护建设税。

(4) 根据国民经济和社会发展的需要，国务院对重大公共基础设施建设、特殊产业和群体以及重大突发事件应对等情形可以规定减征或者免征城市维护建设税，报全国人民代表大会常务委员会备案。

【提示】进口产品需要征收增值税、消费税的，不征收城市维护建设税；出口产品退还增值税、消费税的，不退还已缴纳的城市维护建设税，即“进口不征、出口不退”。

(四) 应纳税额的计算

城市维护建设税的应纳税额是按纳税人实际缴纳的“二税”税额计算的，其计算公式为：

应纳税额＝纳税人实际缴纳的增值税、消费税税额×适用税率

【做中学7-1】某一市区企业2021年6月实际缴纳增值税80 000元，缴纳消费税10 000元。该企业应交城市维护建设税计算如下：

应纳税额＝(80 000＋10 000)×7%＝6 300 (元)

三、城市维护建设税的核算

城市维护建设税的会计核算应设置“应交税费——应交城市维护建设税”科目。计提城市维护建设税时，应借记“税金及附加”科目，贷记本科目；实际缴纳城市维护建设税时，应借记本科目，贷记“银行存款”科目。本科目的期末贷方余额反映企业应交而未交的城市维护建设税。

【做中学7-2】根据“做中学7-1”资料，进行会计处理。

(1) 计提城市维护建设税时：

借：税金及附加——城市维护建设税	6 300	
贷：应交税费——应交城市维护建设税		6 300

(2) 实际缴纳城市维护建设税时：

借：应交税费——应交城市维护建设税	6 300	
贷：银行存款		6 300

四、城市维护建设税的申报

(一) 纳税地点

城市维护建设税以纳税人实际缴纳的增值税、消费税税额为计税依据，分别与“二税”

同时缴纳。所以，纳税人缴纳“二税”的地点，就是该纳税人缴纳城市维护建设税的地点。但是属于下列情况的，纳税地点有所不同：

（1）代扣代缴、代收代缴“二税”的单位和个人，同时也是城市维护建设税的代扣代缴、代收代缴义务人，其城市维护建设税的纳税地点在代扣代收地。

（2）跨省开采的油田，下属生产单位与核算单位不在一个省内的，其生产的原油，在油井所在地缴纳增值税，其应纳税款由核算单位按照各油井的产量和规定税率汇拨各油井所在地缴纳。所以各油井应纳的城市维护建设税，应由核算单位计算，随同增值税一并汇拨油井所在地，由油井在缴纳增值税的同时，一并缴纳城市维护建设税。

（3）对流动经营等无固定纳税地点的单位和个人，应随同“二税”在经营地按适用税率缴纳。

（4）中国铁路总公司等实行汇总缴纳“二税”的纳税人，城市维护建设税在汇总地与“二税”同时缴纳。

（二）纳税期限

由于城市维护建设税是由纳税人在缴纳“二税”时同时缴纳的，因此其纳税期限分别与“二税”的纳税期限一致。

（三）纳税申报

自2021年8月1日起，城市维护建设税和教育费附加与增值税、消费税申报表整合，在增值税、消费税的申报表中申报，不再单独填写城市维护建设税纳税申报表。

五、教育费附加的会计核算与申报

教育费附加是对缴纳增值税、消费税的单位和个人征收的一种专项附加费，是正税以外的政府行政收费。国务院于1986年4月28日发布了《征收教育费附加的暂行规定》，并于同年7月1日起实施，目的是多渠道筹集教育经费，改善中小学办学条件，促进地方教育事业的发展。

教育费附加对缴纳“二税”的单位和个人征收，以其实际缴纳的“二税”税额为计费依据，分别与“二税”同时缴纳。现行教育费附加的征收率为“二税”税额的3%。从2005年10月1日起对生产卷烟和烟叶的单位也按3%征收。自2010年12月1日起，外商投资企业、外国企业和外籍人员也统一按增值税、消费税实际缴纳税额的3%征收教育费附加。同时为规范和拓宽财政性教育经费筹资渠道，支持地方教育事业发展，全面开征地方教育费附加，地方教育费附加统一按增值税、消费税实际缴纳税额的2%征收。

教育费附加的减免规定：海关进口商品征收的增值税、消费税，不征收教育费附加；对由于减免“二税”而发生退税的，可同时退还已征收的教育费附加，但对于出口产品退还增值税、消费税的，不退还已征收的教育费附加。

教育费附加通过“应交税费”科目核算。计提教育费附加时应借记“税金及附加”科目，贷记本科目；缴纳教育费附加时应借记本科目，贷记“银行存款”科目，本科目期末贷方余额反映应交而未交的教育费附加。

※ 职业能力判断与选择 ※

一、判断题

1.《中华人民共和国城市维护建设税暂行条例》不适用于我国境内的外商投资企业和外国企业。(　　)

2. 由受托方代收代缴消费税的，其应代收代缴的城市维护建设税应按委托方所在地的适用税率计算。(　　)

3. 海关对进口产品代征的增值税、消费税，不征收城市维护建设税。(　　)

4. 纳税人违反增值税、消费税税法而加收的滞纳金和罚款，是税务机关对纳税人违法行为的经济制裁，不作为城市维护建设税的计税依据。(　　)

5. 出口货物退还增值税和消费税时，不退还已缴纳的城市维护建设税。(　　)

6. 根据《中华人民共和国城市维护建设税暂行条例》的有关规定，纳税人在被查补增值税、消费税和被处以罚款时，应同时对其偷漏的城市维护建设税进行补税和罚款。(　　)

7. 位于市区的某企业在缴纳城市维护建设税时，适用5%的税率。(　　)

8. 教育费附加的纳税义务发生时间和纳税期限与“二税”一致。(　　)

二、选择题(第1～4题为单项选择题，第5～8题为多项选择题)

1. 城市维护建设税的计税依据是(　　)。

A. 增值税、消费税的计税依据

B. 印花税、增值税的计税依据

C. 纳税人实际缴纳的增值税、消费税税额

D. 纳税人实际缴纳的增值税、车船税税额

2. 城市维护建设税纳税人所在地在县城、镇的，其适用的城市维护建设税税率为(　　)。

A. 7%　　B. 5%　　C. 3%　　D. 1%

3. 某纳税人当月应纳增值税2万元，减免1万元，补交上月漏交的增值税0.5万元。本月应交城市维护建设税为(　　)万元(城市维护建设税税率为7%)。

A. 0.14　　B. 0.07

C. 0.175　　D. 0.105

4. 位于某县城的酿酒厂代为某大城市一家企业加工一批白酒，则该酒厂所代收代缴城市维护建设税的纳税地点应与其缴纳代收代缴(　　)的纳税地点相同。

A. 增值税　　B. 消费税

C. 个人所得税　　D. 企业所得税

5. 纳税人的下列支出中，不得作为城市维护建设税计税依据的是(　　)。

A. 查补的“二税”税额　　B. 偷漏“二税”被处的罚款支出

C. 欠缴“二税”支付的滞纳金　　D. 被查补的城市维护建设税税额

6. 下列各项中，符合城市维护建设税规定的有(　　)。

A. 缴纳增值税、消费税的企业都应缴纳城市维护建设税

B. “二税”实行先征后返方法而进行退库的，可同时退还城市维护建设税

C. 对出口产品退还增值税、消费税的，不退还城市维护建设税

D. 海关对进口产品代征增值税、消费税，不征收城市维护建设税

7. 下列关于城市维护建设税纳税地点的表述中，正确的有(　　)。

A. 无固定纳税地点的个人，为户籍所在地

B. 代收代缴“二税”的单位，为税款代收地

C. 代扣代缴“二税”的个人，为税款代扣地

D. 取得管道输油收入的单位，为管道机构所在地

8. 某市区一宾馆为增值税一般纳税人，2021 年 6 月取得含税住宿费收入 100 万元、含税餐饮费收入 20 万元，假如本月没有进项税额抵扣，下列说法正确的有(　　)。

A. 实际应纳增值税税额 7.2 万元

B. 实际应纳增值税税额 6.79 万元

C. 实际应纳城市维护建设税 4 753 元

D. 实际应纳城市维护建设税 5 040 元

※ 单项任务训练 ※

1. 某城市一卷烟厂委托某县城一卷烟厂加工一批雪茄烟，委托方提供原材料 40 000 元，支付加工费 5 000 元（不含增值税），雪茄烟消费税税率为 36%，这批雪茄烟无同类产品市场价格。

要求：计算受托方代收代缴消费税时应代收代缴的城市维护建设税税额。

2. 位于市区的某内资生产企业为增值税一般纳税人，经营内销与出口业务。2021 年 4 月实际缴纳增值税 40 万元，出口货物免抵税额 5 万元。另外，该企业进口货物缴纳增值税 17 万元、消费税 30 万元。

要求：计算该企业 4 月应缴纳的城市维护建设税税额，并作相关的会计处理。

任务二

印花税会计核算与缴纳

※ 任务描述 ※

当企业发生印花税的纳税行为时，就会涉及印花税的缴纳，报税岗位的会计人员需要确定印花税的纳税人、征税对象，确定其计税依据，选择合适的税率，运用税收的优惠政策，计算印花税税额，并进行会计处理；同时，在规定期限内到指定的地点进行纳税申报，并办理税款缴纳。

※ 知识准备与业务操作 ※

一、纳税人和征税对象的确定

印花税是对经济活动和经济交往中书立、使用应税凭证、进行证券交易的单位和个人征收的一种行为税。印花税具有覆盖面广、税率低、税负轻等特点。

印花税的纳税义务人，是指在我国境内书立应税凭证、进行证券交易的单位和个人；在境外书立、在境内使用应税凭证的单位和个人，也应缴纳印花税。按照书立、使用应税凭证，上述单位和个人分别确定为立合同人、立据人、立账簿人、使用人和各类电子应税凭证的签订人以及证券交易出让方六种。

（1）立合同人。是指合同的当事人，是对应税凭证有直接权利义务关系的单位和个人，但不包括合同的担保人、证人和鉴定人。各类合同的纳税人是立合同人。

（2）立据人。产权转移书据的纳税人是立据人。

（3）立账簿人。是指设立并使用账簿的单位和个人，营业账簿的纳税人是立账簿人。

（4）使用人。在境外书立但在境内使用的应税凭证，其纳税人是该凭证的使用人。

（5）证券交易出让方。交易印花税对证券交易的出让方征收，不对受让方征收。

（6）各类电子应税凭证的签订人。即以电子形式签订的各类应税凭证的当事人。

纳税人为境外单位或者个人，在境内有代理人的，以其境内代理人为扣缴义务人；在境内没有代理人的，由纳税人自行申报缴纳印花税。证券登记结算机构为证券交易印花税的扣缴义务人。

印花税的征税对象是税法列举的各种应税凭证，即合同或具有合同性质的凭证、产权转移书据、营业账簿、财政部确定的其他应税凭证。列入税目的就要征税，未列入税目的就不征税。

【提示1】在境外书立但在国内使用的，在我国境内具有法律效力、受我国法律保护的凭证，也是印花税应税凭证，其使用人为纳税人。

【提示2】对应税凭证，凡由两方或两方以上当事人共同书立的，其当事人各方都是印花税的纳税人，应按照各自涉及的金额分别计算应纳税额，履行纳税义务。

二、印花税的计算

（一）计税依据的确定

印花税的计税依据是应税凭证的计税金额，具体为：

（1）应税合同的计税依据，为合同所列的金额，不包括列明的增值税税额；

（2）应税产权转移书据的计税依据，为产权转移书据所列的金额，不包括列明的增值税税额；

（3）应税营业账簿的计税依据，为账簿记载的实收资本（股本）、资本公积合计金额；

（4）证券交易的计税依据，为成交金额。

应税合同、产权转移书据未列明金额的，印花税的计税依据按照实际结算的金额确定，仍不能确定的，按照书立合同、产权转移书据时的市场价格确定；依法应当执行政府定价或者政府指导价的，按照国家有关规定确定。

证券交易无转让价格的，按照办理过户登记手续时该证券前一个交易日收盘价计算确定计税依据；无收盘价的，按照证券面值计算确定计税依据。

同一凭证，载有两个或以上经济事项而适用不同税目税率，如分别记载金额的，应分别计算应纳税额；如未分别记载金额的，从高适用税率。

已缴纳印花税的营业账簿，以后年度记载的实收资本（股本）、资本公积合计金额比已缴纳印花税的实收资本（股本）、资本公积合计金额增加的，按照增加部分计算应纳税额。

（二）税率的选择

印花税的税率设计，遵循税负从轻、共同负担的原则。所以，税率比较低，凭证的当事人均应就其所持凭证依法纳税。

印花税采用比例税率形式，税目税率见表 7-2（2022 年 7 月 1 日起施行）。

表 7-2　印花税税目税率表

税目		税率	备注
合同（指书面合同）	借款合同	按借款金额的万分之零点五贴花	指银行业金融机构、经国务院银行业监督管理机构批准设立的其他金融机构与借款人（不包括同业拆借）的借款合同
	融资租赁合同	租金的万分之零点五	
	买卖合同	价款的万分之三	指动产买卖合同（不包括个人书立的动产买卖合同）
	承揽合同	报酬的万分之三	
	建设工程合同	价款的万分之三	
	运输合同	运输费用的万分之三	指货运合同和多式联运合同（不包括管道运输合同）
	技术合同	价款、报酬或者使用费的万分之三	不包括专利权、专有技术使用权转让书据
	租赁合同	租金的千分之一	
	保管合同	保管费的千分之一	
	仓储合同	仓储费的千分之一	
	财产保险合同	保险费的千分之一	不包括再保险合同
产权转移书据	土地使用权出让书据	价款的万分之五	
	土地使用权、房屋等建筑物和构筑物所有权转让书据（不包括土地承包经营权和土地经营权转移）	价款的万分之五	转让包括买卖（出售）、继承、赠与、互换、分割
	股权转让书据（不包括应缴纳证券交易印花税的）	价款的万分之五	
	商标专用权、著作权、专利权、专有技术使用权转让书据	价款的万分之三	

续前表

税目	税率	备注
营业账簿	实收资本（股本）、资本公积合计金额的万分之二点五	
证券交易	成交金额的千分之一	

说明：(1) 证券交易是指转让在依法设立的证券交易所、国务院批准的其他全国性证券交易场所交易的股票和以股票为基础的存托凭证；交易印花税对证券交易的出让方征收，不对受让方征收。

(2) 除记载资金账簿外，其他营业账簿不征收印花税。

(3) 以下四类合同和书据不征收印花税：个人书立的动产买卖合同、管道运输合同、再保险合同、同业拆借合同、土地承包经营权和土地经营权转移书据。

(三) 优惠政策的运用

下列凭证免征印花税：

(1) 应税凭证的副本或者抄本；

(2) 依照法律规定应当予以免税的外国驻华使馆、领事馆和国际组织驻华代表机构为获得馆舍书立的应税凭证；

(3) 中国人民解放军、中国人民武装警察部队书立的应税凭证；

(4) 农民、家庭农场、农民专业合作社、农村集体经济组织、村民委员会购买农业生产资料或者销售农产品书立的买卖合同和农业保险合同；

(5) 无息或者贴息借款合同、国际金融组织向中国提供优惠贷款书立的借款合同；

(6) 财产所有权人将财产赠与政府、学校、社会福利机构、慈善组织书立的产权转移书据；

(7) 非营利性医疗卫生机构采购药品或者卫生材料书立的买卖合同；

(8) 个人与电子商务经营者订立的电子订单。

根据国民经济和社会发展的需要，国务院对居民住房需求保障、企业改制重组、破产、支持小型微型企业发展等情形可以规定减征或者免征印花税，报全国人民代表大会常务委员会备案。

(四) 应纳税额的计算

根据应税凭证的性质，印花税的计算采用从价定率计算方法，其计算公式为：

应纳税额＝应税凭证计税金额×适用税率

【做中学7-3】假定某企业2022年8月开业，当年发生以下有关业务事项：领受房屋产权证、工商营业执照、土地使用证各1件；订立一份商品购销合同，合同金额为100万元；订立借款合同一份，所载金额为100万元；企业记载资金的账簿，“实收资本”为500万元，“资本公积”为100万元；其他账簿20本。计算该企业当年应缴纳的印花税税额。

(1) 企业领受权利许可证照从2022年7月1日起免征印花税。

(2) 企业订立购销合同应纳税额：

应纳税额＝1 000 000×0.3‰＝300（元）

(3) 企业订立借款合同应纳税额：

应纳税额＝1 000 000×0.05‰＝50（元）

(4) 企业记载资金的账簿应纳税额：

应纳税额＝(5 000 000＋1 000 000)×0.25‰＝1 500（元）

(5) 企业其他营业账簿不征收印花税。

(6) 企业当年应纳印花税税额：

300+50+1 500=1 850（元）

三、印花税的核算

印花税核算应设置"应交税费——应交印花税"科目。计提印花税时，应借记"税金及附加"科目；实际缴纳印花税款时，应借记"应交税费——应交印花税"科目，贷记"银行存款"科目。

企业也可以不设置"应交税费——应交印花税"科目。缴纳印花税时，直接借记"税金及附加"等科目，贷记"银行存款"科目。

【做中学 7－4】接"做中学 7－3"资料，进行会计处理。

计提印花税时，编制会计分录：

借：税金及附加	1 850	
贷：应交税费——应交印花税		1 850
借：应交税费——应交印花税	1 850	
贷：银行存款		1 850

四、印花税的缴纳

（一）纳税期限

印花税按季、按年或者按次计征。实行按季、按年计征的，纳税人应当自季度、年度终了之日起 15 日内申报缴纳税款；实行按次计征的，纳税人应当自纳税义务发生之日起 15 日内申报缴纳税款。

证券交易印花税按周解缴。证券交易印花税扣缴义务人应当自每周终了之日起 5 日内申报解缴税款以及银行结算的利息。

（二）纳税义务发生时间

印花税的纳税义务发生时间为纳税人书立应税凭证或者完成证券交易的当日。证券交易印花税扣缴义务发生时间为证券交易完成的当日。

（三）纳税地点

印花税一般实行就地纳税。纳税人为单位的，应当向其机构所在地的主管税务机关申报缴纳印花税；纳税人为个人的，应当向应税凭证书立地或者纳税人居住地的主管税务机关申报缴纳印花税。

不动产产权发生转移的，纳税人应当向不动产所在地的主管税务机关申报缴纳印花税。证券交易印花税由扣缴义务人向其机构所在地的主管税务机关申报解缴税款以及银行结算的利息。

(四) 纳税申报

印花税可以采用粘贴印花税票或者由税务机关依法开具其他完税凭证的方式缴纳。印花税票粘贴在应税凭证上的，由纳税人在每枚税票的骑缝处盖戳注销或者划销。印花税票由国务院税务主管部门监制。

※ 职业能力判断与选择 ※

一、判断题

1. 凡是由两方或两方以上当事人共同书立的应税凭证，其当事人各方都是印花税的纳税人，应按照各自涉及的金额计算完税。(　　)

2. 对于在国外书立、领受，但在国内使用的应税凭证，其纳税人是该凭证的使用人。(　　)

3. 王某将自有的一间房屋出租给某单位使用，合同规定每月租金为 1 500 元，租期为 1 年。王某在租房合同签订时按 5 元贴花注销后，纳税义务即告完成。(　　)

4. 已缴纳印花税的凭证的副本或抄本免税。(　　)

5. 对已经缴纳印花税的营业账簿，以后年度记载的实收资本（股本）、资本公积合计金额比已缴纳印花税的实收资本（股本）、资本公积合计金额增加的，其增加部分应补征印花税；若减少的，可申请退税。(　　)

6. 现行税法规定，财产所有人将财产赠送给政府、社会团体、学校、社会福利单位所立书据免征印花税。(　　)

7. 立合同人是指合同的当事人，即指对凭证有直接权利义务关系的单位和个人，但不包括合同的担保人、证人、鉴定人。(　　)

8. 企业缴纳的印花税，可以不通过“应交税费”科目核算，直接在“税金及附加”科目中反映。(　　)

二、选择题（第 1～4 题为单项选择题，第 5～7 题为多项选择题）

1. 甲公司与乙公司签订了一份购销合同，合同所载金额为 6 000 万元，双方各执一份，印花税税率为 0.3‰，则甲、乙公司各应缴纳（　　）万元印花税。

A. 3.5　　B. 1.8　　C. 0.9　　D. 3.2

2. 下列不属于印花税征税范围的是（　　）。

A. 企业签订的融资租赁合同　　B. 企业签订的运输合同

C. 企业签订的借款合同　　D. 企业填制的限额领料单

3. 企业签订的合同印花税纳税义务发生时间是（　　）。

A. 签订时　　B. 生效时　　C. 使用时　　D. 终止时

4. 下列不属于印花税纳税人的有（　　）。

A. 购货合同的保证人　　B. 在国外书立，在国内使用技术合同的单位

C. 购货合同的当事人　　D. 借款合同的双方当事人

5. 下列合同按规定应征收印花税的有（　　）。

A. 技术合同　　B. 保管合同　　C. 财产保险合同　　D. 管道运输合同

6. 印花税的征税对象包括（　　）。

A. 合同或具有合同性质的凭证　　B. 产权转移书据

C. 营业账簿　　D. 权利许可证照

7. 某建筑公司与一单位签订建筑承包合同，总承包额为 800 万元，工期 12 个月，该建筑公司所持合同应纳印花税的处理为（　　）。

A. 适用 0.3‰比例税率

B. 应纳税额 2 400 元

C. 可以采用由税务机关开具完税凭证的方法缴纳

D. 完工时缴纳

※ 单项任务训练 ※

1. 假如某企业 2022 年 10 月有关资料如下：

“实收资本”比 2021 年年末增加 200 万元，“资本公积”比 2021 年年末增加 40 万元；向银行借款 100 万元，借款合同上约定的年利率为 6%；与 A 公司签订以货换货合同，本企业货物价值 250 万元，A 公司货物价值 300 万元，该企业用银行存款补齐差额。

要求：计算该企业 2022 年 10 月应纳印花税税额。

2. 某地下列纳税人发生如下业务：(1) 甲签订运输合同一份，总金额 100 万元（含装卸费 5 万元）进行货物国际联运；(2) 乙出租居住用房一间给某单位，月租金 500 元，租期 2 年；(3) 丙签订销售合同，数量 5 000 件，无金额，当期市价 50 元/件；(4) 房管部门与个人签订租房合同（用于生活居住），月租金 600 元，租期 2 年；(5) 企业与他人签订一份仓储合同，保管费 50 000 元，但未履行。

要求：计算各纳税人应纳的印花税税额。

任务三

城镇土地使用税会计核算与申报

※ 任务描述 ※

当企业发生城镇土地使用税的纳税行为时，就会涉及城镇土地使用税的缴纳，报税岗位的会计人员需要确定城镇土地使用税的纳税人、征税对象，确定其计税依据，选择合适的税率，运用税收的优惠政策，计算城镇土地使用税税额，并进行会计处理；同时，在规定期限内到指定的地点进行纳税申报，并办理税款缴纳。

※ 知识准备与业务操作 ※

一、纳税人和征税对象的确定

城镇土地使用税是对城市、县城、建制镇和工矿区范围内使用土地的单位和个人，按实际占用土地面积所征收的一种税。城镇土地使用税是一种资源税性质的税种。城镇土地使用税的征收有利于合理使用城镇土地，用经济手段加强对土地的控制和管理，变土地的无偿使用为有偿使用；调节不同地区、不同地段之间的土地级差收入，使纳税人的收入水平大体均衡；促进全社会节约使用土地，提高土地使用效益。

城镇土地使用税的纳税人是我国境内城市、县城、建制镇范围内使用土地的单位和个人。拥有土地使用权的纳税人不在土地所在地的，由该土地的代管人或实际使用人缴纳；土地使用权未确定或权属纠纷未解决的，由实际使用人纳税；土地使用权为多方共有的，由共有各方分别纳税。

城镇土地使用税的课税对象是土地。城镇土地使用税的征税范围为城市、县城、建制镇范围内的国家所有和集体所有的土地，不包括农村集体所有的土地。

自2009年1月1日起，公园、名胜古迹内的索道公司经营用地，应规定缴纳城镇土地使用税。自2009年12月1日起，单独建造的地下建筑用地，按规定征收城镇土地使用税。

二、城镇土地使用税的计算

（一）计税依据的确定

城镇土地使用税以纳税人实际占用的土地面积为计税依据，土地面积计量标准为每平方米，按下列办法确定：

（1）由省、自治区、直辖市人民政府确定的单位组织测定土地面积的，以测定的面积为准；

（2）尚未组织测量，但纳税人持有政府部门核发的土地使用证书的，以证书确认的土地面积为准；

（3）尚未核发土地使用证书的，应由纳税人据实申报土地面积，据以纳税，待核发土地使用证以后再作调整。

（二）税率的选择

城镇土地使用税采用定额税率，即采用有幅度的差别税额，按大、中、小城市和县城、建制镇、工矿区分别规定每平方米土地使用税年应纳税额。城镇土地使用税税率见表7-3。

表7-3　城镇土地使用税税率表

级别	人口（人）	每平方米税额（元）
大城市	50万以上	1.5～30
中等城市	20万～50万	1.2～24
小城市	20万以下	0.9～18
县城、建制镇、工矿区	—	0.6～12

各省、自治区、直辖市人民政府可根据市政建设情况和经济繁荣程度在规定幅度内，确定所辖地区的适用税额幅度。经济落后地区的土地使用税的适用税额标准可适当降低，但降低额不得超过上述规定最低税额的30%，经济发达地区的适用税额标准可以适当提高，但须报财政部批准。

（三）优惠政策的运用

下列土地免征城镇土地使用税：

（1）国家机关、人民团体、军队自用的土地。

（2）由国家财政部门拨付事业经费的单位自用土地。

（3）宗教寺庙、公园、名胜古迹自用的土地。

（4）市政街道、广场、绿化地带等公共用地。

（5）直接用于农、林、牧、渔业的生产用地。

（6）经批准开山填海整治的土地和改造的废弃土地，从使用之月起免交土地使用税5年至10年。

（7）非营利性医疗机构、疾病控制机构和妇幼保健机构自用的土地，自2000年7月起免征城镇土地使用税。对营利性医疗机构自用的土地自取得执照之日起免征城镇土地使用税3年。

（8）企业办学校、医院、托儿所、幼儿园，其用地能与企业其他用地明确区分的，免征城镇土地使用税。

（9）免税单位无偿使用纳税单位的土地。如公安、海关等单位使用铁路、民航等单位的土地免税。但纳税单位无偿使用免税单位的土地，纳税单位应依法缴纳城镇土地使用税。

（10）部分特殊行业用地暂免征收土地使用税的规定：①高校后勤实体用地；②企业的铁路专用线及公路等用地；③企业厂区以外的公共绿化用地和向社会开放的公园用地；④港口的码头用地；⑤盐场的盐滩和盐矿的矿井用地；⑥水利设施管护用地；⑦机场飞行区。

（11）从2015年7月1日起，下列用地暂免征收城镇土地使用税：①石油天然气（含页岩气、煤层气）生产建设用地（包括地质勘探、钻井、井下作业、油气田地面工程等施工临时用地，企业厂区以外的铁路专用线、公路及输油、输气、输水管道用地，油气长输管线用地）；②在城市、县城、建制镇以外工矿区内的消防、防洪排涝、防风、防沙设施用地。

（12）下列土地由省级地方税务局确定减免土地使用税：个人所有的居住房屋及院落用地，单位职工家属的宿舍用地，集体和个人办的学校、医院、托儿所及幼儿园用地，基建项目在建期间使用的土地以及城镇集贸市场用地等。

（四）应纳税额的计算

城镇土地使用税的应纳税额可以通过纳税人实际占用的土地面积乘以该土地所在地段适用税额求得，其计算公式为：

全年应纳税额＝实际占用应税土地面积(平方米)×适用税额

【做中学7-5】物美企业坐落于某中等城市，占用土地20 000平方米，其中企业自办的托幼机构占用土地1 000平方米，当地政府核定的土地使用税税额为每平方米4元，则该企业当年应纳的土地使用税税额计算如下：

全年应纳土地使用税税额＝(20 000－1 000)×4＝76 000（元）

三、城镇土地使用税的核算

城镇土地使用税的会计核算应设置“应交税费——应交城镇土地使用税”科目。该科目的贷方登记本期应缴纳的城镇土地使用税税额，借方登记企业实际缴纳的城镇土地使用税，期末贷方余额表示企业应交而未交的城镇土地使用税税额。

核算时，企业按规定计算应交城镇土地使用税，借记“税金及附加”科目，贷记“应交税费——应交城镇土地使用税”科目；上交土地使用税时，借记“应交税费——应交城镇土地使用税”科目，贷记“银行存款”科目。

【做中学7-6】接“做中学7-5”资料，进行会计处理。

(1) 计提城镇土地使用税时：

借：税金及附加	76 000	
贷：应交税费——应交城镇土地使用税		76 000

(2) 缴纳城镇土地使用税时：

借：应交税费——应交城镇土地使用税	76 000	
贷：银行存款		76 000

四、城镇土地使用税的缴纳

(一) 纳税期限

城镇土地使用税实行按年计算、分期缴纳的征收方法，具体纳税期限由省、自治区、直辖市人民政府确定。

(二) 纳税义务发生时间

(1) 纳税人购置新建商品房，自房屋交付使用之次月起，缴纳城镇土地使用税。

(2) 纳税人购置存量房，自办理房屋权属转移、变更登记手续，房地产权属登记机关签发房屋权属证书之次月起，缴纳城镇土地使用税。

(3) 纳税人出租、出借房产，自交付出租、出借房产之次月起，缴纳城镇土地使用税。

(4) 纳税人新征用的耕地，自批准征用之日起满1年时开始缴纳城镇土地使用税。

(5) 纳税人新征用的非耕地，自批准征用之次月起缴纳城镇土地使用税。

(6) 纳税人以出让或转让方式有偿取得土地使用权的，应由受让方从合同约定交付土地时间的次月起缴纳城镇土地使用税；合同未约定交付时间的，由受让方从合同签订的次月起缴纳城镇土地使用税。

【提示】只有第(4)种情况从“征用之日起满1年”时缴纳城镇土地使用税，其余都是从“次月”起缴纳城镇土地使用税。

(三) 纳税地点

城镇土地使用税的纳税地点为土地所在地，由土地所在地地方税务机关征收。

纳税人使用的土地不属于同一省、自治区、直辖市管辖的，由纳税人分别向土地所在地的税务机关申报缴纳；在同一省、自治区、直辖市管辖范围内，纳税人跨地区使用土地，其纳税地点由各省、自治区、直辖市税务机关确定。

（四）纳税申报

城镇土地使用税的纳税人应按照条例的有关规定及时办理纳税申报，如实填写城镇土地使用税纳税申报表。

※ 职业能力判断与选择 ※

一、判断题

1. 城镇土地使用税是以城镇国有土地为征税对象，对拥有土地经营权的单位和个人征收的一种税。（　　）

2. 城镇土地使用税的征收范围是城市、县城、建制镇、工矿区范围的国家所有的土地。（　　）

3. 城镇土地使用税采取有幅度的差别税额，按大、中、小城市和县城、建制镇、工矿区分别确定每平方米土地使用税年应纳税额。（　　）

4. 凡在中华人民共和国境内拥有土地使用权的单位和个人，均应依法缴纳城镇土地使用税。（　　）

5. 城镇土地使用税实行按年计算、分期缴纳的征收方法，具体纳税期限由省、自治区、直辖市人民政府确定。（　　）

6. 纳税单位无偿使用免税单位的土地免征城镇土地使用税；免税单位无偿使用纳税单位的土地照章征收城镇土地使用税。（　　）

7. 在城镇土地使用税征收范围内，利用林场土地兴建度假村等休闲娱乐场所的，其经营、办公和生活用地，应按规定征收城镇土地使用税。（　　）

8. 某工厂于 2021 年 8 月购买一处旧厂房，于 2021 年 9 月在房地产权属管理部门办理了产权证书，该厂新增土地计算征收城镇土地使用税的时间是 9 月。（　　）

二、选择题（第 1～4 题为单项选择题，第 5～8 题为多项选择题）

1. 城镇土地使用税的计税依据是（　　）。

A. 纳税人使用土地而产生的收益

B. 纳税人因地理位置不同而产生的级差收入

C. 纳税人出租场地而取得的租金收入

D. 纳税人实际占用的土地面积

2. 城镇土地使用税的税率采用（　　）。

A. 有幅度差别的比例税率　　　　B. 有幅度差别的定额税率

C. 全国统一定额　　　　D. 税务机关确定的定额

3. 某歌舞厅实际占用的土地面积为400平方米，经税务机关核定，该土地每平方米年应纳税额为5元，税款分两期缴纳。该歌舞厅每期应缴纳的城镇土地使用税税额为(　　)。

A. 167元　　B. 500元　　C. 1 000元　　D. 2 000元

4. 城镇土地使用税的纳税办法是（　　）。

A. 按日计算，按期缴纳　　B. 按季计算，按期缴纳

C. 按年计算，分期缴纳　　D. 按年计算，按期缴纳

5. 根据《中华人民共和国城镇土地使用税暂行条例》规定，下列地区中，开征城镇土地使用税的有（　　）。

A. 城市　　B. 县城建制镇

C. 农村　　D. 工矿区

6. 下列各项中，可以免征城镇土地使用税的是（　　）。

A. 机场飞行区用地　　B. 财政部门拨付事业经费单位的食堂用地

C. 中外合资企业用地　　D. 名胜古迹场所设立的照相馆用地

7. 下列各项中，符合城镇土地使用税有关纳税义务发生时间规定的有(　　)。

A. 纳税人新征用的耕地，自批准征用之月起缴纳城镇土地使用税

B. 纳税人出租房产，自交付出租房产之次月起缴纳城镇土地使用税

C. 纳税人新征用的非耕地，自批准征用之月起缴纳城镇土地使用税

D. 纳税人购置新建商品房，自房屋交付使用之次月起缴纳城镇土地使用税

8. 下列关于城镇土地使用税的说法正确的是（　　）。

A. 城镇土地使用税属于资源税

B. 城镇土地使用税在税金及附加中

C. 城镇土地使用税在土地所在地纳税

D. 城镇土地使用税从管理费用中支出

※ 单项任务训练 ※

1. 好友超级市场与某娱乐中心共同使用一块面积为1 800平方米的土地，其中超级市场实际使用的土地面积占这块土地总面积的2/3，另外1/3归娱乐中心使用。当地每平方米土地使用税年税额为5元，税务机关每半年征收一次城镇土地使用税。

要求：计算该超级市场每季度应纳城镇土地使用税。

2. 某市某购物中心实行统一核算，土地使用证上载明，该企业实际占用土地情况为：中心店占地面积为8 200平方米，一分店占地3 600平方米，二分店占地5 800平方米，企业仓库占地6 300平方米，企业自办托儿所占地360平方米。经税务机关确认，该企业所占用土地分别适用市政府确定的以下税额：中心店位于一等地段，每平方米年税额为7元；一分店和托儿所位于二等地段，每平方米年税额为5元；二分店位于三等地段，每平方米年税额为4元；仓库位于五等地段，每平方米年税额为1元。另外，该市政府规定，企业自办托儿所、幼儿园、学校用地免征城镇土地使用税。

要求：计算该购物中心年应纳城镇土地使用税税额。

任务四

房产税会计核算与申报

※ 任务描述 ※

当企业发生房产税的纳税行为时，就会涉及房产税的缴纳，报税岗位的会计人员需要确定房产税的纳税人、征税对象，确定其计税依据，选择合适的税率，运用税收的优惠政策，计算房产税税额，并进行会计处理；同时，在规定期限内到指定的地点进行纳税申报，并办理税款缴纳。

※ 知识准备与业务操作 ※

一、纳税人和征税对象的确定

房产税是依据房产价值或房产租金收入向房产所有人或经营人征收的一种税。该税是一种财产性质的税种，目的是运用税收杠杆加强对房产的管理，提高房产使用效率，控制固定资产投资规模和配合国家房产政策的调整，合理调节房产所有人和经营人的收入。

房产税的纳税义务人是房产的产权所有人。产权属于国家的，由经营管理单位缴纳；产权属于集体和个人所有的，由集体和个人缴纳；产权出典的，由承典人缴纳；产权所有人、承典人不在房产所在地的，或者产权未确定及租典纠纷未解决的，由房产代管人或使用人缴纳。

房产税的课税对象是房产。所谓房产，是指有屋面和围护结构（有墙或两边有柱），能够遮风避雨，可供人们在其中生产、学习、工作、娱乐、居住或贮藏物资的场所。房产税的征税范围为城市、县城、建制镇和工矿区范围内的房产。房产税的征税范围不包括农村，这主要是为了减轻农民的负担。

从 2006 年 1 月 1 日起，具备房屋功能的地下建筑，包括与地上房屋相连的地下建筑（如房屋的地下室、地下停车场、商场的地下部分）以及完全建在地面以下的建筑、地下人防设施等，均应当依照有关规定征收房产税。

【提示】外商投资企业、外国企业、华侨和香港、澳门、台湾同胞投资兴办的企业以及外籍人员和港澳台同胞等在内地拥有的房产，自 2009 年 1 月 1 日起征收房产税，在此以前不征收房产税，而征收城市房地产税。

二、房产税的计算

（一）计税依据的确定

房产税的计税依据为房产的计税价值或房产的租金收入。按房产的计税价值征税的，称为从价计征；按房产的租金收入计征的，称为从租计征。

1. 从价计征

从价计征的，计税依据是房产原值减除一定比例后的余值。房产原值是“固定资产”账户中记载的房屋原价，减除一定比例是省、自治区、直辖市人民政府确定的10%～30%的扣除比例。

2. 从租计征

从租计征的，计税依据为房产不含增值税的租金收入，即房屋产权所有人出租房产使用权所得的报酬，包括货币收入和实物收入。

【提示】 房地产开发企业建造的商品房，在出售前，不征收房产税；但对出售前房地产开发企业已使用或出租、出借的商品房应按规定征收房产税。

(二) 税率的选择

我国房产税采用的是比例税率，由于房产税的计税依据分为从价计征和从租计征两种形式，所以房产税的税率也有两种：采用从价计征的，税率为1.2%；采用从租计征的，税率为12%。从2001年1月1日起，对个人按市场价格出租的居民住房，用于居住的，可暂减按4%的税率征收房产税。

(三) 优惠政策的运用

(1) 国家机关、人民团体、军队自用的房产免税。但上述免税单位的出租房屋以及非自身业务使用的生产、经营用房，不属于免税范围。

(2) 由国家财政部门拨付经费的单位，其自身业务范围内使用的房产免税。

(3) 宗教寺庙、公园、名胜古迹自用的房产免税。

(4) 个人所有非营业用的房产免税。

(5) 经财政部批准免税的其他房产。例如，因大修理停用半年以上的房产，损坏不堪使用和危房停用后的房产，地下人防设施，老人服务机构自用房产，非营利性医疗机构、疾病控制机构和妇幼保健机构等卫生机构自用房产，高校后勤实体等免征房产税。

【提示】 自2011年1月28日起，在上海、重庆等省市开始对某些个人住房试征房产税。

(四) 应纳税额的计算

1. 从价计征

从价计征是按房产原值减除一定比例后的余值计征，其计算公式为：

应纳税额＝应税房产原值×(1－扣除比例)×1.2%

2. 从租计征

从租计征是按房产的租金收入计征，其计算公式为：

应纳税额＝租金收入×12%

【做中学7-7】 某公司2020年12月31日房屋原始价值为900万元。2021年6月底公司将其中的100万元房产出租给外单位使用，租期为2年，每年收取租金10.5万元（含增值税，按简易计税办法征税）。当地政府规定，从价计征房产税的，扣除比例为20%。房产税按年计算，分半年缴纳。该公司2021年上半年、下半年应纳房产税税额计算如下：

（1）上半年房产应缴纳的税额：

应纳房产税税额＝900×(1－20%)×1.2%÷2＝4.32（万元）

（2）下半年房产应缴纳的税额：

从价计征部分应纳房产税税额＝800×(1－20%)×1.2%÷2＝3.84（万元）

从租计征部分应纳房产税税额＝10.5÷(1＋5%)÷2×12%＝0.6（万元）

下半年应纳房产税税额＝3.84＋0.6＝4.44（万元）

三、房产税的核算

房产税的会计核算应设置“应交税费——应交房产税”科目。该科目的贷方登记本期应缴纳的房产税税额，借方登记企业实际缴纳的房产税税额，期末贷方余额表示企业应交而未交的房产税税额。

核算时，企业按规定计算应交的房产税，借记“税金及附加”科目，贷记“应交税费——应交房产税”科目；缴纳房产税时，借记“应交税费——应交房产税”科目，贷记“银行存款”科目。

【做中学7-8】接“做中学7-7”资料，进行上半年房产税的会计处理。

上半年计提房产税时：

借：税金及附加　　43 200

　贷：应交税费——应交房产税　　43 200

实际缴纳上半年房产税时：

借：应交税费——应交房产税　　43 200

　贷：银行存款　　43 200

四、房产税的缴纳

（一）纳税期限

房产税实行按年计算、分期缴纳的征税方法，具体纳税期限由各省、自治区、直辖市人民政府确定。各地一般按季度或半年征收一次，在季度或半年内规定某一月份征收。

（二）纳税义务发生时间

（1）纳税人将原有房产用于生产经营的，从生产经营之月起，计征房产税。

（2）纳税人自行新建房屋用于生产经营的，自建成之次月起，计征房产税。

（3）纳税人委托施工企业建设的房屋，从办理验收手续之次月起，计征房产税。对于在办理验收手续前已使用或出租、出借的新建房屋，应从使用或出租、出借的当月起按规定计征房产税。

（4）纳税人购置新建商品房，自房屋权属交付使用之次月起计征房产税。

（5）纳税人购置存量房，自办理房屋权属转移、变更登记手续，房地产权属登记机关签发房屋权属证书之次月起计征房产税。

（6）纳税人出租、出借房产，自交付出租、出借房产之次月起计征房产税。

（7）纳税人是房地产开发企业的，其自用、出租、出借本企业建造的商品房，自房屋使用或者交付之次月起计征房产税。

【提示】只有第(1)种情况是从“之月”起缴纳房产税，其余都是从“之次月”起缴纳房产税。

(三)纳税地点

房产税的纳税地点为房产所在地。房产不在同一地方的纳税人，应按房产的坐落地点分别向房产所在地的税务机关纳税。

(四)纳税申报

纳税人应按照条例的要求，将现有房屋的坐落地点、结构、面积、原值、出租收入等情况，如实向房屋所在地税务机关办理纳税申报，如实填写房产税纳税申报表。

※ 职业能力判断与选择 ※

一、判断题

1. 现行房产税的征税范围包括农村。(　　)

2. 房产税是按房产租金征收的一种税。(　　)

3. 纳税人将原有房产用于生产经营的，从生产经营之月起计征房产税。(　　)

4. 房产税的纳税地点为房产所在地。(　　)

5. 对个人按市场价格出租的居民住房，可暂按其租金收入征收4%的房产税。(　　)

6. 房地产开发企业建造的商品房在出售前，不征收房产税，但对出售前房地产开发企业已使用或出租、出售的房产应按规定征收房产税。(　　)

7. 对于学校、医院等非营利性单位，其自用房屋的房产税依照房产原值一次减除10%～30%后的余值计算缴纳。(　　)

8. 一个坐落在房产税开征地区范围之内的工厂，其仓库设在房产税开征地区范围之外，那么，这个仓库不应该征收房产税。(　　)

二、选择题(第1～3题为单项选择题，第4～8题为多项选择题)

1. 纳税人将房产出租的，依照房产租金收入计征房产税，税率为(　　)。

A. 1.2%　　B. 12%　　C. 10%　　D. 30%

2. 某企业有房产1 000平方米，房产原值100万元。2020年7月1日，该企业将其中的300平方米的房产出租，月租金为2.1万元(含增值税)，已知省政府规定的减除比例为30%。该企业2020年应纳房产税为(　　)万元。

A. 1.44　　B. 2.028　　C. 2.226　　D. 2.154

3. 下列房产应征收房产税的是(　　)。

A. 全额预算管理事业单位自用办公房

B. 邮政部门坐落在城市、县城、建制镇、工矿区以外的房产

C. 人民团体所属宾馆的房产

D. 施工企业施工期间在基建工地搭建的临时办公用房

4. 按照《中华人民共和国房产税暂行条例》的有关规定，下列地区中属于房产税征收范

围的有（　　）。

A. 城市　B. 农村　C. 县城、建制镇　D. 工矿区

5. 房产税的计税依据有（　　）。

A. 房产原值　B. 房产租金收入　C. 房产售价　D. 房产余值

6. 根据房产税法律制度的规定，下列有关房产税纳税人的表述中，正确的有（　　）。

A. 产权属于国家所有的房屋，其经营管理单位为纳税人

B. 产权属于集体所有的房屋，该集体单位为纳税人

C. 产权属于个人所有的营业用的房屋，该个人为纳税人

D. 产权出典的房屋，出典人为纳税人

7. 下列房产应从价计征房产税的是（　　）。

A. 出租的房产　B. 投资收取固定收入的房产

C. 融资租赁的房产　D. 出典的房产

8. 下列各项中，符合房产税纳税义务发生时间规定的有（　　）。

A. 纳税人购置新建商品房，自房屋交付使用之次月起缴纳房产税

B. 纳税人委托施工企业建设的房屋，自建成使用之次月起缴纳房产税

C. 纳税人将原有房产用于生产经营，自生产经营之次月起缴纳房产税

D. 纳税人购置存量房，自房地产权属登记机关签发房屋权属证书之次月起缴纳房产税

※ 单项任务训练 ※

1. 某县城一家企业 2021 年 5 月 1 日将一闲置的房产出租给另一家企业，租期为 5 年，每年租金为 21 万元（含增值税）。该房产原值为 100 万元，当地政府规定的扣除比例为 30%，企业采用简易计税办法计征增值税。

要求：计算该企业该房产 2021 年应纳的增值税、城建税和房产税。

2. 坐落在县城的某大型国有企业，2021 年年初，用于生产经营的厂房原值 5 000 万元，该企业还创办了一所学校和一所职工医院，房产原值分别为 300 万元和 200 万元。2021 年 7 月 1 日，该企业将其中 200 万元原值的厂房出租，年租金为 8.4 万元（含增值税，采用简易计税办法）。按当地规定，允许减除房产原值 20%后的余值为计税依据。

要求：计算该企业全年应纳的房产税。

任务五

车船税会计核算与申报

※ 任务描述 ※

当企业发生车船税的纳税行为时，就会涉及车船税的缴纳，报税岗位的会计人员需要确

定车船税的纳税人、征税对象，确定其计税依据，选择合适的税率，运用税收的优惠政策，计算车船税税额，并进行会计处理；同时，在规定期限内到指定的地点进行纳税申报，并办理税款缴纳。

※ 知识准备与业务操作 ※

一、纳税人和征税对象的确定

车船税是指对在中华人民共和国境内的车辆（包括乘用车、商用车、挂车、摩托车和其他车辆）、船舶（包括机动船舶和游艇）依法征收的一种税。征收车船税，有利于运用税收经济杠杆，加强对车船的管理和使用，同时通过税收手段集中财力，缓解发展交通运输事业资金短缺的矛盾。

车船税的纳税人是我国境内车辆、船舶（以下简称车船）的所有人或管理人。其中，所有人是指在我国境内拥有车船的单位和个人；管理人是指对车船具有管理权或使用权，但不具有所有权的单位。车辆的所有人或者管理人未缴纳车船税的，使用人应当代为缴纳车船税。

一般情况下，拥有与使用车船的单位和个人是同一的，纳税人既是车船使用人，又是车船拥有人。若存在租赁关系，车船拥有人与使用人不一致，则应由租赁双方协商确定纳税人，租赁双方未商定的，由车船的使用人纳税。

从事机动车第三者责任强制保险业务的保险机构为机动车车船税的扣缴义务人，在销售机动车交通事故责任强制保险时代收车船税，并出具代收税款凭证。

车船税的征税对象为在我国境内使用的车船（除规定减免的车辆外），分为车辆和船舶两大类。

（1）车辆。即机动车，是指依靠燃油、电力等能源作为动力运行的车辆，包括乘用车、商用客车、商用货车、挂车、摩托车、专项作业车和轮式专用机械车。

（2）船舶。包括机动船、非机动驳船和游艇。机动船指依靠燃料等能源作为动力运行的船舶，包括客船、货船、气垫船、拖船等；非机动驳船是指依靠其他力量运行的驳船；游艇是指具备内置机械推进动力装置，长度在90米以下，主要用于游览观光、休闲娱乐、水上体育运动等活动，并应当具有船舶检验证书和适航证书的船舶。

依法不需要在车船登记管理部门登记的机场、港口、铁路站场内部行驶或者作业的车船，自《中华人民共和国车船税法》（简称《车船税法》）2012年1月1日实施起5年内免征车船税。

二、车船税的计算

（一）计税依据的确定

车船税的计税依据按车船种类和性能，分别确定辆、整备质量吨位、净吨位和艇身长度四种，具体规定如下：

（1）乘用车、商用客车、摩托车按辆计税。

(2) 商用货车、挂车、专业作业车、轮式专用机械车按整备质量吨位计税。

(3) 机动船舶按净吨位计税，拖船按照发动机功率每 1 千瓦折合净吨位 0.67 吨计税。

(4) 游艇按艇身长度计税。

需要说明的是：

(1) 这里所涉及的整备质量吨位、净吨位、艇身长度等计税标准，以车船管理部门核发的车船登记证书或者行驶证书相应项目所载数额为准。依法不需要办理登记的车船和依法应当登记而未办理登记或者不能提供车船登记证书、行驶证的车船，以车船出厂合格证明或者进口凭证标注的技术参数、数据为准；不能提供车船出厂合格证明或者进口凭证的，由主管税务机关参照国家相关标准核定，没有国家相关标准的参照同类车船核定。整备质量也就是人们常说的一辆汽车的自重，即汽车在正常条件下准备行驶时，尚未载人（包括驾驶员）、载物时的空车重量。

(2) 车辆整备质量尾数在 0.5 吨以下（含 0.5 吨）的，按照 0.5 吨计算；超过 0.5 吨的，按照 1 吨计算。整备质量不超过 1 吨的车辆，按照 1 吨计算。船舶净吨位尾数在 0.5 吨以下（含 0.5 吨）的不予计算，超过 0.5 吨的按照 1 吨计算。净吨位不超过 1 吨的船舶，按照 1 吨计算。

(二) 税目与税率的选择

车船税对应税车船采用幅度定额税率，即对各类车辆船舶分别规定了税目和税额幅度，各省、自治区、直辖市人民政府在规定的税额幅度内，根据当地实际情况，确定具体的适用税额，并报国务院备案。具体见表 7-4。

表 7-4　车船税税目税额表

税目		计税单位	每年税额	备注
一、乘用车	1.0 升（含，发动机汽缸排气量，下同）以下	每辆	60 元至 360 元	核定载客人数 9 人（含）以下
	1.0 升以上至 1.6 升（含）的	每辆	300 元至 540 元	
	1.6 升以上至 2.0 升（含）的	每辆	360 元至 660 元	
	2.0 升以上至 2.5 升（含）的	每辆	660 元至 1 200 元	
	2.5 升以上至 3.0 升（含）的	每辆	1 200 元至 2 400 元	
	3.0 升以上至 4.0 升（含）的	每辆	2 400 元至 3 600 元	
	4.0 升以上的	每辆	3 600 元至 5 400 元	
二、商用车	客车	每辆	480 元至 1 440 元	核定载客人数 9 人以上，包括电车
	货车	整备质量每吨	16 元至 120 元	包括半挂牵引车、三轮汽车和低速载货汽车等
三、挂车		整备质量每吨	按照货车税额的 50%计算	
四、其他车辆	专用作业车	整备质量每吨	16 元至 120 元	不包括拖拉机
	轮式专用机械车	整备质量每吨	16 元至 120 元	不包括拖拉机
五、摩托车		每辆	36 元至 180 元	

续前表

税目		计税单位	每年税额	备注
六、船舶	机动船舶	净吨位每吨	3元至6元	拖船和非机动驳船分别按机动船舶税额的50%计算
	游艇	艇身长度每米	600元至2 000元	

说明：(1) 车辆具体适用税额。由省、自治区、直辖市人民政府在规定的税额幅度内，按照以下原则确定具体的适用税额，并报国务院备案：①乘用车依排气量从小到大递增税额；②客车按照核定载客人数20人以下和20人（含）以上两档划分，递增税额。

(2) 机动船舶具体适用税额：①净吨位不超过200吨的，每吨3元；②净吨位超过200吨但不超过2 000吨的，每吨4元；③净吨位超过2 000吨但不超过10 000吨的，每吨5元；④净吨位超过10 000吨的，每吨6元。

(3) 游艇具体适用税额：①艇身长度不超过10米的，每米600元；②艇身长度超过10米但不超过18米的，每米900元；③艇身长度超过18米但不超过30米的，每米1 300元；④艇身长度超过30米的，每米2 000元；⑤辅助动力帆艇，每米600元。

（三）优惠政策的运用

1. 法定减免

(1) 捕捞、养殖渔船。捕捞、养殖渔船是指在渔业船舶管理部门登记为捕捞船或者养殖船的船舶。不包括在渔业船舶管理部门登记为捕捞船或者养殖船以外类型的船舶。

(2) 军队、武警部队专用的车船。军队、武警专用的车船是指按照规定在军队、武警车船管理部门登记，并领取军用牌照、武警牌照的车船。

(3) 警用车船。警用车船是指公安机关、国家安全机关、监狱、劳动教养管理机关和人民法院、人民检察院领取警用牌照的车辆和执行警务的专用船舶。

(4) 悬挂应急救援专用号牌的国家综合性消防救援车辆和国家综合性消防救援专用船舶。

(5) 依照我国有关法律规定应当予以免税的外国驻华使馆、领事馆和国际组织驻华机构及其有关人员的车船。

2. 特定减免

省、自治区、直辖市人民政府根据当地实际情况，可以对公共交通车船，农村居民拥有并主要在农村地区使用的摩托车、三轮汽车和低速载货汽车定期减征或免征车船税。

自2018年7月10日起，对符合标准的节能乘用车、商用车，减半征收车船税；对使用符合标准的新能源的车辆（是指纯电动商用车、插电式混合动力汽车、燃料电池商用车），免征车船税；纯电动乘用车和燃料电池乘用车不属于车船税征税范围，对其不征车船税。

对受严重自然灾害影响纳税困难以及有其他特殊原因确需减、免税的，可以减征或免征车船税。

（四）应纳税额的计算

车船税的计算按照计税依据不同，其计算方法有以下几种：

乘用车、商用客车、摩托车应纳税额＝车辆数×适用单位税额

商用货车、专业作业车、轮式专用机械车应纳税额＝整备质量吨位×适用单位税额

挂车应纳税额＝整备质量吨位×适用单位税额×50％

机动船舶应纳税额＝净吨位×适用单位税额

拖船、非机动驳船应纳税额＝净吨位×适用单位税额×50％

游艇应纳税额＝艇身长度×适用单位税额

对于购置的新车船，购置当年的应纳税额自纳税义务发生的当月起按月计算。其计算公式为：

应纳税额＝（年应纳税额÷12）×应纳税月份数

【做中学 7－9】汇丰公司拥有客车 5 辆，其中商用客车 1 辆、2.4 升乘用车 2 辆、1.6 升小型客车 2 辆，单位税额分别为 900 元、700 元、500 元；拥有商用货车 6 辆，其中 3 辆每辆整备质量吨位为 9.4 吨，另 3 辆每辆整备质量吨位为 19.7 吨，单位税额分别为 40 元、80 元。该公司 2021 年应纳车船税税额计算如下：

载客汽车应纳税额＝1×900＋2×700＋2×500＝3 300（元）

载货汽车应纳税额＝3×9.5×40＋3×20×80＝5 940（元）

应纳车船税额合计＝3 300＋5 940＝9 240（元）

三、车船税的核算

车船税的会计核算应设置“应交税费——应交车船税”科目。该科目的贷方登记本期应缴纳的车船税税额，借方登记企业实际缴纳的车船税税额。企业分期计提车船税时，应借记“税金及附加”科目，贷记本科目；缴纳车船使用税时应借记本科目，贷记“银行存款”科目。本科目期末贷方余额反映应交而未交的车船税。

【做中学 7－10】接“做中学 7－9”汇丰公司资料，车船税按年计算，分季缴纳，进行会计处理。

企业按月计提应纳税额＝9 240÷12＝770（元）

（1）按月计提车船税时，作如下会计分录：

借：税金及附加	770	
贷：应交税费——应交车船税		770

（2）按季度缴纳车船税时，作如下会计分录：

借：应交税费——应交车船税	2 310	
贷：银行存款		2 310

四、车船税的缴纳

（一）纳税期限

车船税按年申报，分月计算，一次性缴纳。纳税年度为公历 1 月 1 日至 12 月 31 日止。具体纳税期限由省、自治区、直辖市人民政府确定。

（二）纳税义务发生时间

车船的纳税义务发生时间，为车船管理部门核发的车船登记证书或者行驶证书所载日期的当月。纳税人未到车船管理部门办理登记手续的，以车船购置发票所载开具时间的当月作为车船税的纳税义务发生时间。对未办理车船登记手续且无法提供车船购置发票的，由主管税务机关核定纳税义务发生时间。

(三) 纳税地点

车船税由地方税务机关负责征收。扣缴义务人代收代缴车船税的，纳税地点为扣缴义务人所在地；纳税人自行申报缴纳车船税的，纳税地点为车船登记地的主管税务机关所在地；依法不需要办理登记的车船，纳税地点为车船所有人或者管理人主管税务机关所在地。

(四) 纳税申报

(1) 车船的所有人或管理人未缴纳车船税的，使用人应当代为缴纳车船税。

(2) 从事机动车交通事故责任强制保险业务的保险机构为机动车车船税的扣缴义务人，应当依法代收代缴车船税。对于依法不需要购买机动车交通事故责任强制保险的车辆，纳税人应当自行向主管税务机关申报缴纳车船税。

(3) 机动车车船税的扣缴义务人代收代缴车船税时，纳税人不得拒绝。由扣缴义务人代收代缴机动车车船税的，纳税人应当在购买机动车交通事故责任强制保险的同时缴纳车船税。

(4) 扣缴义务人在代收车船税时，应当在机动车交通事故责任强制保险的保险单上注明已收税款的信息，作为纳税人完税的证明。

(5) 在一个纳税年度内，已完税的车船被盗抢、报废、灭失的，纳税人可以凭有关管理机关出具的证明和完税证明，向纳税所在地的主管税务机关申请退还自被盗抢、报废、灭失月份起至该纳税年度终了期间的税款。

已办理退税的被盗抢车船，失而复得的，纳税人应当从公安机关出具相关证明的当月起计算缴纳车船税。

(6) 纳税人应按照规定及时办理纳税申报，并如实填写车船税纳税申报表。

※ 职业能力判断与选择 ※

一、判断题

1. 车船税的纳税人是车辆、船舶的使用人。(　　)

2. 车船税的征税范围不包括非机动车。(　　)

3. 《车船税法》对应税车船实行幅度定额税率。(　　)

4. 为方便纳税人缴纳车船税、提高税源控管水平、节约征纳双方的成本，由保险机构在办理机动车交通事故责任强制保险业务时代收代缴机动车的车船税。(　　)

5. 车船税以车船购置发票开具时间的次月作为纳税义务发生时间。(　　)

6. 车辆的具体适用税额由省、自治区、直辖市人民政府在规定的税额幅度内确定。(　　)

7. 车船税一般由纳税人在购买机动车交通事故责任强制保险时缴纳，不需要再向地方税务机关申报纳税。(　　)

8. 需办理车辆登记手续的应税车辆的车船税纳税地点为车辆的登记地或者车船税扣缴义务人所在地。(　　)

二、选择题（第1～4题为单项选择题，第5～8题为多项选择题）

1. 下列车船不需要缴纳车船税的是（　　）。
A. 载客汽车　　B. 机动船　　C. 非机动车　　D. 非机动驳船
2. 下列不属于车船税计税依据的是（　　）。
A. 辆　　B. 整备质量　　C. 净吨位　　D. 载重吨位
3. 下列车船可以免征车船税的是(　　)。
A. 在机场、港口等内部场所行驶或作业的车船
B. 外商投资企业汽车
C. 政府机关办公用车辆
D. 武警部队专用车船
4. 下列各项中，不属于车船税征税范围的是（　　）。
A. 三轮车　　B. 火车　　C. 摩托车　　D. 货船
5. 下列有关车船税纳税人的说法正确的是（　　）。
A. 车船税的纳税人是车辆、船舶的所有人
B. 车船税的纳税人是车辆、船舶的管理人
C. 应税车船的所有人或者管理人未缴纳车船税的，应由使用人代缴
D. 车船税的纳税人是拥有车船的单位和个人
6. 下列应税车船中，以“辆”为车船税计税依据的有（　　）。
A. 载客汽车　　B. 低速货车　　C. 三轮汽车　　D. 摩托车
7. 车船税的纳税地点为(　　)。
A. 对个人，应为住所所在地　　B. 车辆行驶地
C. 纳税人经营所在地　　D. 领取车船牌照地
8. 车船税的纳税义务发生时间为(　　)。
A. 车船管理部门核发的车船登记证书的当月
B. 行驶证书所记载日期的当月
C. 全年停运后重新使用之日
D. 新购置车船使用的当月

※ 单项任务训练 ※

1. 某公司拥有载货汽车2辆，其中A车整备质量10吨，B车整备质量20吨，当地规定的车船税税率为60元/吨；拥有载客汽车5辆，当地规定的车船税税率为1 000元/辆；拥有机动船1艘，净吨位为40吨，当地规定的车船税税率为3元/吨。

要求：计算该公司每年应纳车船税税额，并作会计处理。

2. 某船运公司2021年度拥有旧机动船10艘，每艘净吨位为1 500吨；拥有拖船2艘，每艘发动机功率为500马力。当年8月新购置机动船4艘，每艘净吨位为2 000吨。该公司船舶适用的年税额为：净吨位201～2 000吨的，每吨4元。

要求：计算该公司2021年度应缴纳的车船税税额。

任务六

契税会计核算与申报

※ 任务描述 ※

当企业发生契税的纳税行为时，就会涉及契税的缴纳，报税岗位的会计人员需要确定契税的纳税人、征税对象，确定其计税依据，选择合适的税率，运用税收的优惠政策，计算契税税额，并进行会计处理；同时，在规定期限内到指定的地点进行纳税申报，并办理税款缴纳。

※ 知识准备与业务操作 ※

一、纳税人和征税对象的确定

契税是指国家在土地、房屋权属转移时，按照当事人双方签订的合同（契约）以及所确定价格的一定比例，向权属承受人征收的一种税。我国目前房地产类税收主要有耕地占用税、契税、房产税、城镇土地使用税、土地增值税等，契税是对土地、房屋权属转移行为征收的一种税，是唯一从需求方进行调节的税种。契税具有课税范围广泛性，取得收入及时性和税基相对稳定性等特点，筹集财政收入的功能特别强，同时具有调控房地产市场、促进社会经济健康发展的作用。

契税的纳税人是指在我国境内承受土地、房屋权属转移的单位和个人。契税由权属的承受方缴纳，所说的“承受”是指以受让、购买、受赠、交换等方式取得土地、房屋权属的行为；“土地、房屋权属”是指土地使用权和房屋所有权；“单位”是指企业单位、事业单位、国家机关、军事机关和社会团体以及其他组织；“个人”是指个体经营者和其他个人。

契税以在我国境内转移土地、房屋权属的行为作为征税对象，土地、房屋权属未发生转移的，不征收契税。具体包括：国有土地使用权出让、土地使用权转让、房屋买卖、房屋赠与和房屋交换等行为，要征契税；土地、房屋的典当、继承、分拆、出租或抵押等行为，不征收契税。

下列方式实现土地、房屋权属转移的，视同土地使用权转让、房屋买卖或赠与征收契税：（1）以土地、房屋权属作价投资入股；（2）以土地、房屋权属抵债；（3）以获奖方式承受土地、房屋权属；（4）以预购方式或者预付集资建房款方式承受土地、房屋权属等。

二、契税的计算

（一）计税依据的确定

契税的计税依据是在土地、房屋权属转移时双方当事人签订的签约价格，按照土地、房屋权属转移的形式、定价不同，具体规定如下：

(1) 土地使用权出让、出售，房屋买卖的，以土地、房屋权属转移合同确定的成交价格为计税依据，包括应交付的货币以及实物、其他经济利益对应的价款。

(2) 土地使用权赠与、房屋赠与以及其他没有价格的转移土地、房屋权属行为的，由税务机关参照土地使用权出售、房屋买卖的市场价格依法核定的价格为计税依据。

(3) 土地使用权互换、房屋互换的，以所互换的土地使用权、房屋价格的差额为计税依据。交换价格相等的，免征契税；交换价格不相等的，由支付差价款的一方缴纳契税。

(4) 房屋附属设施计税依据按下列规定确定：采取分期付款方式购买房屋、附属设施土地使用权、房屋所有权的，按合同规定的总价款计征契税；承受的房屋附属设施权属如为单独计价的，按当地确定的适用税率征收契税，如与房屋统一计价的，适用与房屋相同的税率征税。

纳税人申报的成交价格、互换价格差额明显偏低且无正当理由的，由税务机关依照《中华人民共和国税收征收管理法》的规定核定。

【提示】“营改增”后，契税的计税依据为不含增值税的成交价格。免征增值税的，计税依据不扣减增值税税额。

(二) 税率的选择

契税采用比例税率，并实行3%～5%的幅度税率。契税的具体适用税率由省、自治区、直辖市人民政府在规定的税率幅度内提出，报同级人民代表大会常务委员会决定，并报全国人民代表大会常务委员会和国务院备案。省、自治区、直辖市可以依照规定的程序对不同主体、不同地区、不同类型的住房的权属转移确定差别税率，以适应不同地区纳税人的负担水平和调控房地产交易市场价格。

自2016年2月22日起对个人购买家庭唯一住房，面积为90平方米及以下的，减按1%的税率征收契税，面积为90平方米以上的，减按1.5%的税率征收契税；对个人购买家庭第二套改善性住房，面积为90平方米及以下的，减按1%的税率征收契税；面积为90平方米以上的，减按2%的税率征收契税。

(三) 优惠政策的运用

(1) 国家机关、事业单位、社会团体、军事单位承受土地、房屋用于办公、教学、医疗、科研和军事设施的，免征契税。

(2) 非营利性的学校、医疗机构、社会福利机构承受土地、房屋权属用于办公、教学、医疗、科研、养老、救助的，免征契税。

(3) 承受荒山、荒地、荒滩土地使用权用于农、林、牧、渔业生产的，免征契税。

(4) 婚姻关系存续期间夫妻之间变更土地、房屋权属的，免征契税。

(5) 法定继承人通过继承承受土地、房屋权属的，免征契税。

(6) 依照法律规定应当予以免税的外国驻华使馆、领事馆和国际组织驻华代表机构承受土地、房屋权属的，免征契税。

(7) 根据国民经济和社会发展的需要，国务院对居民住房需求保障、企业改制重组、灾后重建等情形可以规定免征或者减征契税，报全国人民代表大会常务委员会备案。

(8) 下列情形免征或者减征契税，由省、自治区、直辖市人民政府提出，报同级人民代表大会常务委员会决定，并报全国人民代表大会常务委员会和国务院备案：①因土地、房屋被县级以上人民政府征收、征用，重新承受土地、房屋权属；②因不可抗力灭失住房，重新承受住房权属。

经批准减征、免征契税的纳税人，改变有关土地、房屋的用途的，就不再属于减征、免征契税范围，应当缴纳已经减征、免征的税款。

(四) 应纳税额的计算

契税应纳税额依照省、自治区、直辖市人民政府确定的适用税率和税法规定的计税依据计算征收，其计算公式为：

应纳税额＝计税依据×税率

【做中学7-11】 某房地产开发公司2021年5月通过拍卖方式取得国有土地一块，准备开发商品住宅，支付地价款12 000 000元，当地政府规定契税税率为5%，该房地产开发公司作为土地的承受者需要就土地的价值缴纳契税，即：

应纳税额＝12 000 000×5%＝600 000（元）

三、契税的核算

契税核算应设置“应交税费——应交契税”科目。计提契税时，应借记“固定资产”“开发成本”“无形资产”等科目，贷记“应交税费——应交契税”科目；实际缴纳契税款时，应借记“应交税费——应交契税”科目，贷记“银行存款”科目。

企业也可以不设置“应交税费——应交契税”科目。缴纳契税时，直接借记“固定资产”等科目，贷记“银行存款”科目。

【做中学7-12】 接“做中学7-11”房地产开发公司资料，对契税的计提与缴纳进行会计处理。

(1) 计提契税时，编制会计分录：

借：开发成本　　600 000

　贷：应交税费——应交契税　　600 000

(2) 缴纳税款时，编制会计分录：

借：应交税费——应交契税　　600 000

　贷：银行存款　　600 000

四、契税的缴纳

(一) 纳税期限

纳税人应当在依法办理土地、房屋权属登记手续前，向土地、房屋所在地的税收征收机关办理纳税申报，并缴纳税款。

（二）纳税义务发生时间

契税的纳税义务发生时间是纳税人签订土地、房屋权属转移合同的当天，或者纳税人取得其他具有土地、房屋权属转移合同性质凭证的当天。

（三）纳税地点

契税实行属地征收管理，纳税人发生契税纳税义务时，应向土地、房屋所在地的税务征收机关申报纳税。

（四）纳税申报

纳税人应当在规定的期限内，填制契税纳税申报表，向契税的征收机关办理纳税申报，并在核定的期限内缴纳税款。契税征收机关一般为土地、房屋所在地的税务机关，具体由省、自治区、直辖市人民政府确定。

在依法办理土地、房屋权属登记前，权属转移合同、权属转移合同性质凭证不生效、无效、被撤销或者被解除的，纳税人可以向税务机关申请退还已缴纳的税款，税务机关应当依法办理。

※ 职业能力判断与选择 ※

一、判断题

1. 企业破产清算期间，对债权人承受破产企业土地、房屋权属的，应当征收契税。（　　）

2. 土地、房屋权属变动中的各种形式，如典当、继承、出租或者抵押等，均属于契税的征税范围。（　　）

3. 甲方和乙方进行房地产交换，属于契税的征税范围，所以都应该缴纳契税。（　　）

4. 符合减免税规定的纳税人，要在签订转移产权合同后 7 日内向土地、房屋所在地的征收机关办理减免税手续。（　　）

5. 房屋买卖契税的计税依据要按市场价格核定。（　　）

6. 甲企业以价值 300 万元的办公用房与乙企业互换一处厂房，并向乙企业支付差价款 100 万元，在这次互换中，乙企业不需要缴纳契税，应由甲企业缴纳。（　　）

7. 城镇职工第一次购买商品住房，免征契税。（　　）

8. 纳税人在签订土地、房屋权属转移合同的当天为纳税义务发生时间。（　　）

二、选择题（第 1～4 题为单项选择题，第 5～8 题为多项选择题）

1. 契税的纳税人是（　　）。

A. 出典人　　B. 赠与人　　C. 出卖人　　D. 承受人

2. 某省一体育器材公司于2021年6月向本省某运动员奖励住宅一套，市场价格为80万元（不含增值税），该运动员随后以70万元（不含增值税）的价格将奖励住宅出售，当地契税适用税率为3%。该运动员应缴纳的契税为(   )万元。

A. 2.4　　B. 2.1　　C. 4.5　　D. 0

3. 契税的纳税义务发生时间是(   )。

A. 签订土地、房屋权属转移合同或合同性质凭证的当天

B. 签订土地、房屋权属转移合同或合同性质凭证的7日内

C. 签订土地、房屋权属转移合同或合同性质凭证的10日内

D. 签订土地、房屋权属转移合同或合同性质凭证的30日内

4. 土地使用权交换、房屋交换，若交换价格相等，则（   ）。

A. 由交换双方各自缴纳契税　　B. 由交换双方共同分担契税

C. 免征契税　　D. 由双方协商一致确定纳税人

5. 计征契税的依据有(   )。

A. 房地产的成交价格　　B. 房地产的租金

C. 房地产的市场价格　　D. 房地产交换时的价格差额

6. 下列行为中计征契税的有(   )。

A. 以购买方式取得土地使用权　　B. 以划拨方式取得土地使用权

C. 以受赠方式取得土地使用权　　D. 以抵债方式取得土地使用权

7. 下列各项中，可以享受契税免税优惠的有(   )。

A. 城镇职工自己购买商品住房　　B. 政府机关承受房屋用于办公

C. 遭受自然灾害后重新购买住房　　D. 军事单位承受房屋用于军事设施

8. 下列各项中，应当征收契税的有(   )。

A. 以房产抵债　　B. 将房产赠与他人

C. 以房产作投资　　D. 子女继承父母房产

※ 单项任务训练 ※

1. 居民乙因拖欠居民甲180万元款项无力偿还，2021年6月经当地有关部门调解，以房产抵偿该笔债务，居民甲因此取得该房产的产权并支付给居民乙差价款21万元（含增值税）。假定当地省政府规定的契税税率为3%。

要求：计算居民甲、居民乙各自应缴纳的契税税额。

2. 2021年6月，居民甲某有四套住房，将一套价值120万元的别墅折价给乙某抵偿了100万元的债务；用市场价值70万元的第二、三两套两室住房与丙某交换一套四室住房，另取得丙某赠送价值12万元的小轿车一辆；将第四套市场价值50万元的公寓房折成股份投入本人独资经营的企业。四套住房均已达到免征增值税的标准。当地确定的契税税率为3%。

要求：计算甲、乙、丙应缴纳的契税税额。

任务七

土地增值税会计核算与申报

※ 任务描述 ※

当企业发生土地增值税的纳税行为时，就会涉及土地增值税的缴纳，报税岗位的会计人员需要确定土地增值税的纳税人、征税对象，确定其计税依据，选择合适的税率，运用税收的优惠政策，计算土地增值税税额，并进行会计处理；同时，在规定期限内到指定的地点进行纳税申报，并办理税款缴纳。

※ 知识准备与业务操作 ※

一、纳税人和征税范围的确定

（一）土地增值税纳税人的认定

土地增值税是对有偿转让国有土地使用权、地上建筑物及其他附着物（以下简称房地产）并取得收入的单位和个人，就其转让房地产所取得的增值额征收的一种税。征收土地增值税有助于抑制土地炒买炒卖的行为，减少对土地及房地产的投机行为，提高土地的利用效率，规范不动产市场交易行为。

转让国有土地使用权、其地上建筑物和附着物并取得收入的单位和个人为土地增值税的纳税人。所称的单位包括各类企业单位、事业单位、国家机关、社会团体及其他组织；所称的个人包括个体经营者，此外，还包括外商投资企业、外国企业、外国驻华机构及海外华侨、港澳台同胞和外国公民。

（二）土地增值税征税范围的确定

1. 土地增值税征税范围的一般规定

土地增值税征税范围具有以下三个标准：

（1）“国有”标准，是指转让的土地使用权必须是国家所有，即转让的土地使用权只能是国有土地使用权，不包括集体土地及耕地。

（2）“产权转让”标准，是指土地使用权、地上建筑物及其附着物必须发生产权转让。地上建筑物是指建于土地上的一切建筑物，包括地上、地下的各种附属设施。附着物是指附着于土地上的不能移动、一经移动即遭损坏的物品。

【提示】土地使用权转让行为不同于土地使用权出让行为。转让是指土地使用者将土地使用权再转移的行为，包括出售、交换和赠与行为。出让是国家以土地所有者的身份将国有土地使用权在一定年限内出让给土地使用者，由土地使用者向国家支付土地使用权出让金的行为。国有土地使用权的转让行为征收土地增值税，而国有土地使用权的出让行为不征收土地增值税。

(3)“取得收入”标准，是指征收土地增值税的行为必须取得转让收入。房地产的权属虽转让但未取得收入的行为，如以继承、赠与方式无偿转让房地产的行为不征税。

2. 土地增值税征税范围的特殊规定

(1) 以房地产进行投资、联营的，投资、联营的一方以房地产作价入股进行投资或作为联营条件，将房地产转让到所投资、联营的企业时，暂免征收土地增值税；投资、联营企业将上述房地产再转让时，应征收土地增值税。

(2) 对于一方出地，一方出资金，双方合作建房，建成后按比例分房自用的，暂免征收土地增值税；建成后转让的，应征收土地增值税。

(3) 在企业兼并中，对被兼并企业将房地产转让到兼并企业中的，暂免征收土地增值税。

(4) 房地产交换，应征收土地增值税，但个人之间互换自有居住用房的，经当地税务机关核实，可以免征土地增值税。

(5) 房地产抵押的，抵押期间不征收土地增值税；抵押期满以房产抵债而发生房地产权属转让的，应征收土地增值税。

(6) 代建行为，房地产开发公司代客户进行房地产的开发，开发完成后向客户收取代建收入，由于没有发生房地产权属的转移，其收入属于劳务收入性质，不属于土地增值税的征税范围。

(7) 房地产的重新评估，国有企业在清产核资时对房地产进行重新评估而产生的评估增值，既没有发生房地产权属的转移，也未取得收入，不属于土地增值税的征税范围。

二、土地增值税的计算

(一) 计税依据的确定

土地增值税的计税依据是纳税人转让房地产所取得的增值额，即纳税人转让房地产所取得的收入额减除规定的扣除项目金额后的余额，因此，要准确地界定增值额必须确定应税的收入额和扣除项目金额。

1. 应税收入的确定

应税收入主要包括转让房地产的全部价款及有关的经济收益，体现为货币收入、实物收入和其他收入。“营改增”后，转让房地产取得的应税收入为不含增值税收入，免征增值税的，转让房地产取得的收入不扣减增值税税额。

(1) 货币收入。货币收入是指纳税人转让房地产而取得的现金、银行存款和国库券、金融债券、企业债券、股票等有价证券。

(2) 实物收入。实物收入是指纳税人转让房地产而取得的各种实物形态的收入，如钢材、水泥等建材，房屋、土地等不动产。对于这些实物收入一般要按公允价值确认应税收入。

（3）其他收入。其他收入是指纳税人转让房地产而取得的无形资产收入或具有财产价值的权利，如专利权、商标权、著作权、专有技术使用权、土地使用权、商誉权等。

2. 扣除项目及其金额的确定

根据税法规定，准予从转让收入中扣除的项目包括以下六个方面：

（1）取得土地使用权所支付的金额。包括纳税人为取得土地使用权所支付的地价款和在取得土地使用权时按国家统一规定缴纳的有关费用。其中：以出让方式取得的，以支付的土地出让金为地价款；以行政划拨方式取得的，以补交的土地出让金为地价款；以转让方式取得的，以向原土地使用人实际支付金额为地价款。

（2）房地产开发成本。是指房地产开发项目实际发生的成本，包括土地征用及拆迁补偿费、前期工程费、建筑安装工程费、基础设施费、公共配套设施费、开发间接费用等。

（3）房地产开发费用。是指与房地产开发项目有关的销售费用、管理费用和财务费用。从转让收入中扣除的房地产开发费用，不按实际发生额扣除，而是按税法规定标准计算扣除。具体计算方法视财务费用中的利息支出的不同分别处理：

①财务费用中的利息支出，凡能够按转让房地产项目计算分摊并提供金融机构证明的，允许据实扣除，但最高不能超过按商业银行同类、同期贷款利率计算的金额；其他房地产开发费用，按取得土地使用权所支付的金额和房地产开发成本金额之和的5%以内计算扣除。计算公式为：

房地产开发费用＝利息＋(取得土地使用权所支付的金额＋房地产开发成本)×5%

②财务费用中的利息支出，凡不能按转让房地产项目计算分摊利息或不能提供金融机构证明的，房地产开发费用按取得土地使用权支付金额和房地产开发成本之和的10%以内计算扣除。计算公式为：

房地产开发费用＝(取得土地使用权所支付的金额＋房地产开发成本)×10%

（4）与转让房地产有关的税金。包括在转让房地产时缴纳城建税、印花税、教育费附加。扣除项目涉及的增值税进项税额，允许在销项税额中计算抵扣的，不计入扣除项目，不允许在销项税额中计算抵扣的，可以计入扣除项目。

（5）其他扣除项目。特指从事房地产开发的纳税人，可按取得土地使用权所支付的金额和房地产开发成本金额之和的20%加计扣除，除此之外的其他纳税人不适用。计算公式为：

加计扣除费用＝(取得土地使用权所支付的金额＋房地产开发成本金额)×20%

（6）旧房及建筑物的评估价格。即在转让已使用房屋及建筑物时，由政府批准设立的房地产评估机构评定的重置成本乘以成新度折扣率后的价格。

“营改增”后，纳税人转让旧房及建筑物，凡不能取得评估价格，但能提供购房发票的，扣除项目的金额按照下列方法计算：①提供的购房凭据为“营改增”前取得的营业税发票的，按照发票所载金额（不扣减营业税）并从购买年度起至转让年度止每年加计5%计算；②提供的购房凭据为“营改增”后取得的增值税普通发票的，按照发票所载价税合计金额从购买年度起至转让年度止每年加计5%计算；③提供的购房发票为“营改增”后取得的增值税专用发票的，按照发票所载不含增值税金额加上不允许抵扣的增值税进项税额之和，并从购买年度起至转让年度止每年加计5%计算。

（二）税率的选择

土地增值税实行四级超率累进税率，是我国唯一采用超率累进税率的税种，具体见表7-5。

表7-5 土地增值税税率表

级次	增值额占扣除项目金额的比例	税率（%）	速算扣除系数（%）
1	50%（含）以下	30	0
2	50%～100%（含）	40	5
3	100%～200%（含）	50	15
4	200%以上	60	35

（三）优惠政策的运用

（1）纳税人建造普通标准住宅出售，增值额未超过扣除项目金额20%的，免征土地增值税；增值额超过扣除项目金额20%的，应就其全部增值额按规定计税。

（2）因国家建设需要依法征用、收回的房地产，免征土地增值税。

（3）个人拥有的普通住宅，在其转让时暂免征收土地增值税；个人因工作调动或改善居住条件而转让非普通住宅，经向税务机关申报核准，凡居住满5年或5年以上的，免征土地增值税；居住满3年而未满5年的，减半征收土地增值税；居住未满3年的，按规定征收土地增值税。

（四）应纳税额的计算

土地增值税应纳税额的计算步骤如下：

第一步，计算增值额。其计算公式为：

增值额＝转让收入－扣除项目金额

第二步，计算增值率。其计算公式为：

增值率＝增值额÷扣除项目金额×100%

第三步，确定适用税率和速算扣除系数。

第四步，计算应纳税额。其计算公式为：

应纳税额＝∑（每级距增值额×适用税率）

或　　　　＝增值额×适用税率－扣除项目金额×速算扣除系数

【提示】新建房地产和存量房地产，在计算土地增值税时，两者的扣除项目内容不同，具体见表7-6。

表7-6 新建房地产与存量房地产扣除项目的比较

扣除项目	新建房地产		存量房地产	
	非房地产企业	房地产企业	旧房及建筑物	土地使用权
取得土地使用权所支付的金额	√	√	√	√
房地产开发成本	√	√	—	—
房地产开发费用	√	√	—	—
与转让房地产有关的税金	√	√	√	—
其他扣除项目（即加计扣除）	—	√	—	√
旧房及建筑物的评估价格	—	—	√	—

【做中学7-13】2021年6月，某市房地产开发公司转让写字楼一幢，取得转让收入5 250万元（含增值税），公司采用简易计税办法缴纳了增值税250万元，城市维护建设税、

教育费附加等25万元。该公司为取得土地使用权而支付的金额为500万元，投入房地产开发成本1 500万元，开发费用400万元，其中计算分摊给这幢写字楼的利息支出120万元（有金融机构证明），比按商业银行同类同期贷款利率计算的利息多10万元。公司所在地政府规定的其他开发费用的计算扣除比例为5%。

该房地产公司在开发并转让此写字楼时应缴纳的土地增值税计算如下：

取得土地使用权所支付的金额＝500（万元）

房地产开发成本＝1 500（万元）

房地产开发费用＝(120－10)＋(500＋1 500)×5%＝210（万元）

与转让房地产有关可扣除的税费＝25（万元）

20%加计扣除＝(500＋1 500)×20%＝400（万元）

扣除项目＝500＋1 500＋210＋25＋400＝2 635（万元）

增值额＝5 250÷(1＋5%)－2 635＝2 365（万元）

增值率＝2 365÷2 635×100%＝89.75%

应纳土地增值税税额＝2 365×40%－2 635×5%＝814.25（万元）

【做中学7-14】2021年6月，某单位转让一幢旧房，取得收入945万元（含增值税），采用简易计税办法缴纳了增值税45万元，城市维护建设税、教育费附加等4.5万元。该房建于20世纪70年代，当时造价为70万元，现经房地产评估机构评定的重置成本价为380万元，有六成新。旧房占地原来是行政划拨的，转让时，补交了土地出让金80万元。

该单位转让旧房应纳的土地增值税税额计算如下：

取得土地使用权所支付的金额＝80（万元）

与转让房地产有关的税费＝4.5（万元）

旧房及建筑物的评估价格＝380×60%＝228（万元）

扣除项目＝80＋4.5＋228＝312.5（万元）

增值额＝945÷(1＋5%)－312.5＝587.5（万元）

增值率＝587.5÷312.5×100%＝188%

应纳土地增值税税额＝587.5×50%－312.5×15%＝246.875（万元）

三、土地增值税的核算

企业核算土地增值税应设置“应交税费——应交土地增值税”科目。土地增值税的具体会计核算，根据企业从事业务性质不同有所区别。

（一）房地产企业土地增值税的核算

房地产企业销售商品房属于企业的商品经营业务。因此，转让房地产过程中应缴纳的土地增值税，应借记“税金及附加”科目，贷记“应交税费——应交土地增值税”科目。

【做中学7-15】2021年6月，某房地产开发公司销售居民住宅，取得转让收入1 090万元（含增值税），按规定缴纳了90万元增值税、6.3万元城市维护建设税和2.7万元教育费附加，为取得该住宅用地的土地使用权支付地价款和有关费用100万元，投入开发成本375万元，支付银行贷款利息费用10.6万元（不能按转让房地产项目计算分摊），实际发生其他房地产开发费用50万元。该公司所在地人民政府规定房地产开发费用的计算扣除比例为10%。应纳土地增值税税额计算如下，并作账务处理：

转让收入=1 000（万元）

扣除项目金额=100+375+(100+375)×10%+6.3+2.7+(100+375)×20%
=626.5（万元）

增值额=1 090÷(1+9%)−626.5=373.5（万元）

增值率=373.5÷626.5×100%=59.62%

适用税率为40%，速算扣除系数为5%。

应交土地增值税税额=373.5×40%−626.5×5%=118.075（万元）

按规定计算应缴纳的相关税金及附加时，编制会计分录：

借：税金及附加	1 270 750	
贷：应交税费——应交城市维护建设税		63 000
——应交教育费附加		27 000
——应交土地增值税		1 180 750

（二）其他企业销售旧房及建筑物土地增值税的核算

其他企业转让房地产应缴纳的土地增值税，应借记“固定资产清理”科目，贷记“应交税费——应交土地增值税”科目。

【做中学7-16】 2021年6月，某企业转让5年前以1 000万元购进的一项房产，取得转让收入1 575万元（含增值税），按规定支付增值税75万元、城市维护建设税及教育费附加7.5万元，转让时此项建筑物已提折旧140万元。应纳土地增值税税额计算如下，并作账务处理：

转让应税收入=1 575÷(1+5%)=1 500（万元）

扣除项目金额=1 000+1 000×5%×5+7.5=1 257.5（万元）

增值额=1 500−1 257.5=242.5（万元）

增值率=242.5÷1 257.5×100%=19.28%

适用税率为30%，速算扣除系数为0。

应纳税额=242.5×30%=72.75（万元）

注销固定资产时，编制会计分录：

借：固定资产清理	8 600 000	
累计折旧	1 400 000	
贷：固定资产		10 000 000

收到转让收入时，编制会计分录：

借：银行存款	15 750 000	
贷：固定资产清理		15 000 000
应交税费——应交增值税		750 000

计提应交有关税费时，编制会计分录：

借：固定资产清理	802 500	
贷：应交税费——应交城市维护建设税等		75 000
——应交土地增值税		727 500

四、土地增值税的缴纳

（一）纳税期限

土地增值税的纳税人应在转让房地产合同签订后的 7 日内，到房地产所在地主管税务机关办理纳税申报，并向税务机关提交房屋及建筑物产权证、土地使用权证书、土地转让与房产买卖合同、房地产评估报告及其他与转让房地产有关的资料。纳税人因经常发生房地产转让而难以在每次转让后申报的，经税务机关审核同意，可以定期进行纳税申报，具体期限由税务机关确定。纳税人预售房地产取得的收入，凡当地税务机关规定预征土地增值税的，纳税人应当到主管税务机关办理纳税申报，并按规定比例预缴，待办理决算后，多退少补；凡当地税务机关规定不预征土地增值税的，也应在取得收入时先到税务机关登记或备案。

（二）纳税地点

土地增值税的纳税地点确定，根据纳税人性质不同有两种情况：

（1）法人纳税人。转让的房地产坐落地与其机构所在地一致的，以办理税务登记的原管辖税务机关为纳税地点；转让的房地产坐落地与其机构所在地或经营所在地不一致的，以房地产坐落地所管辖的税务机关为纳税地点。

（2）自然人纳税人。转让的房地产坐落地与其居住所在地一致的，以住所所在地税务机关为纳税地点；转让的房地产坐落地与其居住所在地或经营所在地不一致的，以办理过户手续所在地税务机关为纳税地点。

（三）纳税申报

土地增值税的纳税申报表分为从事房地产开发纳税人纳税申报表和其他纳税人纳税申报表两种类型。纳税人应在规定期限内办理纳税申报，并如实填写土地增值税纳税申报表。

※ 职业能力判断与选择 ※

一、判断题

1. 某工业企业利用一块闲置的土地使用权换取某房地产公司的新建商品房，作为本单位职工的居民用房，由于没有取得收入，因此该企业不需要缴纳土地增值税。（　　）

2. 在计算土地增值税时，对从事房地产开发的纳税人销售使用过的旧房及建筑物，仍可按取得土地使用权所支付的金额和房地产开发成本金额之和的 20%加计扣除。（　　）

3. 某单位向政府有关部门缴纳土地出让金取得土地使用权时，不需要缴纳土地增值税。（　　）

4. 土地增值税使用超率累进税率，累进依据为增值额占转让收入的比例。（　　）

5. 纳税人建造普通标准住宅出售，增值额未超过扣除项目金额 20%的，免征土地增值税。（　　）

6. 土地增值税的纳税人应在转让房地产合同签订后的 7 日内，到房地产所在地主管税务

机关办理纳税申报。(　　)

7. 转让的房地产坐落地与其机构所在地或经营所在地不一致的，以办理税务登记的原管辖税务机关为纳税地点。(　　)

8. 因国家建设需要依法征用、收回的房地产，免征土地增值税。(　　)

二、选择题（第1～4题为单项选择题，第5～8题为多项选择题）

1. 下列各项中，应当缴纳土地增值税的是(　　)。

A. 继承房地产　　B. 以房地产作抵押向银行贷款

C. 出售房屋　　D. 出租房屋

2. 我国现行土地增值税实行的税率属于（　　）。

A. 比例税率　　B. 超额累进税率

C. 定额税率　　D. 超率累进税率

3. 房地产开发费用中的利息支出，如能按转让房地产项目分摊并提供金融机构证明的，允许据实扣除，其他开发费用限额扣除的比例为(　　)以内。

A. 3%　　B. 5%　　C. 7%　　D. 10%

4. 下列项目中，按税法规定可以免征或不征土地增值税的有(　　)。

A. 国家机关转让自用的房产

B. 税务机关拍卖欠税单位的房产

C. 对国有企业进行评估增值的房产

D. 投资于房地产开发企业的房地产项目

5. 下列各项中，属于土地增值税纳税人的有(　　)。

A. 建造房屋的施工单位　　B. 出售房产的中外合资房地产公司

C. 转让国有土地使用权的事业单位　　D. 房地产管理的物业公司

6. 计算土地增值税税额时可以扣除的项目包括(　　)。

A. 取得土地使用权所支付的金额　　B. 建筑安装工程费

C. 公共配套设施费　　D. 转让房地产有关的税金

7. 根据《中华人民共和国城镇土地使用税暂行条例》的规定，下列地区中，开征城镇土地使用税的有（　　）。

A. 城市　　B. 县城、建制镇　　C. 农村　　D. 工矿区

8. 房地产开发公司支付的下列相关税费中，可列入加计20%扣除范围的有(　　)。

A. 支付建筑人员的工资福利费　　B. 占用耕地缴纳的耕地占用税

C. 销售过程中发生的销售费用　　D. 开发小区内的道路建设费用

※ 单项任务训练 ※

1. 2021年6月，某房地产开发公司销售其新建商品房一幢，取得销售收入1.526亿元(含增值税)，已知该公司支付与商品房相关的土地使用权费及开发成本合计为4 800万元；该公司没有按房地产项目计算分摊银行借款利息；该商品房所在地的省政府规定计征土地增

值税时房地产开发费用扣除比例为10%；销售商品房缴纳的增值税为1 260万元，城市维护建设税及教育费附加为126万元。

要求：计算该公司销售该商品房应缴纳的土地增值税，并作会计处理。

2. 某房地产开发公司受让一宗土地使用权，支付政府地价款8 000万元。使用受让土地60%（其余40%尚未使用）的面积开发建造一栋写字楼并全部销售。在开发过程中，根据建筑承包合同支付给建筑公司的劳务费和材料费共计6 200万元，开发销售期间发生管理费用700万元、销售费用400万元、利息费用500万元（只有70%能够提供金融机构的证明）。

（说明：其他开发费用扣除比例为4%，契税税率为3%。）

要求：

（1）计算该房地产开发公司土地增值额时可扣除的地价款和契税。

（2）计算该房地产开发公司土地增值额时可扣除的开发成本。

（3）计算该房地产开发公司土地增值额时可扣除的开发费用。

任务八

资源税会计核算与申报

※ 任务描述 ※

当企业发生资源税的纳税行为时，就会涉及资源税的缴纳，报税岗位的会计人员需要确定资源税的纳税人、征税对象，确定其计税依据，选择合适的税率，运用税收的优惠政策，计算资源税税额，并进行会计处理；同时，在规定期限内到指定的地点进行纳税申报，并办理税款缴纳。

※ 知识准备与业务操作 ※

一、纳税人和征税范围的确定

（一）纳税人和扣缴义务人的确定

资源税是对在我国领域及我国管辖的其他海域从事应税资源开采的单位和个人征收的一种税。2011年9月30日，国务院对《中华人民共和国资源税暂行条例》进行了修订，2011年11月1日起实施。从2016年7月1日起按照“清费立税、合理负担、适度分权、循序渐进”的原则，全面推进资源税的改革。2019年8月26日，第十三届全国人大常委会第十三次会议通过了《中华人民共和国资源税法》，自2020年9月1日起施行。

在我国领域及我国管辖的其他海域开发应税资源的单位和个人为资源税的纳税人，包括各类企业、行政单位、事业单位、军事单位、社会团体及个人。收购未税矿产品的单位为资源税的扣缴义务人，包括独立矿山、联合企业和其他收购未税矿产品的单位。

(二) 征税范围的确定

资源税的课税对象是各种自然资源，我国目前只选择对矿产品和盐两类资源征收资源税。具体征税范围如下：

(1) 能源矿产。包括原油，天然气、页岩气、天然气水合物，煤，煤成(层)气，铀、钍，油页岩、油砂、天然沥青、石煤，地热。不包括人造石油。

(2) 金属矿产。包括黑色金属：铁、锰、铬、钒、钛；有色金属：铜、铅、锌、锡、锑、镁、钴、铋、汞，铝土矿，钨，钼，金、银，铂、钯、钌、铱、铑，轻稀土，中重稀土等。

(3) 非金属矿产。包括矿物类，如高岭土，石灰岩，磷，石墨，萤石、硫铁矿、自然硫，天然石英砂，叶蜡石和其他粘土等；岩石类，如大理岩、花岗岩、砂石等；宝玉石类，如宝石、玉石、宝石级金刚石等。

(4) 水气矿产。包括二氧化碳气、硫化氢气、氦气、氡气和矿泉水。

(5) 盐。包括钠盐、钾盐、镁盐、锂盐；天然卤水；海盐。

开展水资源税改革试点工作，自2016年7月1日起先在河北省试点；逐步将森林、草场、滩涂等其他自然资源纳入征税范围。

二、资源税的计算

(一) 计税依据的确定

自2020年9月1日起，资源税按照资源税税目税率表(见表7-7)实行从价计征或者从量计征。资源税税目税率表规定可以选择实行从价计征或者从量计征的，具体计征方式由省、自治区、直辖市人民政府提出，报同级人民代表大会常务委员会决定，并报全国人民代表大会常务委员会和国务院备案。

实行从价计征的，应纳税额按照应税资源产品的销售额乘以具体适用税率计算。实行从量计征的，应纳税额按照应税产品的销售数量乘以具体适用税率计算。其计税依据规定如下：

1. 计税销售额的确定

销售额按照纳税人销售应税产品向购买方收取的全部价款确定，但不包括增值税税额。计入销售额中的相关运杂费用，凡取得增值税发票或者其他合法有效凭据的，准予从销售额中扣除。相关运杂费用是指应税产品从坑口或者洗选(加工)地到车站、码头或者购买方指定地点的运输费用、建设基金以及随运销产生的装卸、仓储、港杂费用。

纳税人以人民币以外的货币结算销售额的，应当折合成人民币计算。其销售额的人民币折合率可以选择销售额发生的当天或者当月1日的人民币汇率中间价。纳税人应事先确定采用何种折合率计算方法，确定后1年内不得变更。

纳税人自用应税产品应当缴纳资源税的情形包括纳税人以应税产品用于非货币性资产交换、捐赠、偿债、赞助、集资、投资、广告、样品、职工福利、利润分配或者连续生产非应税产品等。

纳税人申报的应税产品销售额明显偏低且无正当理由的，或者有自用应税产品行为而无销售额的，主管税务机关可以按下列方法和顺序确定其应税产品销售额：

（1）按纳税人最近时期同类产品的平均销售价格确定。

（2）按其他纳税人最近时期同类产品的平均销售价格确定。

（3）按后续加工非应税产品销售价格，减去后续加工环节的成本利润后确定。

（4）按应税产品组成计税价格确定。组成计税价格的计算公式为：

组成计税价格＝成本×（1＋成本利润率）÷（1－资源税税率）

公式中的成本利润率由省、自治区、直辖市税务机关确定。

2. 课税数量的确定

应税产品的销售数量，包括纳税人开采或者生产应税产品的实际销售数量和自用于应当缴纳资源税情况的应税产品数量。

（1）各种应税产品，凡直接对外销售的，以实际销售数量为课税数量。

（2）各种应税产品，凡产品自用的，以移送自用数量为课税数量。

（3）纳税人不能准确提供应税产品销售数量的，以应税产品的产量或者主管税务机关确定的折算比换算成的数量为计征资源税的销售数量。

（二）税目与税率的选择

从 2020 年 9 月 1 日起，资源税实行新的税率。规定实行幅度税率的，其具体适用税率由省、自治区、直辖市人民政府统筹考虑应税资源的品位、开采条件以及对生态环境的影响等情况，在规定的税率幅度内提出，报同级人民代表大会常务委员会决定，并报全国人民代表大会常务委员会和国务院备案。规定征税对象为原矿或者选矿的，应当分别确定具体适用税率。具体见表 7－7。

表 7－7　资源税税目税率表

税目			征税对象	税率
能源矿产	原油		原矿	6%
	天然气、页岩气、天然气水合物		原矿	6%
	煤		原矿或选矿	2%～10%
	煤成（层）气		原矿	1%～2%
	铀、钍		原矿	4%
	油页岩、油砂、天然沥青、石煤		原矿或选矿	1%～4%
	地热		原矿	1%～20%或每立方米 1～30 元
金属矿产	黑色金属	铁、锰、铬、钒、钛	原矿或选矿	1%～9%
	有色金属	铜、铅、锌、锡、镍、锑、镁、钴、铋、汞	原矿或选矿	2%～10%
		铝土矿	原矿或选矿	2%～9%
		钨	选矿	6.5%
		钼	选矿	8%
		金、银	原矿或选矿	2%～6%
		铂、钯、钌、锇、铱、铑	原矿或选矿	5%～10%
		轻稀土	选矿	7%～12%
		中重稀土	选矿	20%
		铍、锂、锆、锶、铷、铯、铌、钽、锗、镓、铟、铊、铪、铼、镉、硒、碲	原矿或选矿	2%～10%

续前表

税目			征税对象	税率
非金属矿产	矿物类	高岭土	原矿或选矿	1%～6%
		石灰岩	原矿或选矿	1%～6%或每吨（或每立方米）1～10元
		磷	原矿或选矿	3%～8%
		石墨	原矿或选矿	3%～12%
		萤石、硫铁矿、自然硫	原矿或选矿	1%～8%
		天然石英砂、脉石英、粉石英、水晶、工业用金刚石、冰洲石、蓝晶石、硅线石（矽线石）、长石、滑石、刚玉、菱镁矿、颜料矿物、天然碱、芒硝、钠硝石、明矾石、砷、硼、碘、溴、膨润土、硅藻土、陶瓷土、耐火粘土、铁钒土、凹凸棒石粘土、海泡石粘土、伊利石粘土、累托石粘土	原矿或选矿	1%～12%
		叶蜡石、硅灰石、透辉石、珍珠岩、云母、沸石、重晶石、毒重石、方解石、蛭石、透闪石、工业用电气石、白垩、石棉、蓝石棉、红柱石、石榴子石、石膏	原矿或选矿	2%～12%
		其他粘土（铸型用粘土、砖瓦用粘土、陶粒用粘土、水泥配料用粘土、水泥配料用红土、水泥配料用黄土、水泥配料用泥岩、保温材料用粘土）	原矿或选矿	1%～5%或每吨（或每立方米）0.1～5元
	岩石类	大理岩、花岗岩、白云岩、石英岩、砂岩、辉绿岩、安山岩、闪长岩、板岩、玄武岩、片麻岩、角闪岩、页岩、浮石、凝灰岩、黑曜岩、霞石正长岩、蛇纹岩、麦饭石、泥灰岩、含钾岩石、含钾砂页岩、天然油石、橄榄岩、松脂岩、粗面岩、辉长岩、辉石岩、正长岩、火山灰、火山渣、泥炭	原矿或选矿	1%～10%
		砂石	原矿或选矿	1%～5%或每吨（或每立方米）0.1～5元
	宝玉石类	宝石、玉石、宝石级金刚石、玛瑙、黄玉、碧玺	原矿或选矿	4%～20%
水气矿产	二氧化碳气、硫化氢气、氦气、氡气		原矿	2%～5%
	矿泉水		原矿	1%～20%或每立方米1～30元
盐	钠盐、钾盐、镁盐、锂盐		选矿	3%～15%
	天然卤水		原矿	3%～15%或每吨（或每立方米）1～10元
	海盐			2%～5%

说明：(1) 对青藏铁路公司及其所属单位运营期间自采自用的砂、石等材料免征资源税；(2) 自2018年4月1日至2021年3月31日，对页岩气资源税减征30%；(3) 自2019年1月1日至2021年12月31日，对增值税小规模纳税人可以在50%的税额幅度内减征资源税；(4) 自2014年12月1日至2023年8月31日，对充填开采置换出来的煤炭，资源税减征50%。

纳税人开采或者生产不同税目应税产品的，应当分别核算不同税目应税产品的销售额或销售数量；未分别核算或者不能准确提供不同税目应税产品的销售额或销售数量的，从高适用税率。

纳税人以自采原矿（经过采矿过程采出后未进行选矿或者加工的矿石）直接销售，或者自用于应当缴纳资源税情形的，按照原矿计征资源税。

纳税人以自采原矿洗选加工为选矿产品（通过破碎、切割、洗选、筛分、磨矿、分级、提纯、脱水、干燥等过程形成的产品，包括富集的精矿和研磨成粉、粒级成型、切割成型的原矿加工品）销售，或者将选矿产品自用于应当缴纳资源税情形的，按照选矿产品计征资源税，在原矿移送环节不缴纳资源税。对于无法区分原生岩石矿种的粒级成型砂石颗粒，按照砂石税目征收资源税。

（三）优惠政策的运用

（1）有下列情形之一的，免征资源税：

①开采原油以及在油田范围内运输原油过程中用于加热的原油、天然气；

②煤炭开采企业因安全生产需要抽采的煤成（层）气。

（2）有下列情形之一的，减征资源税：

①从低丰度油气田开采的原油、天然气，减征 20%资源税；

②高含硫天然气、三次采油和从深水油气田开采的原油、天然气，减征 30%资源税；

③稠油、高凝油减征 40%资源税；

④从衰竭期矿山开采的矿产品，减征 30%资源税。

根据国民经济和社会发展需要，国务院对有利于促进资源节约集约利用、保护环境等情形可以规定免征或者减征资源税，报全国人民代表大会常务委员会备案。

（3）有下列情形之一的，省、自治区、直辖市可以决定免征或者减征资源税：

①纳税人开采或生产应税产品过程中，因意外事故或自然灾害等原因遭受重大损失；

②纳税人开采共伴生矿、低品位矿、尾矿。

上述规定的免征或者减征资源税的具体办法，由省、自治区、直辖市人民政府提出，报同级人民代表大会常务委员会决定，并报全国人民代表大会常务委员会和国务院备案。

纳税人的免税、减税项目，应当单独核算销售额或销售数量；未单独核算或者不能准确提供销售额或销售数量的，不予免税或者减税。

纳税人开采或者生产同一应税产品，其中既有享受减免税政策的，又有不享受减免税政策的，按照免税、减税项目的产量占比等方法分别核算确定免税、减税项目的销售额或销售数量。纳税人开采或者生产同一应税产品同时符合两项或者两项以上减征资源税优惠政策的，除另有规定外，只能选择其中一项执行。

（四）应纳税额的计算

资源税按照从价计征或者从量计征的办法征收，分别以应税产品的销售额乘以纳税人具体适用的比例税率或者以应税产品的销售数量乘以纳税人具体适用的定额税率计算。纳税人开采或者生产应税产品自用的，应当依照规定缴纳资源税，但是，自用于连续生产应税产品的，不缴纳资源税。

实行从价计征的，其应纳税额计算公式如下：

应纳税额＝计税销售额×适用税率

实行从量计征的，其应纳税额计算公式如下：

应纳税额＝课税数量×定额税率

【做中学 7－17】某冶金联合企业附属的矿山，2021 年 11 月开采铅锌精矿 6 000 吨，销售 5 000 吨，每吨销售价格为 8 000 元，铅锌精矿适用的资源税税率为 5％。该矿山 11 月份应纳资源税税额计算如下：

应纳税额＝5 000×8 000×5％＝2 000 000（元）

三、资源税的核算

企业核算资源税应设置“应交税费——应交资源税”科目。根据资源矿产品用途不同其会计核算存在差异，具体内容如下：

对外销售应税产品应交资源税，应借记“税金及附加”科目，贷记“应交税费——应交资源税”科目；自产自用应税产品应交资源税，应借记“生产成本”“制造费用”等科目，贷记“应交税费——应交资源税”科目；企业外购液体盐加工成固体盐，在购入液体盐时，按允许抵扣的资源税，借记“应交税费——应交资源税”科目，按外购价款扣除允许抵扣资源税后的数额，借记“在途物资”等科目，按应支付的全部价款，贷记“银行存款”等科目；企业加工成固体盐销售时，按销售固体盐应交资源税，借记“税金及附加”科目，贷记“应交税费——应交资源税”科目，将销售固体盐应纳资源税抵扣液体盐已纳资源税后的差额上交时，借记“应交税费——应交资源税”科目，贷记“银行存款”科目；纳税人按规定缴纳资源税时，借记“应交税费——应交资源税”科目，贷记“银行存款”科目。

【做中学 7－18】某煤矿为增值税一般纳税人，2021 年 10 月生产原煤 12 万吨，全部对外销售，不含税价款为 6 000 万元；已知该煤矿原煤适用的税率为 5％，该矿山应纳资源税税额计算如下，并作会计处理：

应纳税额＝6 000×5％＝300（万元）

计提资源税时，编制会计分录：

借：税金及附加	3 000 000	
贷：应交税费——应交资源税		3 000 000

四、资源税的缴纳

（一）纳税期限

资源税按月或者按季申报缴纳；不能按固定期限计算缴纳的，可以按次申报缴纳。

纳税人以按月或者按季缴纳的，应当自月度或者季度终了之日起 15 日内，向税务机关办理纳税申报并缴纳税款；按次申报缴纳的，应当自纳税义务发生之日起 15 日内，向税务机关办理纳税申报并缴纳税款。

扣缴义务人解缴税款期限，比照上述规定执行。

（二）纳税义务发生时间

（1）纳税人销售应税产品，其纳税义务发生时间是：

①纳税人采取分期收款结算方式的，其纳税义务发生时间，为销售合同规定的收款日期

的当天；

②纳税人采取预收货款结算方式的，其纳税义务发生时间，为发出应税产品的当天；

③纳税人采取其他结算方式的，其纳税义务发生时间，为收讫销售款或者取得索取销售款凭据的当天。

（2）纳税人自产自用应税产品的纳税义务发生时间，为移送使用应税产品的当天。

（3）扣缴义务人代扣代缴税款的纳税义务发生时间，为支付货款的当天。

（三）纳税地点

（1）纳税人应纳的资源税，应当向应税产品的开采或者生产所在地主管税务机关缴纳。

（2）纳税人在本省、自治区、直辖市范围内开采或者生产应税产品，其纳税地点需要调整的，由省、自治区、直辖市税务机关决定。

（3）纳税人跨省、自治区、直辖市开采或者生产应税产品，其下属生产单位与核算单位不在同一省、自治区、直辖市的，对其开采或者生产的应税产品，一律在开采地或者生产地纳税。实行从价计征的应税产品，其应纳税款一律由独立核算的单位按照每个开采地或者生产地的销售量、单位销售价格及适用税率计算划拨；实行从量计征的应税产品，其应纳税款一律由独立核算的单位按照每个开采地或者生产地的销售量及适用税率计算划拨。

扣缴义务人代扣代缴的资源税，应当向收购地主管税务机关缴纳。

（四）纳税申报

纳税人填制资源税纳税申报表时，首先，应对其开采或生产的资源产品，按税法规定区分应税和非应税、免税项目，并确定应税产品的适用税率；其次，根据“库存商品”等账户及有关会计凭证，核实应税产品的销售金额、销售数量、自用数量，或按规定的办法折算原矿数量；最后，根据核实后的应税数量和确定的税率计算应缴纳的资源税税额，并与“应交税费——应交资源税”账户资料核对相符，填制资源税纳税申报表，并办理签章手续。

※ 职业能力判断与选择 ※

一、判断题

1. 资源税是对在中国境内开采、生产以及进口的矿产品和盐的单位和个人征收。（　　）

2. 独立矿山、联合企业及其他收购单位收购的未税矿产品，一律按税务机关核定的应税产品税额标准，依据收购的数量代扣代缴资源税。（　　）

3. 纳税人以外购液体盐加工固体盐，其加工固体盐所耗用液体盐的已纳资源税税款准予抵扣。（　　）

4. 销售有色金属的贸易公司既是增值税纳税人又是资源税纳税人。（　　）

5. 纳税人以 1 个月为一期纳税的，自期满之日起 15 日内申报纳税。（　　）

6. 纳税人应纳的资源税，应当向应税产品的开采或者生产所在地主管税务机关缴纳。（　　）

7. 纳税人自产自用应纳资源税产品的纳税义务发生时间，为移送使用应税产品的当天。（　　）

8. 各种从价计税的应税产品，凡直接对外销售的，以不含增值税的实际销售金额为资源税计税依据。(　　)

二、选择题(第1～4题为单项选择题，第5～8题为多项选择题)

1. 下列各项中，不属于资源税征税范围的是(　　)。

A. 与原油同时开采的天然气　　B. 煤矿安全生产需要抽采的煤层气

C. 开采的天然原油　　D. 生产的海盐原盐

2. 某矿山7月份开采非金属矿3万吨(税率为5%)，其中销售了2万吨，每吨2 000元，自用(非生产用)0.5万吨，计算该矿山7月份应纳资源税税额为(　　)万元。

A. 250　　B. 240　　C. 160　　D. 40

3. 某油田3月份生产原油5 000吨，当月销售3 000吨，每吨售价800元，加热、修井自用100吨，已知该油田原油适用的资源税税率为5%，该油田3月份应缴纳的资源税税额为(　　)元。

A. 120 000　　B. 200 000　　C. 124 000　　D. 4 000

4. 纳税人开采应税矿产品销售的，其资源税的征税依据为(　　)。

A. 开采数量　　B. 实际产量　　C. 计划产量　　D. 销售金额

5. 下列各项中，关于资源税纳税义务发生时间的表述正确的有(　　)。

A. 采用分期收款结算方式销售应税产品的，为发出应税产品的当天

B. 采用预收货款结算方式销售应税产品的，为收到预收款的当天

C. 自产自用应税产品的，为移送使用应税产品的当天

D. 扣缴义务人代扣代缴税款的，为支付货款的当天

6. 下列各项中，应征资源税的有(　　)。

A. 开采的大理石　　B. 进口的原油

C. 开采的煤矿瓦斯　　D. 生产用于出口的卤水

7. 下列各项中，属于资源税纳税义务人的有(　　)。

A. 进口盐的外贸企业　　B. 开采原煤的私营企业

C. 生产盐的外商投资企业　　D. 中外合作开采石油的企业

8. 某铜矿2021年11月销售铜精矿20 000吨，每吨不含税售价为300元，当地铜精矿资源税税率为5%，应纳资源税和增值税税额为(　　)。

A. 资源税16.8万元　　B. 资源税30万元

C. 增值税78万元　　D. 增值税102万元

※ 单项任务训练 ※

1. 甲县某独立矿山2021年11月开采铜精矿3万吨，当月销售80%，每吨售价(不含增值税)300元。甲县铜精矿资源税税率为5%。

要求：计算该独立矿山11月份应向甲县税务机关缴纳的资源税税额。

2. 位于县城的某内资原煤生产企业为增值税一般纳税人，2021年11月发生以下业务：

（1）开采原煤 10 000 吨。采取分期收款方式销售原煤 9 000 吨，每吨不含增值税单价为 500 元，购销合同约定，本月应收取 1/3 的价款，但实际只收取不含税价款 120 万元。另支付运费取得增值税专用发票，注明运费 6 万元、税款 5 400 元，支付装卸费取得增值税专用发票，注明装卸费 2 万元、税款 1 200 元。

（2）为职工宿舍供暖，使用本月开采的原煤 200 吨；另将本月开采的原煤 500 吨无偿赠送给某有长期业务往来的客户。

（3）销售开采原煤过程中因安全生产需要抽采的煤层气 125 千立方米，取得不含税销售额 25 万元。

（假设该煤矿所在地原煤的资源税税率为 5%，煤层气资源税税率为 2%。）

要求：计算该企业当月应缴纳的资源税并作会计处理。

【项目小结】

本项目介绍了我国现行的城市维护建设税、印花税、城镇土地使用税、房产税、车船税、契税、土地增值税、资源税等税种的纳税人、征税对象、税率以及应纳税额的计算、会计处理和纳税申报的相关业务。

【项目综合实训】

一、实训材料

1. 企业概况

企业名称：伟成集团公司

企业性质：股份制企业

企业地址及电话：浙江省杭州市光华路 88 号，65554466

企业所属行业：建筑服务企业

开户银行及账号：工行光华路分理处　12—55345

纳税人识别号：110100000010001

2. 业务资料

假定 2021 年业务资料如下：

（1）办公楼、车间等房屋原值 300 万元，当地政府规定的扣除比例为 30%，其中，出租房屋的房产原值为 50 万元，月租金收入为 2.1 万元（含增值税）。

（2）拥有车辆情况为：大货车 8 辆，整备质量均为 5 吨；小货车 2 辆，整备质量均为 2 吨，年税额整备质量每吨为 60 元；小轿车 3 辆，年税额为 500 元/辆；客车 1 辆，35 座，年税额为 800 元/辆。

（3）提供简易计税建筑服务收入 3 150 万元（含增值税）。

（4）企业占用土地面积为 10 000 平方米，其中幼儿园占用 150 平方米。年税额为 5 元/平方米。

（5）领受房屋产权证、土地使用证各 1 件；与南方企业订立转移专用技术使用权书据 1

份，所载金额为100万元；订立产品购销合同，所载金额为200万元；订立借款合同1份，所载金额为400万元；企业记载资金的账簿中，“实收资本”“资本公积”账户金额没有增加数，其他营业账簿10本。

（6）下属非独立核算房地产开发公司对外出售普通标准住宅，取得收入2 625万元（含增值税）符合简易计税办法的条件。

二、实训要求

1. 根据伟成集团公司提供的2021年材料，计算伟成集团公司2021年应缴纳的房产税、车船税、城镇土地使用税、印花税、城市维护建设税和教育费附加。

2. 编制涉税业务的会计分录。

3. 填制相关税种的纳税申报表。

三、实训条件

在税务实训室进行，伟成集团公司经济业务资料；相关税种纳税申报表或地方税（基金、费）综合申报表。

参考文献

1. 梁伟样．税费计算与申报．4 版．北京：高等教育出版社，2019.
2. 梁伟样．税务会计．5 版．北京：高等教育出版社，2019.
3. 梁伟样．税法．6 版．北京：高等教育出版社，2019.
4. 梁伟样．税务会计．3 版．北京：人民邮电出版社，2020.
5. 财政部会计资格评价中心．经济法基础．北京：经济科学出版社，2020.
6. 财政部会计资格评价中心．经济法．北京：经济科学出版社，2021.

图书在版编目（CIP）数据

税务会计/梁伟祥主编．--3版．--北京：中国人民大学出版社，2022.2
新编21世纪高等职业教育精品教材．财务会计类
ISBN 978-7-300-30338-3

Ⅰ．①税… Ⅱ．①梁… Ⅲ．①税务会计-高等职业教育-教材 Ⅳ．①F810.62

中国版本图书馆CIP数据核字（2022）第026060号

新编21世纪高等职业教育精品教材·财务会计类
税务会计（第3版）
主编　梁伟祥
Shuiwu Kuaiji

出版发行	中国人民大学出版社		
社　　址	北京中关村大街31号	**邮政编码**	100080
电　　话	010－62511242（总编室）		010－62511770（质管部）
	010－82501766（邮购部）		010－62514148（门市部）
	010－62515195（发行公司）		010－62515275（盗版举报）
网　　址	http：//www.crup.com.cn		
经　　销	新华书店		
印　　刷	天津中印联印务有限公司	**版　　次**	2013年3月第1版
规　　格	185 mm×260 mm　16开本		2022年2月第3版
印　　张	23 插页1	**印　　次**	2022年2月第1次印刷
字　　数	555 000	**定　　价**	48.00元